2021年度教育部哲学社会科学研究重大委托项目
（项目批准号：21JZDW006）

国家出版基金项目
NATIONAL PUBLICATION FOUNDATION

中国特色社会主义社会学

SOCIOLOGY OF SOCIALISM WITH CHINESE CHARACTERISTICS

魏礼群◎主编

北京师范大学出版集团
BEIJING NORMAL UNIVERSITY PUBLISHING GROUP
北京师范大学出版社

序　言

社会大变革的时代，一定是哲学社会科学大发展的时代。当代中国正经历着我国历史上最为广泛而深刻的社会变革，也正在进行着人类历史上最为宏大而独特的实践创新。这种前无古人的伟大实践，为理论创造、学术繁荣提供了强大动力和广阔空间。

2020 年 8 月，习近平总书记在经济社会领域专家座谈会上指出："新时代改革开放和社会主义现代化建设的丰富实践是理论和政策研究的'富矿'，我国经济社会领域理论工作者大有可为。……一是从国情出发，从中国实践中来、到中国实践中去，把论文写在祖国大地上，使理论和政策创新符合中国实际、具有中国特色，不断发展中国特色社会主义政治经济学、社会学。……"① 这里，习近平总书记明确提出了发展中国特色社会主义社会学的重大任务。

我们组织编写《中国特色社会主义社会学》一书，就是落实习近平总书记关于发展中国特色社会主义社会学重要指示的具体行动。要发展中国特色社会主义社会学，就必须深入研究中国特色社会主义社会学产生的历史条件和主要依据，探究其基本内涵、整体框架、理论逻辑和发展过程，为不断发展中国特色社会主义

---

① 习近平：《正确认识和把握中长期经济社会发展重大问题》（二○二○年八月二十四日），见中共中央党史和文献研究院编：《十九大以来重要文献选编》（中），668 页，北京，中央文献出版社，2021。

社会学研究明确方向、任务、路径和方法。

本书的编写，力求体现理论性、实践性和创新性：

(1)理论性。就是运用马克思主义立场、观点、方法，基于社会学的基本原理，对中国特色社会主义伟大实践进行理论总结和提炼，以形成中国特色社会主义社会学的主要概念、基本范畴和框架结构。

社会学是现代社会科学体系中的一门基础性、综合性学科，它是研究和揭示社会运行特点和规律的学科。社会学从变动着的社会系统整体出发，来研究社会的形态、结构、功能和演变趋势。社会学也是一门有极强实践性、应用性的学科，它主要观察和解释社会现象，分析和处理社会矛盾，面对和解决社会问题，探索社会治理途径、手段和方法，促进社会良性运行，从而推动社会进步。中国特色社会主义社会学概括和阐述了中国特色社会主义运行的特点和规律，以及化解社会矛盾和解决社会问题的理论与方式，初步形成了中国特色社会主义社会学的理论体系。本书力求概述和阐释中国特色社会主义社会学的概念体系、框架体系、学术体系和话语体系。

(2)实践性。就是着眼总结、分析、研究中国特色社会主义的宏伟实践，反映中国特色社会主义社会学的形成和发展历程，并阐述主要内容，为中国未来社会发展提供思路和启示。

从根本上说，中国特色社会主义伟大事业是从1978年底党的十一届三中全会开始的。在这次全会上，党中央作出了把党的工作重心转移到经济建设上来，实行改革开放的伟大决策。40多年来，中国特色社会主义事业取得了举世瞩目的伟大成就，最显著的标志是实现了国民经济长期持续快速增长，社会大局保持长期持续稳定发展。改革开放成为当代中国最鲜明的特征、最壮丽的气象，极大地改变了中国的面貌、中华民族的面貌、中国人民的面貌，为实现中华民族伟大复兴提供了充满新的活力的体制保证和快速发展的物质条件。在建设和发展中国特色社会主义的伟大实践中，产生和发展了中国特色社会主义社会学，并取得了重大进步。中国特色社会主义社会学的产生、发展和进步，也有力地推动了中国改革开放和社会主义现代化建设。本书力求揭示和阐释改革开放以来开创和发展中国特色社会主义的实践对中国特色社会主义社会学产生和发展的过程，以及中国特色社会主义社会学对社会实践的积极作用。

（3）创新性。就是以社会学的视角，对中国实行改革开放以来的丰富实践进行创新性的解读和提炼，力求形成一些具有原创性的理论概念和命题。同时，对中国特色社会主义社会学研究框架、研究思路、研究逻辑、研究方法作一些尝试性的探索与创新。理论的生命力在于创新。创新是哲学社会科学发展的永恒主题，也是社会发展、实践深化、历史前进对哲学社会科学的必然要求。

经过40多年的实践、探索和创新，我国社会学研究建设取得了重要进展，但是，仍然面临原创性不足的问题，在提出新理论、研究新问题、运用新方法等方面都尚有很大空间。当然，创新可大可小，揭示一条规律是创新，提出一种学说是创新，阐明一个道理是创新，创造一种解决问题的方法也是创新。因此，在本书编写过程中，我们特别注重对相关论断、分析、阐述有所创新、创造，形成自身特色，从总体框架的设计，到具体问题的分析，都力求具有一定创新性和创造性。

为了对中国特色社会主义社会学体系的形成、发展和主要构架作一个比较全面、系统的勾勒，本书共由8章组成。第一章，全书导论。主要阐述中国特色社会主义社会学产生和发展的时代背景、历史渊源、基本内涵，以及发展中国特色社会主义社会学的基本原则、主要路径、研究方法和重要意义等。第二章，社会价值论。主要阐释中国特色社会主义社会学的本质特征和核心价值理念，包括人民当家作主、以人民为中心、共同富裕、公平正义、社会主义核心价值观、人的全面发展与社会全面进步、人与自然和谐共生等社会价值理念。第三章，社会发展论。主要论述中国特色社会主义社会发展的理论基础、重点方面、实施路径和重要意义。第四章，社会改革论。主要展现中国特色社会主义社会发展和运行的动力和重点改革的领域，包括深化社会体制改革、户籍制度改革、社会保障制度改革、住房制度改革、收入分配制度改革、农村经济社会改革、城市社会改革等。第五章，社会结构论。主要阐发中国特色社会主义社会的社会结构演变，包括所有制结构、城乡结构、就业结构、人口结构、社会阶层结构、组织结构和家庭结构的基本特征和变动趋势。第六章，社会建设论。主要解析中国特色社会主义的社会建设现代化战略和主要方面，包括社会主义民主政治建设、社会主义精神文明建设、社会主义和谐社会建设、法治社会建设、健康中国建设、平安社会建设、美丽中国建设以及数字中国建设。第七章，社会治理论。主要叙述社会治理的内涵与意义、目标与任务、制度保障、社会治理体系和治理能力现代化建设。第八章，全球治理论。主要阐述人类社会发展趋势，坚守和弘扬全人类共同价值，构建人类命运共同体，彰显中国特色社会主义社会学的世界意蕴。

学习本书，应坚持以下原则和方法。一是原理学习与专论学习相结合。本书一方面对中国特色社会主义社会学的基本原理展开叙述，同时也按照专论的方式组织了有关章节。因此，在学习本书的过程中，应该坚持基本原理学习和专论学习相结合，不仅应掌握中国特色社会主义社会学的一些基本理论和基本原理，还应该结合社会学的一些一般原理和理论进行学习；在专论学习中，各章基本是一个相对完整的专题叙述，但也应该同时结合其他一些专题性研究展开学习。二是历史认知与未来把握相结合。本书具有很强的实践性和现实性，系统阐述了历史发展、方针政策和实践经验，反映了社会发展的历史轨迹。虽然在内容上主要是对中国特色社会主义伟大实践的历史进程和现实状况的叙述分析，但实际上对未来发展趋势也具有很强的针对性和启示性。因此，在学习本书的过程中，必须既要注重认知历史过程和现实状况，又要看准未来趋势，审时度势，与时俱进。三是理论思考与实践总结相结合。理论联系实际既是优良学风，也是一种重要的学习方法。本书涉及中国特色社会主义实践和社会学发展的诸多重要方面，是中国大地已经和正在发生的经验的阶段性总结和呈现，以及所进行的理论概括和升华。实践是十分丰富多彩、极为鲜活生动的，这要求我们必须不断将理论思考与实践总结结合起来，以深化和丰富理论和认识。

最后，需要指出的是，实践永无止境，研究也永无止境。本书对中国特色社会主义社会学的研究，仍然是一项探索中的成果，诸多内容还略显生涩，需要学界同人一起共同努力，继续不断完善和深化研究。我们置身的新时代是一个需要理论而且一定能够产生理论的时代，是一个需要思想而且一定能够产生思想的时代。我们不能辜负了这个时代。面向现代化，面向世界，面向未来，中国特色社会主义社会学将随着中国特色社会主义伟大实践的深入推进而持续发展，不断丰富，日臻完善。

目　录

第一章　导　论　/1

第一节　中国特色社会主义社会学产生和发展的历史背景　/1

一、中国特色社会主义是改革开放以来党的全部理论
与实践的主题　/1

二、中国特色社会主义是一场宏大而独特的社会实践
创新　/3

三、中国特色社会主义道路、理论、制度、文化四位
一体　/6

第二节　中国特色社会主义社会学的理论来源　/9

一、马克思主义是中国特色社会主义社会学的理论
基础　/10

二、中国化的马克思主义是中国特色社会主义社会学
的指导思想　/11

三、中华文化为中国特色社会主义社会学注入丰富的
滋养　/17

四、西方社会学理论为中国特色社会主义社会学提供
研究借鉴　/21

第三节　中国特色社会主义社会学的基本内涵　/23

一、中国特色社会主义社会学的研究对象　/23

二、中国特色社会主义社会学的研究视角　/25

三、中国特色社会主义社会学研究的重点任务 /27

第四节 中国特色社会主义社会学的研究方法 /30

一、唯物辩证法的根本方法 /30

二、理论与实践相结合的方法 /31

三、实事求是、一切从实际出发的方法 /32

四、历史与现实相统一的方法 /33

五、社会调查和实地研究的方法 /33

六、定性研究与定量分析结合的方法 /34

第五节 研究和发展中国特色社会主义社会学 /35

一、研究和发展中国特色社会主义社会学的基本原则 /35

二、研究和发展中国特色社会主义社会学的主要路径 /38

三、学习和研究中国特色社会主义社会学的重要意义 /40

第二章 社会价值论 /44

第一节 人民当家作主 /44

一、人民当家作主是社会主义国家的本质属性 /45

二、人民当家作主需要中国特色民主政治发展道路来保障 /51

三、人民当家作主需要有机联系的制度体系来实现 /54

第二节 以人民为中心的发展思想 /57

一、以人民为中心发展思想的确立和重要价值 /58

二、以人民为中心发展思想的主要内容 /61

三、以人民为中心发展思想的实践要求 /64

第三节 走共同富裕道路 /66

一、共同富裕的内涵与扎实推动共同富裕的意义 /67

二、实现共同富裕是中国共产党人矢志不渝的奋斗目标 /68

三、促进共同富裕的原则 /70

四、在高质量发展中促进共同富裕 /72

五、把握好推进共同富裕的几个关系　/77

第四节　社会公平正义　/79

一、社会公平正义的基本内涵　/79

二、社会公平正义的价值意义　/82

三、社会公平正义的主要内容　/86

四、社会公平正义的实现路径和实践要求　/88

第五节　社会主义核心价值观　/90

一、社会主义核心价值观的确立和基本内容　/90

二、社会主义核心价值观的时代意义　/95

三、社会主义核心价值观的实践要求　/97

第六节　人的全面发展与社会全面进步　/101

一、人的全面发展与社会全面进步价值命题的提出和
基本内涵　/101

二、人的全面发展与社会全面进步的主要内容　/105

三、人的全面发展与社会全面进步的实践要求　/107

第七节　人与自然和谐共生　/109

一、人与自然和谐共生价值理念的提出与基本内涵　/109

二、人与自然和谐共生价值理念的主要内容　/113

三、人与自然和谐共生价值理念的实践要求　/115

第三章　社会发展论　/120

第一节　社会发展的内涵和重要意义　/120

一、社会发展的主要内容　/121

二、社会发展的重要意义　/122

第二节　社会发展战略与规划　/124

一、社会发展战略的内涵和作用　/124

二、社会发展规划体系的内容与意义　/127

三、社会发展规划的制定与实施　/128

第三节　社会全面协调发展　/132

一、经济社会协调发展　/132

二、城乡协调发展　/134

三、区域协调发展　/137

四、可持续发展　/141

第四节　社会事业发展　/144

一、教育事业发展　/144

二、医疗卫生事业发展　/147

三、科技事业发展　/150

四、文化体育事业发展　/153

第五节　就业优先发展　/155

第六节　国家扶贫脱贫战略　/159

一、扶贫背景　/159

二、扶贫过程与成效　/160

三、脱贫工作经验　/164

四、脱贫和消灭绝对贫困的重大意义　/166

五、巩固拓展脱贫攻坚成果　/168

第四章　社会改革论　/171

第一节　社会体制改革　/171

一、社会体制改革的内涵和意义　/172

二、社会体制改革的目标和原则　/174

三、社会体制改革的路径和要求　/176

第二节　户籍制度改革　/178

一、户籍制度改革的历程　/178

二、户籍制度改革的目标　/182

三、户籍制度改革的路径　/183

第三节　社会保障制度改革　/185

一、中国社会保障制度的形成与发展　/185

二、养老保障制度改革　/186

三、医疗保障制度改革　/189

四、社会救助制度改革　/190

五、社会福利制度改革　/191

第四节　住房制度改革　/194

一、住房制度改革的总体目标和基本思路　/195

二、城市公房制度的改革　/196

三、城市保障性住房制度的探索　/198

四、住房公积金制度的建立　/201

第五节　收入分配制度改革　/203

一、收入分配制度的内涵和改革历程　/203

二、收入分配制度改革的核心是兼顾效率与公平　/205

三、收入分配制度改革面临的问题　/208

第六节　农村社会改革　/212

一、农村改革的历史进程　/212

二、农村基本经营制度改革　/214

三、乡村治理体系的改革与建设　/217

四、脱贫攻坚与乡村振兴的有机衔接　/219

第七节　城市社会改革　/223

一、城市社会改革的总体目标和基本思路　/223

二、激发城市社会活力　/224

三、城市社会公共服务体系的建立　/227

四、城市基层社会治理体制改革　/230

五、探索新型城镇化道路　/233

第五章　社会结构论　/237

第一节　所有制结构的变革　/237

一、所有制结构的内涵与变革　/237

二、所有制结构决定着社会基本关系的性质与发展　/241

三、所有制结构改革需要正确把握的两个界限　/245

第二节　城乡结构　/251

一、城乡二元社会结构的概念与内涵　/251

二、改革开放以来我国城乡结构的演变及其意义　/252

三、我国城乡结构发展的趋势和对策　/255

第三节　社会流动与农民工群体　/259

一、社会流动的概念与内涵　/259

二、农民工形成的意义及其政策演变　/262

三、农民工的群体特征与未来发展趋势　/266

第四节　就业结构演变与新型职业群体　/270

一、就业结构的概念与内涵　/270

二、改革开放以来我国就业结构的主要特征与演变趋势　/271

三、我国新型职业群体的主要特征与发展态势　/274

第五节　人口结构变化和应对人口老龄化　/279

一、人口结构的概念与内涵　/279

二、改革开放以来我国人口结构的主要特征与演变趋势　/280

三、我国人口老龄化的挑战与应对策略　/283

第六节　社会阶层结构与中等收入群体　/288

一、社会阶层结构的概念与内涵　/288

二、改革开放以来我国社会阶层结构的主要特征与演变　/289

三、我国中等收入群体的主要特征与发展态势　/293

第七节　社会组织结构　/298

一、社会组织的概念　/298

二、我国社会组织的发展阶段及其特点　/300

三、我国现代社会组织体制的提出与实践　/303

第八节　家庭结构与家教、家风建设　/308

一、家庭结构的概念与内涵　/308

二、改革开放以来我国家庭结构变化的主要特征及其意义　/311

三、家训、家教与家风建设的内涵及其意义　/313

第六章　社会建设论　/320

第一节　社会建设与社会现代化的内涵和意义　/320

一、社会建设的内涵和意义　/321

二、实现社会建设现代化的目标任务和重大意义　/325

第二节　发展社会主义民主　/332

一、我国社会主义民主建设目标提出的过程　/332

二、我国社会主义民主建设的深刻内涵　/333

三、我国社会主义民主建设的基本原则　/335

四、我国社会主义民主建设的目标任务　/337

第三节　建设高度的社会主义精神文明　/341

一、我国社会主义精神文明建设的提出及其意义　/341

二、我国社会主义精神文明建设的主要内容　/344

三、加强我国社会主义精神文明建设的任务和路径　/346

第四节　建设社会主义和谐社会　/348

一、建设社会主义和谐社会的内涵及历史背景　/349

二、构建社会主义和谐社会的重要意义　/351

三、构建社会主义和谐社会的主要内容　/353

四、我国社会主义和谐社会建设的主要任务　/355

第五节　全面加强法治社会建设　/357

一、法治社会建设的发展历程和重要意义　/357

二、法治社会建设的主要原则　/359

三、法治社会建设的目标任务　/361

第六节　全面推进健康中国建设　/365

一、全面推进健康中国建设的重大意义　/365

二、全面推进健康中国建设的原则　/367

三、全面推进健康中国建设的目标任务　/368

第七节　全面加强平安社会建设　/372

一、建设平安社会的时代背景和重大意义　/372

二、建设平安社会的主要内涵和基本要求　/373

三、建设平安社会的重点任务和主要措施　/375

第八节　建设生态文明　/377

一、加强生态文明建设的必要性　/378

二、生态文明建设的丰富内涵　/381

三、加强生态文明建设的主要任务和措施　/386

第九节　建设数字社会　/388

一、实施数字中国战略的重要意义　/388

二、数字社会建设的进展　/390

三、数字社会建设的任务和保障　/392

第七章　社会治理论　/399

第一节　社会治理与社会治理共同体　/399

一、社会治理内涵与意义　/399

二、社会治理共同体建设　/404

第二节　社会治理体系建设　/409

一、公共服务体系建设　/409

二、公共安全体系建设 /417

三、应急管理体系建设 /424

四、社会信用体系建设 /430

五、社会心理服务体系建设 /438

第三节 社会治理能力建设 /443

一、提高党的领导力 /443

二、提高政府负责力 /445

三、提高社会协同力 /448

四、提高公众参与力 /450

五、提高法治保障力 /452

六、提高科技支撑力 /455

七、提高人才建设力 /457

第四节 加强和创新基层社会治理 /460

一、基层社会治理的内涵和意义 /460

二、我国基层社会治理的发展历程 /462

三、加强和创新基层社会治理的重点任务 /466

四、市域社会治理建设 /470

第五节 推进社会治理现代化 /475

一、推进社会治理现代化的发展历程与基本经验 /475

二、推进社会治理现代化的基本路径 /480

三、构建中国特色社会治理现代化评价体系 /482

第八章 全球治理论 /487

第一节 人类社会发展的趋势与挑战 /487

一、人类社会发展的总体趋势 /488

二、人类社会发展面临的重大挑战 /490

第二节 全球治理的兴起、挑战与前景 /494

一、全球治理的提出 /494

二、全球治理面临的挑战 /496

三、坚守和弘扬全人类共同价值 /499

第三节 全球治理的中国方案：人类命运共同体 /500

一、全球治理重要论述与人类命运共同体理念的发展历程 /501

二、构建人类命运共同体的世界意蕴 /504

第四节 中国式现代化新道路的世界贡献 /507

一、中国式现代化新道路为马克思主义新发展作出贡献 /508

二、中国式现代化新道路为发展中国家现代化提供中国
模式 /509

后 记 /512

第一章　导　论

本章概述

本章作为导论，主要阐释中国特色社会主义社会学产生和发展的历史背景、形成渊源、研究对象、研究视角和研究方法，以及发展中国特色社会主义社会学的基本原则、重点任务、主要路径和重要意义。学习本章，可以系统地了解中国特色社会主义社会学的要义和来龙去脉，从总体上认识和把握中国特色社会主义社会学的理论体系和实践意义。

第一节　中国特色社会主义社会学产生和发展的历史背景

中国特色社会主义社会学应改革开放这一广泛而深刻的社会变革而生，因中国特色社会主义这一伟业而兴。正是中国特色社会主义宏大而独特的创新实践，为中国特色社会主义社会学的建构提供了现实依据、理论条件和逻辑联系，使其正在发展成为一门涵盖社会发展全方位、全领域、全要素的独立学科。

一、中国特色社会主义是改革开放以来党的全部理论与实践的主题

我国社会发展进程雄辩地证明：中国特色社会主义是中国共

产党带领全国人民团结奋斗的旗帜，是当代中国社会发展前进的根本方向，是改革开放以来党的全部理论与实践的主题。只有坚持和发展中国特色社会主义，才能把我国建设成为社会主义现代化强国，才能实现中华民族的伟大复兴。

中国特色社会主义不是从天上掉下来的，它是科学社会主义理论逻辑与中国社会发展现实逻辑的有机统一，具有深厚的历史渊源和广泛的现实基础。它是在改革开放 40 多年的伟大实践中得来的，是在中华人民共和国成立 70 多年的持续探索中得来的，是在中国共产党领导全国人民进行伟大社会革命百年实践中得来的，是在近代以来中华民族由衰到盛 180 多年的历史进程中得来的，是在对中华民族 5000 多年的传承发展中得来的。它是党和人民历尽千辛万苦、付出巨大代价取得的根本成就，是历史的选择、人民的选择、时代的选择。正是因为中国共产党把握历史趋势、顺应时代要求和人民意愿，开创了中国特色社会主义这一历史伟业，中国的社会主义现代化建设才取得了辉煌的成就，中华民族的伟大复兴才展现出了光辉的前景。

中国特色社会主义是在改革开放新时期开创的，贯穿于改革开放以来党的全部理论和实践之中。1978 年年底召开的党的十一届三中全会，在总结新中国成立以来我国社会主义革命与建设经验教训的基础上，果断地作出把党和国家的工作重心转移到经济建设上来，实行改革开放的重大决策，开启了改革开放的新时期。邓小平在党的十二大上作出"走自己的道路，建设有中国特色的社会主义"的基本论断。从此之后，党的全部理论和实践活动都是围绕着中国特色社会主义这个主题展开和深化的。继党的十二大首次提出"有中国特色的社会主义"这一概念之后，党的历次代表大会报告的题目中都包含"中国特色社会主义"这个主题词。党的十三大报告的题目是《沿着有中国特色的社会主义道路前进》。党的十四大、十五大报告的题目分别为《加快改革开放和现代化建设步伐，夺取有中国特色社会主义事业的更大胜利》和《高举邓小平理论伟大旗帜，把建设有中国特色社会主义事业全面推向二十一世纪》，从党的十六大报告开始，将"有中国特色社会主义"改为"中国特色社会主义"。党的十六大报告题目是《全面建设小康社会，开创中国特色社会主义事业新局面》，党的十七大、十八大报告的题目分别是《高举中国特色社会主义伟大旗帜，为夺取全面建设小康社会新胜利而奋斗》和《坚定不移沿着中国特色社会主义道路前进，为全面建成小康社会而奋斗》。在党的十九大上，习近平总书记在《决胜全面建成小康社会，夺取新时代中国特色社会主义伟大胜利》报告中，从理论与实践的结合上对新时代坚持和发展中国特色社会主义作出了理论阐述和实践部署。在党的二十大上，习近平总书记作了《高举中国特色社会主义伟大旗帜，为全面建设社会主义现代化国家而团结奋斗》的报告，擘画了中国式现代化全面推进中华民族伟大复兴的宏伟蓝图。从党的十二大以来历次党代会报告题目及其内容可以看出，改革开放以来党的全部理论与实践都是在发展进程中对中国特色社会主义这一主题的坚持拓展和深化创新。

二、中国特色社会主义是一场宏大而独特的社会实践创新

中国特色社会主义是一代又一代共产党人团结带领人民接续奋斗出来的，经历了奠基、形成、发展、进入新时代的历史进程，为中国特色社会主义社会学提供了理论研究与实践创新的沃土。

新中国成立之初，中国是一个贫穷落后的国家。一辆汽车、一辆拖拉机都不能造，日用品依赖国外进口，"洋火"、"洋油"无不印证着中国的积贫积弱、一穷二白。在这样的基础上推进革命

与建设，实行什么样的主义，关键要看这个主义能否解决这个国家面临的历史课题。党带领人民选择了社会主义，开启了革命与建设的伟大征程。首先是社会主义政治制度的建立。新中国第一部宪法规定："中华人民共和国的一切权力属于人民。"中国人民真正翻身作主，成为掌握自己命运的主人。人民代表大会制度、中国共产党领导的多党合作和政治协商制度、民族区域自治制度等接续建立。接着，对生产资料私有制的社会主义改造，完成了前所未有的深刻的社会变革。通过一系列适合中国特点的由初级到高级逐步过渡的形式，个体农民、手工业者、私营工商业者改变了旧的生产方式，我国社会主义经济制度确立起来了。党领导人民在社会主义制度的基础上，大力发展生产力，为实现国家富强、人民幸福而奋斗，实现了中华民族由不断衰落到根本扭转命运、持续走向繁荣富强的伟大飞跃。党在社会主义革命和建设中取得的独创性理论成果和巨大成就，为在新的历史时期开创中国特色社会主义提供了宝贵经验、理论准备、物质基础。

党的十一届三中全会，作出了把全党工作重点转移到社会主义现代化建设上来、实行改革开放的历史性决策，开启了新中国成立以来党的历史上具有深远意义的伟大转折。改革率先在农村突破，尔后波澜壮阔，从乡村到城市，从沿海到内陆，从单项体制到系统性改革。党统筹改革发展稳定的实践，明确提出走自己的路、建设中国特色社会主义，科学回答了建设中国特色社会主义的一系列基本问题，制定了基本实现社会主义现代化的发展战略，成功开创了中国特色社会主义。

党的十三届四中全会以后，国内外形势异常复杂，世界社会主义出现严重曲折。党紧紧地依靠人民捍卫了中国特色社会主义，确立了社会主义市场经济体制的改革目标和基本框架，确立了社会主义初级阶段的基本经济制度和分配制度，开创了全面改革开放新局面，成功地把中国特色社会主义推向 21 世纪。

党的十六大以后，党团结带领全党全国各族人民，根据新的发展要求，抓住重要战略机遇期，在全面建设小康社会进程中推进实践创新，形成了中国特色社会主义事业总体布局，着力保障和改善民生，促进社会公平正义，推动建设和谐社会，推进党的执政能力建设和先进性建设，成功地在新的历史起点上坚持和发展了中国特色社会主义。

中国特色社会主义是中国社会发展的必然历史过程，它随着形势和条件的变化而不断向前发展。经过长期努力，中国特色社会主义进入了新时代，这是我国发展新的历史方位。从发展阶段看，党的十八大以来，改革开放和社会主义现代化建设取得历史性成就，我国发展站到了新的历史起点上，中国特色社会主义进入新的发展阶段。党的理论创新实现了新飞跃，党的执政方式和执政方略有重大创新，发展理念和发展方式有重大转变，发展环境和发展条件有重大变化，发展水平和发展要求变得更高。从社会主要矛盾看，我国社会主要矛盾已经由人民日益增长的物质文化需要同落后的社会生产之间的矛盾，转化为人民日益增长的美好生活需要和不平衡不充分的发展之间的矛盾。这一重大历史性变化，对发展全局产生了广泛而深刻的影响。但社会主要矛盾的变化，并没有改变我国仍处于并将长期处于社会主义初级阶段的基本国情，并没有改变我国是世界最大发展中国家的国际地位。只有牢牢把握社会主义初级阶段这个基本国情，牢牢立足社会主义初级阶段这个最大实际，牢牢坚持党的基本路线，才能既不落后于时代，也不脱离实际、超越阶段。从奋斗目标看，2021 年是"十四五"规划的开局之年，也是两个百年奋斗目标交汇的关键历史节点。我们建成了全面小康社会、实现了第一个百年奋斗目标，又乘势而上开启全面建设社会主义现代化国家新征程，向第二个百年奋斗目标进军。从国际地位看，当代中国正处在从大国走向强国的关键时期，已不再是国际秩序的被动接受者，而是积极的参与者、建设者、引领者。世界对中国的关注，从未像今天这样广泛、深切、聚焦；中国对世界的影响，也从未像今天这样全面、深刻、长远。这些重大变化，都需要从新的历史方位、新的时代坐标来科学认识和全面把握。

三、中国特色社会主义道路、理论、制度、文化四位一体

中国特色社会主义是一个完整的体系，集道路、理论、制度、文化四位一体。改革开放 40 多年来，我们取得一切成绩和进步的根本原因，就是开辟了中国特色社会主义道路，形成了中国特色社会主义理论体系，确立了中国特色社会主义制度，发展了中国特色社会主义文化。

中国特色社会主义道路，奠基于社会主义革命与建设实践中，创立于改革开放新时期。这一道路就是在中国共产党领导下，立足基本国情，以经济建设为中心，坚持四项基本原则，坚持改革开放，解放和发展社会生产力，巩固和完善社会主义制度，建设社会主义市场经济、社会主义民主政治、社会主义先进文化、社会主义和谐社会、社会主义生态文明，促进人的全面发展，逐步实现全体人民共同富裕，建设富强、民主、文明、和谐、美丽的社会主义现代化强国。这条道路明确了中国特色社会主义的领导力量、现实依据、基本路线、主要任务、总体布局和奋斗目标，指明了实现中华民族伟大复兴的正确方向。

中国特色社会主义理论，开拓了科学社会主义的新境界，凝

结了几代中国共产党人团结带领人民不懈探索实践的智慧和心血，是改革开放以来党推进马克思主义中国化所取得的理论创新成果，是党最宝贵的政治和精神财富，是全国各族人民团结奋斗的共同思想基础。这一理论体系具有鲜明的科学性和真理性、人民性和实践性、开放性和时代性。这一理论体系，明确了中国特色社会主义的思想路线、发展道路、发展阶段、根本任务、发展动力、发展战略、依靠力量、国际战略、领导力量等重大问题，是贯通马克思主义哲学、政治经济学、科学社会主义等领域，覆盖经济、政治、文化、社会、生态文明、国防、外交、统一战线、祖国统一、党的建设等方面的系统的科学理论体系。习近平新时代中国特色社会主义思想，是这一理论体系的最新成果。在当代中国，坚持习近平新时代中国特色社会主义思想，就是真正坚持中国特色社会主义理论体系，就是真正坚持马克思主义。

中国特色社会主义制度，是在社会主义建设和改革过程中形成的，有关经济、政治、文化、社会、生态文明等各个领域的一整套相互衔接、相互联系的制度体系，根本制度、基本制度、重要制度构成了这一体系的"四梁八柱"。这一制度体系坚持把根本政治制度、基本政治制度同基本经济制度以及各方面体制机制等具体制度有机结合起来，坚持把国家层面民主制度同基层民主制度有机结合起来，坚持把党的领导、人民当家作主、依法治国有机结合起来，符合我国国情，集中体现了中国特色社会主义基本特征和优势，必须长期坚持并在实践中不断改革和完善。要坚持和完善现有制度，从实际出发，及时制定一些新的制度，构建系统完备、科学规范、运行有效的制度体系，使各方面制度更加成熟、更加定型。

中国特色社会主义文化，是激励全党全国各族人民奋勇前进的强大精神力量。它源于中华民族5000多年文明历史所孕育的中华优秀传统文化，熔铸于党领导人民在革命、建设、改革中创造的革命文化和社会主义先进文化，植根于中国特色社会主义伟大实践。发展中国特色社会主义文化就是以马克思主义为指导，坚守中华文化立场，立足当代中国现实，结合当今时代条件，发展面向现代化、面向世界、面向未来的，民族的科学的大众的社会主义文化，推动社会主义物质文明和精神文明协调发展。要坚持中国特色社会主义文化发展道路，激发全民族文化创新创造活力，建设社会主义文化强国。

改革开放以来，国家发展和党的治国理政全部活动都是围绕着中国特色社会主义这一核心展开的。中国特色社会主义规定了中国社会发展的方向与道路，也为中国特色社会主义社会学的形成与发展提供了导向与遵循；由道路、理论、制度、文化四位一体构成的中国特色社会主义，为中国特色社会主义社会学的理论架构、重大议题和方法路径提供了指导与依据；新时代的中国特色社会主义，更是为中国特色社会主义社会学学科体系、学术体系、话语体系的深化演进提供了实践沃土、道路与空间。它要求中国特色社会主义社会学要坚持基本国情导向，就是要以我们正在推进的伟大斗争、伟大工程、伟大事业、伟大梦想为核心议题。要深入分析与阐释中国特色社会主义如何将中国社会发展进程与实现中华民族伟大复兴的历史使命紧紧联结在一起；如何将社会主义现代化建设与全体人民共同富裕紧紧地联结在一起；如何将国家的兴衰存亡与个人的前途命运紧紧地联结在一起；如何将中国的社会发展与建构人类命运共同体紧紧地联结在一起。它要求中国特色社会主义社会学要坚持问题导向，服务党和国家的战略安排，回应社会重大关切。坚持以马克思主义为指导，重点研究国家发展和中国共产党治国理政面临的重大理论和实践问题，并提出解决问题的正确思路和有效办法。我国社会学在重建伊始，就以研究与解决中国社会重大发展问题为使命，把研究主题与社会亟须解决的重大理论和现实问题紧密联系起来，很多研究成果受到了党和人民的高度关注。当前，我国正处在两个百年奋斗目标历史交汇的关键期，经济社会发展进入一个新的历史阶段，面临着全新的任务与新的机遇，也面临着一系列新情况新挑战，这些都为中国特色社会主义社会学提供了丰厚的研究土壤与广阔的探索空间。它要求中国特色社会主义社会学要坚持目标导向，以社会主义现代化强国建设、实现中华民族的伟大复兴为奋斗目标，深入分析与阐释达成这一伟大目标需要经历的基本实现社会主义现代化与建成现代化强国这样两个相互衔接的发展阶段；这样的发展阶段会给我国社会的动力结构、社会结构、城乡结构、区域结构与人们的收入分配结构，民生建设与社会保障、社会建设与社会治理带来什么样的质的规定性，哪些数量分析方法可以更为精准地描述这些质的规定性，以将中国特色社会主义社会学建立在科学的基础之上；如何在发展中准确地把握和处理公平与效率、政府与市场、社会与个人、中国与世界的关系；如何使社会主义现代化建设成为凝聚整个中华民族共同意志，成为人们心之所向、身之所往的伟大事业。

第二节　中国特色社会主义社会学的理论来源

社会学同其他社会学科一样，其形成和发展都呈现着所处时代的指导思想和实践进程。中国特色社会主义社会学既不是简单延续一般社会学的母版，也不是简单套用马克思主义基本原则的模板，更不是其他国家社会实践的再版。它是在马克思主义基本理论特别是中国化马克思主义指导下，从中国改革开放的伟大实践出发，结合中华文化的创新性发展与创造性转化而形成和发展的。没有马克思主义，没有马克思主义的中国化，没有中国特色社会主义，就没有中国特色社会主义社会学。

一、马克思主义是中国特色社会主义社会学的理论基础

马克思、恩格斯把社会主义思想建于唯物史观和剩余价值学说两大基石之上，创立了科学社会主义，使社会主义实现了从空想到科学的伟大飞跃。尽管在马克思、恩格斯那里没有"社会学"一词，但其思想直接孕育了马克思主义社会学传统，为人们提供了观察和研究社会的基本理论、基本观点、基本方法。马克思主义深刻揭示了资本主义产生、发展、灭亡与共产主义在全球胜利的历史必然性；深入论述了社会系统的运动和发展是一个自然历史过程；社会物质生活过程决定社会精神生活过程；生产力和生产关系、经济基础与上层建筑的矛盾构成社会的基本矛盾，是社会发展的根本动力；生产力是人类社会生活和全部历史的基础，生产关系是社会关系中最基本的关系，生产力决定生产关系，生产关系又反作用于生产力；经济基础决定上层建筑，政治、法律、宗教等上层建筑是经济基础的反映，又反作用于经济基础；人们的社会存在决定社会意识；人民群众是历史的创造者等论述，关于资本主义社会的阶级和阶级斗争，经济剥削、政治压迫和社会不平等问题，社会主义社会制度建立与发展，人类社会发展规律，人的本质、人类的解放和发展等理论，关于市民社会，人口、婚姻、家庭发展变化，城乡差距与城乡发展，社会现代化等论述，全面而深刻地诠释了马克思主义的社会观。马克思主义的经典著

作《英国工人阶级状况》、《资本论》、《社会主义从空想到科学的发展》、《家庭、私有制和国家的起源》、《论犹太人问题》等，都为马克思主义社会学奠定了理论基础。

　　马克思、恩格斯设想，在未来社会中，"生产将以所有的人富裕为目的"①，"所有人共同享受大家创造出来的福利"②。恩格斯结合马克思在《共产党宣言》、《哥达纲领批判》、《资本论》等著作中提出的一系列主张，阐明在社会主义条件下，社会应该"给所有的人提供健康而有益的工作，给所有的人提供充裕的物质生活和闲暇时间，给所有的人提供真正的充分的自由"③。列宁明确赋予马克思主义社会学说以"科学的社会学"的评价，提出唯物辩证法是"社会学中的科学方法"。列宁的重要著作《马克思主义的三个来源和三个组成部分》、《国家与革命》、《帝国主义论》、《论合作社》等，不仅坚持了马克思主义的社会学说，而且以俄国的社会主义实践丰富了这些基本原则与理论，使马克思主义进入了列宁主义阶段，使马克思主义社会学说进一步时代化，迸发出蓬勃的生命力与影响力。

二、中国化的马克思主义是中国特色社会主义社会学的指导思想

　　马克思主义中国化的实践进程开启于中国革命运动，关于中国历史方位、革命性质和前途命运的求解构成了马克思主义中国化的动力之源。正是以毛泽东同志为主要代表的中国共产党人，坚

---

　　①　马克思：《经济学手稿(1857—1858年)》下册，见《马克思恩格斯全集》第46卷下册，222页，北京，人民出版社，1980。

　　②　恩格斯：《共产主义原理》，见《马克思恩格斯选集》第1卷，308页，北京，人民出版社，2012。

　　③　恩格斯：《弗·恩格斯对英国北方社会主义联盟纲领的修正》，见《马克思恩格斯全集》第21卷，570页，北京，人民出版社，1965。

持把马克思主义基本原理与中国革命和建设实际相结合，形成了毛泽东思想，实现了马克思主义中国化的第一次历史性飞跃。在新民主主义革命时期，中国共产党人以确定中国社会革命的性质为突破口，运用马克思主义第一次明确了中国革命是民族革命与民主革命的统一，革命的对象是帝国主义、封建主义与官僚资本主义，为中国革命必然由新民主主义走向社会主义提供了依据；创造性地运用马克思主义对中国革命的领导核心、主体构成和依靠力量进行了明确的界定，不仅为中国共产党在革命中的领导地位以及中国人民在革命中的主体地位奠定了基础，而且为党解决革命时期社会阶层的分化和冲突提供了科学方法，明确了马克思主义中国化的无产阶级立场与为人民服务的价值取向。澄清了党内存在的对马克思主义的片面理解，确立起实事求是的思想路线，凝练了中国化马克思主义理论即毛泽东思想的精髓要义，为马克思主义中国化在变化发展的社会实践中进一步深化和拓展提供了基础框架。新中国成立后，在毛泽东思想的指导下，创造性地完成了中国新民主主义革命向社会主义革命的转变，确立了社会主义基本制度，为当代中国一切发展进步奠定了根本政治前提和制度基础。如何在中国建设社会主义，没有现成的模式可循。在艰辛的探索实践中，毛泽东提出了一系列关于中国社会主义建设的重要观点，涉及政治、经济、文化、国防、外交等各个领域和方面。如关于社会主义社会可以分为不发达的社会主义和比较发达的社会主义两个阶段的思想，关于社会主义社会的基本矛盾仍然是生产力和生产关系的矛盾、经济基础和上层建筑的矛盾的思想，关于探索适合中国国情的社会主义道路的思想等。这些重要思想，为中国特色社会主义理论体系的形成提供了直接的理论渊源。

进入改革开放新时期，以邓小平同志为主要代表的中国共产党人，坚持解放思想、实事求是的思想路线，把马克思主义的基本原理与中国具体实际和时代特征紧密结合起来，科学判断时代特点和时代主题，彻底否定"以阶级斗争为纲"的错误理论与实践，以巨大的政治勇气和理论勇气推进改革开放，从理论和实践上深刻回答了在中国这样一个经济文化较为落后的国家建设什么样的社会主义、如何建设社会主义的问题。第一次比较系统地初步回答了中国社会主义的发展道路、发展阶段、根本任务、发展动力、外部条件、政治保证、战略步骤、党的领导和依靠力量以及祖国统一等一系列基本问题，指导党制定了社会主义初级阶段的基本路线。实现了马克思主义中国化的第二次历史性飞跃，创立了中国特色社会主义理论体系。

以江泽民同志为主要代表的中国共产党人，准确把握时代要求和党所处的历史方位，准确把握时代特点和党的任务，认真研究和解决推动中国社会进步和加强党的建设的问题，从国内外形势的发展变化出发，提出了中国共产党要始终代表中国先进生产力的发展要求、始终代表中国先进文化的前进方向、始终代表中国最广大人民的根本利益"三个代表"重要思想，提出了一系列新的理论观点和政策思想。坚持改革开放、与时俱进，发展社会主义市场经济理论，提出推进党的建设新的伟大工程，加深了对什么是社会主义、怎样建设社会主义和建设什么样的党、怎样建设党的认识。"三个代表"重要思想是对马克思列宁主义、毛泽东思想、邓小平理论的继承和发展，是加强和改进党的建设、推进我国社会主义自我完善和发展的强大理论武器，是中国共产党集体智慧的结晶，丰富和发展了中国特色社会主义思想，推进了马克思主义的中国化进程。

以胡锦涛同志为主要代表的中国共产党人，立足社会主义初级阶段基本国情，总结我国发展实践，借鉴国外发展经验，适应新的发展要求，提出科学发展观。科学发展观是马克思列宁主义同当代中国实际和时代特征相结合的产物，是马克思主义关于发展的世界观和方法论的集中体现。科学发展观对新形势下实现什么样的发展、怎样发展等重大问题作出了新的科学回答，强调坚持以人为本、全面协调可持续发展，统筹兼顾，提出构建社会主义和谐社会、加快生态文明建设，形成中国特色社会主义事业总体布局，把我们对中国特色社会主义规律的认识提高到新的水平。科学发展观是马克思主义中国化的重大成果。

进入新时代，我国"前所未有地靠近世界舞台中心，前所未有地接近实现中华民族伟大复兴的目标，前所未有地具有实现这个目标的能力和信心"，但也面临着许多严峻的挑战和困难。以习近平同志为核心的党中央，科学判断国内外形势变化和我国各项事业发展的要求，紧密结合新的时代条件和实践要求，围绕新时代坚持和发展什么样的中国特色社会主义、怎样坚持和发展中国特色社会主义的重大时代课题，以全新的视野深化对共产党执政规律、社会主义建设规律、人类社会发展规律的认识，进行艰辛的理论探索，创立了习近平新时代中国特色社会主义思想。这一思想内涵丰富，包括新时代坚持和发展中国特色社会主义的总目标、总任务、总体布局、战略布局和发展方向、发展方式、发展动力、战略步骤、外部条件、政治保证，涉及经济、政治、法治、科技、文化、教育、民生、民族、宗教、社会、生态文明、国家安全、国防和军队、"一国两制"和祖国统一、统一战线、外交、党的建设等各方面。其中在党的十九大报告中阐述的"8个明确"和"14个坚持"，是习近平新时代中国特色社会主义思想的核心内容。

"8个明确"是这一思想最为核心的组成部分，每一个"明确"

都具有原创性。一是明确坚持和发展中国特色社会主义。二是明确新时代我国社会主要矛盾是人民日益增长的美好生活需要和不平衡不充分的发展之间的矛盾，必须坚持以人民为中心的发展思想，不断促进人的全面发展、全体人民共同富裕。三是明确中国特色社会主义事业总体布局是"五位一体"、战略布局是"四个全面"，强调坚定道路自信、理论自信、制度自信、文化自信。四是明确全面深化改革总目标是完善和发展中国特色社会主义制度、推进国家治理体系和治理能力现代化。五是明确全面推进依法治国总目标是建设中国特色社会主义法治体系、建设社会主义法治国家。六是明确党在新时代的强军目标是建设一支听党指挥、能打胜仗、作风优良的人民军队，把人民军队建设成为世界一流军队。七是明确中国特色大国外交要推动构建新型国际关系，推动构建人类命运共同体。八是明确中国特色社会主义最本质的特征是中国共产党领导，中国特色社会主义制度的最大优势是中国共产党领导，党是最高政治领导力量，提出新时代党的建设总要求，突出政治建设在党的建设中的重要地位。

"14个坚持"偏重于实践层面、方略层面的展开，从结构和逻辑看，体现着坚持和加强党的全面领导这一当代中国的最高政治原则，贯穿着以自我革命引领社会革命的内在逻辑。一是坚持党对一切工作的领导；二是坚持以人民为中心；三是坚持全面深化改革；四是坚持新发展理念；五是坚持人民当家作主，坚持党的领导、人民当家作主、依法治国有机统一是社会主义政治发展的必然要求；六是坚持全面依法治国；七是坚持社会主义核心价值体系；八是坚持在发展中保障和改善民生；九是坚持人与自然和谐共生；十是坚持总体国家安全观；十一是坚持党对人民军队的绝对领导；十二是坚持"一国两制"和推进祖国统一；十三是坚持推动构建人类命运共同体；十四是坚持全面从严治党。

习近平新时代中国特色社会主义思想，是对马克思列宁主义、毛泽东思想、邓小平理论、"三个代表"重要思想、科学发展观的守正创新，是马克思主义中国化的最新成果，其以一系列原创性战略性的重大思想观点丰富和发展了马克思主义，是当代中国的马克思主义、21世纪的马克思主义，开辟了马克思主义中国化新境界，在马克思主义中国化进程中具有里程碑意义。

中国革命、建设、改革时期，为马克思主义中国化提供了丰富的实践场域，提出了人民之问、社会之问、时代之问。一代又一代中国共产党人坚持马克思主义的基本立场、基本理论、基本方法，从理论与实践的结合上回答了在落后的东方大国，革命性质、革命对象、领导核心、革命主体、革命前途的问题，使中国成功地从新民主主义革命转入社会主义革命；从理论与实践的结合上回答了什么是社会主义、如何建设社会主义的问题，开创了中国特色社会主义，使人口众多、经济薄弱的中国赶上了时代步伐，成功实现了从站起来到富起来的伟大飞跃；从理论与实践的结合上回答了什么是新时代中国特色社会主义、如何建设新时代中国特色社会主义的问题，成功地全面建成小康社会，推进社会主义强国建设，正在经历着从富起来到强起来的伟大飞跃。正是锲而不舍的奋斗，推动着马克思主义中国化进入全新阶段；正是不断的中国化使马克思主义得以完善、发展和创新。

因此，马克思主义特别是中国化的马克思主义，是中国特色社会主义的理论之源，是中国特色社会主义社会学的指导思想。只有遵循马克思主义中国化的理论逻辑和实践逻辑，中国特色社会主义社会学才能够清晰描述中华民族比任何时候都更接近于伟大复兴的路线图；才能够科学回答中国如何成功地跨越卡夫丁峡谷、如何成功地跨越"中等收入陷阱"的世界性难题；才能够彻底解开在推进现代化进程中我国如何成功地避免现代化的世界"通病"，在实现经济高速增长的同时保持社会长期稳定之谜。

三、中华文化为中国特色社会主义社会学注入丰富的滋养

中华文明历史悠久，是世界文明中始终没有中断而发展至今的文明，有着丰富的社会思想与智慧，为中国特色社会主义社会学的形成和发展提供了文化滋养。正如习近平总书记所指出的："中国优秀传统文化的丰富哲学思想、人文精神、教化思想、道德理念等，可以为人们认识和改造世界提供有益启迪，可以为治国理政提供有益启示，也可以为道德建设提供有益启发。对传统文化中适合于调理社会关系和鼓励人们向上向善的内容，我们要结合时代条件加以继承和发扬，赋予其新的涵义。""这些思想文化体现着中华民族世世代代在生产生活中形成和传承的世界观、人生观、价值观、审美观等，其中最核心的内容已经成为中华民族最基本的文化基因。这些最基本的文化基因，是中华民族和中国人民在修齐治平、尊时守位、知常达变、开物成务、建功立业过程中逐渐形成的有别于其他民族的独特标识。""我们从来认为，马克思主义基本原理必须同中国具体实际紧密结合起来，应该科学对待民族传统文化，科学对待世界各国文化，用人类创造的一切优秀思想文化成果武装自己。"①

中华优秀传统文化为中国特色社会主义社会学在社会价值观、伦理观、治理观、和谐社会、社会理想、人格完善等方面提供了丰富营养与有益启示，是中华民族的根和魂。

---

① 习近平：《在纪念孔子诞辰 2565 周年国际学术研讨会暨国际儒学联合会第五届会员大会开幕会上的讲话》，载《人民日报》，2014-09-25。

——社会价值观。儒家强调"仁、义、礼、智、信","仁"和"礼"是孔子思想的核心,孔子说:"克己复礼为仁。一日克己复礼,天下归仁焉。"①中国古代思想家提出了关于民本、仁爱、互助、诚信、礼仪等社会价值观,讲仁爱、重民本、守诚信、崇正义、尚和合、求大同这些价值观,成为中华民族的精神积淀,树立起社会的基本行为规范。

——社会伦理观。孔子强调道德教化,主张礼治与秩序,提倡忠恕之道,要求处理好君臣、父子、夫妇、兄弟、朋友之间的关系,做到"己欲立而立人,己欲达而达人"②、"己所不欲,勿施于人"③。曾子说:"夫子之道,忠恕而已矣。"④孔子说:"道之以德,齐之以礼,有耻且格。"⑤"有君子之道四焉:其行己也恭,其事上也敬,其养民也惠,其使民也义。"⑥

——社会治理观。中国传统思想主张家国同构、家国一体、家国情怀,个人、家庭和国家构成了彼此依赖、相互依存的关系,强调个人服从于集体、个人服务于社会、个人贡献于国家,"天下兴亡,匹夫有责"。孟子说:"人有恒言,皆曰:'天下国家。'天下之本在国,国之本在家,家之本在身。"⑦强调"忠"和"孝"的观念,"忠臣以事其君,孝子以事其亲,其本一也"⑧。荀子提出"群"的概念,主张合群、能群、善群和乐群之学,就是我们今天研究的社会学。

---

① 《论语·颜渊》。
② 《论语·雍也》。
③ 《论语·卫灵公》。
④ 《论语·里仁》。
⑤ 《论语·为政》。
⑥ 《论语·公冶长》。
⑦ 《孟子·离娄上》。
⑧ 《礼记·祭统》。

——和谐社会。中国传统思想以和为贵,强调"礼之用,和为贵"①,社会成员宽和待人、群体和谐共处、社会运行井然有序、和谐安宁,追求社会和谐的价值目标。孔子主张"和而不同"②,孟子说"天时不如地利,地利不如人和"③。《礼记·中庸》提出:"中也者,天下之大本也;和也者,天下之达道也。致中和,天地位焉,万物育焉。"④中国自古就推崇"协和万邦"、"亲仁善邻,国之宝也"、"四海之内皆兄弟也"等和平思想。

——社会理想。中国古代思想家提出的理想社会,就是由"小康"走向"大同",小康的特点是"天下为家",各人为自己,"礼义以为纪"、"以著其义,以考其信,著有过,刑仁讲让,示民有常"。大同就是未来的理想社会:"大道之行也,天下为公,选贤与能,讲信修睦。故人不独亲其亲,不独子其子,使老有所终,壮有所用,幼有所长,矜寡孤独废疾者皆有所养,男有分,女有归。货恶其弃于地也,不必藏于己;力恶其不出于其身也,不必为己。是故谋闭而不兴,盗窃乱贼而不作,故外户而不闭。是谓大同。"⑤可以看出,大同社会体现的是全民公有的社会制度、选贤与能的管理体制、讲信修睦的人际关系、各得其所的社会保障、人人为公的社会道德、各尽其力的劳动态度。

——正己修身。中国传统思想强调个人人格修养,理想人格就是"正人君子","仁"和"义"是君子人格的理想境界。孟子说:"仁,人心也;义,人路也。"⑥仁是做人的根本,义是实现仁的途

①　《论语·学而》。
②　《论语·子路》。
③　《孟子·公孙丑下》。
④　《中庸》第一章。
⑤　《礼记·礼运》。
⑥　《孟子·告子上》。

径，提倡舍生以取义、献身以成仁。君子要做到博学、审问、慎思、明辨、笃行。《周易》中说："天行健，君子以自强不息；地势坤，君子以厚德载物。"①《礼记·中庸》说："君子尊德性而道问学，致广大而尽精微，极高明而道中庸。温故而知新，敦厚以崇礼。"②《大学》开宗明义指出："大学之道，在明明德，在亲民，在止于至善。"③君子之道就是要格物致知、诚意正心、修身齐家、治国平天下，通过刻苦修炼，实现人生理想。

在带领中国人民进行革命、建设、改革的长期历史实践中，中国共产党人始终坚持以马克思主义为指导，始终是中华优秀传统文化的忠实继承者和弘扬者，从孔子到孙中山，中国共产党都注意汲取其中积极的养分。正是因为坚持把马克思主义基本原理同中华优秀传统文化相结合，坚持从历史走向未来，在延续民族文化血脉中开拓前进，中国共产党团结带领人民才取得了革命、建设、改革的伟大成就。特别是党的十八大以来，以习近平同志为核心的党中央把马克思主义基本原理同中华优秀传统文化相结合提升到一个新的高度。习近平总书记十分重视中华优秀传统文化的历史传承和创新发展，始终从中华民族最深沉、最深厚精神追求的深度看待优秀传统文化，从国家战略资源的高度继承优秀传统文化，从推动中华民族现代化进程的角度创新发展优秀传统文化。

中华优秀传统文化为中国特色社会主义社会学提供了丰厚的文化滋养。我们要认真落实习近平总书记的要求，"加强对中华优秀传统文化的挖掘和阐发，使中华民族最基本的文化基因与当代

---

① 《周易·乾卦》、《周易·坤卦》。
② 《中庸》第二十七章。
③ 《大学·大学之道》。

文化相适应、与现代社会相协调，把跨越时空、超越国界、富有永恒魅力、具有当代价值的文化精神弘扬起来。要推动中华文明创造性转化、创新性发展，激活其生命力，让中华文明同各国人民创造的多彩文明一道，为人类提供正确精神指引。要围绕我国和世界发展面临的重大问题，着力提出能够体现中国立场、中国智慧、中国价值的理念、主张、方案"①。

四、西方社会学理论为中国特色社会主义社会学提供研究借鉴

西方社会学产生于工业革命时期。随着资本主义的发展，社会矛盾和冲突日益凸显，社会出现无序和失范状态。为了解释纷纭复杂的社会现象，纾解社会矛盾和问题，重建良好的社会秩序，一些思想家运用文艺复兴以来的思想解放成果，借鉴自然科学的研究方法，创立了研究社会的专门学科。

法国学者孔德最早提出了"社会学"的概念，因此被称为西方社会学的创始人。当时欧洲自然科学获得了长足的发展，特别是数学、物理学、生物学取得重大研究成果。孔德把自然科学的研究方法运用于社会分析，提出了"社会物理学"，试图用研究物理的方法来研究社会，把对社会的研究建立在科学的基础之上。他区分了研究社会结构的"社会静力学"和研究社会发展的"社会动力学"，又从生物学上加以解释，把前者叫作"社会解剖学"，把后者叫作"社会生理学"。孔德提出的社会学，也被称为"实证主义的社会学"，强调用自然科学的实证主义方法来研究社会。英国学者斯宾塞则运用达尔文创立的"进化论"来研究社会，认为社会是一个有机体，由简单到复杂不断发展进化，遵循着"生存竞争、优胜劣

---

① 习近平：《在哲学社会科学工作座谈会上的讲话》（2016 年 5 月 17 日），17 页，北京，人民出版社，2016。

汰、适者生存"的规律，这构成了社会进化的基本动因。这种观点被称为"社会有机论"和"社会进化论"。

西方社会学在发展中形成两大传统流派：一派是由孔德开创并为迪尔凯姆所继承的实证主义社会学传统。法国社会学家迪尔凯姆强调社会学的研究对象是社会事实，他提出了社会团结、社会调适、社会整合等概念，他的《社会学方法的规则》系统地介绍了实证主义的研究方法。另一派是以韦伯为代表的理解社会学传统。德国社会学家韦伯认为，社会学的研究对象是人的社会行动，研究方法是"理解性解释"，他提出了"价值相关性"与"价值中立性"的划分，其著《新教伦理与资本主义精神》专门研究了新教伦理对资本主义发展的促进作用，他还提出了权威类型和科层制组织结构。由于这两大流派分别从客观的角度和主观的角度来研究分析社会，因此它们也被称为"客观社会学"和"主观社会学"。

西方社会学的中心从欧洲转到美国之后，兴起了"芝加哥学派"，主要是以实用主义为指导，专注于社会调查，研究了美国的都市化、移民、种族冲突、贫困、犯罪等社会问题。第二次世界大战以后，美国出现了以帕森斯为代表的结构功能主义社会学，把社会看作一个系统，对社会的各个部分进行结构功能分析，提出了社会稳定、社会均衡、社会冲突、社会整合等概念。同时，在社会学的发展过程中，还产生了以米尔斯为代表的社会冲突理论，以霍夫曼为代表的交换理论，以米德等人为代表的符号互动论，以布劳为代表的宏观结构理论，以及英克尔斯关于人的现代化理论、吉登斯提出的结构化理论、哈贝马斯提出的沟通行动理论、布迪厄提出的实践反思理论，等等。

总体来看，西方社会学一般奉行改良主义，普遍存在着"西方中心论"的倾向，存在着机械的二元对立的思维特点，虽然倡导

"价值中立"，但其维护资本主义社会制度的价值取向是很明显的。对西方社会学的研究成果，我们不能因噎废食，而是要以批判继承的态度，去伪存真、取其精华，重视其社会学研究的专业化水平，借鉴国外社会学的有益成果，启发社会学研究的想象力。

发展中国特色社会主义社会学，要充分吸收国内外社会学已有的研究成果，这样才有利于创造性的发展。国内外社会学发展到今天，已经建立和形成了许多比较成熟的理论，包括社会学的概念、范式、认知和体系，这些应该成为我们研究的基础，也是我们与国内外社会学对话的平台。一些社会学已有的基本概念和理论框架等，都可以很好地加以借鉴。比如，宏观社会学和微观社会学的划分，据此所作的宏观分析和微观分析，在微观分析中所包含的社会角色、人的社会化、社会行为、社会互动、社会群体、社区自治等，宏观分析中所包括的社会组织、社会分层、社会流动、社会问题、社会管理、社会制度、社会发展和社会指标、社会变迁和社会现代化等。这些概念和框架，都给我们提供了重要的研究和分析工具，有利于中国特色社会主义社会学的完善和发展。

第三节　中国特色社会主义社会学的基本内涵

一、中国特色社会主义社会学的研究对象

中国特色社会主义社会学是研究和揭示中国特色社会主义社会运行特点和发展规律的科学。其研究对象是中国特色社会主义社会的运行和发展，着重回答中国特色社会主义社会如何运行、

如何发展的理论和实践问题，从中总结出运行和发展的规律。

中国特色社会主义社会学与一般社会学既有联系，又有区别。其联系表现在，都是研究社会运行和发展的规律的学问。一般社会学或者叫作社会学概论，是研究社会运行和发展的一般规律。社会学家从不同角度给出了社会学研究对象的定义。如社会学是对人类社会和社会行为的科学研究。[①] 社会学是一门通过研究人们的社会行动以揭示社会结构和过程的规律性的科学。[②] 社会学是关于社会良性运行和协调发展的条件和机制的综合性具体社会科学。社会学是从综合性、整体性视角，系统研究社会结构和社会过程，深入揭示社会运行和发展规律的社会科学。[③] 两者的主要区别是，中国特色社会主义社会学主要研究中国特色社会主义社会的运行和发展规律，而不是研究一般社会运行和发展的规律。因此，中国特色社会主义社会学既借鉴运用一般社会学的理论、概念、框架、方法，又不同于一般社会学，它更加深入地聚焦于中国特色社会主义社会运行和发展的研究。

中国特色社会主义社会学既具有特殊性又具有普遍性。发展中国特色社会主义社会学，需要处理好特殊性与普遍性的关系，普遍性寓于特殊性之中，并通过特殊性表现出来。中国特色社会主义社会学是以中国特色社会主义理论为指导的社会学，要观察、分析研究中国特色社会主义社会实践问题，它要结合中国实际，总结中国实践，突出中国特色，上升到理论体系、学术体系的高

---

① 〔美〕伊恩·罗伯逊：《社会学》（上），黄育馥译，2页，北京，商务印书馆，1994。

② 陆学艺主编，苏国勋、李培林副主编：《社会学》，1页，北京，知识出版社，1991。

③ 《社会学概论》编写组：《社会学概论》，3页，北京，人民出版社、高等教育出版社，2011。

度，并要达到对社会运行和发展普遍规律性的认识，因此它不仅具有特殊意义，更具有普遍价值。

二、中国特色社会主义社会学的研究视角

中国特色社会主义社会学既坚持马克思主义社会学基本原理，又体现中国特色社会主义的社会特色、时代特色、民族特色、实践特色。学习和研究中国特色社会主义社会学，需要把握好"三个视角"。

一是中国特色。中国特色社会主义社会学必须体现中国特色、突出中国特色。它研究的是中国社会，而不是其他国家和民族的社会。中国社会必然有自己的鲜明特色，主要表现在中国社会有其基本的和特有的国情、社情、民情，有自己的政治、经济、历史、文化以及地域、民族、宗教、信仰、行为规范、风俗习惯、生活方式等。中国有广袤的土地，有辽阔的海洋，有 14 亿多人口、56 个民族，有 5000 多年的文明史，是长期大一统的国家，有辉煌灿烂的物质文明和精神文明，有优秀的传统文化。这些都是我们在研究和发展中国特色社会主义社会学时要充分考虑和深入研究的背景和内容，是必须把握好的重要视角。中国特色社会主义社会学应该是中国化、时代化、实践化的社会学，同时也应该是现代化、国际化的社会学，是中国社会走向现代化的社会学。

二是社会主义。中国特色社会主义社会学研究的是社会主义社会，这不同于资本主义社会，其运行和发展具有社会主义的属性。邓小平提出了关于社会主义的经典论述："社会主义阶段的最根本任务就是发展生产力，社会主义的优越性归根到底要体现在它的生产力比资本主义发展得更快一些、更高一些，并且在发展

生产力的基础上不断改善人民的物质文化生活。"①"一个公有制占主体，一个共同富裕，这是我们所必须坚持的社会主义的根本原则。"②"社会主义的本质，就是解放生产力，发展生产力，消灭剥削，消除两极分化，最终达到共同富裕。"③中国特色社会主义坚持和完善公有制为主体、多种所有制经济共同发展的基本经济制度，坚持和完善按劳分配为主体、多种分配方式并存的分配制度，发展社会主义市场经济，发展社会主义民主政治，发展社会主义先进文化，构建社会主义和谐社会，建设社会主义生态文明。这些都是学习和研究中国特色社会主义社会学必须坚持的基本前提和重大原则，是必须把握好的一个重要视角。中国特色社会主义社会学要研究中国特色社会主义社会价值观，包括人民当家作主、以人民为中心的发展思想、共同富裕理论、社会公平正义、社会主义核心价值观、人的全面发展与社会全面进步、人与自然和谐共生等，这些都是中国特色社会主义社会的基本价值取向和发展方向。

三是社会学。中国特色社会主义社会学的基本学科属性是社会学，而不是政治学、经济学或别的学科。这里要着重区别中国特色社会主义社会学同科学社会主义、同中国特色社会主义理论的不同。科学社会主义是关于资本主义社会矛盾和发展规律、无产阶级解放条件、社会主义革命和建设规律的理论体系，它研究社会主义产生、建立、发展和未来的规律。中国特色社会主义理

---

① 邓小平：《建设有中国特色的社会主义》（一九八四年六月三十日），见《邓小平文选》第 3 卷，63 页，北京，人民出版社，1993。

② 邓小平：《一靠理想二靠纪律才能团结起来》（一九八五年三月七日），见《邓小平文选》第 3 卷，111 页，北京，人民出版社，1993。

③ 邓小平：《在武昌、深圳、珠海、上海等地的谈话要点》（一九九二年一月十八日——二月二十一日），见《邓小平文选》第 3 卷，373 页，北京，人民出版社，1993。

论，系统回答了在中国新的时代条件下什么是社会主义、怎样建设社会主义，实现什么样的发展、怎样发展，建设什么样的党、怎样建设党等重大理论和实际问题。中国特色社会主义社会学则是从社会学的学科角度，研究和阐明中国特色社会主义社会运行和发展的规律，具有社会学的学科属性，是对社会学的创新和发展。中国特色社会主义社会学需要运用社会学的学科语言、理论框架、分析方法，构建中国特色社会主义社会学的学科体系、学术体系、话语体系。

三、中国特色社会主义社会学研究的重点任务

习近平总书记在提出发展中国特色社会主义社会学时，明确要求坚持从中国实践中来、到中国实践中去，使理论和政策创新符合中国实际，具有中国特色，充分体现先进性和科学性；树立国际视野，从中国和世界的联系互动中探讨人类面临的共同课题，为构建人类命运共同体贡献中国智慧、中国方案。这些应该成为中国特色社会主义社会学研究的重要任务。

第一，中国特色社会主义社会学要研究中国特色社会主义社会运行和发展的规律。它要回答中国特色社会主义社会是如何发展、为什么能够发展、发展面临什么样的问题、怎样取得更好发展、达到什么样的发展目标等一系列重要问题。这些涉及中国社会的社会结构、组织方式、行为模式、运行机制、管理体制、治理规范等方面，涉及中国社会的发展阶段、发展战略、发展规划等内容，都需要在深入研究中加以说明和解释，由感性认识上升到理性认识，总结中国特色社会主义社会发展的实践经验和一般规律，反过来用于指导社会发展实践，促进社会良性运行、协调发展和全面进步。

第二，中国特色社会主义社会学要阐释中国社会快速发展的"中国之谜"。改革开放以来，我国经济社会发展取得了举世瞩目的伟大成就。国外许多专家学者分析中国取得成就的原因，试图从现有学科理论的角度予以解释和阐明。特别是一些著名经济学家，发现中国的发展成就用传统的经济学理论无法说明和解释，如"社会主义市场经济"，中国的国家治理模式、经济社会体制和运行机制，都与他们所熟知的很不相同。国外社会学家来解释中国社会发展和变迁，也遇到了同样的问题，"只知其然而不知其所以然"。这是全世界经济学家和社会学家百思不得其解的"中国之谜"。甚至有人说，如果能够解释和说明这一"中国之谜"，就能够获得诺贝尔经济学奖。我国改革开放以来的一项伟大发明，就是提出建立社会主义市场经济体制，实践已经证明其强大生命力，它能够充分发挥市场与政府即"看不见的手"和"看得见的手"两方面的作用，这是西方资本主义市场经济所不具有的，也是过去中国和苏联社会主义计划经济所不具有的。可以说，它结合了两方面的所长，而又避免了两方面的所短，充分显示出独特的综合性制度优势。中国的社会发展是否也有一个充分发挥"看不见的手"与"看得见的手"的相互作用问题，"看不见的手"就是社会的自我运行，其中包含了社会规范和社会自治，包含了传统习惯等文化的力量；"看得见的手"主要是政府的调控和管理，这些与西方社会都很不相同。中国的经济学家、社会学家有条件，也有责任来研究并回答这些问题。我们可以从社会学的角度，阐明中国社会为什么会发展和中国社会是如何发展的，总结中国社会改革与发展的经验和规律，讲好"中国故事"，提供"中国方案"，作出社会学的中国贡献。

第三，中国特色社会主义社会学要回答最具中国特色的社会变迁的重大问题。中国正在经历人类史上迅速和大规模的社会变迁，包括快速的工业化、信息化、城镇化和现代化，这提供了社会学观察和研究社会的难得机遇和最佳土壤。从社会学的角度看，有几个最具中国特色的关键性指标：一是社会改革，中国社会发展变迁是由改革开放所推动的，改革开放是中国社会发展变迁的强大动力，正是改革开放激发出中国社会发展变迁的强劲活力和巨大创造力。二是社会流动，中国正在经历一场大规模的社会流动，形成世界上最大规模的"民工潮"。三是社会分化，包括迅猛发展起来的民营经济所有者群体，还有分化出全世界特有的庞大的农民工群体。四是社会结构变迁，特别是最具中国特色的城乡二元社会结构变迁，正在经历从封闭到开放到融合的过程。五是社会文明跃升，从传统农业社会到现代工业社会，从农村社会到城市社会，从封闭社会到开放社会等。六是社会现代化，中国正处在迅速发展的现代化过程中。有关社会现代化的理论，中国社会学者有得天独厚的条件来研究和发声，提出我们有关社会现代化的看法，也包括对新型工业化和新型城镇化的看法，特别是发展中国家走向社会现代化的"中国选择"和"中国道路"。

第四，中国特色社会主义社会学要突出社会建设、社会治理的内容。社会建设和社会治理的概念，是中国提出来的，也阐述得最多，这是对社会发展的最重要探索，具有最突出的中国特色。比如社会建设，包括发展教育、医疗、文化、体育等社会事业，解决人口、就业、住房、贫困等社会问题，还有社会保障、社会福利和社会服务等社会工作。比如社会治理，包括城乡社区建设、各种社会组织发展，特别是丰富和完善社会治理体系，建设人人有责、人人尽责、人人享有的社会治理共同体，形成共建共治共享的社会治理制度等。特别是结合这次新冠病毒感染疫情在全世界的大流行，比较中外社会治理实践，总结中国的防控经验，深入研究和阐明社会治理的"中国之治"。

第五，中国特色社会主义社会学要在吸收借鉴世界各国社会发展经验中为人类社会发展提供中国智慧和中国经验。中国特色社会主义社会学是一个开放的体系，不是只局限于研究中国特色社会主义社会，而是从广泛的国际视野出发，在与世界各国的广泛交流比较中，学习吸收借鉴各个国家社会发展的经验，同时研究探讨人类社会发展面临的共同问题，应对世界各国社会发展遇到的共同挑战，为积极参与全球社会治理、构建人类命运共同体，提供中国社会发展的经验，贡献中国智慧和中国方案。

第四节　中国特色社会主义社会学的研究方法

工欲善其事，必先利其器。发展中国特色社会主义社会学，必须掌握正确的科学的研究方法，这样才能达到事半功倍的成效。社会学研究属于科学研究，因此必须遵循科学研究的一般逻辑和方法，要学习一些逻辑学和科学研究方法方面的著作。从根本上说，必须运用马克思主义的辩证唯物主义和历史唯物主义的方法来指导研究，利用社会学的研究方法来开展研究。

一、唯物辩证法的根本方法

马克思主义的唯物辩证法是认识和研究事物的根本方法。唯物辩证法是关于事物普遍联系和对立统一规律的学说，它包括一些重要的观察和分析事物的方法。马克思主义认为，一切事物都处在不断的发展变化中，同时又具有相对稳定性，必须用发展的变化的观点看问题，既看到事物相对稳定的一面，又看到事物始终发展变化的一面；事物之间的相互联系、相互作用是社会现象的本质特征，这种内在联系是必然的普遍的，这就是事物的规律性。从现象看，具体事物之间的联系表现出个别性、特殊性、偶然性，而通过深入研究可以透过现象看本质，发现事物之间联系的普遍性和规律性。一切事物都存在着各种各样的内在矛盾和联系，它们既对立又统一，共同构成一个整体，正是事物内部的矛盾运动决定着事物的发展方向。我们需要对社会现象进行辩证分析，并抓住主要矛盾，这样就抓住了事物的"牛鼻子"，收获"牵一发而动全身"和"迎刃而解"的效果。在进行社会研究时，还要注意社会现象的各种性质，如个性与共性、现象与本质、特殊性与普遍性、偶然性与必然性、主观性与客观性，还有具体与抽象、微观与宏观、局部与整体等，这些都有助于我们对社会现象的研究，并由此得出规律性的认识。

二、理论与实践相结合的方法

人们在长期的社会研究中，已经形成了比较系统的对社会的认识，甚至达到了规律性认识的程度，这些都形成基本的理论，是用来指导研究的重要基础。如果仅仅从理论出发，并不能完全解释丰富的社会实践；如果只会按照理论的框架来套现实社会，则会像刻舟求剑一样，犯教条主义的错误。德国诗人歌德说，理论总是灰色的，而生活之树常青。但如果不要理论指导，仅仅从实践中来感悟和认知社会，又具有狭隘性和局限性，往往容易犯经验主义的错误。理论往往是一般的抽象的概括的，是抽取了现实社会中最本质的规律性的认识，可以用来指导实践；而实践往往是丰富多彩的，呈现出多样性、鲜活性、复杂性，而且处在不断的发展变化之中，这就需要对实践进行新的认识。因此，我们需要将理论与实践相结合，既用科学的成熟的理论来指导实践，又通过实践来丰富和发展理论。

三、实事求是、一切从实际出发的方法

实事求是是毛泽东对马克思主义世界观和方法论所作的高度概括。实事求是是马克思主义的精髓和灵魂，是毛泽东思想的精髓和灵魂，是中国特色社会主义理论体系的精髓和灵魂，是中国共产党思想路线的实质和核心。坚持实事求是，就是坚持一切从实际出发来研究和解决问题，坚持理论联系实际来制定和形成指导实践发展的正确路线方针政策，坚持在实践中检验真理和发展真理。中国社会发展取得的一切成就，都是在实事求是的基础上取得的。任何时候，如果脱离了实事求是，就会犯这样或那样的错误；坚持和贯彻实事求是，就能够形成正确的思想路线，就能够纠正错误、克服困难、走向成功。在社会调查研究中，一方面要保证调查研究的真实性、可信性，得到真实可信的材料，通过科学方法从多个角度、多个侧面了解和研究各方面的情况，通过科学研究达到去伪存真、由表及里、由现象到本质的认识效果，做到对事物整体的全面的深入的把握和认识；另一方面，还要保证调查研究的有效性和代表性，不仅要了解和研究个别的情况、特殊的情况、典型的情况，而且更要了解和研究一般的情况、更大多数的情况、更有代表性的情况，这样才能得出符合实际全貌的结论，才不会出现偏差和错误。

四、历史与现实相统一的方法

历史和现实就像一个坐标的两个维度，是研究一种特定社会现象的基本指向。要从纵的历史角度和横的现实角度来观察、认识和研究社会现象，这样才能明确一种社会现象所处的坐标方位。在观察和认识社会现象时，不仅要了解事物的现状和特点，还要考量它的历史演变过程和未来发展趋势，把静态分析与动态分析结合起来。研究中国社会现象，需要从现实出发，同时紧密结合历史发展过程，了解其来龙去脉，弄清楚其由来和发展过程，这样才能对现实问题有更加准确的把握和清晰的认识。任何社会现象都有其产生、发展、变化的时间轴，从过去到现在再到未来，因此需要有历史眼光、现实观察和前瞻视野，不仅要着眼于过去和现在，更要着眼于未来，研究其发展规律，预测其发展趋势，这样才能达到理性和科学认识的高度。

五、社会调查和实地研究的方法

开展社会研究，除了利用文献法收集资料、进行分析的间接研究之外，更重要的是要进行直接的社会调查和实地研究，这样才能对社会现象和社会问题有直接的了解和场景性的体验，有更加深刻的切身感受。社会调查方法主要有全面调查、抽样调查、重点调查、典型调查、个案调查等方法。一般来说，全面调查受到调查对象的很大限制，有时候根本做不到，需要花费很多时间和成本，最有代表性的就是人口普查和经济普查等，需要无一遗漏地对调查对象进行调查。重点调查、典型调查、个案调查都是有选择性地确定调查对象进行调查，目的是深入了解调查对象的情况，但不能由调查对象推论到总体。所不同的是重点调查是选取一个重点来进行调查，而典型调查则是选取一个典型来进行调查，重点不一定就是典型，只是它在总体中所占的分量比较重，而典型则更有特殊性和示范性；个案调查不要求调查对象具有代表性和典型性，但可以通过"解剖麻雀"来深入了解点的情况。抽样调查是介于全面调查和重点调查之间的一种调查方法，它的好处是选取的调查样本有限，但又可以由样本推论到总体，其科学推论的基础是数学上的概率论和数理统计分析。一般的民意测验和问卷调查，经常采用抽样调查的方法。特别值得重视的是，抽样调查的准确性取决于抽取样本的代表性和问卷设计的有效性，这些都必须遵循科学的方法。实地研究主要有参与观察、蹲点调查、现场访谈等方法。为了更加深入地了解和研究特定的社会现象和社会问题，还必须亲身参与到实地研究中去，甚至作为其中的一员参与到实际生活中去观察和体验，做到对社会行为的真正理解。通常在社会学研究中，可以将社会调查和实地研究更好结合起来，做到既有对总体情况的全面掌握，又有对特定行为的深入理解，这样才能达到对社会现象和社会问题的科学认知。

六、定性研究与定量分析结合的方法

定性研究主要是对社会现象和社会问题的性质和实质作出认识和理解，定量分析主要是对社会现象和社会问题的数量关系作出分析和判断。这两种研究方法各有优劣。定性研究的优点是能够迅速抓住要害和实质，作出直观性的重大判断，缺点是缺乏精确性和准确的数量分析；定量分析的优点是能够作出准确的数量分析，达到精确性的认识，缺点是过于烦琐和具体，有时甚至抓不住要害和实质。最好的研究方法，是将两者结合起来，发挥两者所长。我国社会学研究，以前过于偏重定性研究，主要是宏观把握，带有大而化之、缺乏精准性的缺陷。后来引进国外社会学

的研究方法，有些人又过于偏重定量分析，过于强调研究的精准性，通过建立数学模型和代数、公式等进行研究，利用各种图表来分析相关数量关系，这对于纠正过去偏重定性研究而忽视定量分析的做法，无疑起到了纠偏的作用，但矫枉过正又带来了过于量化而缺乏实质性的研究结论。我们现在也需要纠正过于偏重定量分析带来的偏差，更加重视定性研究，使两种研究方法更好地结合，取长补短，优势互补，各得其所。

第五节　研究和发展中国特色社会主义社会学

一、研究和发展中国特色社会主义社会学的基本原则

研究和发展中国特色社会主义社会学，需要把握以下基本原则。

一是坚持以科学理论为指导。就是坚持以马克思主义和马克思主义中国化成果，特别是以习近平新时代中国特色社会主义思想为指导，这是中国特色社会主义社会学区别于其他社会学的根本标志。我们必须自觉运用马克思主义立场、观点、方法，观察、分析、研究和解决社会领域的各种矛盾和问题。这里最重要的是要充分体现党对一切工作的领导和坚持中国特色社会主义道路。中国特色社会主义最本质的特征是中国共产党领导，中国特色社会主义制度的最大优势是中国共产党领导，党是最高政治领导力量。中国特色社会主义是当代中国发展进步的根本方向和广阔道路。发展中国特色社会主义社会学必须把握好这两个最重要的方面。这样，中国特色社会主义社会学发展才能始终坚持坚定正确的政治方向。

　　二是牢牢植根中国大地。就是坚持从国情出发，从中国实践中来，到中国实践中去。中华民族悠久的历史和独树一帜的灿烂文化，是中国特色社会主义社会学根植发展的沃土。目前中国仍处于并将长期处于社会主义初级阶段。我们在研究推进社会学发展的过程中，要使中国特色社会主义社会学学科体系、学术体系、话语体系符合中国实际，创造出更多具有中国特色的社会学新概念、新范畴、新表述，努力为拓展中国特色社会主义社会学新境界贡献自己的力量。

　　三是彰显鲜明时代特征。中国特色社会主义社会学形成于改革开放历史新时期，发展于中国特色社会主义新时代。这个新时代是继续夺取中国特色社会主义伟大胜利的时代，是全面建设社会主义现代化强国的时代，是逐步实现全体人民共同富裕的时代，是实现中华民族伟大复兴的时代。在新时代发展中国特色社会主义社会学，必须面向新时代社会经济发展趋势、研究新时代社会矛盾现象和社会结构变化、服务新时代现代化建设的使命和任务。在实践创新、制度创新、政策创新中不断推动中国特色社会主义社会学理论体系的完善和发展。

　　四是坚持以人民为中心。就是坚定发展为了人民的根本立场，这是发展中国特色社会主义社会学的根本立场。历史活动是群众的活动，人民是历史的创造者，是社会发展的根本推动力，是真正的英雄。我们要始终以人民立场为根本立场，把为人民增进福祉作为根本使命，要心向人民、扎根人民，要倾听人民诉求、反映人民创造，向群众学习、为人民述学立论。这是中国特色社会主义社会学根深叶茂、繁荣发展的根本之道。

　　五是树立以人为本理念。就是把人的全面发展进步当作社会发展的根本目的。社会学就是研究人的学问，研究人的行为、人的交往、人的心理、人的发展等。以人为本是马克思主义的基本观点。马克思说过：未来的新社会是"以每一个个人的全面而自由的发展为基本原则的社会形式"①。习近平总书记强调："现代化的本质是人的现代化。"②解放和发展社会生产力，实质上就是解放和发展人的创造活力和应对风险的能力。发展中国特色社会主义社会学要着眼于发展新型的人与人之间的社会关系，着眼于提高每个社会成员各方面素质和精神境界，着眼于尊重和保障人权和促进社会公平正义，着眼于营造人们平等参与、平等发展、充分发挥聪明才智的社会环境。

六是倡导社会共同价值。就是致力于使全体社会成员树立社会共同价值理念和公共负责精神，弘扬和践行社会主义核心价值观。作为一种社会意识，价值观是一定社会的经济、政治和文化等状况的集中反映。社会主义核心价值观是当代中国精神的集中体现。要坚持和完善共建共治共享的社会治理制度，打造人人有责、人人尽责、人人享有的社会治理共同体，共同推动社会全面发展和进步，使全体社会成员逐步走共同富裕道路，加快建设社会主义和谐社会，向天下为公的大同社会迈进。

七是全面推进改革创新。就是要坚持守正创新，推动不断开拓社会建设和社会治理现代化的新境界，建设一个既充满活力又有良好秩序的现代化社会。改革创新是当代中国社会发展进步的根本动力，研究和推动改革创新，也是中国特色社会主义社会学的鲜明品格。我们必须自觉地把继承和创新统一起来，始终不渝坚定正确方向，与时俱进完善和发展中国特色社会主义制度，着

---

① 马克思：《资本论》第 1 卷，683 页，北京，人民出版社，2004。

② 习近平：《在中央城镇化工作会议上的讲话》（二〇一三年十二月十二日），见中共中央文献研究室编：《十八大以来重要文献选编》（上），594 页，北京，中央文献出版社，2014。

力固根基、扬优势、强弱项、补短板，使我国社会建设和社会治理制度体系不断系统完善，更加管用有效。在推动社会领域变革中，要坚持创新社会学的学科体系、学术体系和话语体系，创新社会学研究的理论范式和研究方法，使其不断与时俱进、自我革新，更好阐述和解答时代发展提出的各种社会现象、社会矛盾、社会问题。

八是充分体现开放包容性。就是要以世界眼光和历史思维广泛研究人类社会变迁和社会发展的共同财富，全面把握国际社会学发展的前沿问题，善于借鉴各种有益的学术观点和研究方法。同时，对我国长期历史上形成的与社会学发展相关的基础知识、思想观点和良好治学方法，也都应该积极挖掘和借鉴，做到古为今用、洋为中用、去粗取精、去伪存真，正确地加以吸收、继承和创新发展。

二、研究和发展中国特色社会主义社会学的主要路径

第一，坚持依靠学习科学理论来推动社会学发展。中国特色社会主义社会学是以科学理论为指导的，要助推发展中国特色社会主义社会学必须深入学习、研究和掌握马克思主义的社会学理论，包括中国共产党关于社会变革、社会发展、社会关系、社会结构、社会建设、社会治理的重要论述，特别是党的十八大以来习近平总书记关于社会建设、社会发展、社会体制改革、社会治理等一系列新观点新思想新要求。坚持用科学理论武装头脑和指导研究工作，树立清醒的理论自觉、坚定的政治信念、科学的思维方法。

第二，坚持深入总结和研究新中国成立以来社会发展的实践经验。新中国成立 70 多年特别是改革开放以来，中国共产党团结

带领全国人民在探索、开拓和发展中国特色社会主义道路上，不断进行社会变革、社会发展、社会建设、社会治理的伟大实践。在这些生动实践中有成功的经验，也有失误的教训，经验和教训都十分宝贵，应当作为新时代新征程不断发展中国特色社会主义社会学的丰富滋养。

第三，坚持问题导向的社会学鲜明品格。问题是时代的声音，也是创新的起点、创新的动力源。要秉持经世致用的传统，始终紧密联系现实，直面新形势新问题，特别是要着力解决社会发展、社会建设、社会治理中的重大课题。我国社会主义现代化建设即将进入一个新阶段，各种新老问题相互交织、叠加呈现，必须敢于正视问题，善于发现问题，深入研究问题，努力破解社会发展和社会治理领域遇到的各种难题，在服务改革开放和社会主义现代化建设中推动中国特色社会主义社会学的更大发展。

第四，坚持运用科技手段研究社会问题和推动社会学发展。在人类社会进入互联网时代和智能社会的情况下，社会结构、社会行为、社会活动、社会心理、社会现象更加复杂多变，我们在继续运用传统手段、方法研究社会学的同时，要更加重视运用互联网、大数据、云计算、人工智能等信息化技术来统计、观察、分析、研究社会领域的变化，以便及时、全面、准确反映客观社会现象及其变动趋势，更好地把握社会运行特点和规律，不断提高社会学研究的能力和水平。

第五，坚持加强社会学人才队伍建设。新时代发展中国特色社会主义社会学，最关键的，是要不断发现、培养、集聚大批专业化、高素质的从事社会学和社会工作研究的人才队伍。我国目前无论是社会学研究还是教学人才队伍不仅数量明显不足，而且结构也不合理，学科领军人才新老断档，亟须发展领域的人才更是匮乏。因此，应该大力加强社会学研究和教学机构建设，大力加强社会学人才队伍建设，特别是加强领军人才和中青年骨干人才的培养。国家应提升社会学的学科地位，加大对社会学发展的支持力度，在全社会形成良好的社会学发展环境。这些是繁荣和发展中国特色社会主义社会学的希望之所在。

三、学习和研究中国特色社会主义社会学的重要意义

学习和研究中国特色社会主义社会学，无论对于认识中国社会，总结中国社会运行和发展规律，指导中国社会建设和发展，还是从国际比较中吸收借鉴国外社会发展经验，提供中国社会发展经验，探讨人类社会发展一般规律，推动构建人类命运共同体，都具有重要的现实意义和深远的历史意义。同时，对于社会学的学科发展，对于青年学生、广大读者认识中国社会，了解中国实际，解决社会问题等，都具有重要意义。

第一，有利于深入总结中国社会发展的经验，认识中国社会运行和发展的规律。中国社会发展取得了巨大的历史性成就，引起全世界的赞叹。中国社会正处在巨大的社会发展和变迁过程之中，向着实现现代化的目标迈进。这些都需要从中国特色社会主义社会学的角度加以很好研究总结，在广泛的国际比较中探索中国社会发展的规律性，由感性认识上升到理性认识，用以指导我国的社会发展实践，更好地推动中国的社会建设和社会治理现代化，并为其他国家提供有益借鉴。

第二，有利于研究提出解决社会问题的政策建议，促进社会良性运行和协调发展。我国社会的快速发展与变迁，在带来社会面貌深刻变革的同时，也带来了大量的新情况、新矛盾和新问题。人们的社会行为和社会生活日益多元化、复杂化，社会建设的内

容更加丰富，社会治理朝着精细化、智能化的方向发展。我们更需要从科学的专业化的角度来加以研究，为党和政府决策提供咨询建议。中国特色社会主义社会学由于其学科优势，在国家高端智库建设方面可以发挥重要作用。秉持经世致用的学科精神，深入开展调查研究，提出解决社会问题的对策，更好地推动解决社会矛盾和社会问题，促进社会全面、协调、可持续、高质量发展。

第三，有利于加强社会学学科建设，推动社会学创新发展。改革开放以来，我国社会学学科建设取得了长足进展，已经形成比较完善的社会学学科体系和多层次的社会学人才培养结构，建立了一支比较齐全的社会学研究队伍，社会学研究取得了丰硕成果。但与此同时，社会学的学科发展与中国特色社会主义社会发展还不相称，社会学的中国特色、中国气派、中国风格、中国话语还显薄弱，研究总结中国社会发展的经验并上升到理论认识还很不够，特别是对中国社会的一些重要方面如社会建设、社会治理、社会变迁与社会现代化等研究还有欠缺，总的来说社会学还不适应新时代中国特色社会主义社会发展的需要和要求。因此，研究和发展中国特色社会主义社会学，成为社会学学科建设的重要任务。我们要通过研究和发展中国特色社会主义社会学，推动中国社会学有新的更好发展，为中国社会全面发展进步作出社会学的应有贡献。

第四，有利于帮助青年学生、社会建设和管理工作者以及广大读者认识中国社会，更好地参与中国社会实践。中国社会呈现在我们面前的是一个庞大复杂的系统，观察和认识中国社会往往只看到表面现象，而难以把握全貌和实质。正像宋代文学家苏轼在登庐山的诗中所写："横看成岭侧成峰，远近高低各不同。不识庐山真面目，只缘身在此山中。"如何更好地认识中国社会？中国特色社会主义社会学提供了一个有益的平台，让我们可以在这个平台上"会当凌绝顶，一览众山小"。学习和研究中国特色社会主义社会学，将会给我们一个高倍望远镜、透视镜、放大镜，让我们重新观察、重新认识、重新发现中国社会的奇妙之处。中国特色社会主义社会学将为我们提供新的观察和研究中国社会的视角和视野，帮助我们获得对中国社会的科学认识、理性认识，用来指导我们的社会实践活动。学习和研究中国特色社会主义社会学，将会帮助青年学生、社会建设和管理工作者以及广大读者更好地认识、理解中国社会，达到"既知其然，又知其所以然"的更高水平，从而实现社会学教学育人的目标。

延伸思考

1. 什么是中国特色社会主义社会学？它的研究重点是什么？

2. 中国特色社会主义社会学是如何产生和发展的？

3. 如何认识中国特色社会主义社会学的理论渊源？

4. 发展中国特色社会主义社会学的基本原则和主要路径是什么？

5. 学习和研究中国特色社会主义社会学有什么意义？

参考文献

[1]中共中央宣传部编. 习近平新时代中国特色社会主义思想学习纲要[M]. 北京：学习出版社，人民出版社，2019.

[2]魏礼群. 发展中国特色社会主义社会学[J]. 社会治理，2020(10).

[3]陆学艺. 社会学[M]. 北京：知识出版社，1991.

[4]李培林. 面向新时代构建中国特色社会学[N]. 人民日

报，2017-01-23.

　　[5]龚维斌，张林江. 中国特色社会主义社会学：理论基点、学术渊源与学科品格[J]. 南京社会科学，2020(11).

　　[6]刘应杰. 关于发展中国特色社会主义社会学的几点思考[J]. 社会治理，2020(10).

　　[7]王处辉. 中国社会思想史[M]. 北京：中国人民大学出版社，2015.

　　[8]本书编写组. 中国特色社会主义理论与实践研究[M]. 北京：高等教育出版社，2018.

　　[9]社会学概论编写组. 社会学概论[M]. 北京：人民出版社，高等教育出版社，2020.

第二章　社会价值论

本章概述

　　本章从中国特色社会主义社会学基本价值观的角度，阐释了人民当家作主、以人民为中心的发展思想、走共同富裕道路、社会公平正义、社会主义核心价值观、人的全面发展与社会全面进步、人与自然和谐共生等价值理念，分别论述了其在中国特色社会主义社会学中的重要地位、基本内涵和实践要求。学习本章，有助于提高对中国特色社会主义社会价值理论的认识和理解，并贯彻于中国特色社会主义社会学的学习研究和学科建设之中。

第一节　人民当家作主

　　人民当家作主，即人民是国家的主人，是社会的主体，人民依据国家宪法与法律规定拥有并行使管理国家、管理社会、管理自己一切事务的权利。这不仅是中国革命建设改革与社会治理全部实践活动的首要价值追求，也是中国特色社会主义社会学的立说之本。只有弄清楚人民当家作主的基本内涵、实现道路、制度保障，才能准确把握中国特色社会主义社会学的核心要旨，才能不断发展完善发展中国家走向现代文明的政治路径，才能在复杂的民主政治纷争中坚定不移地走中国特色社会主义民主政治发展道路。

一、人民当家作主是社会主义国家的本质属性

马克思主义认为，人民是创造世界历史的真正动力。但有阶级社会以来，劳动大众一直处于被统治地位，要生存发展就必须依附于统治阶级，先是对奴隶主、封建地主阶级的人身依附，而后是资本主义社会对资本的依附，只有在社会主义社会，人民大众上升为统治阶级，才真正成为主宰国家、社会和自己命运的主人。

（一）人民当家作主的内涵

人民当家作主内涵清晰，主要体现在 6 个方面。一是人民当家作主就是坚持以人民为主体。历史唯物主义认为，物质资料生产活动是人类生存发展的基本条件，是历史前行的根本动力，人民大众始终是物质生产活动的主体。但在奴隶社会、封建社会，劳动者是依附于统治阶级的，没有人身自由，要生存发展，就必须遭受统治阶级的残酷压榨；在资本主义社会，劳动者人身是自由的，但无法自主地劳动，因为劳动力只有与生产资料相结合才能进行现实的生产，因此，劳动大众必须出卖自己的劳动能力与掌控在资本家手中的生产资料相结合才能创造出社会财富。所以说，在奴隶社会、封建社会和资本主义社会，人民大众的劳动是异化的，劳动的异化又决定了人民大众在物质资料生产活动中的主体地位也是异化的。人民大众只有彻底砸碎人身依附和资本依附的锁链，将生产资料掌握在自己手中，成为生产资料的所有者、使用者，才能实现社会主体地位从内容到形式的统一。只有社会主义革命才能创造这样的条件，只有社会主义社会才能实现人民的当家作主，才能实现人民的主体地位。二是人民当家作主就是国家的一切权力属于人民。人民当家作主体现在国家根本性质即国体上，就是工人阶级领导的以工农联盟为基础的人民民主专政

的社会主义国家；体现在国家政权组织形式即政体上，就是人民通过各级人民代表大会行使国家权力。只有在社会主义国家才实现了国体与政体的统一。三是人民当家作主就是要依照法律来管理国家事务和社会事业，来履行公民义务。人民管理国家事务与社会事业是有组织、有秩序的。这就要求国家根据人民的意志建立健全法律制度和体制机制，保证人民依照法律规定，通过各种途径和形式，管理国家事务，管理经济文化事业，管理社会事务，履行公民义务。四是人民当家作主就是由人民实施有效监督。各级党和国家机关以及全体工作人员要根据人民的授权开展工作，在工作中必须依靠人民的支持，保持同人民的密切联系，倾听人民的意见和建议，接受人民的监督，努力为人民服务。五是人民当家作主就是依靠法律来实现根本利益。实现人民的根本利益是党的初心与使命，是国家奋斗的目标。因此，国家制定实施的法律法规和方针政策，必须体现人民意志，尊重人民意愿，得到人民拥护，维护与实现最广大人民的根本利益。六是人民当家作主就是要共建共享社会发展成果。人民当家作主从根本上回答了国家发展为了谁、依靠谁的问题。决定了国家各项事业和各方面工作，必须坚持以人民为中心的发展思想，发展改革稳定依靠人民来推进，发展成果由全体人民共享，要不断满足人民日益增长的美好生活需要，推动实现全体人民的共同富裕，促进人的全面发展。

归根结底，人民当家作主是由人们在物质资料生产活动中的地位决定的，是由劳动者与生产资料的结合方式即人们的生产关系决定的，人民大众只有成为生产资料的主人，成为国家的统治阶级，成为国家政权的主体力量，才能真正成为国家的主人、社会的主人、自己的主人。

（二）人民当家作主是马克思主义中国化的成果

人民当家作主在政治上的表达就是人民民主。虽然马克思主义创始人没有建构完整的人民民主理论体系，但他们对资产阶级民主进行了揭露与批判，对人民民主进行了思考与阐释，揭示了人民民主的本质及其内在运行规律，指出了人民民主的发展走向，这些都为马克思主义中国化提供了基本立场、重要原则和分析方法的指导。

马克思首次论及民主问题是在 1843 年夏季写就的《黑格尔法哲学批判》书稿中。此时的马克思还未彻底摆脱黑格尔抽象思辨的影响，对民主的认识还停留在"概念"、"理念"之中，更多的是从抽象的权利出发论及民主问题。使其与旧的唯物主义划清界限，将人民民主作为社会实践活动的是在 1845 年《关于费尔巴哈的提纲》一文中，这 11 条提纲的字里行间闪烁着辩证唯物主义与历史唯物主义的光芒，在与恩格斯共同创建了唯物史观后，其民主思想就建立在了科学的基础之上。在而后的多部著述中，如在《1848年至 1850 年的法兰西阶级斗争》、《路易·波拿巴的雾月十八日》、《法兰西内战》、《哥达纲领批判》等著作中，马克思对现实民主运动进行了精辟分析。他指出：民主权利是由人们的经济关系决定的；民主具有鲜明的阶级性；资产阶级民主的本质与自身存在的矛盾，决定了必须以新的真正民主国家政权来代替；人民民主只有铲除了生产资料私有制，无产阶级上升为统治阶级并实行人民民主专政，才能真正实现；国家机关必须由社会主人变为社会公仆，接受人民监督。他甚至设想了实现人民民主的具体方式。特别是在总结巴黎公社教训时，他强调了共产党的领导。在 1871 年《国际工人协会共同章程》中，马克思提出，党的领导不仅是无产阶级革命取得胜利的关键，而且是无产阶级建立民主政权的根本保障。只有坚持党的领导，才能实现人民民主，才能逐步为共产主义社会创造条件，实现人的全面自由发展。

列宁在继承马克思人民民主思想的基础上，根据俄国革命进程与基本国情，提出了一系列广泛实行人民民主的理念、原则与举措，为一切权力属于人民进行了理论与实践的探索，在世界上建立了第一个人民民主专政的国家，把马克思主义国家学说和科学社会主义学说从理论变为了现实。特别是创造性地提出了民主集中制的思想，并于1906年4月首次将其作为党的组织原则写入党章。这一重要思想确立了以党内民主引领人民民主的重要原则，解决了人民民主的实现形式问题。十月革命胜利后，民主集中制成为各国共产党的组织原则。1927年6月《中国共产党第三次修正章程决案》确认了民主集中制原则，首次明确规定"党部的指导原则为民主集中制"。

人民当家作主是中国共产党对马克思主义人民民主思想的守正创新，是中国特色社会主义民主政治的核心要义，是贯穿中国革命、建设、改革与国家治理的首要原则。新民主主义革命时期，以毛泽东同志为主要代表的中国共产党人明确提出，彻底废除国民党政权的《六法全书》和伪法统，建立人民民主专政的新国家，开辟了以广泛的民主与监督，跳出历史周期率的新路。社会主义革命和建设时期，创造性地提出制定共同纲领和社会主义宪法，实行人民民主专政的国体、人民代表大会制度的政体，坚持群众路线，坚持民主集中制。回答了什么是人民当家作主，如何保障人民当家作主的基本原则问题。改革开放以后，以邓小平同志为主要代表的中国共产党人，创造性地提出为了保障人民当家作主，必须加强法制，使民主制度化法律化，正确处理法治与人治的关系等重大命题，回答了社会主义市场经济条件下如何保障人民当家作主的重要原则问题。党的十三届四中全会以来，以江泽民同志为主要代表的中国共产党人，创造性地提出尊重和保障人权，依法治国与以德治国相结合，建设社会主义法治国家的重大命题，回答了在中国特色社会主义新形势下，如何发展人民民主，建设社会主义法治国家的问题。进入新世纪，以胡锦涛同志为主要代表的中国共产党人，创造性提出坚持党的领导、人民当家作主、依法治国有机统一，坚持科学执政、民主执政、依法执政，构建社会主义和谐社会等重大理论，回答了怎样坚持人民当家作主的正确方向与实现路径的重大问题。党的十八大以来，以习近平同志为核心的党中央创造性地提出了"坚持党的领导、人民当家作主、依法治国有机统一是社会主义政治发展的必然要求"；形成了"人民对美好生活的向往就是我们的奋斗目标"，"始终把人民放在心中最高位置"，"坚持以人民为中心"，"人民立场是中国共产党的根本政治立场，是马克思主义政党区别于其他政党的显著标志"；"始终同人民想在一起、干在一起"，"以人民的安全为宗旨"，"让人民群众在每一个司法案件中感受到公平正义"等一系列新理念新思想新战略，特别是把"坚持以人民为中心"和"坚持人民当家作主"作为新时代新发展阶段坚持和发展中国特色社会主义的基本方略，开辟了新时代中国特色社会主义人民民主理论与实践的新境界，是马克思主义民主政治理论中国化最新成果。

（三）人民当家作主是社会主义国家的本质规定

在人类社会发展史上，人民当家作主首次将国家的本质即国体与国家政权的实现形式即政体有机地融合为一体。它在3个层面上回答了社会主义国家的本质。

一是回答了社会主义国家本质上是多数人对少数人的统治，是对人民的广泛民主与对极少数仇视和破坏社会主义势力专政的高度统一。在社会主义之前的阶级社会形态中，从来是少数人对广大劳动阶级的统治。只有在社会主义国家，人民的范畴实现了最大化，包括工人、农民、知识分子、全体社会主义劳动者、拥护社会主义的爱国者和拥护祖国统一的爱国者在内的亿万人民。人民掌握了所有社会资源与国家权力，成为生产资料的主人。正是在生产资料上的公平占有，才从根本上决定并保证了人们在政治上、文化上、社会上的权利是平等的。可以说，只有在社会主义国家才能真正实现最广大人民享有的民主。

二是回答了社会主义国家必须坚持人民民主专政的国体。国体是国家阶级本质的反映，是国家政权建设的首要问题，也是民主政治建设的根本问题。这是因为，在无产阶级取得政权后，真正实现人民民主，是广大劳动人民的政治价值所在。人民民主对于夺取政权后的无产阶级来说甚至比它在夺取政权前更加重要。无产阶级自己的政权和社会主义制度，为民主的真正实现奠定了现实的政治经济基础，只有坚持人民民主专政的国体，才能为广大人民当家作主提供基础与保障。正如习近平总书记在庆祝全国人民代表大会成立 60 周年大会上所指出的："人民民主是社会主义的生命，没有民主就没有社会主义，就没有社会主义的现代化，就没有中华民族伟大复兴。"①

三是回答了社会主义国家必须坚持人民代表大会制度的政体。政体是国家政权的组织与实现形式，体现和反映着国家的本质，是由国体决定的。人民民主专政的国家性质决定了我国的根本政治制度必须实行人民代表大会制度。这一制度既能保障全体人民统一行使国家权力与分配社会资源，充分调动人民群众当家作主

---

① 习近平：《在庆祝全国人民代表大会成立 60 周年大会上的讲话》(2014 年 9 月 5 日)，7 页，北京，人民出版社，2014。

的积极性和主动性，又有利于国家政权机关分工合作，协调一致地组织社会主义建设，维护国家统一和民族团结，是实现人民民主的最好制度形式，具有旺盛的生命力和巨大的优越性。

二、人民当家作主需要中国特色民主政治发展道路来保障

一个国家的政治发展道路是由这个国家的经济基础与基本国情决定的。中国特色社会主义政治发展道路是中国共产党带领亿万人民开创的，是在改革发展稳定的实践中不断丰富发展的。这条道路的核心思想、主体内容、基本要求都在我国宪法中进行了确认和体现。其中坚持党的领导、人民当家作主、依法治国的有机统一是核心要义。

党的领导、人民当家作主、依法治国是一个有机整体，三者相互依存、相辅相成，但不是平行并列的关系，党的领导是首要原则，是根本。

（一）只有坚持党的领导，人民当家作主才能真正实现

一是党性与人民性的内在统一，决定了坚持党的领导本质上就是确保人民当家作主。中国共产党从成立的那天起，就以人民当家作主、民族复兴为己任，除了工人阶级和广大劳动人民的根本利益，没有任何自己的特殊利益。坚持党的领导，本质上就是为了实现人民当家作主、实现人民根本利益，而不是为了实现某种特权、特殊利益。没有党的集中统一领导就不会有社会主义，也不会有真正的人民民主，只能是群龙无首、一盘散沙，只能是将人民已经掌握的权力拱手相让。苏联的解体就反证了党的领导的极端重要性。也正是由于中国共产党没有自己的特殊利益，才能保持与时俱进、不断创新的革命品格，才能以彻底的自我革命锤炼治理现代化国家的能力与素质，不断提升党的领导能力与执

政能力，从而引领深刻的社会变革，使人民当家作主在一切领域、一切事务中得到落实。

二是民主的本质与实现形式决定了坚持党的领导才能从根本上确保人民民主权利的实现。人民当家作主不是一句口号，不是一句空话，必须落实到国家政治生活和社会生活之中，必须具体地、现实地体现到党和国家各方面治理活动和工作上，体现到人民对美好生活的向往和自身利益的实现和发展上。这个"落实"和"体现"的过程，就是人民的意愿与党的主张高度统合的过程。只有坚持党的领导，才能使党的主张通过法定程序成为国家意志；才能使人民的意愿得到法律的保障；才能从各层次各领域扩大公民有序政治参与，发展更加广泛、更加充分、更加健全的人民民主；才能使民主制度化、法律化，保证人民平等参与、平等发展的权利，维护社会公平正义，尊重和保障人权，实现法治国家、法治政府、法治社会的一体推进。

三是高质量发展的新阶段与深刻的社会变革，决定了坚持党的领导才能确保人民当家作主的方向不偏、道路不变。高质量发展新阶段不仅是生产力与生产方式的深刻变革，也是人们思维方式、社会活动方式的深刻变革。这一深刻的社会变迁不仅使原有的矛盾叠加，也会由于社会结构变动而产生新矛盾，新老矛盾交织增加了国家发展与安全的难度。再加上世界百年未有之大变局的加速演化，不确定性、不稳定性因素丛生，注定了在全面建设社会主义现代化国家的征程上所面临的机遇与挑战是前所未有的。只有坚持党的领导才能确保既不走封闭僵化的老路，也不走改旗易帜的邪路，确保不出现"颠覆性错误"，确保深刻的社会变革和人民民主的正确方向，确保为人民当家作主提供稳定环境，也确保人民当家作主为全面的社会主义现代化建设凝心聚力。

（二）只有坚持党的领导，依法治国才能坚持正确的政治方向，才能为人民当家作主提供法治保障

一是党是依法治国、建设社会主义法治国家的提出者，也是依法治国、建设社会主义法治国家的领导者、组织者和实施者。党领导人民制定、实施宪法法律，党自身也必须在宪法法律范围内活动，法成为党的主张与人民意愿的统一体现，这就内在地决定了坚持党的领导是依法治国的前提与保证。

二是坚持党对依法治国的全面领导，才能够从根本上为人民当家作主提供法治保障。依法治国是人民民主专政的国家政权行使职能的基本要求，是推进国家治理体系和治理能力现代化的重大方略，是实现人民当家作主不可或缺的手段。因此，依法治国所依据的法必须是"良法"，所要实施的法治必须是"善治"，即真正体现人民意志、维护人民利益的法律和法治，也就是确保人民当家作主的法律和法治。只有始终坚持党对依法治国的领导才能够使法律的制定与法治的实施保持坚定正确的政治方向，才能使党一切执政活动、国家的一切治理活动，都能够尊重人民的主体地位，尊重人民的首创精神。特别是在社会环境发生变化时，法律需要适应新的重大情况时，还是要在党的领导下，通过立法机关和法律程序，及时地制定、修改或废除相关法律，以更好地维护人民的根本利益。

三是坚持党对依法治国的领导，就是要正确认识、科学把握党和法的关系。党的十八大以来，习近平总书记从理论与实践、历史和现实、国内与国外的结合上讲透了党和法的关系，批驳了那些居心叵测的攻击，澄清了人们的模糊认识。在社会主义中国，党和法、党的领导与依法治国是高度统一的。任何人以任何借口否定党的领导和社会主义制度，都是错误的，都是违反宪法的，

都是不能接受的。

党的领导、人民当家作主、依法治国三者的有机统一，是社会主义民主政治发展的必然要求，是马克思主义基本立场、基本理论、基本方法在民主政治领域的运用与创新，是社会主义民主与资本主义民主的本质区别。党的领导是人民当家作主和依法治国的根本保证，人民当家作主是社会主义民主政治的本质特征，依法治国是党领导人民治理国家的基本方式，三者共同构成了中国特色民主政治发展道路的关键内核，有机统一于中国特色社会主义民主政治伟大实践之中。

三、人民当家作主需要有机联系的制度体系来实现

人民当家作主是社会主义国家的本质特征，它的实现需要有机联系的制度体系来保证。其中，根本制度、基本制度和重要制度构成了这一体系的"四梁八柱"。

党的十九届四中全会明确提出了根本制度、基本制度、重要制度的重大政治概念。根本制度是指那些体现中国特色社会主义本质特征和国家性质，从根本上保证国家和民族发展方向，在整个制度体系中发挥决定性作用的制度，这些制度是立国之本、执政之基。基本制度是指体现我国社会主义性质、体现国家基本形态、规范国家政治关系和经济关系的制度。重要制度是根本制度、基本制度派生的国家事务各领域各方面的主体性制度。人民当家作主就是由坚持党对一切工作的领导制度，坚持和完善人民代表大会制度、中国共产党领导的多党合作和政治协商制度、民族区域自治制度、基层群众自治制度，巩固和发展最广泛的爱国统一战线，发展社会主义协商民主等制度构成的一个有机联系的体系。

人民代表大会制度是中国人民当家作主的重要途径和最高实

现形式，是我国的一项根本政治制度。正是通过人民代表大会制度的完整设计和有效运行，人民当家作主具体真实地体现到了国家政治生活和社会生活之中。其一，通过人民代表大会制度，从各层次各领域扩大公民有序参与决定国家事务，保证了人民民主权利的实现。我国现有 5 级人大代表 262 万名，其中县乡 2 级人大代表占代表总数的 94％，是选民一人一票直接选举产生的，其他各级人大会议严格履行民主选举程序，从而保证了全国人民代表大会和地方各级人民代表大会都由民主选举产生，对人民负责，受人民监督；国家行政机关、监察机关、审判机关、检察机关都由人民代表大会产生，对人大负责，受人大监督。其二，通过人民代表大会制度，保障人大及其常委会依法行使立法权、监察权、决定权、任免权；增强立法的及时性、系统性、针对性和有效性，真正把人民意志和利益表达出来；严格规范公正文明执法，深化司法体制综合配套改革，让人民群众在每一个司法案件中都感受到公平正义。其三，通过人民代表大会制度，充分发挥人民代表作用，使人民意愿得以实现。各级人大代表在人大会议上讨论决定国家和地方的大事，代表人民参加行使国家权力。闭会期间，各级人大代表通过调研视察、接待走访、网络平台等多种渠道了解社情民意，通过不断完善的代表联系制度，或通过提案等方式将人民群众所需所求带到各级人大会议和国家有关部门。各国家机关也都建立了联系群众、听取意见、接受监督、回应社会关切的机制，从而使人民群众在提出问题与解决问题的过程中真正实现依法行使权利，实现对国家和社会事务的有效管理。其四，通过人民代表大会制度，加强监督工作。健全人大组织制度、工作制度和议事规则，完善人大专门委员会设置，优化人大常委会组成人员结构，健全联系人大代表制度，充分发挥好人大代表作用。

使各级人大及其常委会成为全面担负宪法法律赋予各项职责的工作机关，成为同人民群众保持密切联系的代表机关。

中国共产党领导的多党合作和政治协商制度，是中国共产党、中国人民和各民主党派、无党派人士的伟大政治创造，是从中国土壤中生长出来的基本政治制度。它能够真实、广泛、持续代表和实现最广大人民的根本利益、全国各族各界根本利益，能够把各个政党和无党派人士紧密团结起来为共同目标而奋斗，充分彰显了共产党领导、多党派合作，共产党执政、多党派参政的显著特征，反映了我国人民当家作主的社会主义民主的本质。

民族区域自治制度、基层群众自治制度也是我国的基本政治制度。民族区域自治制度的基本内涵是，在国家统一领导下，各少数民族聚居的地方实行区域自治，设立自治机关，行使自治权。推进实施这一基本政治制度要始终遵循：一是坚持民族区域自治不动摇。民族区域自治是党的民族政策的源头，这个源头变了，根基就动摇了，民族理论、民族政策、民族关系就会产生"多米诺效应"，就会出现坍塌。二是坚持统一和自治相结合、民族因素和区域因素相结合不动摇。民族区域自治不是某个民族独享的自治，民族自治的地方更不是某个民族独有的地方，要坚持打牢中华民族共同体的思想基础，坚持依法治国，促进各民族和睦相处、和谐发展。三是坚持宪法和民族区域自治法的规定不动摇。进一步健全民族工作法律法规体系，保证各民族公民平等享有权利，平等履行公民义务，确保民族事务治理在法治轨道上运行。四是坚持加快民族地区经济社会发展不动摇。帮助和支持民族地区加快发展，是党和国家始终坚持的一项基本方针，也是从根本上解决民族问题的"总钥匙"。只有充分发挥中央、发达地区、民族地区三个积极性，推进区域协调发展，才能使整个国家迈入现代化建设的新征程。基层群众自治制度，是指人民群众在党的领导下对农村村级、城市社区公共事务和公益事业以及企事业单位的经营管理直接行使当家作主权利的政策、法规、程序、规范的总称，是一项具有独特作用的基本政治制度，全面展示了中国特色社会主义民主的广泛性与真实性。人民群众在城乡社区、在企事业单位、在各类社会组织中，按照民主集中制原则，实行直接民主，要做什么，不做什么，先办什么，后办什么，都由群众自己依法决定。这是最广泛的民主实践，是最真实、最管用的人民民主实现形式。

人民代表大会制度与中国共产党领导的多党合作和政治协商制度、民族区域自治制度、基层群众自治制度以及民主集中制，相互衔接、有机统一，共同构筑了人民当家作主的制度体系，最大限度地保障和实现了人民当家作主的各项权利，有力地推动着社会主义社会的良性运行，为社会主义现代化强国建设、为中华民族伟大复兴凝聚了磅礴伟力。

第二节　以人民为中心的发展思想

世界上没有纯而又纯的哲学社会科学。为谁著述、为谁立说，是为少数人服务还是为绝大多数人服务，是必须搞清楚的问题。自古以来，中国知识分子都有"经世致用"的传统。吴文藻先生主张社会学要为中国人民服务，要对中国国计民生有用处。费孝通先生提出，学术研究就是要"为富民事业想办法、出主意"。他曾经感言："为了人民的利益，为了人类中绝大多数人乃至全人类的共同安全和繁荣，为了满足他们不断增长的物质和精神生活的需要，科学才会在人类的历史上发挥它应有的作用。"①中国特色社会主义社会学研究要秉承以人民为中心的发展思想，坚持为人民做学问，加强社会关怀，坚持志在富民的初心，建设"为人民"的社会学。

一、以人民为中心发展思想的确立和重要价值

发展以什么为中心，这是社会学的一个基本价值观，涉及社会学的根本立场和观点。在人类历史上，不同的社会制度、不同的社会思想有着不同的发展价值观。在封建社会里，一切以帝王和皇权为中心，目的是维护帝王的权力和封建制度的稳定，是维护统治阶级的经济和政治利益。马基雅维利的《君主论》，宣扬的就是君权至上和君主专制理论。在资本主义社会，一切以资本为中心，目的是维护资产阶级的利益和资本主义制度的稳定。马克思的《资本论》，深刻揭露了资本主义的本质特征是为维护资本的利益而服务的。法国学者托马斯·皮凯蒂所著的《21世纪资本论》，揭示了现代资本主义社会财富分配的不平等程度，社会财富更多地向资本利益倾斜。现代资本主义社会提出人权、民主、自由、平等的价值观，与封建社会的王权、专制、特权、人身依附等价值观相比，无疑是巨大的历史进步，为广大人民群众争取到了更多的权利，但其本质仍然体现的是以资本为中心的发展价值观。

社会主义社会的建立，在政治上推进人民当家作主的基础上，社会价值观发生了根本性的改变，这就是体现以人民为中心的发展思想。习近平总书记指出，人民是历史的创造者，人民是真正的英雄。人民对美好生活的向往，就是我们的奋斗目标。必须始

---

① 费孝通：《迈向人民的人类学》，载《社会科学战线》，1980(3)。

终把人民放在心中最高的位置，始终全心全意为人民服务，始终为人民利益和幸福而努力工作。

以人民为中心的发展思想，概括起来就是坚持发展以人民为主体、人民利益至上，发展依靠人民、发展为了人民、发展成果由人民共享的基本理念和价值观。这一基本理念和价值观，继承和发展了马克思主义的历史唯物主义思想，总结和吸收了中国社会主义革命、建设和改革的实践经验和理论认识，借鉴和弘扬了中华民族历史上优秀的社会价值思想。

马克思主义的历史唯物主义从社会存在决定社会意识的基本观点出发，坚持人民历史观和价值观，同唯心史观的英雄创造历史观点不同，充分肯定人民群众在社会历史发展中的主体地位，认为人民群众是历史的创造者，是实现社会变革的决定性力量。恩格斯在《社会主义从空想到科学的发展》中，提出了无产阶级要自己解放自己，争取自己的权利和利益，掌握自己的命运，创造自己的幸福生活。无产阶级政党的历史使命，就是去动员群众和组织群众，为实现人民群众的利益而奋斗。

我国社会主义革命、建设和改革过程中，中国共产党人坚持马克思主义的基本立场和观点，不断丰富和发展以人民为中心的思想。毛泽东非常鲜明地提出一个观点："人民，只有人民，才是创造世界历史的动力。"[①]他在延安时期发表了一篇著名的演说，题目就叫《为人民服务》，这后来成为中国共产党的根本宗旨。他指出："我们的责任，是向人民负责。每句话，每个行动，每项政策，都要适合人民的利益"[②]。邓小平作为中国特色社会主义理论

---

① 毛泽东：《论联合政府》（一九四五年四月二十五日），见《毛泽东选集》第 3 卷，1031 页，北京，人民出版社，1991。

② 毛泽东：《抗日战争后的时局和我们的方针》（一九四五年八月十三日），见《毛泽东选集》第 4 卷，1128 页，北京，人民出版社，1991。

的创立者，强调指出："中国共产党员的含意或任务，如果用概括的语言来说，只有两句话：全心全意为人民服务，一切以人民利益作为每一个党员的最高标准。"①江泽民指出：贯彻"三个代表"重要思想，本质在坚持执政为民，要代表最广大人民的根本利益。胡锦涛指出，科学发展观的核心是以人为本，必须坚持人民主体地位，始终把实现好、维护好、发展好最广大人民根本利益作为党和国家一切工作的出发点和落脚点。

中国历史上有非常丰富的民本思想，形成中华民族优秀的价值观。孔子提出了"仁政"和"德政"的思想；孟子提出了"民本"思想，"民为贵，社稷次之，君为轻"②。还有其他思想家提出的"民惟邦本，本固邦宁"、"水则载舟，水则覆舟"③、"以百姓心为心"、"治国有常，利民为本"④等思想观点。历史上优秀的政治家、文学家和仁人志士都留下了许多关心民生疾苦的名言警句，如杜甫"安得广厦千万间，大庇天下寒士俱欢颜"的感慨，范仲淹"先天下之忧而忧，后天下之乐而乐"的情怀，于谦"但愿苍生俱温饱，不辞辛苦出山林"的志向，郑板桥"些小吾曹州县吏，一枝一叶总关情"的为官之道等。这些都融入到我们今天以人民为中心的发展思想和价值观念之中，成为宝贵的精神财富。

以人民为中心的发展思想，在中国特色社会主义社会学中占有重要的价值地位。这一基本理念和价值观，体现了社会主义的本质要求，是中国特色社会主义社会价值观的重要标志，它回答了发展的主体、动机、目的、出发点和落脚点等根本性问题，回

---

① 邓小平：《马列主义要与中国的实际情况相结合》（一九五六年十一月十七日），见《邓小平文选》第1卷，257页，北京，人民出版社，1994。

② 《孟子·尽心下》。

③ 《荀子·王制》。

④ 《淮南子·氾论训》。

答了发展为了谁、依靠谁、由谁来评判等重大问题，这成为中国特色社会主义社会学区别于其他社会学的一个鲜明特征，成为当代中国治国理政和经济社会发展的一个根本价值取向。

二、以人民为中心发展思想的主要内容

以人民为中心的发展思想，作为中国特色社会主义的一个重要价值观，包含丰富的内容，主要体现在以下几个方面。

第一，坚持人民史观和人民主体地位。马克思主义的唯物史观强调人民群众是历史的主体，是创造历史的根本动力。习近平总书记站在历史和时代的高度，评价人民的主体地位和历史作用。他指出，人民就是江山，江山就是人民，打江山、守江山，守的是人民的心。波澜壮阔的中华民族发展史是中国人民书写的，博大精深的中华文明是中国人民创造的，历久弥新的中华民族精神是中国人民培育的，中华民族迎来了从站起来、富起来到强起来的伟大飞跃是中国人民奋斗出来的。我国社会主义革命和建设取得的一切成就，改革开放以来经济社会发展取得的伟大奇迹，都是由人民群众创造的，是全国各族人民不屈不挠、筚路蓝缕、千辛万苦奋斗的结果。人民群众是决定党和国家前途命运的根本力量，是中国共产党执政的最大底气，是我们强党兴国的根本所在。

强调人民群众的历史主体地位，是着眼于人民群众的整体作用，但并不否认杰出人物在历史发展进程中的重要地位和作用。人类社会发展进程中曾经产生了许多杰出的历史人物，他们对推动社会发展进步作出了突出贡献，这是在当时的社会条件下顺应了历史发展大势和广大人民愿望、充分发挥个人能动性的结果，反过来又影响了历史发展。所谓"时势造英雄"和"英雄造时势"，就是这个道理。

第二，坚持人民至上、以民为本的发展理念。中国共产党从理想和信念的高度，确立了人民至上、以民为本的发展思想。中国共产党人的初心和使命，就是为中国人民谋幸福，为中华民族谋复兴；中国共产党的立党之本，就是立党为公、执政为民；党的根本宗旨，就是全心全意为人民服务。习近平总书记提出，坚持人民至上，要始终把人民立场作为根本立场，把为人民谋幸福作为根本使命，把全心全意为人民服务作为共产党和人民政府的根本宗旨，党的一切工作都是为了实现好、维护好、发展好最广大人民的根本利益。

坚持人民至上、以民为本的发展思想，是社会发展的根本指导思想。中国共产党提出在社会主义初级阶段的基本路线是以经济建设为中心，还提出发展是硬道理、是执政兴国的第一要务、是解决一切问题的基础和前提条件等。这些与以人民为中心的发展思想并不矛盾。以经济建设为中心，主要是相对于过去提出的"以阶级斗争为纲"的错误观点而言的，从根本上体现了马克思主义关于经济基础决定上层建筑、生产力决定生产关系的观点。强调把发展作为第一要务，是同发展与稳定、解决各种问题等其他任务相比较而言的，强调发展的基础地位和作用，如果没有发展，其他一切都无从谈起，包括推进社会建设和解决民生问题也必须以发展为基础。

第三，坚持发展依靠人民、发展为了人民、发展成果由人民共享。坚持一切依靠人民，充分调动亿万人民群众的积极性、主动性和创造性，尊重人民群众的首创精神，最大限度地激发人民群众的创业创新创造热情，这既是马克思主义唯物史观的根本要求，也是我国改革开放取得伟大成就的一条基本经验。从沿海地区对外开放，到农村家庭联产承包责任制改革，从发展个体私营经济，到劳动就业制度、户籍制度、住房制度等各方面改革等，这些带来了中国的"第二次解放"，极大地释放出人民群众无穷无尽的创造活力和动力，推动了巨大的社会变革和迅猛的经济社会发展，充分证明了人民群众是历史的创造者的伟大真理。

一切为了人民，把人民对美好生活的向往作为我们的奋斗目标，这是中国特色社会主义发展的根本要求。要在发展中保障和改善民生，让广大人民群众共享改革发展成果，全面提高人民的物质文化生活水平，让全体人民都过上好日子，不断增强人民群众的获得感、幸福感、安全感。共享发展成果同样是社会主义的本质要求，是社会主义制度优越性的集中体现，社会主义就是要逐步实现共同富裕，使发展成果更多更广泛更公平地惠及广大人民群众。

第四，坚持发展结果由人民来评判的标准。发展以什么为标准、用什么来衡量，实质上是一个对谁负责、让谁满意的问题。邓小平提出了"三个有利于"的评判标准，即是否有利于发展社会主义社会的生产力，是否有利于增强社会主义国家的综合国力，是否有利于提高人民的生活水平。习近平总书记深刻指出，时代是出卷人，我们是答卷人，人民是阅卷人。人民是党的工作的最高裁决者和最终评判者。党的执政水平和执政成效都不是由自己说了算，必须而且只能由人民来评判，最终都要看人民是否真正得到了实惠，人民生活是否真正得到了改善，人民权益是否真正得到了保障。

在我国发展新的征程上，面临着新的"赶考"任务。我们一切工作的成败得失，都要由人民群众来检验，以人民拥护不拥护、赞成不赞成、高兴不高兴、答应不答应作为根本标准，群众意见是一把最好的尺子，最能衡量我们工作的长短优劣。我们的一切工作，都应该经得起实践的、历史的和人民的检验，努力向人民群众交上一份合格的甚至更加优异的答卷。

第五，坚持党的群众路线。以人民为中心的发展思想，体现在思想方法和工作方法上就是群众路线。群众路线是党的生命线和根本工作路线，是党永葆青春活力和战斗力的重要传家宝。坚持群众路线，核心的问题是始终保持党同人民群众的血肉联系，密切联系群众，一刻也不脱离群众，这是中国共产党的性质和宗旨的根本体现。党的最大政治优势是密切联系群众，党执政后的最大危险是脱离群众，能否保持党同人民群众的血肉联系，决定着党的事业的兴衰成败。无论过去、现在和将来，我们都要坚持群众路线，与人民群众同呼吸、共命运、心连心，一切为了群众，一切依靠群众，从群众中来，到群众中去，把党的正确主张变为群众的自觉行动，把群众路线贯彻到治国理政的全部活动之中，全面提高扎根人民、服务人民的本领和能力。

三、以人民为中心发展思想的实践要求

坚持以人民为中心的发展思想，就是要从理论与实践的结合上充分体现这一重要价值理念，把它贯彻落实到治国理政和经济社会发展的各个方面与各项工作之中。

一是把以人民为中心的发展思想贯彻落实在法律政策制定和实施过程中。贯彻落实以人民为中心的发展思想，需要建立制度化的保障措施，包括国家法律、法规、方针、政策等。我国已经在这些方面做了大量卓有成效的工作，取得了重要历史性进步。比如，我国实施脱贫攻坚战略和精准脱贫政策，取得了举世瞩目的历史性成就。中国从一个"一穷二白"的落后农业国，从一个绝大多数人没有解决温饱问题的发展中大国，经过几十年艰苦不懈的努力奋斗，彻底消除了绝对贫困现象，实现了中华民族千百年

来"天下无饥寒"的梦想,创造了人类减贫史上的"中国奇迹"。特别值得一提的是,近年来,中国实施就业优先战略和积极的就业政策,重点解决高校毕业生、农民工和就业困难人员的就业问题。所有这些,都是我国贯彻实施以人民为中心发展思想的战略和政策的真实体现。

在我国发展过程中,研究制定经济社会发展各项任务和政策,都要贯彻体现以人民为中心的发展思想。比如,我国制定实施国民经济和社会发展"十四五"规划和2035年远景目标,就对保障和改善民生、增进民生福祉方面作出了全面而详细的部署。我们在推进经济社会发展、深化经济社会改革中,包括推进社会体制改革、加强社会治理等,都充分考虑到广大人民群众的愿望、利益和诉求。这已成为我们谋大事、作决策、办事情必须高度重视的一条重大方针。

二是把以人民为中心的发展思想贯彻落实到各项实际工作中。坚持以人民为中心的发展思想,不是一个高高在上的标帜和口号,而是应该具体落实在每一项工作任务和措施之中。天下大事,必作于细,必成于精。在经济社会发展过程中,要切实加强以保障和改善民生为重点的社会建设,全力做好普适性、基础性、兜底性民生工作。从解决广大人民群众最关心最直接最现实的利益问题入手,从最具体的工作抓起,通堵点,疏痛点,消盲点,认真解决好同老百姓息息相关的教育、医疗、就业、社保、住房、养老托幼、收入分配、环境保护、社会治安等问题。大到创业创新、营商环境、乡村振兴、城市更新、户籍改革、棚户区改造等问题,小到生活便利、学生减负、快递上门、垃圾分类等事情,都要一件接着一件办,一年接着一年干,争取早日见到成效,惠及广大人民群众,让人民群众切实感受到改革发展带来的好处。

三是把以人民为中心的发展思想体现在理论研究和学科发展中。以人民为中心的发展思想，作为中国特色社会主义的重要价值理念，具有其本质特征和丰富内涵，需要进行深入的研究探索。我们需要不断从马克思主义理论宝库中汲取营养，从中国特色社会主义建设实践中获得经验，从中华民族优秀传统文化中寻找启示，不断从中国特色社会主义价值理念的高度，丰富和完善以人民为中心的发展思想。

中国特色社会主义社会学对此可以作出自己的贡献，在学科建设上要充分体现以人民为中心的发展思想，把它贯彻到社会学研究之中，包括社会发展、社会改革、社会结构、社会建设、社会治理和社会现代化等方面。这些方面都需要进行新的探索，比如怎样从定性研究与定量分析相结合的角度，来衡量以人民为中心发展思想的体现和落实程度，建立和实施相应的指标体系。贯彻以人民为中心的发展思想，还涉及人民的政治、经济、文化、社会等各方面的权利。中国的宪法明确规定尊重和保障人权，我们要在经济社会发展基础上不断充实完善人权保障的内容，特别是人民的生存权、发展权、安全权、幸福权等。这些都是以人民为中心的发展思想的应有之义。对此，还需要进行更广泛更深入的研究探索。

第三节　走共同富裕道路

共同富裕是社会主义的本质要求，是中国式现代化的重要特征，也是中国特色社会主义社会学研究的一个核心议题。我国现在已经到了扎实推动共同富裕的历史阶段，深刻理解共同富裕的科学内涵、现实意义、基本原则、实现路径，对推动全体人民实现共同富裕具有重要意义。

一、共同富裕的内涵与扎实推动共同富裕的意义

共同富裕，是在生产力发展的基础上，逐步实现全体社会成员的普遍富裕，使人人共享发展成果。让 14 亿多的中国人过上殷实富足的好日子，就是实现共同富裕。共同富裕，由"共同"和"富裕"合成。"共同"，就是全体人民都富裕，不是少数人的富裕，但也不是整齐划一的平均主义。"富裕"，既包括人民群众物质生活的富足，也包括精神生活的丰富，是在普遍富裕基础上的差别富裕，不是同时、同步、同等的富裕，要分阶段推动共同富裕；实现共同富裕需要全体人民通过辛勤劳动和相互帮助，从而普遍达到生活富裕富足、精神自信自强、环境宜居宜业、社会和谐和睦、公共服务普及普惠，实现人的全面发展和社会全面进步，共享改革发展成果和幸福美好生活。

扎实推进共同富裕具有重要的现实意义。从国内看，我国发展不平衡不充分问题仍然存在，各地区推动共同富裕的基础和条件不尽相同，虽然脱贫攻坚战的全面胜利，标志着中国共产党在团结带领人民创造美好生活、实现共同富裕的道路上迈出了坚实的一大步，但解决发展不平衡不充分问题、缩小城乡区域发展差距仍任重道远。特别是我国经济社会的高质量发展需要高素质劳动者，只有促进共同富裕，提高城乡居民收入，提升人力资本，才能提高全要素生产率，夯实高质量发展的动力基础。这些都需要我们脚踏实地，坚定不移地走共同富裕道路，向着全体人民基本实现共同富裕的目标更加努力。从国际看，当前全球收入不平等问题突出，一些国家贫富分化加剧，中等收入群体塌陷，导致

社会撕裂、政治极化、民粹主义泛滥。在这样的环境下，我们必须采取有力措施，坚决防止两极分化，扎实推进共同富裕，实现社会和谐安定，保障人民群众安居乐业。

二、实现共同富裕是中国共产党人矢志不渝的奋斗目标

建设共同富裕的社会是马克思主义的一个基本思想。马克思、恩格斯认为共产主义条件下全人类的共同富裕是最为美好的社会，这样的社会没有阶级差别，消除了脑力劳动和体力劳动之间的对立，实现了人人平等，是一个物质财富极大涌流，实现各尽所能按需分配的社会，即"生产将以所有的人富裕为目的"[①]的社会。在马克思主义看来，人类社会遵循客观规律逐级演进，同封建社会代替奴隶社会，资本主义社会代替封建社会是历史必然一样，以共同富裕为要义的社会主义取代人剥削人、人压迫人、贫富分化的资本主义社会也是大势所趋。

共同富裕更是中国共产党自成立之日起，矢志不渝为之奋斗的目标。党团结带领人民进行新民主主义革命，改造旧社会，建立新社会，是为了让人民群众过上好日子。新中国成立后，共同富裕充分彰显社会主义本质特征，"共同富裕"这一概念最早出现在1953年《关于发展农业生产合作社的决议》中。该决议指出"使农民能够逐步完全摆脱贫困的状况而取得共同富裕和普遍繁荣的生活"。毛泽东指出："这个富，是共同的富，这个强，是共同的强，大家都有份"[②]。在毛泽东看来，共同富裕就是消灭阶级剥削

---

① 马克思：《经济学手稿(1857—1858年)》下册，见《马克思恩格斯全集》第46卷下册，222页，北京，人民出版社，1980。

② 毛泽东：《在资本主义工商业社会主义改造问题座谈会上的讲话》(一九五五年十二月二十九日)，见《毛泽东文集》第6卷，495页，北京，人民出版社，1999。

和压迫，使人民群众能富裕起来。毛泽东思想的共同富裕为后来我国继承和发展共同富裕理论提供了思想框架与理论基础。改革开放以后，邓小平在坚持四项基本原则和改革开放的基础上，形成了对共同富裕的新认识。他强调："社会主义最大的优越性就是共同富裕，这是体现社会主义本质的一个东西。"①邓小平认为共同富裕是社会主义的本质特征，要通过先富带后富最终实现共富，而解放与发展生产力是实现共同富裕的前提。"三个代表"重要思想拓宽了共同富裕的理论内涵。在基本经济制度上坚持"两个毫不动摇"，在效率与公平问题上提出新的规划，强调效率优先、兼顾公平的观念；在政策上积极扶持中西部发展，实行西部大开发战略；科学发展观的提出进一步丰富了共同富裕的理论内涵，提出共同富裕的关键是发展，而发展必须坚持以人为本，实现全面均衡可持续的发展，要推进人的全面发展，建设和谐社会。

党的十八大以来，以习近平同志为核心的党中央把握发展阶段新变化，把逐步实现共同富裕摆在更加重要的位置上，推动区域协调发展，采取有力措施保障和改善民生，打赢脱贫攻坚战，全面建成小康社会，为促进共同富裕创造了良好条件。2020年10月，在党的十九届五中全会上，习近平总书记明确指出："我们推动经济社会发展，归根结底是要实现全体人民共同富裕"，"必须把促进全体人民共同富裕摆在更加重要的位置"。全会对促进共同富裕作出重要部署，提出到2035年"全体人民共同富裕取得更为明显的实质性进展"，在改善人民生活品质部分突出强调了"扎实推动共同富裕"。2021年10月9日，习近平总书记在纪念辛亥革命110周年大会上再次强调，要"不断满足人民过上美好生活的新

① 邓小平：《善于利用时机解决发展问题》（一九九〇年十二月二十四日），见《邓小平文选》第3卷，364页，北京，人民出版社，1993。

期待，不断推进全体人民共同富裕"。这一系列的重要论述，丰富和发展了中国共产党对共同富裕的规律性认识，是习近平新时代中国特色社会主义思想的重要组成部分，为扎实推动共同富裕指明了方向，明确了步骤，提供了根本遵循。

实现共同富裕不仅是经济问题，而且是关系党的执政基础的重大政治问题。中国共产党人把实现共同富裕作为历史使命，一代代接续奋斗，团结带领各族人民不断向实现全体人民共同富裕的目标迈进。随着全面建成小康社会的第一个百年奋斗目标顺利实现，中国已开启全面建设社会主义现代化国家的新征程。站在新的起点上，必须坚守初心使命，为人民群众过上更加美好的生活接续奋斗。

三、促进共同富裕的原则

（一）坚持社会主义初级阶段基本经济制度

坚持和完善社会主义基本经济制度，是不断解放和发展生产力，推进经济快速增长和逐步实现共同富裕的根本。以公有制为主体、多种所有制经济共同发展的社会主义基本经济制度，同我国社会主义初级阶段社会生产力发展水平相适应，体现了社会主义制度的优越性，推动了中国经济高速增长。2020年我国经济总量首超100万亿元，稳居世界第二。扎实推进共同富裕，就是要毫不动摇地坚持公有制为主体、多种所有制经济共同发展的基本经济制度。公有制经济是推进共同富裕的中流砥柱，各种非公有制经济是不可或缺的助推器。要引导非公有制经济人士健康成长，特别是引导年轻一代非公有制经济人士致富思源、富而思进，做到爱国、敬业、创新、守法、诚信、贡献。同时，要允许一部分人、一部分地区先富起来，要强调先富带后富、帮后富，重点鼓励辛勤劳动、合法经营、敢于创业的致富带头人，通过传、帮、带、教等，解决群众在致富道路上遇到的问题，真正走出一条致富能人带领广大群众共同致富之路。

（二）坚持实事求是、求真务实

要建立科学的政策、管用的制度，形成人人享有的合理分配格局。要以增强人民群众的获得感为重点，以更大的力度、更实的举措让人民群众享受到实惠，提升群众满意度和幸福感。同时，还需要清醒地认识到，我国还处于社会主义初级阶段，发展水平离发达国家还有很大差距，必须把保障和改善民生建立在经济发展和财力可持续的基础之上，脚踏实地，求真务实，为推进共同富裕尽力而为、量力而行，不做不切实际的、好高骛远的许诺。政府也要把工作重点放在加强基础性、普惠性、兜底性的民生保障上。随着我国经济实力的不断增强，人民生活水平普遍提高，发展目标也会随之提升。但还是要密切联系实际，提出科学合理的追求目标，保障共同富裕事业顺利推进。

（三）坚持勤劳致富、共同奋斗

勤奋劳动是财富的源泉，也是幸福的源泉。我国在推进共同富裕过程中，允许一部分人、一部分地区先富，先富带动后富，最后实现全国共同富裕。无论哪里先行富足起来，都凝聚了人民群众的智慧和心血，是大家通过辛勤劳动和艰苦奋斗共建美好家园，共享幸福美好生活。共同富裕要靠共同奋斗，只有人人参与、人人尽力，才能真正实现人人享有。一方面需要在高质量发展中保障和改善民生，提高受教育程度、增强发展能力，创造更加普惠公平的条件，提升全社会人力资本和专业技能，不断提升人口素质，特别是提高就业创业能力，提升创新创造能力，增强致富本领。另一方面，要防止社会阶层固化，防止流动受阻，畅通向上流动通道，给更多人创造致富机会，形成只有勤奋劳动才能致富、人人都有机会参与的、公平的发展环境。

(四)坚持蹄疾步稳、有步骤推进

共同富裕是一个长期的历史过程，不可能一蹴而就，其长期性、复杂性和艰巨性不容小觑。这就需要蹄疾步稳，有步骤地逐步深入推进。党和国家把共同富裕分为 3 个阶段和 3 个目标。第一个阶段是到"十四五"末，全体人民共同富裕迈出坚实步伐，居民收入和实际消费水平差距逐步缩小。第二个阶段是到 2035 年，全体人民共同富裕取得更为明显的实质性进展，基本公共服务实现均等化。第三个阶段是到本世纪中叶，全体人民共同富裕基本实现，居民收入和实际消费水平差距缩小到合理区间。这 3 个阶段性目标为我们有序推进共同富裕指明了方向。2021 年 6 月，《中共中央国务院关于支持浙江高质量发展建设共同富裕示范区的意见》发布，赋予浙江先行先试、为全国实现共同富裕探路的使命。示范区建设既是推进共同富裕的先行样板，也是鼓励各地因地制宜探索有效路径，分步骤分阶段逐步推开的明确信号。

四、在高质量发展中促进共同富裕

(一)提高发展的平衡性、协调性、包容性

新中国成立 70 多年来，中国人民摆脱了物质短缺，告别了绝对贫困，全体人民生活实现整体性跃升。从新中国成立初期人民群众对"楼上楼下、电灯电话"的美好愿望到现在几乎人人都有智能手机、家家配备优质电器，从改革开放初期靠劳动力成本低廉赚取微薄利润到如今的高铁、核电等高附加值的中国制造受到世界赞誉，我国社会生产力不断提高，经济持续增长，全体人民普遍过上了安稳富足的生活。即使 2020 年新冠病毒感染疫情肆虐全球，为推进疫情防控和经济社会发展，我国做出夯实"六稳"基础，守住"六保"底线等一系列的重要决策部署，来势凶猛的疫情让世界经济深度衰退，但中国依然成为全球主要经济体中唯一实现经济正增长的国家，经济的平稳向好发展为打赢疫情攻坚战提供了物质保障，为深入推进共同富裕奠定了基础。在未来时期，要继续加快完善社会主义市场经济体制，推动经济社会发展更平衡、更协调、更包容。

一方面要增强区域发展的平衡性。深入实施区域重大战略，加快推动京津冀协同发展，全面推动长江经济带发展，积极稳妥推进粤港澳大湾区建设，提升长三角一体化发展水平，扎实推行黄河流域生态保护和高质量发展，促进区域间融合互动、融通补充；深入实施区域协调发展战略，提高西部大开发的政策精准性，破解东北振兴体制机制障碍，推动中部地区高质量发展，鼓励东部地区改革先行，发展海洋经济，参与全球海洋治理，统筹支持欠发达地区、革命老区、边境地区等特色类型地区发展，健全区域协调发展体制机制，健全转移支付制度，缩小区域人均财政支出差异。同时，还要继续完善先富带后富的帮扶机制，探索建立先富帮后富体制机制，推动共同富裕的目标体系、工作体系、政策体系、评估体系建设，特别是加强对欠发达地区的帮扶，大力推进产业合作、消费帮扶和劳务协作，探索共建园区、飞地经济等利益共享模式，持续完善社会力量参与帮扶的长效机制。另一方面要重点强化行业发展的协调性，加快垄断行业改革，推动金融、房地产同实体经济协调发展。要支持中小企业发展，构建大中小企业相互依存、相互促进的企业发展生态。

（二）构建合理的收入分配结构

收入乃民生之源。扩大中等收入群体比重，增加低收入群体收入，合理调节高收入，取缔非法收入，形成中间大、两头小的橄榄型分配结构，是构建强大国内市场、形成新发展格局，改善人民生活品质、推进共同富裕的现实需要和基本前提。

第一，着力扩大中等收入群体规模。中国拥有全球规模最大、最具成长性的中等收入群体，但中等收入群体所占比重还不够高。特别是其内部结构不均衡，一部分中等收入群体就业稳定性不足。在高质量发展中迈向共同富裕，亟须扩大中等收入群体，构建相对稳定的"橄榄型"分配结构。这就需要精准施策，推动更多低收入人群迈入中等收入行列。高校毕业生是有望进入中等收入群体的重要方面，要提高高等教育质量，做到学有专长、学有所用，帮助他们尽快适应社会发展需要。技术工人也是中等收入群体的重要组成部分，要加大技能型人才培养力度，提高技术工人工资待遇，吸引更多高素质人才加入技术工人队伍。中小企业主和个体工商户是创业致富的重要群体，要改善营商环境，减轻税费负担，提供更多市场化的金融服务，帮助他们稳定经营、持续增收。进城农民工是中等收入群体的重要来源，要深化户籍制度改革，解决好农业转移人口随迁子女教育等问题，让他们安心进城，稳定就业。放眼未来，中等收入群体壮大的过程，也将是我国经济发展不断提升质量、改革红利不断释放的过程，两者相互促进、良性循环，共同推动共同富裕目标的实现。

第二，着力提高低收入群体收入。这是推进共同富裕的关键。首先，提高劳动收入份额的比重。劳动力是最重要的生产要素。工资作为劳动者的劳动报酬形式，其水平高低直接影响劳动者的收入水平。要完善工资制度，建立工资合理增长机制，确保劳动报酬增长与劳动生产率提高同步，保障劳动者的待遇和权益。其次，健全分层分类的社会救助体系，完善帮扶残疾人孤儿社会福利制度。要加大普惠性人力资本投入，有效减轻困难家庭教育负担，提高低收入群众子女受教育水平。最后，多措并举提升农民群体收入。在农业经营方式上进行创新，也就是更多地去发展多种形式的适度规模经营，提高农业的效益。推进农村第一、第二、第三产业的融合发展，提升农业自身发展的价值链，让农民从中能够获得更多的收益。进行农产品价格体制改革，通过其他的补贴方式，来保证农民的合理收益等。

第三，加强对高收入的规范和调节。共同富裕，不是少数人的富裕，不是劫富济贫，也不是"养懒汉"。在实现共同富裕过程中，总会有一些人先富起来，形成高收入人群。为了实现先富带后富，就需要在分配过程中既要依法保护高收入群体的合法收入，又要防止两极分化、消除分配不公。要通过完善税收制度，规范资本性所得管理。要积极稳妥地推进房地产税立法和改革，做好试点工作。要加大消费环节税收调节力度，研究扩大消费税征收范围。要加强公益慈善事业规范管理，完善税收优惠政策，鼓励高收入人群和企业更多回报社会。要清理规范不合理收入，加大对垄断行业和国有企业的收入分配管理，整顿收入分配秩序，清理借改革之名变相增加高管收入等分配乱象。要坚决取缔非法收入，坚决遏制权钱交易，坚决打击内幕交易、操纵股市、财务造假、偷税漏税等获取非法收入行为。

（三）促进基本公共服务均等化

基本公共服务均等化是实现共同富裕的关键环节，其涵盖了全体社会成员在教育、社保、医疗、住房、养老、扶幼等方面具有平等的权益。共同富裕的普惠性和全要素决定了基本公共服务均等化既是共同富裕的构成要素，也是实现共同富裕的有效途径。因此，进一步促进基本公共服务均等化，就要首先破除城乡二元壁垒，加大农村基本公共服务支持力度，鼓励和引导城镇基本公共服务资源向农村延伸，促进城市优质资源向农村辐射，健全城市支援农村公共服务建设的长效机制。要进一步完善兜底救助体系，加快缩小社会救助的城乡标准差异，逐步提高城乡最低生活保障水平，兜住基本生活底线。同时要完善住房供应和保障体系，坚持"房子是用来住的，不是用来炒的"定位，租购并举，因城施策，完善长租房政策，扩大保障性租赁住房供给，重点解决好新市民住房问题。

（四）促进农民农村共同富裕

共同富裕是全体人民的富裕，农民农村共同富裕是不可或缺的重要组成部分，也是实现共同富裕工作的重点。目前我国城市发展迅速，农村相对落后，再加上多年城乡二元经济造成城乡收入不平衡，导致低收入群体主要分布在农村。因此促进共同富裕，最艰巨最繁重的任务仍然在农村。这就需要进一步巩固拓展脱贫攻坚成果，对易返贫致贫人口要加强监测、及早干预，对脱贫县要"扶上马送一程"，确保不发生规模性返贫和新的致贫。同时全面推进乡村振兴，坚持农业农村优先发展，加快农业产业化，盘活农村资产，增加农民财产性收入，使更多农村居民勤劳致富。要加强农村基础设施和公共服务体系建设，改善农村人居环境。坚持农业现代化与农村现代化一体设计、一并推进，深化农业供给侧结构性改革，健全城乡融合发展体制机制，加快形成工农互促、城乡互补、协调发展、共同繁荣的新型工农城乡关系，促进农业高质高效、乡村宜居宜业、农民富裕富足。

（五）促进人民精神生活共同富裕

共同富裕既包括物质生活的富裕，也包括精神文化生活的丰富和人的自身文明素质的提高。这就需要不断提升社会文明程度，坚持以社会主义核心价值观为引领，厚植勤劳致富、共同富裕的文化氛围，扎实推进新时代文明实践中心建设，深入实施文明创建工程，打造精神文明高地。促进共同富裕与促进人的全面发展是高度统一的。要强化社会主义核心价值观引领，加强爱国主义、集体主义、社会主义教育，发展公共文化事业，完善公共文化服务体系，不断满足人民群众多样化、多层次、多方面的精神文化需求。同时要加强促进共同富裕舆论引导，澄清各种模糊认识，防止急于求成和畏难情绪，为促进共同富裕提供良好舆论环境。

（六）继续发扬艰苦奋斗的精神

艰苦奋斗是中华民族的传统美德，是中国共产党人的传家宝，虽然现在我们生活条件好了，但是艰苦奋斗的精神一点都不能少。在实现共同富裕的征程上，还会遇到更加纷繁复杂的矛盾，有时甚至是艰难险阻惊涛骇浪，这就需要我们保持并发扬长期坚守的艰苦奋斗精神，鼓足奋进奋斗的精气神，愈挫愈勇，不断在磨难中成长、从磨难中奋起。同时还要清晰地认识到在今后相当长的时期里，我们都将处于社会主义现代化的建设时期，人民生活的改善只能建立在生产发展的基础上，这就要把"艰苦创业"作为引领经济社会发展的重要精神力量，在全社会大力弘扬勤俭建国、艰苦奋进、开拓创新、拼搏创业的精神，这是推进社会主义现代化建设和实现伟大中国梦的内在要求，也是全体人民走向共同富裕的必要思想准备和精神支撑。

五、把握好推进共同富裕的几个关系

（一）创造财富与分配财富的关系

我们必须全面辩证地认识创造财富与调节收入分配财富的关系。一方面创造财富与分配财富存在着一定矛盾，另一方面两者又是内在统一的，创造财富的目的是"富裕"，分配财富的目的是实现"共富"，即只有通过经济和社会生产力的持续发展，才能不断提供更为坚实的物质基础，也只有通过对创造的物质财富进行调配才能使更多的人，尤其是贫困群体获得生活需要。因此，在我国经济增长面临新压力的背景下，一方面需要把经济增长和创造财富摆在突出位置，另一方面又必须把收入分配理解为缩小收入差距，促进"共同富裕"的内在要求。

(二)部分先富与全民共富的关系

共同富裕是一个螺旋式上升的渐进过程，不可能一蹴而就。共同富裕也不是全部地区全体人民同时同步同等的富裕，而是允许和支持一部分人、一部分地区先富起来，先富带动、帮助后富，最终达到共同富裕的有序致富。虽然是部分先富，但依然坚持共同富裕的大原则，强调先富不是目的，而是实现共同富裕的途径和手段，让一部分人、一部分地区先富起来，产生巨大的示范效应，影响和带动后富者向他们看齐，从而共同迈向富裕。

(三)党的领导与群众创造的关系

中国共产党的领导是中国特色社会主义最本质的特征，是实现全体人民共同富裕的根本保障。实现全体人民共同富裕，不仅是一项艰巨的任务，也是一个艰难的历史过程。中国人民从普遍贫穷到全面建成小康社会，充分证明了只有在党的领导下社会主义革命与建设才能越过艰难险阻，取得举世瞩目的发展成果，群众才能安居乐业，过上幸福生活。没有党的领导，就没有社会主义中国，就没有全体人民的幸福，就没有中华民族的振兴，这是一条颠扑不破的真理。坚持党的领导与充分激发人民的创造精神是有机的统一，在通向共同富裕的道路上，人民群众是社会物质财富的创造者，是共同富裕的主体，人民的创新创造能力是中国经济社会发展的根本动力。从小岗村联产承包责任制到新冠病毒感染疫情防控的全民参与，无不充分彰显人民群众的主体地位，无不充分彰显人民群众的智慧和力量。坚持党的集中统一领导，把党的主张与人民群众的创造活力有机地统一起来，形成实现共同富裕的社会意志与磅礴力量，就能够为推进共同富裕提供源源不断的动能，就能够在预期目标内使共同富裕取得更为明显的实质性进展。

第四节　社会公平正义

一、社会公平正义的基本内涵

公平正义是古往今来人们衡量理想社会的重要标准，是人类社会发展进步的重要价值取向，也是一个国家或社会发展的重要标志。一般来说，社会公平正义反映的是人们从道义上、愿望上追求利益关系，特别是分配关系合理性的价值理念和价值标准。

公平正义是全人类的共同价值，但其含义又是千差万别，甚至根本不同的。人们对公平正义的理解，可以说是仁者见仁、智者见智，莫衷一是。公平正义是一个不断发展的历史范畴，在不同的社会条件下，人们对公平正义的认识是不同的，没有恒定不变的公平正义标准。今天我们认为"不公正"的现象，历史上可能就以"公正"的面貌出现过；今天我们认为"公平"的事情，随着历史的发展有可能逐渐演变成"不公平"。恩格斯指出："希腊人和罗马人的公平观认为奴隶制度是公平的；1789年资产阶级的公平观则要求废除被宣布为不公平的封建制度……关于永恒公平的观点不仅因时因地而变，甚至也因人而异"①。因此，我们应该把公平正义放在特定的历史条件和社会环境中来讨论。

自从人类社会进入阶级社会以来，人与人之间因所处的阶级地位不同，产生了各种不平等。追求社会公平正义，成为千百年来人类的梦想和学者们研究的永恒课题。古希腊思想家如柏拉图，将公平等同于正义，公平就是和谐与秩序，就是各司其职，各守其序，各得其所。亚里士多德则认为，公平是相对的，绝对公平本身就是不公平。伊壁鸠鲁也认为，公平正义是人们彼此约定的产物。中世纪基督教最著名的神学公平观，就是在上帝面前人人平等。

在西方启蒙运动过程中，一些思想家从反对封建专制制度出发，提出了资产阶级的公平正义观。法国启蒙思想家卢梭在《论人类不平等的起源和基础》一书中，通过对人类从原始自然状态进化到文明状态发展过程的考察，提出私有财产的产生是社会不平等的起源，社会不平等的基础是私有制。他把人类不平等的发展分为3个阶段：第一阶段是私有财产的产生，出现了富人和穷人的不平等；第二阶段是建立国家权力机构，确认强者对弱者的统治，产生压迫者和被压迫者之间的不平等；第三阶段是政府权力的腐化，演变为专制独裁统治，出现主人和奴隶之间的不平等。他论证了被压迫人民用暴力推翻封建专制制度的合理性，提出了建立以社会契约为基础的资产阶级民主共和国，从而实现人人平等的理想。

在现代资本主义社会，一些专家学者对社会公平正义作了大量深入研究，提出了各种观点。美国哈佛大学教授约翰·罗尔斯所著的《正义论》，是西方学者研究正义问题的代表作，他肯定正

---

① 恩格斯：《论住宅问题》，见《马克思恩格斯全集》第18卷，310页，北京，人民出版社，1964。

义是社会制度的首要价值，指出正义的对象是社会的基本结构，即用来分配公民的基本权利和义务，划分由社会合作产生的利益和负担的主要制度。《正义论》的主要目的是为社会基本结构的设计确立一个合理的原则和标准，他提出正义的两个基本原则，即平等自由的原则、机会的公正平等原则和差别原则的结合。他强调，自由市场不应是放任的，不能听任毫无限制的自由竞争导致的不公平，必须由以公正为目标的政治和法律制度来调节市场的趋势，保障机会公平平等所需要的社会条件。他希望达到一种事实上的平等，而且为了事实上的平等，还要打破形式上的平等，即对先天不利者和先天有利者使用形式上不同的尺度。这些观点和看法对西方学术界产生了重要影响。

中国历史上许多思想家和仁人志士都提出了均贫富、求平等、慕大同的社会理想。孔子提出的"仁政"、"仁爱"思想，其中包含着"富民"与"均富"的理念，"不患寡而患不均，不患贫而患不安。盖均无贫，和无寡，安无倾"①。孟子主张保障老百姓的财产权，提出"有恒产者有恒心"，消除社会不公不义现象，"庖有肥肉，厩有肥马；民有饥色，野有饿莩，此率兽而食人也"。② 儒家思想家都主张解决贫富差距过大问题，均等税赋，救灾济贫，抚恤弱者，以达到社会的公平、和睦与安定。中国唐朝名相房玄龄提出"理国要道，在于公平正直"③。

马克思主义高度重视社会公平正义，但不是一般性地论述公平正义，而是第一次把公平正义建立在科学的基础之上。马克思的经典著作《资本论》从劳动价值论出发，创造性地提出了剩余价

---

① 《论语·季氏》。
② 《孟子·梁惠王上》。
③ （唐）吴兢：《贞观政要·公平篇》。

值学说，深刻揭露了资本主义剥削的本质，揭示了社会不平等的根源在于资本主义制度，只有通过无产阶级革命，建立社会主义制度，从根本上改变资本主义的生产关系，才能解放和发展生产力，消灭人剥削人、人压迫人的现象，实现公平正义。

所谓社会公平正义，就是指一个社会的成员在经济、政治、法律、文化、社会各方面的权利和利益得到平等保障和维护，符合公正性和合理性的价值标准。胡锦涛曾经在省部级主要领导干部提高构建社会主义和谐社会能力专题研讨班上的讲话中指出："公平正义，就是社会各方面的利益关系得到妥善协调，人民内部矛盾和其他社会矛盾得到正确处理，社会公平和正义得到切实维护和实现。"习近平总书记高度重视社会公平正义，对此作出许多重要论述，他指出："公平正义是中国特色社会主义的内在要求。要在全体人民共同奋斗、经济社会发展的基础上，加紧建设对保障社会公平正义具有重要作用的制度，逐步建立以权利公平、机会公平、规则公平为主要内容的社会公平保障体系，努力营造公平的社会环境，保证人民平等参与、平等发展权利。"

二、社会公平正义的价值意义

社会公平正义与人民当家作主、以人民为中心的发展思想、共同富裕理论一脉相承、紧密联系并互相促进。人民当家作主的政治经济社会制度，奠定了社会公平正义的制度基础；以人民为中心的发展思想，体现了社会公平正义的本质并赋予其丰富内涵；共同富裕论则是社会公平正义的核心要义和主要内容。

社会公平正义是中国特色社会主义的本质特征和内在要求，是中国共产党和中国政府追求的崇高价值目标。邓小平说贫穷不是社会主义，"社会主义的本质，是解放生产力，发展生产力，消灭剥削，消除两极分化，最终达到共同富裕"①。习近平总书记指出："中国梦是中华民族的梦，也是每个中国人的梦。我们的方向就是让每个人获得发展自我和奉献社会的机会，共同享有人生出彩的机会，共同享有梦想成真的机会，保证人民平等参与、平等发展权利，维护社会公平正义，使发展成果更多更公平惠及全体人民，朝着共同富裕方向稳步前进。"②这些都充分彰显了社会公平正义在中国特色社会主义社会中的价值地位和意义。

第一，促进社会公平正义是中国特色社会主义现代化建设的必然要求。马克思主义者和中国共产党人一直为实现社会公平正义不懈奋斗。在我国全面建成小康社会之后，党提出必须把促进全体人民共同富裕作为为人民谋幸福的着力点，把促进社会公平正义放到更加突出的位置。公平与效率问题始终是关系经济社会发展的重大问题，涉及两大原则：公平原则与效率原则。中国共产党对公平与效率的关系问题，有一个不断深化认识的过程。党的十四大提出"兼顾效率与公平"；党的十四届三中全会提出"效率优先、兼顾公平"；党的十六大提出"初次分配注重效率，再次分配注重公平"；党的十七大提出"初次分配和再分配都要处理好效率和公平的关系，再分配更加注重公平"；党的十九届五中全会提出"实现更高质量、更有效率、更加公平、更可持续、更为安全的发展"。从中可以看出，随着我国经济社会发展变化，特别是向着第二个百年奋斗目标前进，在全面建设社会主义现代化国家的新征程中，中国共产党在不断促进提高经济社会发展效率的基础上，

---

① 邓小平：《在武昌、深圳、珠海、上海等地的谈话要点》（一九九二年一月十八日——三月二十一日），见《邓小平文选》第3卷，373页，北京，人民出版社，1993。

② 习近平：《在中法建交五十周年纪念大会上的讲话》（2014年3月27日），见《出席第三届核安全峰会并访问欧洲四国和联合国教科文组织总部、欧盟总部时的演讲》，26页，北京，人民出版社，2014。

更加重视社会公平正义，把其与实现共同富裕相结合，提出了新的目标和要求。这就是要让社会公平正义进一步彰显，人民平等参与、平等发展权利得到充分保障，城乡区域发展差距和居民生活水平差距显著缩小，基本公共服务均等化基本实现，全体人民共同富裕迈出坚实步伐。这些方面都是社会主义现代化建设的重要内容和基本要求。

第二，促进社会公平正义是人民群众的迫切愿望和根本利益所在。人民对美好生活的向往，就是我们的奋斗目标。全心全意为人民服务，是中国共产党一切行动的根本出发点和落脚点，是中国共产党区别于其他一切政党的根本标志。中国特色社会主义进入新时代，我国社会主要矛盾已经转化为人民日益增长的美好生活需要和不平衡不充分的发展之间的矛盾。一方面，随着经济社会发展和人民生活水平不断提高，人民对社会公平正义的要求也在不断增长；另一方面，我国发展不平衡不充分的问题中，也包括社会公平正义面临的问题。社会上还存在大量有违公平正义的现象，我国收入分配中也存在一些突出的问题，主要是收入差距大、劳动报酬在初次分配中的比重较低、居民收入在国民收入分配中的比重偏低等。所有这些涉及社会公平正义的问题，都必须在发展中切实加以解决，以更好回应人民群众对社会公平正义的期盼和愿望，更好地维护广大人民群众的根本利益。

第三，促进社会公平正义是全面深化改革的出发点和落脚点。改革开放是当代中国进行的一场伟大革命，是决定党和国家前途命运的关键抉择。全面深化改革的根本目的，就是要解放和发展生产力，推进经济社会全面发展，提高人民生活水平，满足人民日益增长的物质和精神需要。说到底，改革是为了发展、为了人民。中国共产党始终把实现好、维护好、发展好最广大人民的根本利益，作为党和国家一切工作的出发点和落脚点，当然也是全面深化改革的出发点和落脚点。党的十八届三中全会在《中共中央关于全面深化改革若干重大问题的决定》中，明确提出把促进社会公平正义、增进人民福祉作为全面深化改革的出发点和落脚点，要紧紧围绕更好保障和改善民生、促进社会公平正义深化社会体制改革，改革收入分配制度，促进共同富裕，推进社会领域制度创新，推进基本公共服务均等化，加快形成科学有效的社会治理体制，确保社会既充满活力又和谐有序。习近平总书记明确指出："全面深化改革必须以促进社会公平正义、增进人民福祉为出发点和落脚点。这是坚持我们党全心全意为人民服务根本宗旨的必然要求。全面深化改革必须着眼创造更加公平正义的社会环境，不断克服各种有违公平正义的现象，使改革发展成果更多更公平惠及全体人民。如果不能给老百姓带来实实在在的利益，如果不能创造更加公平的社会环境，甚至导致更多不公平，改革就失去意义，也不可能持续。"①因此，我们需要始终把促进社会公平正义、增进人民福祉作为一面镜子，来观察和检验全面深化改革的成败得失，来推动全面深化改革不断向纵深发展、不断取得更大成效。

第四，促进社会公平正义是全面依法治国的生命线和灵魂。法律的最高标准就是公平正义。法治必然要求公正，公正是法治的应有之义。全面依法治国，就是要做到有法可依、有法必依、执法必严、违法必究，实现科学立法、严格执法、公正司法、全民守法。全面推进依法治国，关键在公正司法。公正司法是维护社会公平正义的最后一道防线。所谓公正司法，就是受到侵害的

---

① 习近平：《切实把思想统一到党的十八届三中全会精神上来》(2013 年 11 月 12 日)，载《求是》，2014(1)。

权利一定会得到保护和救济，违法犯罪活动一定要受到制裁和惩罚。司法公正对社会公正具有重要引领作用，司法不公对社会公正具有致命破坏作用。如果人民群众通过司法程序不能保证自己的合法权利，那司法就没有公信力，人民群众也不会相信司法。因此，在全面推进依法治国进程中，必须坚持司法为民，推进公正司法，筑牢社会公平正义的防线和底线，维护广大人民群众的合法权益。

三、社会公平正义的主要内容

社会公平正义有着丰富的内涵，涉及人们的政治、经济、文化、社会、法律等方面的权利保障，包括权利公平、机会公平、规划公平，以及起点公平、过程公平、结果公平等不同划分尺度方面的内容。

从社会公平正义涵盖的领域来看，主要包含：

政治领域。主要是保障人民群众政治参与的权利，依法参与国家和社会事务管理。扩大人民有序政治参与，保证人民依法实行民主选举、民主协商、民主决策、民主管理、民主监督；加强人权法治保障，保证人民依法享有广泛权利和自由；完善基层民主制度，保障人民知情权、参与权、表达权、监督权。

经济领域。主要是保障人民平等参与经济活动，依法享有经济权益。公平正义的治国理念，主要体现在政府的经济政策上。政府的经济调节和市场监管，应该有利于平等参与和公平竞争。财政、税收作为调节经济利益的重要手段，应该更有利于调节我国城乡之间、地区之间、阶层之间存在的贫富差距，更多地向农村、中西部地区、中低收入人群倾斜，增加对处境不利群体的照顾，以此促进社会公平正义。

文化领域。主要是保障人民公平参与各种文化活动，享受各项文化权利。不同民族、不同宗教、不同社会群体从事包括语言、文字、文学、艺术、建筑、服装、饮食、节庆、民俗、习惯等活动，都受到平等保护和支持，促进人们的精神文化生活发展。

社会领域。主要是保障人民平等参与社会活动，享受各项社会权利。人们依法参加各种社会组织，开展丰富多彩的社会活动，平等享受国家为社会成员提供的教育、医疗、就业、住房、养老、扶贫、救助、优抚等各项社会保障和社会福利，以及其他社会待遇和权益。

法律领域。主要是保障人民平等参与司法活动，依法享有各项法律保障与合法权益。公民在法律面前一律平等，国家尊重和保障人权，公民依法享有各项自由和权利，包括依法参与立法，公平公正参与司法，公民的合法权益得到有效保障，依法享有人身权、名誉权、财产权等各项权利不受侵犯。

从社会公平的形式来看，主要有以下几个方面。

权利公平。这是最基本的公平。社会公平首先意味着社会权利上的公平，它承认并保证社会成员具有平等的各方面权利，也就是要求社会的制度安排和非制度安排给每个社会成员的各方面权利是平等的，社会成员依法享有的生存权、发展权，包括劳动的权利、受教育的权利、就业和职业选择等权利，不受家庭背景、贫富、民族、宗教、职位、性别等个人和社会因素的限制和影响。

机会公平。这是一种起点公平，是实现权利公平的前提条件。社会成员参与社会活动，平等地享有同样的机会。这就要求国家和社会为每个社会成员提供相同的参与机会，保证所有社会成员都能够在基本相同的起点上公平竞争，最大限度地发挥个人的潜能，发挥每个社会成员的积极性、主动性和创造性。当然，机会公平不能够保证结果公平，甚至会造成人们之间的各方面差异，这就需要以保障性公平来校正。

规则公平。主要是一种程序性公平，它要求社会成员参与各项社会活动的规则和标准都是同样的、一致的，在法律面前人人平等，在规则面前也人人平等，不因社会成员的不同情况而有区别和差异。公平的规则有利于社会成员在同等条件下参与和竞争，能够更有利于保证结果的公平。

结果公平。是指人们参与社会活动之后获得的待遇、分配等具有公正性，结果的公平是最终衡量公平与否的重要指标。同等的规则自然会区别出人们的差异，从而造成事实上不同的结果。这就需要两种校正：一种是对结果的不同作出一定的补偿，使结果不要差距太大，比如实施扶贫和低保政策；另一种是对规则作出个别的调整，以增加某些特定成员的参与机会，比如增加少数民族地区的高考录取数量，对老人、儿童等实行免费和优待政策等。

四、社会公平正义的实现路径和实践要求

坚持公平正义的社会主义核心价值理念，就要将之贯彻落实在经济社会发展的各领域和各项实际工作中。适应我国改革开放和发展社会主义市场经济的新形势，从政治、经济、社会、文化、法律、行政等多方面采取有力措施，逐步建立以权利公平、机会公平、规则公平为主要内容的社会公平保障体系，促进社会公平正义不断取得新进展和新成效。

第一，在做大"蛋糕"的同时，还要分好"蛋糕"。实现社会公平正义，首先要有必备的物质基础。实现社会公平正义是由多种因素决定的，最主要的还是经济社会发展水平。发展是解决一切

问题的基础和前提条件。我们必须紧紧抓住经济建设这个中心，把发展作为党执政兴国的第一要务，推进经济社会持续健康发展，进一步把"蛋糕"做大，为保障社会公平正义奠定更加坚实的物质基础。"蛋糕"不断做大了，还要把"蛋糕"分好。我国经济社会发展已经取得巨大成就，实现了全面建成小康社会的目标，基本解决了农村绝对贫困问题。在此基础上，随着我国全面建设社会主义现代化，我们要更加重视促进社会公平正义，尽力而为又量力而行，解决关系老百姓切身利益的问题，把促进社会公平正义的事情办好。

第二，建立健全有利于促进社会公平正义的制度。制度是社会公平正义的根本保证。实现社会公平正义，有赖于建立健全各方面的制度。我们要在经济社会不断发展的基础上，加快建设对保障社会公平正义具有重大作用的制度，通过创新制度安排，更好保障人民在政治、经济、文化、社会等方面的权利和利益，努力克服人为因素造成的有违公平正义的现象，排除阻碍劳动者平等参与发展、分享发展成果的障碍。要把促进社会公平正义、增进人民福祉作为一面镜子，审视我们各方面体制机制和政策规定，哪里有不符合促进社会公平正义的问题，哪里就需要改革；哪个领域哪个环节问题突出，哪个领域哪个环节就是改革的重点。对制度安排不健全造成的有违公平正义的问题要抓紧解决，使我们的制度安排更好体现社会主义公平正义的原则，更加有利于实现好、维护好、发展好最广大人民的根本利益。

第三，努力做好保障和改善民生各项工作。社会是否公平，能否实现正义，处境不利群体的生存状况是一块试金石。实现社会公平正义，要从最基础的事情做起，解决老百姓最关心的利益和权利问题。生存权、发展权、幸福权、安全权都是最基本的人权，我们要优先保障好、实现好这些民生权利。这些年来，保障和改善民生工作取得了很大进展，我们要适应发展新阶段的新要求，更好满足人民对美好生活的向往，进一步做好保障和改善民生各项工作。要倾听人民呼声，回应人民期待，保证人民平等参与、平等发展权利，在幼有所育、学有所教、劳有所得、病有所医、老有所养、住有所居、弱有所扶上持续取得新进展，不断增强人民群众的获得感、幸福感、安全感。

第四，切实维护司法公平正义。一个社会，如果司法体系健全，能够主持公道，切实维护人民的合法权益，做到不平则鸣、有冤则争，做到有法必依、侵权必纠，做到权利平等、司法公正，这个社会就是一个正义的社会。促进社会公平正义，必须建设好司法公正这一生命线和最后一道防线。要在全面推进依法治国过程中，深化司法制度改革，构建开放、动态、透明、便民的阳光司法机制，以公开促公正、以透明保廉洁，让暗箱操作没有空间，让司法腐败无处藏身，让公平正义的阳光照耀人民心田。特别是要着力解决好损害群众权益的突出司法问题，决不允许对群众的报警求助置之不理，决不允许让普通群众打不起官司，决不允许滥用权力侵犯群众合法权益，决不允许执法犯法造成冤假错案，要让人民群众在司法实践中切实感受到公平正义，满足其追求公平正义的美好愿望。

第五节　社会主义核心价值观

一、社会主义核心价值观的确立和基本内容

任何一种比较成熟完善的社会制度，都有其核心价值观。社

会核心价值观是一个社会及社会制度的精神象征，体现着一个社会及其制度的理想信念和价值追求。

中国有世界上最持久稳定的封建社会制度，形成了以儒家思想为根本的核心价值观。儒家经典"四书"即《大学》、《中庸》、《论语》、《孟子》，集中体现了其伦理道德和核心价值观。以孔子、孟子为代表，由儒家学者提出的"三纲五常"——"君为臣纲、父为子纲、夫为妻纲"和"仁、义、礼、智、信"，以及为后代学者概括的"忠、孝、仁、义、智、勇、礼、信"，成为中国封建社会的最高道德规范。对于个人而言，则有"大学之道"确立的"三纲八目"，即"明明德、亲民、止于至善"和"格物、致知、诚意、正心、修身、齐家、治国、平天下"，成为个人道德价值的最高境界。

资本主义社会在创立和发展过程中，形成了符合其社会制度的核心价值观。资本主义核心价值观的产生和形成，始于两次思想解放运动：一次是以人文主义为中心的文艺复兴运动，宣扬人类理性、个性解放等理念，反对宗教神性、禁欲束缚、等级桎梏等观念；另一次是以自然法学和社会契约论为思想基础的启蒙运动，以孟德斯鸠、伏尔泰、卢梭、狄德罗等为代表的思想家提出关于天赋人权、自然平等、生而自由、社会契约、主权在民的思想主张。这些思想成果通过英国的《权利法案》、美国的《独立宣言》和法国的《人权宣言》这"三大法案"以法律形式固定下来，确立了资本主义社会的基本价值原则，以维护资产阶级的核心利益。资本主义所宣扬的核心价值观，集中体现为"民主、自由、平等、博爱、人权"等，代表着资本主义的基本价值取向。

空想社会主义在批判资本主义社会及其价值观的基础上，阐释了对未来社会主义社会的价值理想，主要表现为追求没有私有制、没有剥削、人人平等、个人幸福、按需分配的理想社会。马克思主义在批判继承空想社会主义思想成果的基础上，创立了科学社会主义，提出未来社会将在打碎旧的国家机器、消灭私有制的基础上，消除阶级之间、城乡之间、脑力劳动和体力劳动之间的对立和差别，充分调动全体劳动者的积极性和创造性，使社会物质财富极大丰富、人民精神境界极大提高，社会成员各尽所能、各取所需，实现每个人自由而全面的发展。

中国共产党在领导中国革命、建设、改革开放和社会主义现代化国家建设中，随着对社会主义认识的不断深化，提出并不断充实和完善社会主义价值观。毛泽东奠定了中国社会主义的制度基础和价值基础。邓小平深刻总结中国社会主义革命和建设正反两方面的经验教训，提出对社会主义的新认识，指出："一个公有制占主体，一个共同富裕，这是我们所必须坚持的社会主义的根本原则。"[1]"社会主义的本质，就是解放生产力，发展生产力，消灭剥削，消除两极分化，最终达到共同富裕。"[2]2006 年 10 月，党的十六届六中全会第一次明确提出"建设社会主义核心价值体系"的重大命题和战略任务，提出要构建民主法治、公平正义、诚信友爱、充满活力、安定有序以及人与自然和谐相处的社会主义和谐社会。2007 年 10 月，党的十七大提出，建设社会主义核心价值体系，增强社会主义意识形态的吸引力和凝聚力。2011 年 10 月，党的十七届六中全会强调，社会主义核心价值体系是"兴国之魂"，建设社会主义核心价值体系是推动文化大发展大繁荣的根本任务。2012 年 11 月，党的十八大报告第一次明确提出并完整表述了社会主义核心价值观："倡导富强、民主、文明、和谐，倡导

---

① 邓小平：《一靠理想二靠纪律才能团结起来》（一九八五年三月十日），见《邓小平文选》第 3 卷，111 页，北京，人民出版社，1993。

② 邓小平：《在武昌、深圳、珠海、上海等地的谈话要点》（一九九二年一月十八日——二月二十一日），见《邓小平文选》第 3 卷，373 页，北京，人民出版社，1993。

自由、平等、公正、法治，倡导爱国、敬业、诚信、友善，积极培育和践行社会主义核心价值观。"①这是对社会主义核心价值观的一次集中全面概括。以"三个倡导"为基本内容的社会主义核心价值观，与中国特色社会主义发展要求相契合，与中华优秀传统文化和人类优秀文明成果相承接，是中国共产党凝聚全党全社会价值共识作出的重要论断。

社会主义核心价值观包括3个层面的内容：一是国家层面的价值目标，这就是"富强、民主、文明、和谐"；二是社会层面的价值取向，这就是"自由、平等、公正、法治"；三是个人层面的价值标准，这就是"爱国、敬业、诚信、友善"。这3个层面、12项规定概括了社会主义核心价值观的基本内容，为培育和践行社会主义核心价值观提供了基本遵循。这3个层面既相对划分，又密切联系，构成社会主义核心价值观的完整体系。

"富强、民主、文明、和谐、美丽"，是我国社会主义现代化国家的建设目标，也是从价值取向上对社会主义核心价值观基本理念的概括，在社会主义核心价值观中居于最高层次，对其他层次的价值理念具有统领作用。富强是社会主义现代化国家建设的必然要求，是中华民族梦寐以求的美好夙愿，也是国家繁荣昌盛、人民幸福安康的物质基础。民主是人类社会的美好诉求，我们追求的民主是人民民主，其实质和核心是人民当家作主，它是社会主义的生命，也是创造人民美好幸福生活的政治保障。文明是社会进步的重要标志，也是社会主义现代化国家的重要特征，它是社会主义现代化国家文化建设的应有状态，是对面向现代化、面

---

① 胡锦涛：《坚定不移沿着中国特色社会主义道路前进，为全面建成小康社会而奋斗》（二〇一二年十一月八日），见中共中央文献研究室编：《十八大以来重要文献选编》（上），25页，北京，中央文献出版社，2014。

向世界、面向未来的，民族的科学的大众的社会主义文化的概括，是实现中华民族伟大复兴的基本要求。和谐是中国传统文化的基本理念，是社会主义现代化国家在社会建设领域的价值诉求，是经济社会和谐稳定、持续健康发展的重要保证。

"自由、平等、公正、法治"，是从社会层面对社会主义核心价值观基本理念的概括性表述，反映了中国特色社会主义的基本属性，是中国共产党矢志不渝、长期实践的核心价值理念。自由是指人的意志自由、存在和发展的自由，是人类社会的美好向往，也是马克思主义追求的社会价值目标。平等指的是公民在法律面前一律平等，其价值取向是不断实现实质上的平等，它要求尊重和保障人权，人人依法享有平等参与、平等发展的权利。公正即社会公平和正义，它以人的解放、人的自由平等权利的获得为前提，是国家和社会应有的根本价值理念。法治是治国理政的基本方式，依法治国是社会主义民主政治的基本要求，通过法制建设来维护和保障公民的根本利益，这是实现自由平等、公平正义的制度保证。

"爱国、敬业、诚信、友善"，是从个人行为层面对社会主义核心价值观基本理念的概括，是公民的基本道德规范和价值标准。爱国是基于个人对国家的深厚情感，是调节个人与国家关系的行为准则。敬业是公民职业行为的价值标准，要求个人忠于职守，专精技能，勤于奉献，充分发挥职业精神。诚信即诚实守信，是对个人道德品质的基本要求，也是社会主义道德建设的重点内容，它强调诚实劳动、信守承诺、诚恳待人。友善强调人与人之间应该相互尊重、相互帮助、和睦关系、友好相处，形成社会主义的新型人际关系。

二、社会主义核心价值观的时代意义

社会主义核心价值观是社会主义核心价值体系的高度凝练和集中表达，是中国特色社会主义理想信念、文化价值、民族精神、道德品质的集中反映，体现了社会主义价值观的本质特征和根本属性，反映社会主义核心价值体系的丰富内涵和实践要求。

社会主义核心价值观的理论基因，渊源于马克思主义的基本理论，尤其是以人为本理念和以人民为中心思想的价值追求。从社会主义核心价值观的基本内容来看，中国共产党在认真总结改革开放以来思想文化领域和精神文明建设经验的基础上，把马克思主义基本理论与中国优秀传统文化相结合，同时汲取了人类文明发展的优秀成果，在逐渐深化对社会主义精神文明建设、社会主义核心价值体系认识的基础上，凝练提出了社会主义核心价值观。

社会主义核心价值观的提出和确立，无论对于社会主义的认识和发展，对于建设中国特色社会主义，还是对于构建社会主义根本理念、价值观念、文化精神，增强中华民族文化自信，提升国家文化软实力，都具有重大而深远的意义。

第一，社会主义核心价值观的提出和确立，深化了对社会主义本质及其价值的认识，进一步丰富和发展了中国特色社会主义思想。对于社会主义的认识，是一个随着实践探索不断深化的过程。我们以前较多注重社会主义的科学性、实践性、制度性，而对社会主义的价值体系和价值观等方面的内容关注和研究较少。在社会主义本质问题上，曾经有过片面性、教条化的理解，认为"一大二公"就是社会主义，社会主义就是搞计划经济。邓小平在总结社会主义革命和建设实践经验教训的基础上，深刻阐述了社会主义的本质特征，他指出贫穷不是社会主义，平均主义不是社

会主义，两极分化不是社会主义，没有民主和法制就没有社会主义等。社会主义核心价值观的提出，进一步丰富和深化了我们对社会主义本质和价值观的认识。社会主义不仅建立在发达的社会生产力基础之上，它的更高追求在于建设一个富强、民主、文明、和谐、自由、平等、公正、法治的国家和社会，提高全社会和每个社会成员的道德和文明水平。

第二，社会主义核心价值观的提出和确立，借鉴和吸收了人类社会文明发展成果，创新性地构建起中国特色社会主义的文化精神价值。中国特色社会主义不仅有自己的理论自信、制度自信和道路自信，还有自己的文化自信，特别是价值自信和价值追求。中国改革开放以来，以更加开放包容的姿态，迎接并融入世界文明发展之中，倡导不同文明之间交流互鉴，学习、借鉴和吸收人类文明发展成果，包括现代资本主义发展所创造的一切优秀成果，不断从价值层面创新和发展中国特色社会主义。提出构建人类命运共同体的理念，弘扬和平、发展、公平、正义、民主、自由的全人类共同价值；提出建设富强、民主、文明、和谐、美丽的社会主义现代化国家，建设社会主义物质文明、政治文明、精神文明、社会文明、生态文明；提出尊重和保障人权，促进社会公平正义，促进人的自由而全面发展等。这些都是对社会主义价值观念的创新和发展，其中就包含民主、自由、平等、公正等价值观，并把其看作全人类的共同价值，赋予其社会主义的崭新内涵，上升为社会主义的核心价值。因此，社会主义核心价值观的提出和确立，不仅表明我们对中国特色社会主义的认识从理论层面、制度层面、道路层面上升到文化层面、价值层面，而且为中国特色社会主义构建了价值之魂，彰显出中国特色社会主义的巨大包容性和旺盛生命力。

第三，社会主义核心价值观的提出和确立，增强了中华民族文化自信，提升了国家文化软实力。中华文化源远流长，积淀着中华民族最深层的精神追求，代表着中华民族独特的精神标识，为中华民族自强不息、厚德载物提供了丰厚滋养。中华民族优秀的传统文化精神和伦理道德是中华文化的精髓，蕴含着丰富的思想道德和价值资源。社会主义核心价值观既立足于社会主义的价值理念和追求，又渊源于并吸收融合了中华民族优秀的传统文化。文明、和谐、爱国、敬业、诚信、友善，这些都是中华优秀传统文化的结晶。中华文明和文化价值在世界上具有广泛的影响力和感召力，中国特色社会主义应该更好地继承其伟大荣光并将其进一步发扬光大。在当今世界矛盾冲突不断、发展遇到许多新挑战的背景下，中国提出社会主义核心价值观，体现出中国特色社会主义文化价值的科学性、开放性和包容性，代表着人类先进文化的前进方向，必将有助于克服和消除西方资本主义价值观的缺陷，获得世界上更多国家和人民的理解与认同，为人类文明发展提供中国智慧和中国方案。这将进一步增强中华民族文化自觉和自信，进一步提升中国文化精神价值的感召力和影响力。

三、社会主义核心价值观的实践要求

培育和践行社会主义核心价值观，是推进中国特色社会主义伟大事业、实现中华民族伟大复兴中国梦的战略任务。社会主义核心价值观要融入于建设中国特色社会主义的伟大实践，贯彻落实到经济社会发展的各项工作之中。习近平总书记指出，培育和践行社会主义核心价值观，要以培养担当民族复兴大任的时代新人为着眼点，强化教育引导、实践养成、制度保障，发挥社会主义核心价值观对国民教育、精神文明创建、精神文化产品创作生

产传播的引领作用，把社会主义核心价值观融入社会发展各方面，转化为人们的情感认同和行为习惯。

一是把培育和践行社会主义核心价值观贯彻到经济发展和社会治理之中。制定实施经济发展目标和规划，出台经济社会政策和重大改革措施，都要遵循社会主义核心价值观要求，做到讲国家情怀、讲社会责任、讲个人品德，形成有利于弘扬社会主义核心价值观的良好政策导向、利益机制和社会环境，实现市场经济和道德建设良性互动。法律法规是推行社会主流价值观的重要保证，要把社会主义核心价值观贯彻到依法治国、依法执政、依法行政实践中，落实到立法、执法、司法、普法和依法治理各个方面，用法律的权威来增强人们培育和践行社会主义核心价值观的自觉性。要把践行社会主义核心价值观作为社会建设和治理的重要内容，融入制度建设和治理工作中，形成科学有效的诉求表达机制、利益协调机制、矛盾调处机制、权益保障机制，最大限度增进社会和谐。创新社会治理方式，完善激励机制，褒奖善行义举，实现治理效能与道德提升相互促进，形成好人好报、恩将德报的正向效应，引导和培育良好的社会风尚。

二是把培育和践行社会主义核心价值观落实到国民教育全过程。培育和践行社会主义核心价值观，要从小抓起、从学校抓起。坚持育人为本、德育为先，围绕立德树人的根本任务，把社会主义核心价值观纳入国民教育之中，努力培养德智体美劳全面发展的社会主义建设者和接班人。建设师德高尚、业务精湛的高素质教师队伍。实施师德师风建设工程，坚持师德为上，完善教师职业道德规范，将师德表现作为教师考核、聘任和评价的首要内容，形成师德师风建设长效机制。引导广大教师自觉增强教书育人的荣誉感和责任感，学为人师、行为世范，做学生品行的指导者和引路人。加强社会主义核心价值观宣传教育，用社会主义核心价值观引领社会思潮、凝聚社会共识。深入挖掘中华优秀传统文化蕴含的思想观念、人文精神、道德规范，结合时代要求继承创新，深入阐发中华优秀传统文化蕴含的讲仁爱、重民本、守诚信、崇正义、尚和合、求大同等思想理念，深入挖掘自强不息、敬业乐群、扶正扬善、扶危济困、见义勇为、尊老爱幼等传统美德，让中华文化价值展现出永恒魅力和时代风采。

三是把培育和践行社会主义核心价值观融入社会生活的各个方面。广泛开展培育和践行社会主义核心价值观实践活动，融入丰富多彩的社会生活，使之成为人们自觉遵守的道德规范和行为准则。弘扬与社会主义市场经济相适应的诚信理念、诚信文化、契约精神，推动各行业各领域制定诚信公约，加快个人诚信、政务诚信、商务诚信、社会诚信和司法公信建设，构建覆盖全社会的征信体系，健全守信联合激励和失信联合惩戒机制，开展诚信缺失突出问题专项治理，提高全社会诚信水平。把开展道德实践活动与培育廉洁价值理念相结合，营造崇尚廉洁、鄙弃贪腐的良好社会风尚。深入开展群众性精神文明创建活动，推进文明城市、文明村镇、文明单位、文明家庭等创建活动，不断提升公民文明素质和社会文明程度。重视民族传统节日的思想熏陶和文化教育功能，丰富民族传统节日的文化内涵，开展优秀传统文化教育普及活动，培育特色鲜明、气氛浓郁的节日文化。完善市民公约、村规民约、学生守则、行业规范，强化规章制度实施力度，在日常治理中鲜明彰显社会主流价值，使正确行为得到鼓励、错误行为受到谴责。研究制定继承中华优秀传统，适应现代文明要求的社会礼仪、服装服饰、文明用语规范，引导人们重礼仪、讲礼貌、守良善。

　　四是把培育和践行社会主义核心价值观内化于公民道德建设具体行动。加强公民道德建设、提高全社会道德水平，是全面建设社会主义现代化强国的战略任务。2019年10月，中共中央、国务院专门印发了《新时代公民道德建设实施纲要》，针对道德领域存在的问题，提出了公民道德建设的明确要求。指出一些地方、一些领域不同程度存在道德失范现象，拜金主义、享乐主义、极端个人主义仍然比较突出；一些社会成员道德观念模糊甚至缺失，是非、善恶、美丑不分，见利忘义、唯利是图，损人利己、损公肥私；造假欺诈、不讲信用的现象久治不绝，突破公序良俗底线、妨害人民幸福生活、伤害国家尊严和民族感情的事件时有发生。对于这些问题，必须采取有力措施切实加以解决。要把社会公德、职业道德、家庭美德、个人品德建设作为着力点，形成修身律己、崇德向善、礼让宽容的道德风尚。推动践行以文明礼貌、助人为乐、爱护公物、保护环境、遵纪守法为主要内容的社会公德，鼓励人们在社会上做一个好公民；推动践行以爱岗敬业、诚实守信、办事公道、热情服务、奉献社会为主要内容的职业道德，鼓励人们在工作中做一个好建设者；推动践行以尊老爱幼、男女平等、夫妻和睦、勤俭持家、邻里互助为主要内容的家庭美德，鼓励人们在家庭里做一个好成员；推动践行以爱国奉献、明礼遵规、勤劳善良、宽厚正直、自强自律为主要内容的个人品德，鼓励人们在日常生活中养成好品行。广泛开展文明出行、文明交通、文明旅游、文明就餐、文明观赛等活动，引导人们自觉遵守社会交往、公共场所中的文明规范。要把公民道德建设内化于心、外化于行，细化实化具体化到公民的社会行为之中，变成全社会人人习惯的自觉行动。

第六节　人的全面发展与社会全面进步

一、人的全面发展与社会全面进步价值命题的提出和基本内涵

人的全面发展与社会全面进步，是马克思主义的一个重要价值命题，是中国特色社会主义的一个重要价值命题，当然也是中国特色社会主义社会学的一个重要价值命题。

关于人的发展与社会的关系问题，古今中外的思想家做过许多探讨，提出不同的思想观点和理论学说。中国的《易经》被誉为诸经之首、大道之源、中华传统文化的总纲领，开宗明义就提出了天、地、人"三才之道"，其中"人道"是讲为人之道、处世之道，讲在社会上做人的道理，重视人道和人的价值。人是世间最宝贵的生命，人是万物之灵。《尚书》上说："惟人万物之灵。"《孝经》引用孔子的话说："天地之生，人为贵。"这都表现出充分尊重人的价值的理念。

人类进入资本主义社会，社会生产力有了巨大飞跃，人的发展也有了巨大进步。这种进步伴随着劳动分工的发展而出现专业化的趋势，使人在某一方面获得了突出的发展，特别是同私有制的剥削相联系，导致了人的异化和片面性的消极后果。人文主义启蒙运动以来的进步思想家，对资本主义社会人的非人化现象进行了激烈的批判。法国启蒙思想家卢梭提出了自然主义的教育思想，认为教育的目的和本质，就是促进人的自然天性，即自由、理性和善良的全面发展，使人成为身心两健、体脑并用、善良本性展现、潜能获得释放的新人。德国古典哲学的创始人康德赞美一个充分发挥人的全部才智的美好社会。黑格尔认为"社会和国家

的目的，在于使一切人类的潜能以及一切个人的能力在一切方面和一切方向都可以得到发展和表现"。空想社会主义者包括圣西门、傅立叶、欧文都有关于人的全面、整体发展的思想，并且欧文为此进行了社会试验。

马克思主义关于人的全面发展和社会全面进步的价值观，是马克思主义理论的重要内容，特别是在科学社会主义理论体系中占有重要地位。马克思有一句名言："人的本质不是单个人所固有的抽象物，在其现实性上，它是一切社会关系的总和。"①马克思主义认为，在人们的各种社会关系中，生产关系是最基本的关系，是一切社会关系的基础。在生产关系中最重要的是生产资料所有制及其分配方式。从分析资本主义的劳动分工和经济制度出发，指出劳动者被剥削、被压迫的地位以及痛苦的工作和生活条件，使其处在非人的状况。恩格斯的《英国工人阶级状况》一书对此有深刻的观察和阐述。无产阶级要自己解放自己，就必须消灭资本主义私有制和旧的生产关系，建立起社会主义和共产主义的社会制度。《共产党宣言》明确指出："代替那存在着阶级和阶级对立的资产阶级旧社会的，将是这样一个联合体，在那里，每个人的自由发展是一切人的自由发展的条件。"②马克思在《资本论》中进一步指出，共产主义是"以每个人的全面而自由的发展为基本原则的社会形式"。"自由人的联合体"、"人的解放"、"每个人的自由而全面发展"，③ 是马克思为之奋斗一生的共产主义理想的最高追求和价值目标。马克思主义将人们的需要分为生存的需要、发展的

---

① 马克思：《关于费尔巴哈的提纲》，见《马克思恩格斯全集》第 3 卷，5 页，北京，人民出版社，1956。

② 马克思、恩格斯：《共产党宣言》，见《马克思恩格斯选集》第 1 卷，422 页，北京，人民出版社，2012。

③ 马克思：《资本论》第 1 卷，683 页，北京，人民出版社，2004。

需要和享受的需要，而劳动的需要不再是仅仅为了生存，同时也是为了发展和享受，这将进入更高级的人的全面发展和社会全面进步的阶段。

在中国社会主义革命和建设过程中，特别是改革开放以来建设中国特色社会主义进程中，中国共产党人对人的全面发展和社会全面进步价值观的认识不断深化。毛泽东一直对培养社会主义劳动者和建设者新人给予高度重视，他指出："我们的教育方针，应该是使受教育者在德育、智育、体育几方面都得到发展，成为有社会主义觉悟的有文化的劳动者。"①他特别重视劳动教育，认为学生应该接受劳动锻炼，社会主义劳动者最光荣。这些思想奠定了我国基本的教育方针和在全社会尊重社会主义劳动者的基本价值取向，是马克思主义关于人的全面发展理论的中国化、实践化和具体化发展。改革开放以后，邓小平为我国教育题词，提出了"三个面向"的主张："教育要面向现代化，面向世界，面向未来。"目的就是要培养和造就具有现代化知识和能力、汲取世界各国文明成果和先进技术、为未来发展需要的社会主义建设者和接班人。

党的十八大以后，以习近平同志为核心的党中央坚持人的全面发展和社会全面进步的社会主义价值观，提出要更好推动人的全面发展，促进社会全面进步，并为此作出了许多重要部署。统筹推进"五位一体"总体布局，包括经济建设、政治建设、文化建设、社会建设和生态文明建设；协调推进"四个全面"战略布局，包括全面建成小康社会、全面建设社会主义现代化国家、全面深

---

① 毛泽东：《关于正确处理人民内部矛盾的问题》（一九五七年二月二十七日），见中共中央文献研究室编：《建国以来重要文献选编》第 10 册，86 页，北京，中央文献出版社，2011。

化改革、全面依法治国、全面从严治党，这些都包含促进人的全面发展和社会全面进步的丰富内容。特别是全面建成小康社会，彻底解决了千百年来困扰我国发展的农村绝对贫困问题，人民物质文化生活全面达到了小康水平，加快以保障和改善民生为重点的社会建设，加强和创新社会治理，使得中国特色社会主义建设中人的全面发展和社会全面进步上了一个大台阶，达到了新的水平，为未来更高水平的发展奠定了坚实基础。这些不仅继承和发展了马克思主义关于人的全面发展和社会全面进步的理论和价值观，而且开辟了中国特色社会主义人的全面发展和社会全面进步的新境界。

人的全面发展和社会全面进步，从根本上说，就是指在社会主义社会，人们成为国家、社会和自己的主人，每个人都成为社会主义劳动者和建设者，其劳动能力、体力和智力都得到全面和谐的发展，包括人的理想信念、道德品质、知识、才能、兴趣、个性等都得到自由而全面的发展，充分满足人的生存、发展和享受需要；社会的政治、经济、文化、法律以及社会生活的各个方面，人与人、人与自然等各方面关系都获得协调发展，取得全面进步。

人的全面发展与社会全面进步是辩证统一的关系。总的来说，社会全面进步的目的，就是人的全面发展；社会全面进步包含了人的全面发展，人的全面发展存在于社会进步之中；社会全面进步，为人的全面发展创造了社会环境条件，有利于并促进人的全面发展；而人的全面发展又是社会全面进步的重要内容，反过来又会促进社会全面进步；两者相辅相成，互为因果条件，又相互促进，共同协调推动发展进步。

人的全面发展和社会全面进步，在中国特色社会主义社会价值论中占有重要地位。人的全面发展和社会全面进步，是中国特色社会主义的重要价值取向和价值标准，它从根本上回答了社会主义社会中什么是人的发展、人如何发展、什么是社会进步、社会怎样进步等一系列重大问题，明确了中国特色社会主义建设和发展的基本目标和本质特征，体现了以人民为中心的发展思想和人是目的的社会主义发展价值观，成为检验人的解放、发展和社会进步的重要尺度和标志。

二、人的全面发展与社会全面进步的主要内容

人的全面发展与社会全面进步，作为马克思主义的重要社会价值观和中国特色社会主义的重要社会价值观，包含了极其丰富的内容，涉及一个社会及社会制度的政治、经济、文化、教育、道德、法律等各个方面。

（一）建设高度发达的社会主义物质文明，全面提高人民的物质生活水平

这是社会全面进步和人的全面发展的基础，也是最基本的要求。人的需要首先是生存需要，解决衣食住行的问题，这是一切社会发展的基础。社会的发展是建立在生产力发展的基础之上的，一部社会发展史就是先进生产力不断取代落后生产力的历史。人的全面发展与社会全面进步，必须以生产力的高度发达和物质财富的极大丰富为前提条件。正是在这个意义上，邓小平提出社会主义的根本任务就是发展生产力。因此，社会全面进步首先包括在生产力发展基础上的经济发展进步，这涉及社会劳动生产率的提高、科学技术的进步、经济效益的提升、物质财富的增长等，主要标志就是社会经济总量、人均经济水平等。人的全面发展首先包括人们生活水平的快速提高、恩格尔系数的大幅下降、社会保障的日益完善等方面，人们的生存需要和生存权得到全面保障。

(二)建设高度发达的社会主义精神文明,更好地满足人们的精神文化需要

在社会物质财富更加丰富、不断满足人们的物质生存需要的基础上,还要进一步创造更多社会精神财富,满足人们日益增长的精神文化需要。这包括文化、教育、科研、创造等精神文化活动,满足人们的认知、审美、情感和自我实现的需要。随着社会生产力的不断发展,劳动分工也日益丰富,人们的劳动时间相对减少,闲暇时间相对增多,劳动不再只是谋生的手段和满足基本生存的需要,而更多地具有发展和享受的内容。同时,职业劳动之外的活动不断增加,人们能够参与更多的丰富多彩的精神文化活动,比如从事旅游、休闲、娱乐、体育等活动,更好地促进人的全面发展。其中教育对人的全面发展和社会全面进步,发挥着更加重要的作用。教育不再仅仅是科学知识和职业技能教育,而是更好促进人的全面发展的教育,使受教育者在德、智、体、美、劳等多方面都得到全面而协调的发展。不仅如此,教育成为面向所有人的大众化的教育,建立起学习型社会和终身教育制度,全面提高国民综合素质,满足个人的兴趣爱好,从而使人的全面发展能够更好地促进社会全面进步。

(三)建设高度发达的社会主义制度文明,更好地满足人们美好生活的需要

人是高度社会化的生命体,是依赖社会并在社会中才能更好发展的生命体。人的社会需要包括归属感的需要、爱和被爱的需要、尊重的需要、实现自我价值的需要等。这些都有赖于良好的社会关系,建立起相应的社会制度来实现。马克思主义的社会价值理论,高度重视改变旧的生产关系及社会关系,建立合理的社会制度。马克思所设想的未来社会制度,就是个人能够得到自由

而全面发展的制度。马克思主义关于人的需要的理论，特别强调人的需要是由生存需要到发展需要再到享受需要，由低到高依次发展的。社会主义社会将是消除了资本主义社会的根本弊端，比资本主义社会更高级、更文明、更进步的社会。因此，社会主义社会将是实现人的根本解放、更加满足人的需要、更加符合人性的社会。从这个意义上说，建设社会主义制度文明，对实现人的全面发展、促进社会全面进步，具有非常重要的意义。我国提出推进国家治理体系和治理能力现代化，也是要在制度建设方面走在世界前列，充分发挥出社会主义制度的优越性。

（四）全面推进社会主义经济建设、政治建设、文化建设、社会建设和生态文明建设，更好地实现人的全面发展与社会全面进步

人的全面发展与社会全面进步，是一个整体性的全方位的发展，涉及经济、政治、文化、社会和生态环境等各个方面。党中央提出统筹推进"五位一体"总体布局，紧紧抓住了关系我国发展全局的五个主要方面，要一体部署、一体建设、一体推进，统一于把我国建成富强民主文明和谐美丽的社会主义现代化强国的宏伟目标，就是要更好满足人民日益增长的美好生活需要，着力解决我国发展不平衡不充分的问题，实现更高质量、更有效率、更加公平、更可持续的发展，不断增强人民群众的获得感、幸福感、安全感，这将更好地促进人的全面发展与社会全面进步。

三、人的全面发展与社会全面进步的实践要求

坚持人的全面发展与社会全面进步的基本价值观，就要贯彻到建设中国特色社会主义的实践中去，落实到经济社会建设和发展的各个方面。具体来说，需要深入研究和推进以下几个方面。

第一，进一步尊重和保障人权。促进人的全面发展与社会全

面进步，都涉及尊重和保障人权问题。中国共产党和中国政府高度重视人权保障，国家宪法明确规定尊重和保障人权。自2009年以来，中国已先后制定实施了3期国家人权行动计划，人权事业发展进步取得历史性成就。国家发布《国家人权行动计划（2021—2025年）》白皮书，提出了尊重、保护和促进人权的阶段性目标和任务。坚持以人民为中心的发展思想，坚持人民幸福生活是最大的人权，将促进人的全面发展、全体人民共同富裕作为人权事业发展的出发点和落脚点，将促进全体人民的自由全面共同发展作为人权事业发展的总目标，将满足人民对人权保障的新需求作为奋斗方向。充分保障人民的经济社会文化权利，不断实现人民对美好生活的向往，为人的全面发展创造更加有利的经济社会文化条件。切实保障公民权利和政治权利，扩大公民自主参与和自由发展空间，促进人民有效社会参与，为实现人的全面发展提供更为坚实的民主法治基础。加强对特定群体权益的平等保护和特殊扶助，完善对少数民族、妇女、儿童、老年人、残疾人等权益保障，促进所有人平等分享发展成果，促进所有人的全面发展。

第二，进一步健全和完善人的全面发展与社会全面进步的指标体系。衡量和评价人的全面发展与社会全面进步，需要建立健全相应的评价标准和指标体系。在社会发展方面，我国在制订实施经济社会发展规划中，除了经济发展指标之外，还有社会发展指标，主要包括居民收入、劳动就业、教育水平、医疗状况、养老保障、人均预期寿命等方面。有关部门和专家学者也在研究制定更加完善的社会发展指标体系。为了衡量和评价我国全面建成小康社会状况和发展水平，国家统计局还专门制定了小康社会建设指标体系。在人的发展方面，联合国开发计划署在1990年《人类发展报告》中首次提出了"人类发展指数"的概念，主要用预期寿命、教育水平和生活质量 3 个基础变量，来测量世界各国的经济社会发展水平，以校正单纯按 GDP 指标测算发展水平的不足。此后，每年都发表《人类发展报告》，并对测算指标不断进行完善，公布世界各国和地区的发展状况，中国从 2011 年开始进入高水平发展组。我国也有专家研究提出了"民生发展指数"，并建立了相应的指标体系。还有一些国家的专家学者研究提出了"幸福指数"的概念，建立了一整套的测算指标体系。这些都是有益的探索，具有重要的启示作用。

第三，进一步加强社会建设和创新社会治理。人的全面发展和社会全面进步，与社会建设和社会治理密切相关。加强社会建设和创新社会治理，必须始终坚持和贯彻人的全面发展和社会全面进步的社会主义价值观，把促进人的全面发展和社会全面进步作为最高价值原则和价值取向，体现在推动社会发展、深化社会改革、调整和优化社会结构、维护社会稳定的理论和实践之中，体现在全面建设社会主义现代化的全过程和各方面，全面建设社会主义物质文明和精神文明，推进国家治理体系和治理能力现代化，更加有利于并更好促进人的全面发展和社会全面进步。

第七节　人与自然和谐共生

一、人与自然和谐共生价值理念的提出与基本内涵

人与自然的关系，是关系人类生存与发展的最基本关系。自然是人类生命之源，是人类生存和发展的前提条件和根基所在。人如何认识自然、对待自然并与自然相处，贯穿于人类社会发展的历史。

中华文明源远流长，孕育了博大精深的人与自然和谐共生的文化价值观。中国自古以来就有"天人合一"、"道法自然"的价值理念，主张人与自然和谐相处，中国的文化标志"太极八卦图"就隐含了这一伟大思想，强调天、地、人和谐共生。经典著作《周易》中就提出："有天地，然后有万物；有万物，然后有男女"；"天地感而万物化生"。① 老子在《道德经》中提出："人法地，地法天，天法道，道法自然。"②古人还提出"天地与我并生，而万物与我为一"、"万物各得其和以生，各得其养以成"的观点，人要"与天地合其德，与日月合其明，与四时合其序"③，按照"天道"也就是自然规律行事，顺天应时，取之有时，用之有度，实现人与自然的和谐共生。这些都充分显示出中华文明中高度发达的生态智慧和价值理念，为当代人类处理好人与自然关系提供了深刻的启示。

自从人类由农业文明进入到工业文明，随着社会生产力的迅速提高和工业化、城镇化的快速发展，人类在创造了巨大的社会财富的同时，也带来了前所未有的生态破坏和环境污染，出现了空气和水污染、森林面积减少、土地沙化退化、生物多样性减少、臭氧层破坏、气候变暖等一系列问题。西方国家所走过的工业化道路，基本上是一条伴随着环境污染、先发展后治理的道路。面对日益严重的环境污染和生态危机，人类开始反思经济社会发展与生态环境问题。1972 年，罗马俱乐部发表了一个研究报告《增长的极限》，提出石油等自然资源的供给是有限的，预言经济增长不可能无限持续下去，引起了全世界的广泛关注。同年，联合国在斯德哥尔摩召开了有史以来第一次"人类与环境会议"，通过了

---

① 《周易·序卦》。
② 《道德经》第二十五章。
③ 《周易·乾卦》。

著名的《人类环境宣言》。1992 年联合国环境与发展大会通过《21
世纪议程》和《联合国气候变化框架公约》，提出各国共同努力解决
人类面临的环境问题，要求采取积极措施应对全球气候变化，将
大气温室气体浓度维持在一个稳定的水平。2002 年联合国在南非
约翰内斯堡召开可持续发展世界首脑会议，通过了《可持续发展世
界首脑会议执行计划》。2012 年，联合国在巴西里约热内卢召开
可持续发展大会，通过了《我们憧憬的未来》的成果文件。2015 年
12 月，联合国气候变化大会通过关于全球应对气候变化的《巴黎
协定》，按照共同但有区别的责任原则，制定实施控制和减少二氧
化碳排放措施，未来将全球平均气温上升幅度控制在 2 摄氏度以
内，并力争限制在 1.5 摄氏度以内的目标。这是继 1992 年《联合
国气候变化框架公约》、1997 年《京都议定书》之后，人类历史上
应对气候变化的第三个里程碑式的国际法律文件，形成 2020 年后
的全球气候治理格局。这些都充分说明，世界各国已经越来越认
识到全球生态环境问题的严重性和紧迫性，共同对保护生态环境
安全提出了明确而具体的要求，并采取切实有力的措施加以推动。

　　马克思主义对于人与自然的关系有许多深刻的论述，形成了
马克思主义的生态价值观。马克思主义认为，人与自然是一个统
一的有机整体，人来源于自然界并依赖自然界而生存和发展，人
可以认识自然和改造自然，但人不能破坏自然，必须遵循自然规
律，顺应自然并与自然和谐共存。恩格斯在《自然辩证法》中指出：
"我们不要过分陶醉于人类对自然界的胜利。对于每一次这样的胜
利，自然界都对我们进行了报复。"马克思指出："不以伟大的自然
规律为依据的人类计划，只会带来灾难。"①马克思主义关于人与

---

　　① 马克思：《马克思致恩格斯》(1866 年 8 月 7 日)，见《马克思恩格斯全集》第 31
卷，251 页，北京，人民出版社，1956。

自然的辩证关系和本质特征的认识，提供了科学的自然辩证法和生态价值观，对我们今天认识自然、形成人与自然和谐共生的生态文明价值理念，具有重要的指导意义。

中国共产党高度重视生态环境保护，一直在探索解决生态问题、实现人与自然和谐发展的现代化道路。1973 年，我国召开首次全国环境保护会议，制定并实施了关于保护和改善环境的政策措施。1978 年，第一次在宪法中作出"国家保护环境和自然资源，防治污染和其他公害"的规定。1983 年，我国召开第二次全国环境保护会议，将环境保护确立为基本国策。1984 年，环境保护开始纳入国民经济和社会发展计划，成为经济和社会发展的重要内容。进入"十一五"时期，我国提出要建设资源节约型、环境友好型社会。1994 年，中国政府制定了《中国 21 世纪议程——中国 21 世纪人口、环境与发展白皮书》，把可持续发展确立为国家战略，制定并实施了推动资源合理利用与环境保护的政策措施。2007 年，党的十七大明确提出建设生态文明，基本形成节约能源资源和保护生态环境的产业结构、增长方式、消费模式。2012 年，党的十八大把生态文明建设作为我国现代化建设"五位一体"总体布局的重要内容之一，这是人类历史上第一次把生态文明建设作为一个国家现代化发展的目标。

党的十八大以来，以习近平同志为核心的党中央明确提出人与自然和谐共生的发展理念，强调我们要建设的现代化是人与自然和谐共生的现代化，要坚定不移走绿色发展之路，建设社会主义生态文明，建设美丽中国。习近平总书记对生态文明进行了生动阐述，形成了习近平生态文明思想，这是习近平新时代中国特色社会主义思想的重要组成部分，把人们对社会主义现代化建设的认识提高到一个新水平，进一步丰富和发展了社会主义生态价值观。人与自然和谐共生，是习近平生态文明思想的重要内容，体现着社会主义的生态文明价值观，是中国特色社会主义社会的重要价值理念，它继承发展了马克思主义的生态文明观，总结借鉴了西方工业化发展道路的经验教训，吸收发扬了中华文明和传统文化中的生态智慧，成为中国特色社会主义现代化建设的重要指导思想和价值原则。

二、人与自然和谐共生价值理念的主要内容

人与自然和谐共生，作为中国特色社会主义的重要价值理念，包含有丰富的内容。

第一，强调人与自然是生命共同体，促进人与自然协调发展。人与自然和谐共生，出发点就是认为人与自然是一个生命共同体。人与自然是相互依存、相互联系的整体，对自然界不能只讲索取不讲投入、只讲利用不讲建设，生态环境没有替代品，用之不觉，失之难存。人类可以通过社会实践活动有目的地利用自然、改造自然，但人类归根结底是自然生态系统的一部分，人类不能盲目地凌驾于自然之上，人类的行为方式必须符合自然规律。保护自然环境就是保护人类，建设生态文明就是造福人类。自然界本身就是一个生态系统，动物、植物、土地、山脉、江河、海洋、大气、空间等都是自然界的一部分，山水林田湖草沙也是一个生态系统，它们之间相互联系又相互依存，构成一个自然生命共同体。因此，我们必须牢固树立人与自然是一个生命共同体的理念，处理好人与自然的关系，处理好经济社会发展与生态环境保护的关系，坚持在发展中保护，在保护中发展，实现经济社会发展与人口、资源、环境相协调，让良好的生态环境成为普惠性公共产品，实现人与自然全面、协调、可持续发展。

第二，树立绿色发展理念，推动形成绿色发展方式和生活方式。人与自然和谐共生，是一种新的绿色发展理念。习近平总书记指出："绿色发展，就其要义来讲，是要解决好人与自然和谐共生问题。"①绿色是良好的自然生态的底色，山清水秀、林草丰茂、稻花飘香、麦苗兴旺，这些呈现出来的就是满眼绿色。绿色发展是构建高质量现代化经济体系的必然要求，是解决污染问题的根本之策。坚持绿色发展，就是要加快构筑尊崇自然、绿色发展的生态体系，从根本上转变发展方式，再也不能走过去那种粗放型增长的老路，不能以破坏生态环境为代价来换取经济增长，必须走一条绿色、低碳、节能、环保的可持续发展道路。实施可持续发展战略，实行节约资源和保护环境的基本国策，建设资源节约型和环境友好型社会，推动形成有利于绿色发展的经济结构、产业结构、空间结构、能源结构，形成有利于绿色发展的生产方式、消费方式、生活方式，让绿色发展理念成为全社会、各行各业和每个人的自觉行动。

第三，建设社会主义生态文明，推动人与自然全面发展进步。人与自然和谐共生，从人类社会发展形态来说，就是建立生态文明制度。生态文明是人类文明发展到一定阶段的产物，是超越工业文明的一种新型文明形态，它是指人与自然和谐发展所创造的物质文明和精神文明的总和。中国特色社会主义进入新时代，我国开启全面建设社会主义现代化新征程，统筹推进"五位一体"总体布局，提出了建设社会主义生态文明的重大战略任务。从现实来看，加强生态文明建设是解决我国资源环境问题的迫切需要。

---

① 习近平：《深入学习领会创新、协调、绿色、开放、共享的发展理念》（二〇一六年一月十八日），见《论把握新发展阶段、贯彻新发展理念、构建新发展格局》，87页，北京，中央文献出版社，2021。

面对资源约束趋紧，环境污染严重、生态系统退化的严峻现实，必须以资源节约和环境保护优化经济增长，有效破除资源环境瓶颈约束，实现经济社会长期持续健康发展。从长远来看，加强生态文明建设是实现中华民族伟大复兴和永续发展的必然选择。建设生态文明，不仅关系我们当代人的生存发展，也关系到我们子孙后代的生存发展；不仅福泽当代，而且惠及后世，给子孙后代留下天蓝、地绿、水净的美好家园。从人民期盼来看，加强生态文明建设是实现人民幸福的基本要求。随着人民生活水平的不断提升，人们对生态环境质量的要求越来越高，人民群众希望喝上干净的水，呼吸上新鲜的空气，吃上安全放心的食品，有一个宜居美好的环境。因此，要把建设社会主义生态文明上升到制度建设的高度，创新和发展人与自然和谐共生的新的文明形态。

第四，共同推进全球生态环境治理，积极应对全球气候变化。人类共有一个地球，地球是全人类的共同家园。人与自然是一个生命共同体，不仅指一个国家、一个社会，凡是生存在地球上的所有国家、所有社会都紧密地联系在一起，与地球一起共生共荣。应对人类面临的共同生态安全挑战，解决严峻的生态环境问题，特别是全球气候变化问题，必须一起行动起来，共同努力。人类文明经过农业文明、工业文明，现已进入建设生态文明的新阶段。我们需要树立人类命运共同体理念，秉持人与自然和谐共生价值观，共同保护人类共有的生态环境，共同建设地球美好家园，实现全人类的共同发展和可持续发展。

三、人与自然和谐共生价值理念的实践要求

坚持人与自然和谐共生的价值理念，就要将其贯彻落实到中国特色社会主义建设全过程，贯彻落实到经济社会发展各方面，

贯彻落实到全社会、各行各业和每个人的行动之中。要系统建设、综合保护，标本兼治，突出重点，注重实效。

一是加强生态环境建设与保护。生态环境要求有一个良好的自然生态系统，其本性就是自然而不被人为破坏。这就需要人类尊重自然、顺其自然。要坚持保护优先、自然恢复为主的方针，让大自然自我修复，让尽可能多的自然界休养生息。优先保护自然环境，保护好人类赖以生存的自然界，包括森林、草原、湿地、荒漠、海洋、大气层等生态系统。从源头上扭转生态环境恶化趋势，就要加大生态保护和建设力度，实施严格的自然生态系统保护措施。牢固树立保护第一的思想，划定并坚决守住生态安全红线，保护最珍贵的自然遗产，遏制自然生态系统继续退化。按照国家主体功能区规划，严格划定禁止开发区、限制开发区特别是自然保护区，构建国家生态安全屏障，加强重点生态功能区保护和管理，构建以青藏高原生态屏障、黄土高原—川滇生态屏障、东北森林带、北方防沙带和南方丘陵山地带以及大江大河重要水系为骨架，以其他国家重点生态功能区为重要支撑，以点状分布的国家禁止开发区域为重要组成的生态安全战略格局。加快实施重大生态修复工程，继续实施天然林资源保护工程，巩固和扩大退耕还林还草、退牧还草成果，推进荒漠化、石漠化和水土流失综合治理，保护好林草植被和河湖、湿地生态，保护好海洋生态环境。

二是加强自然资源节约集约利用。解决我国的生态环境问题，重在治本治源。防病重于治病，不要等环境被破坏了、被污染了，再去治理，那样将得不偿失。从源头上治理，最重要的就是调整和优化产业结构，转变经济发展方式，不再走高投入、高消耗、高污染、低效益的粗放式增长老路，不再走"先污染、后治理"的老路，要走一条低投入、低消耗、少排放、高产出、能循环、可持续的新型工业化和新型城镇化道路，走一条节能环保之路。处理好预防与治理、新账与旧账的关系，既通过构建节约资源、保护环境的国民经济体系，努力不欠新账；又加快环境保护和污染治理，尽量多还旧账，不断取得生态文明建设的新成效。积极推进资源节约和循环利用，节约集约利用好土地、水、森林、矿产等各种资源。大力发展循环经济，按照减量化、再利用、资源化的原则，加快提高资源利用效率，推进生产、流通、消费等各环节循环经济发展，加快构建覆盖全社会的资源循环利用体系。

三是加强重点领域、行业、产业和企业节能减排。节能减排是生态文明建设的重点所在，是解决我国资源环境瓶颈约束的重要途径。要大幅降低能源消耗强度，合理控制能源消费总量，显著减少主要污染物排放总量。在实施能源多元化战略的同时，狠抓节能减排工作，大幅提高能源利用效率。加快淘汰落后产能，积极发展节能环保产业和生态产业，积极发展新能源产业。大力调整能源结构，逐步改变以煤为主的能源结构，增加天然气使用，加快发展水电、风能、太阳能、核能以及生物质能、地热能等非化石能源。节能减排需要突出抓好工业、建筑、交通等重点领域，抓好电力、煤炭、钢铁、有色金属、石油石化、化工、建材等重点行业，抓好重点工程和重点企业，全面推进清洁生产和节能减排行动，建立严格的监督考核制度，落实目标责任制。

四是加强环境污染综合治理。良好的生态环境是一种基本公共产品，是政府必须提供的基本公共服务。人民要求有一个良好的生态环境，对环境破坏和污染现象反映强烈。要以改善民生为目的，切实解决影响群众健康的突出环境问题。加大污染治理力度，坚决打好污染防治攻坚战，下大力气重点解决空气污染、水污染、土壤污染等损害群众健康的突出环境问题，使环境质量有明显改善。加强联防联控联治，综合治理重点区域空气污染问题，坚决打赢蓝天保卫战。深入实施水污染防治行动计划，加强上中下游协同治理，解决江河湖海水污染问题。全面落实土壤污染防治行动计划，推进农村土壤和面源污染治理，持续开展农村人居环境整治行动，全面改善农村环境面貌，建设美丽宜居乡村。推动全社会共同参与生态环境保护，共建共治共享一个美丽的绿色家园。

延伸思考

1. 为什么说人民当家作主是社会主义的本质属性？

2. 怎样理解以人民为中心的发展思想是社会主义的根本价值取向？

3. 谈谈你对共同富裕的认识。

4. 为什么说公平正义是全人类的共同价值，更是社会主义的本质要求？

5. 如何认识社会主义核心价值观？

6. 为什么说人的全面发展与社会全面进步是中国特色社会主义的重要价值取向和价值标准？

7. 怎样认识人与自然和谐共生的价值理念？

参考文献

[1]习近平. 习近平谈治国理政：第1卷[M]. 北京：外文出版社，2014.

[2]习近平. 习近平谈治国理政：第2卷[M]. 北京：外文出版社，2017.

［3］习近平．习近平谈治国理政：第3卷［M］．北京：外文出版社，2019．

［4］中共中央文献研究室．习近平关于社会主义生态文明建设论述摘编［M］．北京：中央文献出版社，2017．

［5］中共中央宣传部．习近平新时代中国特色社会主义思想学习纲要［M］．北京：学习出版社，人民出版社，2019．

［6］朱熹．四书章句集注［M］．北京：中华书局，2019．

［7］刘应杰，邓文奎，龚维斌．中国生态环境安全［M］．合肥：安徽教育出版社，2004．

［8］郭建宁．社会主义核心价值观基本内容释义［M］．北京：人民出版社，2014．

［9］托马斯·皮凯蒂．21世纪资本论［M］．巴曙松，陈剑，余江等，译．北京：中信出版社，2014．

［10］约翰·罗尔斯．正义论［M］．何怀宏，何包钢，廖申白，译．北京：中国社会科学出版社，2007．

第三章　社会发展论

本章概述

　　本章主要论述中国特色社会主义社会学研究中关于社会发展的理论基础、重要方式、实践路径和重要意义。中国特色社会主义社会发展是全面的整体性发展。实行社会主义市场经济以计划或规划引领经济社会发展，是中国特色社会主义的制度优势，是党治国理政的重要方式。本章从统筹社会协调发展，推进科教文卫等社会事业持续发展，实施就业优先战略和消除绝对贫困等方面，论述了中国特色社会主义发展理论和实践问题。

第一节　社会发展的内涵和重要意义

　　发展是伴随人类社会全过程的一个永恒的主题。发展理论作为一门完整的学科，是 20 世纪六七十年代以后逐渐形成和发展起来的。但此前无数的思想家、理论家都在探索这一命题。马克思毕生都在关注和思考人类社会发展问题，从哲学、历史学、政治学、经济学、社会学、人类学等角度研究人类社会发展问题，形成了涵盖多领域、多学科、丰富而深刻的社会发展理论。中国特色社会主义社会学在推动社会发展中形成，又对社会发展实践产生了重要的作用。

一、社会发展的主要内容

社会发展是人类不断提高自身的主体能力，不断从必然走向自由，不断获得自身解放，追求自由全面发展的历史活动过程。社会发展的根本动力来自生产力与生产关系、经济基础与上层建筑这两对基本矛盾运动。社会发展具有动态性，是社会运动的过程。社会发展的本质特征是前进性和上升性，是从落后走向先进，从低级走向高级的社会过程。

马克思主义社会发展理论科学揭示了人类社会发展的客观规律，阐述了这一规律的普遍性与各民族、各国家社会发展道路的多样性的辩证关系。人类社会发展的规律既是客观的，又是具体的；社会历史进程要受共同规律的影响制约，但具体的发展道路却是多种多样的。不同国家和民族历史发展和社会形态的演进，可以采取不同的形式，走不同的道路。

中国特色社会主义的社会发展是整体性发展，涉及领域非常广泛。这里主要论述 4 个方面：第一，社会发展以保障和改善民生为根本目的。坚持以人民为中心的发展思想，顺应人民群众对美好生活的向往，不断实现好、维护好、发展好最广大人民的根本利益。人民生活改善包括衣食住用行等各个方面，随着社会进步，基本需求得到满足，提高和改善人民生活水平也从单纯追求数量满足向结构优化和质量提升转变。第二，社会发展的重要方面在于扩大就业和建立健全社会保障体系。就业是民生之本，是社会发展和长治久安的重要基础。社会保障制度建设能够保证劳动者生存和发展基本权益，促进社会公平，稳定社会秩序。第三，社会发展以科技、教育、文化、卫生等社会事业全面发展为主要任务。社会事业的发展不仅有利于满足人民日益增长的精神文化需求，而且有利于整合社会资源，优化社会结构，促进和谐稳定有序发展。第四，广义的社会发展还包括民主法治建设、精神文明建设和生态文明建设等诸方面内容。

二、社会发展的重要意义

维护社会稳定与社会和谐。社会发展是维护社会稳定与社会和谐的基础。第一，社会发展提升了社会整体运行的稳定性，并降低了稳定运行的成本，在社会事业发展的过程中，危害社会稳定运行的因素得到了遏制，突出表现在犯罪率下降等方面。第二，社会发展也提升了社会生产和生活的有序性，例如社会事业的发展缓解了快速城镇化进程中所出现的一些社会问题，如失业、下岗等，促进了社会的稳定过渡和跃升。第三，社会发展使得个体能够得到更加充分的保障，例如对于贫困者的救助，对于鳏寡孤独等的免费照料，对于部分疾病患者的免费治疗等，这些对于个体的保障使得社会发展更加稳定和谐，降低个体因贫穷、疾病等而出现的与社会稳定发展相违背行为的可能性。第四，社会发展进一步提升了人民群众对于美好生活的向往，促进了人民群众对于社会发展成果的认可，也促进了人民群众对社会秩序与规范的认同，是稳定发展必不可少的重要一环。第五，社会发展也说明了改革发展中政府与社会的关系建构的合理性，即在社会事业的发展中，政府与社会的关系得到了妥善处理，实现了政府与社会的治理合作，调动了政府与社会各自的优势和资源，共同为社会稳定与有序运行作出了贡献。

为经济持续发展提供社会条件。社会发展为国家经济快速发展提供了社会条件和社会环境。第一，社会发展所带来的稳定的社会环境使得经济发展大环境得以稳定运行，充分体现在经济活动的稳定性中，只有经济活动的过程良好运行，经济发展才能呈现稳定、高速的特征。第二，社会发展促进了微观经济活动的生机与活力，为国家市场经济的发展提供了便利条件，在个体生活稳定且有保障的前提下，提升了消费者的消费动力与预期，促进了国内市场的长期稳定。第三，社会发展也为我国劳动力市场的稳定作出了贡献，不论是对于适龄妇女的生育保障，或对于劳动过程中可能出现的意外工伤保障等，都是对个体劳动者合法权益的重要保护，这使得我国劳动力市场中劳动力数量较为充足，进而为经济稳定发展奠定基础。

促进社会公平与正义。首先，社会发展促进了我国社会各方面利益关系的协调，在进行社会主义建设的同时，使得社会各方面能够相对平等地享受发展成果，保证人民平等地共同享有发展成果，促进了利益关系的协调。其次，社会发展促进了人民内部矛盾与其他社会矛盾的正确处理，在社会事业发展的基础上，人民的基本需求得到了保证，既保证了人民生活水平的稳步提升，也缓解了人民内部矛盾。再次，社会发展也促进了我国和谐社会的建设。社会事业的发展使得我国人民生活水平得到了显著提升，缓解了社会矛盾，提升了人民群众的获得感、幸福感和安全感，助力和谐社会建设。最后，社会发展也彰显了社会主义的制度优越性，说明社会主义的国家建设与社会发展是以人为本、为人民服务的，是以人民为中心的深刻体现，进一步促进了我国社会公平与正义的实现。

助力新时代高质量发展。我国社会发展所取得的成果已经且并将持续助力新时代经济社会高质量发展。党的十九大报告指出，"中国特色社会主义进入了新时代"。这是从党和国家事业发展的全局视野、从改革开放 40 多年历程和党的十八大以来所取得的历史性成就和历史性变革的基础上，所作出的重大政治判断。这意味着新时代是一个承前启后的新时期，是一个植根于已有发展成果基础上、面向未来的新时代。改革开放以来我国社会发展所带来的稳定与和谐的社会秩序，已经并且将持续为新时代的经济社会发展提供更为稳定的社会基础。从国内视角来看，社会发展所带来的丰硕成果除了提供稳定的社会环境外，还对促进新时代国家战略政策的顺利落实，为新时代的经济发展提供稳定的国内保障。从国际视角来看，面对新时期复杂易变的国际形势，社会发展所取得丰硕成果成为稳定国内形势的基础和支撑，助力党和国家充分做好应对国际形势变化的准备，助力国家稳定，助力社会和谐。这对于把握新的发展机遇，立足新发展阶段，贯彻新发展理念，构建新发展格局，推动和实现的高质量发展，都具有十分重要的意义。

第二节　社会发展战略与规划

实行社会主义市场经济，以制订和实施发展计划或规划来引领经济社会发展，是中国特色社会主义的制度优势，也是社会全面健康发展的重要保障。国家战略和规划可以明确指引发展目标，提出发展任务和政策措施，引导公共资源配置方向，规范市场主体行为，促进社会持续、协调、稳定发展和全面进步。

一、社会发展战略的内涵和作用

毛泽东从军事视角论述了战略的内涵："凡属带有要照顾各方面和各阶段的性质的，都是战争的全局。研究带全局性的战争指导规律，是战略学的任务。"①习近平总书记指出，战略问题是一个政党、一个国家的根本性问题。凡是涉及我国经济、政治、文化、社会、生态、外交、国防和党的建设等全局性的重大问题，都需要从战略上进行思考、研究和筹谋。②

总战略是指具有综合性的全国性战略，在总战略的指导下通过分阶段制定中长期规划和其他战略举措，系统推进经济社会发展。改革开放以来，引领我国社会发展进程的两个全局性战略，即是"两步走"和"三步走"战略。

新中国成立初期，党和国家领导人提出分两步到 20 世纪末实现现代化的战略构想：第一步，建立一个独立的比较完整的工业体系和国民经济体系；第二步，全面实现农业、工业、国防和科学技术的现代化，使我国经济走在世界的前列。

1987 年党的十三大提出并系统阐述了社会主义初级阶段理论，明确了社会主义的根本任务是解放和发展生产力，树立了实现共同富裕的奋斗目标。为达成这一目标，制定了"三步走"发展战略：第一步，实现从 1981 年至 1990 年国民生产总值翻一番，解决人民的温饱问题；第二步，从 1991 年到 20 世纪末使国民生产总值再翻一番，人民生活达到小康水平；第三步，到 21 世纪中叶，人均国民生产总值达到中等发达国家水平，人民生活比较富裕，基本实现现代化。然后，在这个基础上继续前进。

2017 年党的十九大召开之时，我国已经取得改革开放和社会主义现代化建设的历史性成就。社会主要矛盾已经转化为人民日益增长的美好生活需要和不平衡不充分的发展之间的矛盾。党的

---

① 毛泽东：《中国革命战争的战略问题》（一九三六年十二月），见《毛泽东选集》第 1 卷，175 页，北京，人民出版社，1991。

② 习近平：《在纪念邓小平同志诞辰 110 周年座谈会上的讲话》（2014 年 8 月 20 日），载《人民日报》，2014-08-21。

十九大明确规划了从 2020 年到本世纪中叶共 30 年的战略目标。可以分两个阶段来安排。第一个阶段，从 2020 年到 2035 年，在全面建成小康社会的基础上，再奋斗 15 年，基本实现社会主义现代化。第二个阶段，从 2035 年到本世纪中叶，在基本实现社会主义现代化的基础上，再奋斗 15 年，把我国建设成为富强民主文明和谐美丽的社会主义现代化强国。

从全面建成小康社会到基本实现社会主义现代化，再到全面建成社会主义现代化强国，是新时代中国特色社会主义发展的战略安排。新时代"三步走"发展战略将原来"三步走"发展战略中的第三步战略目标进一步细分为 2020 年、2035 年和 2050 年 3 个阶段，将原先的第三步目标"基本实现现代化"提前至 2035 年，进程缩短了 15 年，并提出了从 2035 年到本世纪中叶建成富强民主文明和谐美丽的社会主义现代化强国的目标。

党的十八大以来，以习近平同志为核心的党中央作出了一系列战略部署，形成了一体化国家发展战略体系，即以中国式现代化战略为总领，遵循创新、协调、绿色、开放、共享、安全的发展理念，围绕科教兴国、人才强国、创新驱动发展、扩大内需、乡村振兴、新型城镇化、区域协调发展、主体功能区、可持续发展、开放、就业优先、健康中国、人口发展、国家安全、文化强国等部署多个方面基础性引领性战略，以重点领域和重点区域发展战略形成多维度支撑，以关键环节战略着力推动重点领域和重点区域发展实现战略突破，构建形成统一衔接、层次清晰、关联紧密、支撑有力的战略体系。既反映了对中国特色社会主义发展规律认识的不断深化，也体现出习近平经济思想的不断丰富和发展，具有目标明确、步骤清晰、统揽全局等特征。

目标明确。党中央紧紧围绕"两个一百年"奋斗目标展开战略部署。党的十八大部署实施的重大战略以全面建成小康社会目标为引领；党的十九大作出从全面建成小康社会到基本实现社会主义现代化、再到全面建成社会主义现代化强国的战略安排；党的十九届五中全会进一步聚焦国家现代化建设，部署了一系列新的发展战略。

步骤清晰。在党的十三大"三步走"战略和党的十五大"新三步走"战略的基础上，党的十八大提出到 2020 年实现全面建成小康社会宏伟目标。党的十九大进一步提出，到 2035 年基本实现社会主义现代化、到本世纪中叶把我国建设成为社会主义现代化强国的新时代战略安排，清晰擘画了从全面小康到建设社会主义现代化强国的总体设计、战略任务和战略路径。

统揽全局。党中央提出统筹推进"五位一体"总体布局、协调推进"四个全面"战略布局。党的十九届五中全会又与时俱进地提出"协调推进全面建设社会主义现代化国家、全面深化改革、全面依法治国、全面从严治党的战略布局"。"五位一体"总体布局和"四个全面"战略布局相互促进、统筹联动，覆盖内政外交国防、治党治国治军等各领域各方面各环节。

二、社会发展规划体系的内容与意义

人类进入现代经济社会，各类市场主体和社会集团都有其独立的利益与目标，为了使各方面不同利益和目标与社会整体利益和国家发展长远目标相协调，需要国家制订计划或规划加以引导。新中国成立后，特别是改革开放以来，我国形成了以国民经济和社会发展年度计划和中长期规划为统领，由若干专项规划、国土规划、区域规划、城市规划构成，各类规划定位清晰、功能互补、相互衔接的规划体系。

经济社会发展规划是层次分明、功能互补的三级三类规划体系。国民经济和社会发展规划由"三级三类"构成：三级是指国家级、省级和市县级规划，三类是指总体规划、专项规划和区域规划。

改革开放后，我国沿用了制定"五年规划"的方式，但是对规划的指导思想、内容、方法乃至名称，都进行了重大改革。并且随着改革开放进程的推进，不断继续深化。从"十一五"开始，"五年计划"改称"五年规划"。经济社会发展的主要指标分成预期性指标和约束性指标。预期性指标是政府引导社会预期的发展目标，主要依靠市场主体的自主行为来实现；约束性指标是政府在基本公共服务和生态环保等涉及公共利益领域对相关部门提出的工作要求，要通过合理配置公共资源和有效运用行政力量，确保有关指标实现。可见，改革是改掉传统的高度集中的计划经济体制，而不是抛弃规划或计划的方式方法。在建立和完善社会主义市场经济的过程中，作为一种宏观调控手段，制定年度计划和"五年规划"的方法发挥了重要作用。

"五年规划"编制工作已经形成一整套规范、完整的工作程序。由中共中央先组织起草关于"五年规划"的《建议》，国务院根据《建议》形成"五年规划"草案，然后提交全国人大按照法定程序进行审议，表决通过后予以实施。2020 年 8 月，人民日报社根据统一部署，通过人民网"领导留言板"推出"我为'十四五'规划献一策"意见征求活动专栏。"五年规划"编制工作在网上征求意见，这在中央全会文件起草历史上尚属首次，这是我国社会主义民主决策、科学决策的重要体现。总的来看，规划编制充分体现了坚持党的领导、坚持改革开放、总揽全局大势、立足现实国情、汇聚智慧共识、推进民主法治、确保贯彻落实的主要特征。

三、社会发展规划的制定与实施

按时间长度来划分，我国国民经济和社会发展规划体系分为年度计划和中长期规划。这里着重论述五年中期规划中关于社会发展的相关内容。

从 1953 年开始，我国已经编制和实施了 14 个"五年规划（计划）"。"一五"到"五五"计划的编制实施以建立比较完整的工业体系和国民经济体系为主要目标。改革开放以来，"五年规划"的编制实施注重经济与社会协调发展。

"六五"计划专门增加了社会发展内容，用"国民经济和社会发展计划"替代了此前 30 年一直沿用的"国民经济发展计划"。1982年，党的十二大对社会发展特别是改善人民生活和控制人口问题给予高度重视，强调在综合平衡的基础上重点发展农业、能源和交通、教育和科学，改善人民生活，并提出实行计划生育的基本国策。"六五"计划把控制人口增长、促进劳动就业、提高居民收入和消费能力、扩大城乡建设和社会福利事业、发展文体卫生事业、保护环境、稳定社会秩序等都纳入了社会发展计划，并作了具体部署。

"七五"计划提出，要推动科学研究和技术进步，逐步实行九年制义务教育，大力发展本、专科高等教育，加强成人教育；推进社会事业发展，控制人口增长，妥善安排城镇就业；逐步建立和健全适应新形势需要的社会保障制度；提高医疗卫生服务能力；加强对自然资源的合理开发利用和对污染的防治；进一步发展各项文化事业和体育事业。

"八五"计划和"九五"计划时期，是我国实行经济体制和经济增长方式"两个根本性转变"，实现总体小康的现代化建设第二步战略目标的关键时期。"八五"计划明确要求，加快社会保障制度和住房制度的改革；进一步推动科技、教育事业发展；严格控制人口增长，妥善安排劳动就业；继续发展文化、卫生、体育等事业；加强环境保护工作；努力加强社会主义精神文明建设，促进社会的全面发展和进步。"九五"计划要求，要进一步完善以按劳分配为主体，多种分配方式并存的分配制度；社会事业全面进步，基本普及九年义务教育，基本解决贫困人口的温饱问题，提高城镇社会保险和农村劳动者各类保险覆盖面，人人享有初级卫生保健，文化体育事业进一步繁荣；环境污染和生态破坏加剧的趋势力争得到基本控制。"八五"和"九五"计划完成时，我国已经胜利实现社会主义现代化建设的第二步战略目标，人民生活总体上达到了小康水平。

"十五"时期是我国经济和社会发展的重要时期。"十五"计划突出强调要把提高人民生活水平作为根本出发点，坚持经济和社会协调发展。"十五"计划提出，要建立比较健全的社会保障制度；拓宽就业渠道；继续完善基本公共服务；加强生态建设和环境保护；加快发展科技与教育；精神文明建设和民主法制建设取得明显进展，社会风气和社会秩序好转。

从"十一五"开始，"五年计划"更名为"五年规划"。"十一五"规划以科学发展观统领经济社会发展全局，坚持科学发展，坚持以人为本，促进国民经济持续快速协调健康发展和社会全面进步。"十二五"时期是深化改革开放、加快转变经济发展方式的攻坚时期。提出以科学发展为主题，以加快转变经济发展方式为主线，深化改革开放，保障和改善民生，巩固和扩大应对国际金融危机冲击成果，促进经济长期平稳较快发展和社会和谐稳定，为全面建成小康社会打下具有决定性意义的基础。

党的十八大以来，更加重视社会领域改革发展，从治国理政的战略高度，为社会领域改革发展构建起新的目标体系与美好愿景。党的十八届三中全会提出：全面深化改革的总目标是完善和发展中国特色社会主义制度，推进国家治理体系和治理能力现代化；要围绕更好保障和改善民生、促进社会公平正义，深化社会体制改革，改革收入分配制度，促进共同富裕，推进社会领域制度创新，推进基本公共服务均等化，加快形成科学有效的社会治理体制，确保社会既充满活力又和谐有序。2015 年 10 月，党的十八届五中全会提出："十三五"时期是我国全面建成小康社会的历史决胜阶段，必须坚持创新、协调、绿色、开放、共享的发展理念；要加强和创新社会治理，推进社会治理精细化，构建全民共建共享的社会治理格局。这表明党和国家致力于让全体人民群众更好地共享改革发展成果，让人民群众拥有更多的获得感、幸福感、安全感，当代中国社会的改革发展进入到一个全新阶段。

从党的十九大到党的二十大，是"两个一百年"奋斗目标的历史交汇期。既要全面建成小康社会、实现第一个百年奋斗目标，又要乘势而上，开启全面建设社会主义现代化国家新征程，向第二个百年奋斗目标进军。《中华人民共和国国民经济和社会发展第十四个五年规划和 2035 年远景目标纲要》把经济社会发展与全面建设社会主义现代化国家紧密结合，为未来 5 年乃至 15 年建设什么样的社会主义现代化强国和怎么样建设提供了方向性指引。

"十四五"规划充分体现了更加注重民生、保障民生、改善民生的为民思想。就业方面，将强化就业优先政策，扩大就业容量，完善重点群体就业支持体系，实现更充分更高质量的就业；收入方面，将提高人民收入水平，多渠道增加城乡居民收入，保持居民收入与经济增长基本同步；教育方面，将建设高质量教育体系，推动义务教育均衡发展和城乡一体化，促进全民受教育程度不断提升；文化体育方面，将广泛开展群众性文化活动，广泛开展全民健身运动；健康方面，将全面推进健康中国建设，加快优质医疗资源扩容和区域均衡布局，使卫生健康体系更加完善；养老方面，将实施积极应对人口老龄化国家战略，促进人口长期均衡发展，健全基本养老服务体系；社保方面，将健全覆盖全民、统筹城乡、公平统一、可持续的多层次社会保障体系。

第三节　社会全面协调发展

促进社会全面协调发展，就是统筹社会建设和其他建设，使各个领域建设协同发展。改革开放以来，积极调整社会阶层结构、社会组织结构、就业结构、城乡结构、分配结构、消费结构。坚持"一手抓物质文明、一手抓精神文明"，坚持"一手抓民主、一手抓法治"，坚持"一手抓改革开放、一手抓打击违法犯罪"，坚持两手抓、两手都要硬。在社会发展的过程中，牢固树立社会主义现代化建设的整体观、系统观、协同观。

一、经济社会协调发展

经济社会协调发展是指在推动经济持续发展的同时，推动社会全面发展与进步。统筹经济社会协调发展，是马克思主义唯物史观的重要体现。唯物史观是我们观察历史的基本方法。历史发展是有规律的。一方面，社会发展的决定力量是物质资料的生产，是社会生产力，生产力、经济、物质的因素起决定性作用。因此，把握社会发展首要的就是解放和发展生产力，发展经济，不断提高人民的物质生活水平。另一方面，不能过分强调生产力、经济、物质发展对社会发展的决定性作用，要讲人的作用，也要讲自然、法律、政治、文化、思想等各种社会因素的作用。因此，马克思主义阐述经济社会发展总是既强调社会发展的重点方面，又强调其他方面；既强调物质、生产力的最终决定作用，又强调生产关系、上层建筑的反作用，强调人与自然、人与社会，以及社会各个因素、各个领域、各个方面的和谐发展。

党的十一届三中全会以后，党和政府总结了新中国成立以来经济建设的经验教训，明确提出，经济建设必须从我国国情出发，符合经济规律和自然规律；必须量力而行，循序渐进，经过论证，讲求实效，使生产的发展同人民生活的改善密切结合。2003 年，胡锦涛在讲话中提出要实现科学发展的重要思想："坚持以人为本，树立全面、协调、可持续的发展观，促进经济社会和人的全面发展"，按照"统筹城乡发展、统筹区域发展、统筹经济社会发展、统筹人与自然和谐发展、统筹国内发展和对外开放的要求"①推进各项事业的改革和发展的方法论。科学发展必须坚持经济社会协调发展。在推进经济发展的同时，更加注重加快社会发展，努力解决经济和社会发展存在的"一条腿长、一条腿短"的问题。

经济发展是社会发展的基础和重要保证。没有国民经济持续健康的发展作强有力的保障，社会建设和民生改善就成了无源之水、无本之木。教育的投入，就业机会的创造，收入差距的缩小，覆盖城乡居民的社会保障体系的建立，全民健康水平的提高，以及住房、环境、交通状况的改善等，离不开经济发展的支持和带动。

社会发展是经济发展的重要目的。马克思指出："正像社会本身生产作为人的人一样，社会也是由人生产的。人的本质不是单个人所固有的抽象物，在其现实性上，它是一切社会关系的总和。"②人类的一切活动都是为了人，为了推动人的全面发展。坚

① 《中共中央关于完善社会主义市场经济体制若干问题的决定》（二○○三年十月十四日中国共产党第十六届中央委员会第三次全体会议通过），见中共中央文献研究室编：《十六大以来重要文献选编》（上），483 页，北京，中央文献出版社，2008。

② 马克思：《关于费尔巴哈的提纲》，见《马克思恩格斯全集》第 3 卷，5 页，北京，人民出版社，1956。

持以经济建设为中心，大力解放和发展社会生产力，正是为了增加社会财富，改善人民生活，实现共同富裕，不断满足人民群众日益增长的物质文化生活需要，从而为实现人的自由而全面发展创造条件。所以，经济发展是以人为本的发展，它为社会发展和人的全面发展提供前提和保障，以社会发展和人的全面发展为最终目的和归宿。

社会发展是经济发展的强大动力和支撑。一般说来，影响一个国家经济发展的拉动力量主要来源于"三驾马车"，即对外贸易、投资和消费。其中，消费拉动同其他两个拉动力量相比，风险最小，社会效益最大。社会结构和财富分配的失衡，必然成为经济发展的制约因素。采取各种有力措施，积极增加居民收入，扩大中等收入者比重，使社会结构更加合理，对于扩大内需进而对加快经济发展具有重要意义。

中国特色社会主义进入新时代，我国社会主要矛盾已经转化为人民日益增长的美好生活需要和不平衡不充分的发展之间的矛盾。新时代要践行协调发展的新发展理念。党的十八届五中全会根据全面建成小康社会决胜阶段面临的新形势新任务，提出必须牢固树立创新、协调、绿色、开放、共享的新发展理念。其中协调发展理念着眼于全面，强调的是发展的平衡性、协调性和可持续性，旨在正确处理发展中的重大关系，不断增强发展整体性，力求通过补齐短板化解突出矛盾，在攻坚克难中增强经济社会发展的协同性平衡。以协调发展理念引领经济社会发展，必须增强大局意识、协同意识、补短意识，把协调发展贯穿于发展各方面、全过程，提高发展系统性。

二、城乡协调发展

推动城乡协调发展是解决新时代社会主要矛盾的重要路径。

我国社会主要矛盾已经转化为人民日益增长的美好生活需要和不平衡不充分的发展之间的矛盾。目前，最不平衡的发展就是城乡发展，最不充分的发展就是农村发展，发展不平衡不充分影响最大的群体是农民。改革开放以来，农村发展取得了历史性成就，但由于城乡二元结构没有根本改变，城乡资源流动不顺畅、流向不合理，城乡生产要素交换不平等，城乡公共资源配置不均衡，城乡基本公共服务不均等，农村发展严重滞后于城镇，城乡差距拉大的趋势没有根本扭转，城乡发展的融合水平不高、城乡二元分割仍是当前社会突出的特征。进一步改变农村二元结构状况，是推动城乡协调发展，乃至推动社会全面发展与进步的重大任务。

党的十九大报告明确提出，实施乡村振兴战略。全面推进乡村振兴，是党的"三农"工作的历史性战略，也是推进农业农村现代化，顺应亿万农民对美好生活向往的战略部署。一方面，牢固树立农业农村优先发展政策导向，把实现乡村振兴作为全党的共同意志、共同行动，为农业农村优先发展提供政策保障；另一方面，努力增强农业农村发展内生动力。一是抓好农业生产。落实藏粮于地、藏粮于技战略，保障粮食安全，提高农业质量效益和竞争力。二是不断深化农村改革，健全城乡融合发展体制机制，推动城乡要素平等交换、双向流动，增强农业农村发展活力。加快培育农民合作社、家庭农场等新型农业经营主体，健全农业专业化社会化服务体系。积极探索实施农村集体经营性建设用地入市制度，建立土地征收公共利益用地认定机制，缩小土地征收范围，探索宅基地所有权、资格权、使用权分置实现形式。深化农村集体产权制度改革，健全农村金融服务体系。三是实施乡村建设行动，把乡村建设摆在社会主义现代化建设的重要位置，强化县城综合服务能力，把乡镇建成服务农民的区域中心。完善乡村水、电、路、气、通信、广播电视、物流等基础设施，改善农村人居环境。

完善新型城镇化战略。新型城镇化要充分考虑增强城乡发展协调性的要求，更好地推进以人为核心的新型城镇化，使城市更健康、更安全、更宜居，成为人民群众高品质生活空间。一是合理确定城市规模、人口密度、空间结构，促进大中小城市和小城镇协调发展。因地制宜优化城市空间布局，建设一批产城融合、生态宜居、交通便利的郊区新城，推动多中心、郊区化发展。优化行政区划设置，发挥中心城市和城市群带动作用，建设现代化都市圈。推进以县城为重要载体的城镇化建设。二是转变城市发展方式，按照资源环境承载能力，合理确定城市规模和空间结构，统筹安排城市建设、产业发展、生态涵养、基础设施和公共服务。三是有力有序有效深化户籍制度改革，放开放宽除超大城市外的城市落户限制，提升城市包容性，推动农民工特别是新生代农民工融入城市。四是坚持"房子是用来住的，不是用来炒的"定位，租购并举、因城施策，促进房地产市场平稳健康发展，有效增加保障性住房供给。

健全城乡融合发展体制机制。这是实现乡村振兴的必然要求，也是实现工业反哺农业、城市支持农村的重要保障。要健全有利于城乡要素合理配置的体制机制，坚决破除妨碍城乡要素自由流动和平等交换的体制机制壁垒，促进各类要素更多向乡村流动，在乡村形成人才、土地、资金、产业、信息汇聚的良性循环；健全有利于城乡基本公共服务普惠共享的体制机制，推动公共服务向农村延伸、社会事业向农村覆盖，健全全民覆盖、普惠共享、城乡一体的基本公共服务体系，推进城乡基本公共服务标准统一、制度并轨；健全有利于城乡基础设施一体化发展的体制机制，把公共基础设施建设重点放在乡村，坚持先建机制、后建工程，加快推动乡村基础设施提档升级，实现城乡基础设施统一规划、统一建设、统一管护。

三、区域协调发展

我国是世界上最大的发展中国家，地域辽阔，人口众多，各地区发展不平衡，区域发展差距较大。这是我国的基本国情，是认识中国社会的一个重要出发点。对于我们这样一个发展中大国来说，区域协调发展战略是最重要的国家战略之一，国家对区域发展的宏观调控是最重要的宏观调控之一，区域政策也是最重要的国家发展政策之一。我国改革开放以来经济社会发展取得举世瞩目的伟大成就，区域发展战略和区域政策发挥了非常重要的作用。

区域梯度发展战略。改革开放初期，邓小平提出了"两个大局"的重要思想："沿海地区要加快对外开放，使这个拥有两亿人口的广大地带较快地先发展起来，从而带动内地更好地发展，这是一个事关大局的问题。内地要顾全这个大局。反过来，发展到一定的时候，又要求沿海拿出更多力量来帮助内地发展，这也是个大局。那时沿海也要服从这个大局。"[1]我国东中西部地区之间存在着明显差距，不可能齐头并进，发展必然会有先有后，形成差异化的发展格局。实施区域梯度发展战略，让东部沿海开放地区先发展起来，带动内地广大地区发展。实践证明，这是从实际出发作出的重大抉择，是非常重要和正确的战略决策。

统筹区域协调发展战略。我国发展有一个重要原则，就是要充分调动"两个积极性"，一个是中央的积极性，另一个是地方的

---

① 邓小平：《中央要有权威》（一九八八年九月十二日），见《邓小平文选》第 3 卷，277～278 页，北京，人民出版社，1993。

积极性。中央鼓励和支持各地区加快发展，逐步缩小区域发展差距。在东部地区率先发展的基础上，2000 年国家开始实施西部大开发战略，2003 年开始实施东北地区等老工业基地振兴战略，2006 年开始实施促进中部地区崛起战略。国家加大对中西部地区发展的支持力度，特别是结合实施国家脱贫攻坚行动计划，重点支持老少边穷地区加快发展。2021 年 7 月 1 日，习近平总书记在庆祝中国共产党成立 100 周年大会上的讲话中庄严宣告："经过全党全国各族人民持续奋斗，我们实现了第一个百年奋斗目标，在中华大地上全面建成了小康社会，历史性地解决了绝对贫困问题。"这是一项全世界公认的非常了不起的伟大成就。

区域发展总体战略。党的十八大以后，党中央在以往提出西部大开发、东北振兴、中部崛起、东部率先发展的基础上，进一步提出实施京津冀协同发展、长三角一体化、粤港澳大湾区建设、长江经济带发展、黄河流域生态保护和高质量发展等重大战略，实施连接国内外的"一带一路"倡议。这就形成了新时代中国特色社会主义区域发展总体布局，即"四大板块"＋"三大经济圈"＋"两条经济带"＋"一带一路"，构成了我国区域发展的大框架，对于引领和促进全国发展具有重大战略意义。

主体功能区战略。国家实施《全国主体功能区规划》，将我国国土空间按开发方式划分为优化开发区、重点开发区、限制开发区和禁止开发区四种类型，对不同类型实行不同的空间开发、产业布局、人口集聚、生态环保、财政和投资等政策。在此基础上，我国设立各种类型的自然保护区 2750 个，总面积占到国土面积的 18％，全国森林覆盖率达到 23％。其中设立国家级自然保护区 474 个，设立三江源、祁连山、大熊猫、东北虎豹等国家公园 10 多处。我国实施主体功能区战略取得了重要进展，推动了生态建设和环境保护、经济社会可持续发展。

为贯彻落实区域发展战略，国家制定实施了一系列区域发展政策。一是区域发展先行先试政策。先行先试是我国改革开放的一条重要成功经验。从改革开放初期设立 4 个经济特区、14 个沿海开放城市，到在各地设立经济开发区、高新技术区、产业园区，直到近年来先后设立自由贸易试验区、海南自由贸易港、跨境电商综合试验区、服务贸易创新发展试点城市、"双创"示范城市等，这些做法就是要在一些地方先行先试，探索积累经验，然后在全国复制推广、全面铺开。二是中央财政转移支付和税收优惠政策。1994 年我国实行分税制改革，近年来全面推行营业税改征增值税，这是中央与地方财政划分的两次重大调整，目的就是要加强中央财政的宏观调控能力，加大对中西部地区的财政转移支付力度。我国实施西部大开发战略，对西部地区实行一项重大税收优惠政策，就是企业所得税由 25％降低为 15％，鼓励国内外企业到西部地区投资。这些财政税收政策，对支持中西部地区经济社会发展、促进区域协调发展发挥了至关重要的作用，充分体现了中国特色社会主义的制度优势，是其他许多国家做不到的。三是地区协作和对口支援政策。国家开展东中西部地区协作，国家部委、中央企业和东中部地区对口支援西部贫困地区，特别是支援西藏和四省藏区、新疆地区发展，派遣干部援藏、援疆，重点支援当地交通水电等基础设施、学校和医院建设，产业发展，人才培养等，并且支援地区每年援助资金按当地财政收入一定比例安排。这充分体现了全国一盘棋和各地区团结协作的互助精神，也是我国区域发展政策的一项创举。四是跨区域协同发展政策。国家制定实施区域发展战略，涉及跨区域的政策协调。为此，国家制定实施了一系列跨区域、跨流域发展的政策措施，出台实施了一些重大举措。为统筹推进大江大河流域上中下游发展，特别是推进生态建设和环境保护，国家探索实行区域生态环境补偿政策。

在中央统筹协调和大力支持下，各地方充分发挥比较优势，加快赶超和跨越式发展，总体上我国区域发展呈现出良好势头，各地区发展差距相对缩小，区域发展协调性增强。与此同时，我国区域发展不平衡问题仍然突出，东中西部地区发展还存在较大差距，又出现了新的南北分化问题。进一步促进我国区域协调发展，需要深入研究和解决区域发展面临的新情况新问题。第一，完善中央与地方财权与事权划分改革。统筹区域协调发展，涉及中央与地方关系的调整。针对中央与地方财权与事权不匹配、地方财政特别是县乡基层财政能力相对弱化的问题，需要进一步调整和完善中央与地方的财税关系，完善分税制改革，优化中央财政转移支付制度，健全省以下财政体制，健全地方税体系，以增强地方财力，促进地区经济协调发展。第二，区域政策更加精准化、精细化。区域政策要真正管用有效，就必须照顾到差异性，增强针对性。特别是大的区域政策，还要进一步细化实化具体化。比如西部大开发政策，就要根据西北地区与西南地区的巨大差异，制定实施有区别的差异化政策措施。第三，加强区域发展政策协调。目前，各地方发展的积极性都很高，形成了比学赶帮、竞相发展的良好态势，同时也存在相互攀比、重复建设、不当竞争的问题，各地都积极向中央争取戴帽子、挂招牌、设试点、给政策。这些都需要从国家全局出发，统筹考虑，更好地加以协调解决。第四，重视解决区域发展中的南北分化问题。针对区域发展中南北分化的原因，研究制定有针对性的政策措施，特别是要在改革开放创新上下更大功夫。加大改革开放力度，更大程度发挥市场在资源配置中的决定性作用，更好发挥政府作用，创新发展的体制机制，营造良好的市场环境，充分激发市场活力和发展动力。加大科技创新力度，充分调动全社会创新创业创富积极性，促进新经济加快成长发展，加快产业转型升级，培育壮大发展新动能，打造经济社会发展的新引擎。

四、可持续发展

随着经济社会的快速发展，资源匮乏和环境污染问题日益严重，向人类提出了严峻的挑战。如何实现经济、社会、资源、科技和生态的协同发展，成为所有国家都必须面对的严峻问题。

可持续发展是 20 世纪 80 年代提出的新发展观，适应时代变迁和经济社会发展的需要。1987 年，联合国世界环境与发展委员会在《我们共同的未来》报告中，首次把可持续发展定义为"既满足当代人的需要，又不对后代人满足其需要的能力构成危害的发展"。可持续发展就是不断提高人们生活质量和环境承载能力，满足当代人需求又不损害子孙后代需求的发展。可持续发展的核心思想是，经济发展、保护资源和保护生态环境协调一致，让子孙后代能够享有良好的资源和环境。

可持续发展战略，是指实现可持续发展的行动计划和纲领，是一个国家在多个领域实现可持续发展的总称，它要求各方面的发展目标，尤其是社会、经济与生态、环境的目标相协调。1992年 6 月，联合国环境与发展大会提出并通过了全球的可持续发展战略，并且要求各国根据本国的情况，制定各自的可持续发展战略、计划和对策。1994 年 7 月 4 日，国务院批准了中国第一个国家级可持续发展战略——《中国 21 世纪人口、环境与发展白皮书》。1995 年 9 月，党的十四届五中全会正式将可持续发展战略写入《中共中央关于制定国民经济和社会发展"九五"计划和二〇一〇年远景目标的建议》，提出"必须把社会全面发展放在重要战略地位，实现经济与社会相互协调和可持续发展"①。这是在党的重要文献中第一次使用"可持续发展"的概念。1996 年 3 月，第八届全国人民代表大会第四次会议批准了《国民经济和社会发展"九五"计划和2010 年远景目标纲要》，将可持续发展作为一条重要的指导方针和战略目标上升为国家意志。

2012 年 6 月 1 日，国务院新闻办正式发布了《中华人民共和国可持续发展国家报告》。报告指出，当前和今后一个时期，中国将进一步深入推进可持续发展战略的总体思路，具体包括：一是把转变经济发展方式和对经济结构进行战略性调整作为推进经济可持续发展的重大决策；二是把建立资源节约型和环境友好型社会作为推进可持续发展的重要着力点；三是把保障和改善民生作为可持续发展的核心要求；四是把科技创新作为推进可持续发展的不竭动力；五是把深化体制改革和扩大对外开放和合作作为推进可持续发展的基本保障。

党的十八大报告强调，要充分发挥可持续发展在全面建设小康社会进程中的关键作用。报告指出："新世纪新阶段，党中央抓住重要战略机遇期，在全面建设小康社会进程中推进实践创新、理论创新、制度创新，强调坚持以人为本、全面协调可持续发展。"②

《中华人民共和国国民经济和社会发展第十四个五年规划和2035 年远景目标纲要》明确提出，要在经济发展、社会治理、生

---

① 《中共中央关于制定国民经济和社会发展"九五"计划和二〇一〇年远景目标的建议》（中国共产党第十四届中央委员会第五次全体会议一九九五年九月二十八日通过），见中共中央文献研究室编：《十四大以来重要文献选编》（中），1834 页，北京，人民出版社，1997。

② 胡锦涛：《坚定不移沿着中国特色社会主义道路前进，为全面建成小康社会而奋斗》（二〇一二年十一月八日），见中共中央文献研究室编：《十八大以来重要文献选编》（上），9 页，北京，中央文献出版社，2014。

态建设、生产安全、国际合作等方面坚持促进高质量、可持续发展。"统筹兼顾经济、生活、生态、安全等多元需要，转变超大特大城市开发建设方式，加强超大特大城市治理中的风险防控，促进高质量、可持续发展。""推动资源型地区可持续发展示范区和转型创新试验区建设，实施采煤沉陷区综合治理和独立工矿区改造提升工程。""坚持绿水青山就是金山银山理念，坚持尊重自然、顺应自然、保护自然，坚持节约优先、保护优先、自然恢复为主，实施可持续发展战略，完善生态文明领域统筹协调机制，构建生态文明体系，推动经济社会发展全面绿色转型，建设美丽中国。""积极落实联合国 2030 年可持续发展议程。"①

可持续发展的观念对中国社会政策的制定，以及经济社会的发展产生了深远影响。可持续发展战略成为指导中国进行经济社会发展和改革的重要依据和原则。实施可持续发展战略，走可持续发展之路，既符合时代发展的潮流，又有利于中国社会经济的长远发展。

可持续发展战略是一个系统工程，要求从经济增长、民生保障和环境治理等多方面协同推进。一是推动高质量发展。当今时代是信息、人工智能、数字化的时代，实现高质量发展需要获取新的增长动能，需要进行结构性体制机制改革和依靠技术创新，实现从要素驱动向效率驱动、创新驱动转变。要着力构建以国内大循环为主体、国内国际双循环相互促进的新发展格局。二是注重保障和改善民生。聚焦人民群众普遍关心关注的基本生存和发展问题，采取更有针对性的措施，从人民群众普遍关注、反映强烈、反复出现的问题出发，拿出更多改革创新举措，把就业、教

① 《中华人民共和国国民经济和社会发展第十四个五年规划和 2035 年远景目标纲要》，载《人民日报》，2021-03-13。

育、医疗、社保、住房、养老、食品安全、生态环境、社会治安等问题都解决好。三是加强生态环境治理。持续改善环境质量是不断满足人民对美好生活新期待的必然要求。良好生态环境是最公平的公共产品，是最普惠的民生福祉。当前，我国区域性、结构性污染问题依然突出，主要污染物排放量仍处于高位，环境质量特别是大气环境质量受自然条件变化影响较大，一些流域和地区水环境质量改善程度不高，土壤污染、危险废物、化学品等环境风险管控压力大。要坚持以改善环境质量为核心，聚焦突出问题，抓重点、补短板、强弱项，全面推进、加快解决。

第四节　社会事业发展

社会事业是指为保持社会稳定、维护社会安全、推动社会进步，促进人的全面发展所提供的各种公益性支持与服务活动的总和。社会事业发展是衡量社会主义社会文明进步的重要标准。改革开放以来，在全面推进中国特色社会主义事业中，我国各项社会事业得到全面发展。

一、教育事业发展

构建体系完善、结构合理的现代化教育体系。新中国教育是在极其落后的基础上起步的。经过几十年的不懈奋斗，我国已形成体系完善、结构合理的现代化教育体系。学前教育"从无到有、从有到优"。学前教育毛入园率从 0.4％提高到 81.7％，已经超过世界中高收入国家平均水平。颁布实施《义务教育法》，全面完成普及九年义务教育的战略任务，我国走过了西方国家近百年的义务教育普及之路，实现了对世界的庄严承诺。2018 年，高中阶段毛入学率从 1949 年的 1.1％提高到 88.8％，已超过世界中高收入国家平均水平。1977 年正式恢复高等教育招生考试，高等教育走上健康发展道路；1999 年开始实施高等教育扩招政策，高等教育规模快速发展，入学机会大幅提升。2018 年，我国普通本专科招生 791 万人，毛入学率已达 48.1％，即将跨入高等教育普及化发展阶段。[①] 以就业为导向，中等职业教育迅速发展，高等职业教育快速崛起，职业教育已成为我国高中阶段教育和高等教育的"半壁江山"。在服务产业、现代制造业、新兴产业中，新增从业人员 70％以上来自职业院校。

教育公平性不断提升。从义务教育法颁布实施，赋予普通人接受义务教育的权利，到对推进义务教育均衡发展作出全面部署，再到全面实现"两免一补"和生均公用经费基准定额资金随学生学籍流动可携带，教育公平逐层推进。建立起以政府为主导、学校和社会积极参与，从学前教育至高等教育全覆盖的学生资助政策体系，经济困难学生平等接受教育权利得到保障。

教育质量不断提高。1985 年，第六届全国人大常委会第九次会议确定每年 9 月 10 日为教师节，开启了我国尊师重教新纪元。35 年来，教师管理体制机制改革不断深化，教师队伍不断壮大，层次结构不断优化，为创新人才培养夯实基础。各级专任教师从 1949 年的 93.4 万人增长到 2020 年的 1673.83 万人。在学历上，相比 1985 年，小学、初中取得本科及以上学历教师比例分别增加了 61.59 个百分点、80.59 个百分点。[②] 教师队伍不断壮大，为教

---

① 胡浩：《优先发展 奠基未来——共和国教育事业发展成就巡礼》，http://www.gov.cn/xinwen/2019-09/11/content_5429208.htm，2022-08-16。

② 胡浩：《优先发展 奠基未来——共和国教育事业发展成就巡礼》，http://www.gov.cn/xinwen/2019-09/11/content_5429208.htm，2022-08-16。

育发展奠定坚实基础。从"有学上"到"上好学",是我国教育发展进入新时代的重要标志。

我国目前基本实现义务教育阶段教育机会公平,但是在教育质量和教育过程公平方面仍然存在一些短板。教育资源配置在区域之间、城乡之间和群体之间仍然呈现出显著的非均等化现象。优化教育资源配置,继续推进教育公平,仍是未来长期和艰巨的任务。

一是继续推进基本公共教育均等化。巩固义务教育基本均衡成果,推动义务教育优质均衡发展和城乡一体化。保障农业转移人口随迁子女平等享有基本公共教育服务。改善农村地区办学条件,加强乡村教师队伍建设。巩固提升高中阶段教育普及水平,鼓励高中阶段学校多样化发展。提高民族地区教育质量和水平。

二是增强职业技术教育适应性。突出职业技术(技工)教育类型特色,深入推进改革创新,大力培养技术技能人才。创新办学模式,深化产教融合、校企合作,探索中国特色学徒制。实施现代职业技术教育质量提升计划,建设一批高水平职业技术院校和专业,稳步发展职业本科教育,实现职业技术教育与普通教育双向互认、纵向流动。

三是提高高等教育质量。推进高等教育分类管理和高等学校综合改革,构建更加多元的高等教育体系。建立学科专业动态调整机制和特色发展引导机制,增强高校学科设置针对性,加快培养理工农医类专业紧缺人才。优化区域高等教育资源布局,推进中西部地区高等教育振兴。

四是深化教育改革。深化新时代教育评价改革,建立健全教育评价制度和机制,发展素质教育,更加注重学生爱国情怀、创新精神和健康人格培养。坚持教育公益性原则,加大教育经费投入，改革完善经费使用管理制度，提高经费使用效益。发挥在线教育优势，完善终身学习体系，建设学习型社会。

二、医疗卫生事业发展

医疗卫生事业关乎全体国民的生命质量和健康安全，是社会事业的重中之重。新中国成立以来，党和国家致力于医疗卫生事业发展，取得了突出成果和伟大成就。医疗卫生服务可及性显著提高。医疗卫生服务网络比较完善。以公立机构为主体、遍及城乡的医疗卫生服务网络基本建立。卫生健康人才队伍不断扩大。卫生健康公共财政投入力度不断加大，群众看病就医负担逐步减轻。初步建成以基本医疗保险为主体的多层次医疗保障体系。持续深化改革，降低群众医药费用负担。

疾病预防控制成果卓著。大力开展爱国卫生运动，持续推进国家卫生城镇创建，城乡卫生环境面貌显著改善。实行国家免疫规划制度，疫苗可将传染病发病率降至历史最低水平。加强重大疾病防控。艾滋病整体疫情控制在低流行水平，肺结核报告发病率持续下降，所有血吸虫病流行县达到传播控制标准，基本消除麻风病危害。提升卫生应急能力。成功应对 SARS、H7N9、埃博拉出血热、新冠病毒感染等重大突发疫情，高效做好四川汶川地震等突发事件应急医学救援。

医疗服务质量和水平持续提升。现代科学的新技术、新设备、新理论与新方法临床应用基本赶上世界先进水平。医疗安全持续改善，患者抗菌药物使用率明显下降，血液安全供应水平进入世界前列。保障重点人群健康权益。深入实施健康扶贫工程，开展医疗人才"组团式"援藏援疆。推动建立老年健康服务体系，全面开展残疾预防，大力推进康复服务。

新时代经济社会发展水平提高，为医疗事业发展提供了更好的基础条件，科技进步为智慧医疗提供了新型技术手段，在促进公共卫生医疗服务均等化水平提升和医疗卫生事业发展方面可以有更大作为。

提高应对重大突发公共卫生事件能力和水平，构筑强大的公共卫生体系。完善国家传染病防控法律法规体系，健全突发公共卫生事件应急预案并建立定期演练机制，提升应急响应和处置能力。建立集中统一高效的突发公共卫生事件应急指挥体系，实现监测预警、风险研判、专业决策、应急处置一体化管理，做到指令清晰、系统有序、条块畅达、执行有力。

推动公立医院高质量发展，加快优质医疗资源扩容和区域均衡布局。构建公立医院高质量发展新体系，推进国家医学中心和区域医疗中心建设，使其成为国家医学进步的重要引擎。按照网格化布局，探索一体化管理，推动从以治病为中心转向以健康为中心，落实分级诊疗制度，建立健全分级分层分流的重大疫情救治体系。建设公立医院高质量发展新文化，建设以患者需求为导向的医院文化，坚持以病人为中心的服务理念。激活公立医院高质量发展新动力，在人事管理、薪酬待遇、培养评价等方面，激发医务人员的工作动力。

推动中医药传承创新，大力发展中医药事业。针对我国当前中医药发展还存在着优质中医药资源总量不足、人才不足、传承创新发展不够、标准体系还不健全、中药材质量良莠不齐等问题，在中央预算内投资重点支持国家中医医学中心、区域中医医疗中心、国家中医药传承创新中心、国家中医疫病防治基地、中西医协同"旗舰"医院、中医特色重点医院和名医堂建设，积极谋划国家中医药博物馆建设，发挥中医药整体医学优势，推动建成融预防保健、疾病治疗和康复于一体的中医药服务体系，促进中医药传承创新发展。实施基层中医药服务能力提升工程，实现全部社区卫生服务中心和乡镇卫生院设置中医馆，并加强内涵建设。强化中医药特色人才培养，加强中医药文化传承与创新发展，推动中医药走向世界。

推动"互联网＋医疗"新业态加快发展。推广远程医疗是发展"互联网＋医疗"新业态的重要内容，是聚焦健康中国建设面临问题和挑战拿出的实招、硬招。将智能计算能力转化为符合临床需求的医疗科技，集成自然语义识别、语音识别、影像识别、数据挖掘等系列技术，引导信息化不断创新升级。创新管理，整合各类系统资源，提升医院管理效率、医疗数据管理效率，以问题和需求为导向，做好智慧管理系统建设架构设计，提升医院管理、医疗数据管理的精细化水平，同时，严格监管，强化医疗质量监管、保障数据信息安全。推进医疗健康技术要素市场化，平衡好鼓励创新和保障信息安全的关系，建立临床专家、技术工程师、管理者在数据使用中的权益和责任管理规范，促进大数据和云计算技术产业合理合法有序地挖掘数据价值。

加强针对重点人群的医疗卫生服务能力。中央预算内投资重点支持改善妇女儿童健康服务基础设施条件，提高出生缺陷防治、心理健康和精神卫生服务能力，增加康复、护理资源。地方政府要聚焦重点人群健康需求，加快完善妇幼健康、职业健康、老年健康、心理健康和精神卫生服务体系，补齐健康教育、康复医疗、老年长期照护和安宁疗护等领域短板，加快完善支持政策并加快建设普惠托育服务体系，全面提高全方位全生命周期健康服务能力。

加快建成覆盖全民、城乡统筹、权责清晰、保障适度、可持续的多层次医疗保障体系。"十四五"时期必须在全覆盖、调结构、改支付、强监管、提能力、控风险、优服务方面着力，实现医保基金提质增效、稳健可持续发展。核心思路：一是实现"应参尽参、应缴尽缴"，通过调整个人缴费责任、发展商业健康保险、将各类医疗保险基金池做大，奠定医保高质量发展基础；二是"调结构改支付"，促进医药卫生体制协调改革，建立门诊共济基金，同步完善医保支付方式，促进医疗卫生服务行为和服务模式转变，实现分级诊疗；三是"强监管重绩效"，提升医保服务和监督管理能力，实现提质增效，发挥医保基金战略性购买作用。

深入开展爱国卫生运动。丰富爱国卫生工作内涵，促进全民养成文明健康生活方式。加强公共卫生环境基础设施建设，推进城乡环境卫生整治，强化病媒生物防治。深入推进卫生城镇创建。加强健康教育和健康知识普及，树立良好饮食风尚，制止餐饮浪费行为，开展控烟限酒行动，坚决革除滥食野生动物等陋习，推广分餐公筷、垃圾分类投放等生活习惯。

三、科技事业发展

实施科教兴国与创新驱动发展战略，是立足全局、面向未来的重大战略，是加快转变经济发展方式、破解经济发展深层次矛盾和问题、增强经济发展内生动力和活力的根本措施。

1995年5月，中共中央、国务院颁布的《关于加速科学技术进步的决定》第一次明确提出实施科教兴国战略。《决定》指出：实施科教兴国战略，是全面落实科学技术是第一生产力思想的战略决策，是保证国民经济持续、快速、健康发展的根本措施，是实现社会主义现代化宏伟目标的必然抉择，也是中华民族振兴的必由之路。

　　党的十八大明确提出要实施创新驱动发展战略。科技创新是提高社会生产力和综合国力的战略支撑，必须摆在国家发展全局的核心位置。要坚持走中国特色自主创新道路，以全球视野谋划和推动创新，提高原始创新、集成创新和引进消化吸收再创新能力，更加注重协同创新。深化科技体制改革，推动科技和经济紧密结合，加快建设国家创新体系，着力构建以企业为主体、市场为导向、产学研相结合的技术创新体系。完善知识创新体系，强化基础研究、前沿技术研究、社会公益技术研究，提高科学研究水平和成果转化能力，抢占科技发展战略制高点。实施国家科技重大专项，突破重大技术瓶颈。加快新技术新产品新工艺研发应用，加强技术集成和商业模式创新。完善科技创新评价标准、激励机制、转化机制。实施知识产权战略，加强知识产权保护。促进创新资源高效配置和综合集成，把全社会智慧和力量凝聚到创新发展上来。

　　科技投入大幅增加，研发经费规模和强度实现历史性突破。研发人员总量稳居世界首位。我国已成为仅次于美国的世界第二大研发经费投入国家，为科技事业发展提供了强大的资金保证。

　　科技产出量质齐升，专利产出效益得到明显提高，知识产权产出取得长足进步。截至 2018 年底，我国发明专利申请量已连续 8 年居世界首位。重大成果举世瞩目，在量子科学、铁基超导、暗物质粒子探测卫星、CIPS 干细胞等基础研究领域取得重大突破。

　　支撑引领作用显著增强。随着科技不断进步，我国在质检、气象、地震、海洋和测绘等领域提供的专业技术服务水平逐年提高。科技创新优化产业结构。我国经济正处于增速换挡、结构优化、提质增效的关键期，高技术制造业呈现出持续向好的发展态势，成为带动工业转型发展的重要力量。"中国制造"正升级为"中国智造"。科技创新成为改善供给质量、实现供给侧结构性改革的重要手段。

科技创新助力发展新动能。随着"互联网＋"深入开展，基于移动互联、物联网的新产品、新业态、新模式蓬勃发展，成为我国改造提升传统产业、培育经济发展新动能的有力支撑。大数据、云计算应用不断深化，以 5G 为代表的新一代信息技术走向实用，催生出一大批大数据企业。电子政务、信息惠民、共享经济、平台经济迅速兴起，大力提高了政府治理水平和民众获得感。科技创新引领新动能发展，开辟了经济增长的新天地。

《中华人民共和国国民经济和社会发展第十四个五年规划和2035 年远景目标纲要》指出，要坚持创新在我国现代化建设全局中的核心地位，把科技自立自强作为国家发展的战略支撑，面向世界科技前沿、面向经济主战场、面向国家重大需求、面向人民生命健康，深入实施科教兴国战略、人才强国战略、创新驱动发展战略，完善国家创新体系，加快建设科技强国。

强化国家战略科技力量。制定科技强国行动纲要，健全社会主义市场经济条件下新型举国体制，打好关键核心技术攻坚战，提高创新链整体效能。以国家战略性需求为导向，推进创新体系优化组合，加快构建以国家实验室为引领的战略科技力量。在事关国家安全和发展全局的基础核心领域，制定实施战略性科学计划和科学工程。

提升企业技术创新能力。完善技术创新市场导向机制，强化企业创新主体地位，促进各类创新要素向企业集聚，形成以企业为主体、市场为导向、产学研用深度融合的技术创新体系。

激发人才创新活力。深化人才发展体制机制改革，全方位培养、引进、用好人才，充分发挥人才第一资源的作用。遵循人才成长规律和科研活动规律，完善人才评价和激励机制，健全以创新能力、质量、实效、贡献为导向的科技人才评价体系，构建充分体现知识、技术等创新要素价值的收益分配机制。

完善科技创新体制机制。优化国家科技计划体系和运行机制，推动重点领域项目、基地、人才、资金一体化配置。加快科技管理职能转变，强化规划政策引导和创新环境营造。完善知识产权相关法律法规。实施更加开放包容、互惠共享的国际科技合作战略，更加主动融入全球创新网络。

四、文化体育事业发展

新中国成立特别是改革开放以来，我国始终坚持"为人民服务，为社会主义服务"的方向和"百花齐放，百家争鸣"的方针，大力传承中华民族优秀传统文化，积极吸收世界优秀文化成果，与时代同步，与人民同心，不断守正创新，文化事业全面繁荣，文化产业快速发展，正在不断向社会主义文化强国的目标阔步前进。

文化事业繁荣兴盛，服务体系日趋完善。文化投入力度明显加大，文化服务设施不断完善，均等化水平提高。文化产业快速发展，新业态迅速兴起。文化经济总量明显增加。2013—2018年文化产业对GDP增量的年平均贡献率达到5.5%。文化新业态发展势头强劲。文化产品和服务的生产、传播、消费的数字化、网络化进程加快，数字内容、动漫游戏、视频直播、视听载体、手机出版等基于互联网和移动互联网的新兴文化业态成为文化产业发展的新动能和新增长点。文化投资规模增长迅速，投资主体呈现多元化、社会化格局。文化消费水平不断升级。文化走出去新格局逐渐形成，国家文化软实力大幅提升。

群众体育蓬勃发展。2014 年国务院《关于加快发展体育产业促进体育消费的若干意见》明确把全民健身上升为国家战略。人民群众健康水平持续提高，全民健身意识极大增强。竞技体育成绩辉煌。新中国成立后，我国竞技体育举国体制逐步发展，形成了适合我国国情的运动训练和体育竞赛体系，改革开放后的中国，更加积极主动、全方位地参与国际体育事务。1990 年，第 11 届亚洲运动会在北京成功举办，2008 年 8 月，第 29 届奥运会在北京隆重举办，实现了中华民族的百年期盼。青少年体育生机勃勃，是我国体育事业的重要组成部分。1990 年，《学校体育工作条例》颁布实施。2007 年，中共中央、国务院印发《关于加强青少年体育增强青少年体质的意见》，把青少年体育工作的战略位置提升到新的高度。

体育产业快速发展。体育产业是改革开放以来随着经济社会和体育事业的不断发展从无到有、逐步兴起的。1985 年，国家体委提出"以革命化为灵魂，以体育科学化和社会化为两翼"的改革指导方针，使过去由单靠国家投资向以国家投资为主、社会多方筹资转变，体育投资渠道不断拓宽，体育产业也逐渐发展起来。2010 年，国务院办公厅印发《关于加快发展体育产业的指导意见》，2014 年，国务院印发《关于加快发展体育产业促进体育消费的若干意见》，体育产业成为国民经济发展的新亮点，经济转型升级的重要力量。

《中华人民共和国国民经济和社会发展第十四个五年规划和2035 年远景目标纲要》对未来一个时期的文化、体育工作作出部署，指出发展社会主义先进文化，提升国家文化软实力。提高社会文明程度。加强社会主义精神文明建设，培育和践行社会主义核心价值观，推动形成适应新时代要求的思想观念、精神面貌、文明风尚、行为规范，建设体育强国。

提升公共文化服务水平。加强公共文化服务体系建设和体制机制创新，强化中华文化传播推广和文明交流互鉴，更好地保障人民文化权益。优化城乡文化资源配置，推进城乡公共文化服务体系一体建设。创新实施文化惠民工程，提升基层综合性文化服务中心功能。加强对外文化交流和多层次文明对话，创新推进国际传播，利用网上网下，讲好中国故事，传播好中国声音，促进民心相通。

健全现代文化产业体系。坚持把社会效益放在首位、社会效益和经济效益相统一，健全现代文化产业体系和市场体系。实施文化产业数字化战略，加快发展新型文化企业、文化业态、文化消费模式，壮大数字创意、网络视听、数字出版、数字娱乐、线上演播等产业。完善文化管理体制和生产经营机制，提升文化治理效能。

不断拓展群众体育的广度和深度，满足人民群众对幸福生活的新追求。推动健康关口前移，深化体教融合、体卫融合、体旅融合。完善全民健身公共服务体系，推进社会体育场地设施建设和学校场馆开放共享，提高健身步道等便民健身场所覆盖面。坚持文化教育和专业训练并重，加强竞技体育后备人才培养。

第五节　就业优先发展

民生所需，源于劳动；劳动实现，在于就业。就业是民生之本，是人民群众最关心最直接最现实的利益问题。就业是劳动者生存的经济基础和基本保障，关系到亿万劳动者及其家庭的切身利益，是社会发展、长治久安的重要基础。

"十二五"规划提出，要实施就业优先战略，坚持把促进就业放在经济社会发展的优先位置，健全劳动者自主择业、市场调节就业、政府促进就业相结合的机制，创造平等就业机会，提高就业质量，努力实现充分就业。

实施就业优先战略，就是要将促进就业作为保障和改善民生的首要任务，将扩大就业摆在经济社会发展的优先位置，作为经济社会发展的优先目标。总体布局上，更加注重选择有利于扩大就业的经济社会发展战略；要素配置上，更加注重通过人力资源的充分开发利用来促进经济增长；目标导向上，更加注重将促进就业融入经济社会发展进程。

就业形势保持总体平稳。2012 年以来，城镇新增就业年均超过 1300 万人；[①] 失业率长期保持较低水平，实现了比较充分的就业；劳动力市场需求总体略大于供给，供需维持基本平衡。

就业结构持续优化。第一、第二、第三产业就业占比从 2012 年的 33.6∶30.3∶36.1 转变为 2019 年的 25.1∶27.5∶47.4，第三产业就业比重年均提高 1.85 个百分点，"倒金字塔"形结构逐步形成。城乡就业格局发生历史性转变，城镇就业所占比重从 2012 年的 48.4％上升到 2019 年的 57.1％，年均提高 1.24 个百分点，2014 年城镇就业人员比重首次超过乡村。中西部地区城镇就业增长对全国的贡献率超过 50％。[②]

劳动者收入逐步增加。劳动者工资收入增长迅速，劳动合同签订率维持较高水平，社会保障体系日益完善。城乡居民收入增长与经济增长基本同步。2012—2019 年，农民工月均工资由 2290 元提高到 3962 元，年均名义增长率超过 8％。劳动合同制度全面

---

① 学习贯彻习近平新时代中国特色社会主义经济思想 做好"十四五"规划编制和发展改革工作系列丛书编写组：《实施就业优先战略》，49 页，北京，中国市场出版社，2020。

② 同上，56 页。

实行，企业职工劳动合同签订率达到 90％以上，[①] 集体协商和集体合同制度逐步推进。覆盖城乡劳动者的社会保障体系不断完善。

创业带动就业活力不断释放。完善支持创业的政策体系，大力推进"放管服"改革，推动大众创业、万众创新，支持农民工等人员返乡创业，有效激发了市场活力和社会创造力。

就业服务能力明显增强。充分发挥政府和市场机制作用，提升服务水平和服务效率。公共就业服务体系不断完善，规范、有序、高效的人力资源市场体系逐步形成，职业技能培训体系进一步健全，劳动关系更加和谐，为实现更充分更高质量就业打下了坚实的基础。

《中华人民共和国国民经济和社会发展第十四个五年规划和2035 年远景目标纲要》再次强调要实施就业优先战略，健全就业公共服务体系，全面提升劳动者就业创业能力。健全有利于更充分更高质量就业的促进机制，扩大就业容量，提升就业质量，缓解结构性就业矛盾。

坚持经济发展就业导向。经济发展是解决就业问题的根本。新冠病毒感染疫情暴发使就业遭遇空前的压力，大量企业面临外贸需求萎缩和供应链中断的冲击。持续强化就业优先政策，需要构建经济增长和促进就业的良性循环，在保持经济总量稳定增长、经济结构不断升级的同时，努力实现就业规模扩大、就业结构优化、就业质量提升。在以畅通国民经济循环为主构建新发展格局的过程中，优先发展吸纳就业能力强的行业产业；在实现创新驱动的内涵型增长过程中，培育就业新增长极，推动劳动者实现体面劳

---

① 学习贯彻习近平新时代中国特色社会主义经济思想 做好"十四五"规划编制和发展改革工作系列丛书编写组：《实施就业优先战略》，62 页，北京，中国市场出版社，2020。

动；在深化改革、推进高水平对外开放的过程中，激发市场主体活力，稳定岗位，扩大就业。

健全就业公共服务体系。实施就业失业管理、落实就业政策的重要载体。推进基本服务均等化，提升城乡公共服务能力，打破体制、部门、地域等限制，使劳动者不论来自何方、去哪里就业和创业，都能享受同等的公共服务。推进信息服务智慧化，建立全国统一的信息系统，推进信息互联互通和数据共享，实现供求双方即时匹配、智能匹配。推进重点群体服务精准化，根据不同劳动者的自身条件和服务需求，构建精准识别、精细分类、专业指导的服务模式，提供个性化服务措施和解决方案。推进服务主体多元化，鼓励引导社会力量广泛深入参与就业服务，探索建立创业指导专家、就业指导专家等志愿者团队，为劳动者多渠道提供专业化服务。

统筹城乡就业政策体系。推进就业制度平等，消除户籍、地域、身份、性别、行业等一切影响平等就业的制度障碍，营造城乡一体化公平就业环境。推进就业服务平等，实行农民工在就业地平等享受就业服务政策，和本地居民一视同仁、公平对待。加强权益维护，健全劳动关系协调机制，强化劳动纠纷调处，加强劳动保障监察执法，扩大社会保险覆盖范围，推进社保制度衔接。

完善多渠道灵活就业的保障制度。创业是就业之源，灵活就业是就业的重要渠道，对于稳定和扩大就业具有重要意义。一要持续优化营商环境。深化商事制度改革，积极拓宽投融资渠道，实施包容审慎监管；加大对初创实体的支持力度，提供场地支持、租金减免、税收优惠、创业补贴等政策扶持。二要持续释放创业带动就业倍增效应。支持建设一批高质量创业孵化载体和创业园区，提升线上线下创业服务能力，打造培训学习、创业实践、咨询指导、跟踪帮扶等一体化创业培训体系；精心组织各级各类创业推进活动，培育构建区域性、综合性创业生态系统。三要持续推动多渠道灵活就业。鼓励个体经营，增加非全日制就业机会，支持发展新就业形态，清理取消不合理限制灵活就业的规定。强化对灵活就业人员就业服务、劳动权益和基本生活保障。

强化重点群体就业支持体系。着力做好高校毕业生等青年就业工作，积极促进农民工就业，扎实做好退役军人就业工作。健全困难群体就业援助制度。畅通失业人员求助渠道。对通过市场渠道难以实现就业的，利用公益性岗位托底安置。加强就业困难人员基本生活保障，把困难群众的民生底线兜住兜牢。

第六节　国家扶贫脱贫战略

贫困是当今世界所面临的巨大全球性挑战。改革开放以来，党和国家在开创和发展中国特色社会主义伟大事业中，高度重视解决贫困人口的问题，多次制定扶贫、脱贫战略，采取一系列重大方针政策，取得了在中国广袤大地上的伟大成就。

一、扶贫背景

2005年联合国千年发展目标中，第一项即为"消除极端贫困和饥饿"，旨在将全球贫困水平在2015年之前降低一半（以1990年的水平为标准）。2015年后，"消除一切形式的极端贫困"继续作为联合国2030年可持续发展议程首要目标提出。扶贫，始终是实现全球发展的第一要求。

在全球贫困治理背景下，着眼困扰中华民族几千年的绝对贫困问题，具有特殊性。一是贫困人口规模大。新中国成立时，国家一穷二白，人民生活处于极端贫困状态，农村居民人均可支配收入 1949 年仅为 44 元。直至 1978 年改革开放初期，城镇居民和农村居民的恩格尔系数分别为 57.5％和 67.7％。按照 2010 年农村贫困标准，中国农村贫困人口仍高达 7.7 亿，贫困发生率达 97.5％,[1] 是典型的"贫困社会"。二是贫困问题分布广。全国共有 832 个国家级贫困县，涉及中西部 22 个省、区、市，分布范围覆盖全国大部分地区。三是贫困程度深。由于自然地理、经济社会、民族宗教、国防安全等问题交织，经济发展、基础设施、社会发育、社会事业发展严重滞后，生态环境高度脆弱，中国 14 个集中连片特殊困难地区、[2] 深度贫困县、贫困村，更是"贫中之贫"、"困中之困"、"硬骨头中的硬骨头"，脱贫攻坚复杂性和难度前所未有。

二、扶贫过程与成效

为解决贫困这一世界性问题，摆脱中国长久以来的积贫积弱状况，新中国成立特别是改革开放以来，党中央、国务院出台实施了一系列中长期扶贫规划，从救济式扶贫到开发式扶贫再到精准扶贫，探索出一条符合中国国情的农村扶贫开发道路，为全面建成小康社会奠定了坚实基础。

（一）改革开放之初至 2011 年的扶贫实践

实行改革开放后，中国经济快速发展，国家实施了一系列扶贫政策。如对农产品进行补贴和税收优惠，设立扶贫专项基金；对"老少边穷地区"开始实施区域扶贫做法，激励发达地区对口支

---

① 国家统计局：《人民生活实现历史性跨越 阔步迈向全面小康——新中国成立 70 周年经济社会发展成就系列报告之十四》，2019 年 8 月 9 日。http：//www. stats. gov. cn/tjsj/zxfb/201908/t20190809_1690098. html。

② 《中国农村扶贫开发纲要(2011—2020 年)》，8 页，北京，人民出版社，2011。

援等。1986 年，专门的扶贫机构——国务院贫困地区经济开发领导小组(1993 年更名为国务院扶贫开发领导小组)设立，扶贫工作开始有组织、系统化，进程加速。1994 年，《国家八七扶贫攻坚计划》发布，以解决 20 世纪 8000 万农村贫困人口的温饱问题为主要目标，是新中国历史上第一个有明确目标、明确对象、明确措施和明确期限的全国扶贫开发工作纲领。到 2000 年，中国扶贫工作取得巨大成就，解决了 2 亿多农村贫困人口的温饱问题,[1] 农民生产生活条件明显改善，贫困县经济发展速度提升，社会事业全面发展。

2001 年，《中国农村扶贫开发纲要(2001—2010 年)》正式出台，提出"要充分认识扶贫开发的长期性、复杂性和艰巨性，继续把扶贫开发放在国民经济和社会发展的重要位置，为贫困地区脱贫致富做出不懈努力"[2]。这充分体现了党中央、国务院对扶贫工作的高度重视和对摆脱贫困的坚定信心。此后中国脱贫工作，始终强调市场在资源配置中所起的决定性作用，扶贫开发重点强调产业发展和经济结构调整，强调人力资本的优化配置；始终重视贫困人群能力提升，从科技、教育、文化、卫生事业等方面为贫困人群积累人力资本和社会资本，以帮助其有能力自我脱贫。经过此阶段脱贫工作的不断探索与实践，2012 年末农村贫困发生率下降到 10.2%，比 1985 年末下降了 68.1 个百分点。[3]

(二)党的十八大以来的精准脱贫实践

党的十八大提出到 2020 年实现全面建成小康社会宏伟目标，

---

① 《中国农村扶贫开发概要》，2006 年 11 月 19 日。http://www.gov.cn/zwhd/ft2/20061117/content_447141.htm。

② 《中国农村扶贫开发纲要(2001—2010 年)》，载《人民日报》，2001-09-20。

③ 国家统计局：《扶贫开发持续强力推进 脱贫攻坚取得历史性重大成就——新中国成立 70 周年经济社会发展成就系列报告之十五》，2019 年 8 月 12 日。http://www.stats.gov.cn/tjsj/zxfb/201908/t20190812_1690526.html。

扶贫工作被提上新高度。2012年起，全面脱贫攻坚制度体系（特别是精准扶贫制度）在中国逐步建立，包括建档立卡、干部驻村帮扶及配套考核奖惩制度等，为全面脱贫做好制度保障。2013年，国家提出"扶持对象精准、项目安排精准、资金使用精准、措施到户精准、因村派人（第一书记）精准、脱贫成效精准"[①]的精准扶贫理念，随后，贫困识别和建档立卡工作正式开启。

2015年，党中央在扶贫开发工作会议上，提出实现脱贫攻坚目标总体要求，重点解决"扶持谁"、"谁来扶"、"怎么扶"、"如何退"4个问题。为解决好"扶持谁"问题，坚持精准扶贫、精准脱贫，逐村逐户开展贫困识别，对识别出的贫困村、贫困户建档立卡，通过"回头看"和甄别调整，不断提高识别准确率。为解决好"谁来扶"问题，选派县级以上机关、国有企事业单位干部参加驻村帮扶，加上乡镇扶贫干部和村干部，打通了精准扶贫"最后一公里"。为解决好"怎么扶"问题，提出实施"五个一批"工程，即发展生产脱贫一批、易地搬迁脱贫一批、生态补偿脱贫一批、发展教育脱贫一批、社会保障兜底一批，还有就业扶贫、健康扶贫、资产收益扶贫等。为解决好"如何退"问题，提出设定时间表、留出缓冲期、实行严格评估、实行逐户销号。

2017年，深度贫困地区脱贫是脱贫攻坚工作"硬仗中的硬仗"。从结构上看，大都是自然条件差、经济基础弱、贫困程度深的地区和群众，是越来越难啃的硬骨头。在群体分布上，主要是残疾人、孤寡老人、长期患病者等"无业可扶、无力脱贫"的贫困人口以及部分文化水平低、缺乏技能的贫困群众。在脱贫目标上，

---

① 习近平：《在中央扶贫开发工作会议上的讲话》（二〇一五年十一月二十七日），见中共中央党史和文献研究室编：《十八大以来重要文献选编》（下），38页，北京，中央文献出版社，2014。

实现不愁吃、不愁穿"两不愁"相对容易，实现保障义务教育、基本医疗、住房安全"三保障"难度较大。

党的十九大将精准脱贫作为三大攻坚战之一进行全面部署，聚力攻克深度贫困堡垒，坚决补齐深度贫困"短板"。2020年，为有力应对新冠病毒感染疫情，党中央要求全党同志不忘初心、牢记使命，坚定信心、顽强奋斗，坚决克服新冠病毒感染疫情影响，以更大的决心、更强的力度，向脱贫攻坚的最后胜利进军。在中央与地方共同努力下，披荆斩棘，栉风沐雨，2020年底，832个贫困县，12.8个贫困村，9899万农村贫困人口实现全部脱贫，区域性整体贫困得到解决，脱贫攻坚成果举世瞩目。

（三）脱贫攻坚成效显著

中国脱贫攻坚成效具体体现在：第一，农村贫困人口全部脱贫。2013年以来，中国平均每年有1000多万人脱贫，贫困人口收入水平显著提高，2000多万贫困患者得到分类救治，近2000万贫困群众享受低保和特困救助供养，2400多万困难和重度残疾人拿到了生活和护理补贴，110多万贫困群众当上护林员，"两不愁三保障"全部实现。[①] 第二，贫困地区经济社会发展"脱贫"。经济实力不断增强，公路铁路、供水供电、住房等基础设施建设突飞猛进，义务教育、就医等社会事业长足进步，贫困地区整体面貌焕然一新。第三，贫困群众精神风貌"脱贫"。"扶贫先扶志，扶贫必扶智"，在发展性扶贫的过程中，广大贫困群众激发了奋发向上的精气神，积极性、主动性、创造性得以调动，脱贫内生动力得以激发，社会主义核心价值观、文明新风得到广泛传播、弘扬与践行。第四，贫困地区基层治理能力"脱贫"。2013年以来，全

---

① 习近平：《在全国脱贫攻坚总结表彰大会上的讲话》(2021年2月25日)，见《习近平重要讲话单行本》(2021年合订本)，39页，北京，人民出版社，2022。

国累计选派 300 多万名第一书记和驻村干部开展精准帮扶①，基层党组织战斗堡垒作用不断增强。同时，懂农业、爱农村、爱农民的"三农"工作队伍不断壮大，大批热爱农村、扎根农村、建设农村的人才留下来，为农业农村现代化继续贡献力量。

三、脱贫工作经验

第一，中国脱贫工作坚持以人民为中心的社会价值。以人民为中心的发展思想贯穿于扶贫工作全过程。坚持人民主体地位，坚定人民立场，人民至上，以人为本，体现在扶贫工作的制度安排、政策设计的各个环节。建档立卡精准识别帮扶对象，东西结对建立帮扶的具体机制等一系列制度性安排，紧扣国计民生，聚焦扶贫实事，使人民对美好生活的向往有了切实的制度保证。此外，脱贫工作坚持激发贫困群众脱贫内生动力，坚持发展依靠人民。最后，扶贫工作将群众满意度作为衡量脱贫成效的重要尺度，集中力量解决群众基本民生需求，坚持发展结果由人民评判的标准。

第二，中国脱贫工作以社会治理能力建设为主要抓手。坚持党的领导，是扶贫工作全面开展的政治和组织保障。扶贫工作强调增强贫困地区社会治理能力，脱贫攻坚期，形成了中央统筹、省总负责、市县抓落实的工作机制，构建五级书记抓扶贫、全党动员促攻坚局面。此外，加强基层党组织建设，全国累计选派 25.5 万驻村工作队、300 多万名第一书记和驻村干部，与近 200 万名乡镇干部和数百万村干部一道奋斗在扶贫一线，提升贫困地区党组织领导力，为开展脱贫攻坚工作构建了坚强的战斗堡垒。

第三，中国脱贫工作以社会制度及政策改革为重要保障。社

---

① 习近平：《在全国脱贫攻坚总结表彰大会上的讲话》(2021 年 2 月 25 日)，见《习近平重要讲话单行本》(2021 年合订本)，45 页，北京，人民出版社，2022。

会改革是发展的强大动力。改革开放以来，中国的体制机制改革，以及经济的逐步开放，不断打破个体发展的机会樊篱，进而促进了扶贫事业发展。改革的相关体制机制包括：金融体制相关政策、农业产业相关政策、教育扶贫相关制度、人口流动相关制度等。党的十八大以来，扶贫工作更以各项社会制度改革为保障，在产业发展、就业、教育、医疗、社会保障、生态保护等重大民生领域，都对各项政策制度进行了改革创新。此外，出台了一系列超常规政策举措，构建了一整套行之有效的政策体系、制度体系，为中国的扶贫事业提供了制度保障。

第四，中国脱贫工作发挥社会主义精神文明引领作用。建设高度的社会主义精神文明是中国特色社会主义社会建设的重要内容。中国特色扶贫事业引导广大贫困群众发扬"弱鸟先飞、滴水穿石"的坚韧精神，坚持弘扬和衷共济、团结互助的传统美德，推动全社会践行社会主义核心价值观，推动社会各界关爱贫困群众，汇聚力量。在社会主义精神文明引领下，扶贫工作中，人民群众蕴藏的智慧和力量被充分激发，社会向上向善的正能量充分释放，为实现中国脱贫事业取得全面胜利提供了精神力量。

第五，中国脱贫工作将真抓实干作为一切工作总基调。"真抓实干"是建设中国特色社会主义一切工作的重要法宝。脱贫工作充分动员全党全国各族人民以及社会各方面力量共同向贫困问题宣战，合力攻坚，真抓实干。将全面从严治党始终贯穿于脱贫攻坚全过程和各环节，做到真扶贫、扶真贫、真脱贫。坚决反对脱贫攻坚工作中存在的形式主义、官僚主义现象，高度重视群众反映的"虚假式"脱贫、"算账式"脱贫、"指标式"脱贫、"游走式"脱贫等问题，把一切工作落实到为贫困群众解决实际问题过程中。

四、脱贫和消灭绝对贫困的重大意义

第一，摆脱贫困面貌，创造人民幸福美好生活。脱贫事业全面胜利，使贫困群众不愁吃、不愁穿，义务教育、基本医疗、住房安全、饮水安全有保障，无数人的命运因此而改变，无数人的梦想因此而实现，无数人的幸福因此而成就；脱贫事业全面胜利，使脱贫地区经济社会发展大踏步赶上来，脱贫地区处处呈现山乡巨变、山河锦绣的时代画卷；脱贫事业全面胜利，使贫困群众增添了自立自强的信心勇气，贫困群众的精神世界在脱贫攻坚中得以充实和升华，信心更坚、脑子更活、心气更足，发生了由内而外的深刻改变。

第二，实现中华民族百年夙愿，谱写了人类反贫困历史新篇章。一部中国史，就是一部中华民族同贫困作斗争的历史。从屈原"长太息以掩涕兮，哀民生之多艰"的感慨，到杜甫"安得广厦千万间，大庇天下寒士俱欢颜"的憧憬，再到孙中山"家给人足，四海之内无一夫不获其所"的夙愿，无一不深刻体现着中华民族摆脱贫困的追求与梦想。摆脱贫困，成了中国人民孜孜以求的梦想，也是实现中华民族伟大复兴中国梦的重要内容。中国共产党从成立之日起，就坚持把为中国人民谋幸福、为中华民族谋复兴作为初心使命，团结带领中国人民为创造自己的美好生活进行长期艰辛奋斗。党的十八大以来，更是全面打响脱贫攻坚战，决心之坚、力度之大、规模之广、影响之深、成就之巨前所未有。全面脱贫的伟大胜利，终结了中国绝对贫困的历史，实现了中华民族几千年来的追求与梦想，开启了中国社会发展新的历史篇章，为全面建成小康社会，实现中华民族伟大复兴中国梦向前迈出新的一大步。

第三，创造扶贫治理中国样本，为全球脱贫事业作出重大贡

献。中国脱贫事业的全面胜利，为全球贫困治理提供"中国方案"、"中国经验"和"中国智慧"。第一，推动全球脱贫事业发展。自1990年以来，以联合国为核心的国际组织一直将消除贫困作为全球首要目标，并采取了多项扶贫举措，但各国扶贫进程并不是一帆风顺的，扶贫速度不平衡，特别是气候变化和新冠病毒感染疫情使得人类几十年的发展成果可能毁于一旦。中国在此双重危机下于2020年底彻底打赢"脱贫攻坚战"，中国是为全球脱贫作出最大贡献的国家，创造了世界脱贫史乃至人类发展史上的伟大奇迹。第二，为发展中国家提供大量扶贫援助。中国开展对外援助60多年来，共向166个国家和国际组织提供近4000亿元人民币援助，派遣60多万名援助人员，无条件免除了一些不发达国家的政府无息贷款债务，先后为120多个发展中国家落实联合国千年发展目标提供帮助。[①] 设立"南南合作援助基金"，为近百个国家培训大量扶贫人才，让外国扶贫人才了解中国脱贫的历程和举措。这些援助有利于广大发展中国家摆脱贫困难题。第三，为世界脱贫贡献中国经验。中国脱贫史就是一条符合中国国情的扶贫路。首先，扶贫要加强组织领导，需要整个国家的人力、物力和财力支持，执政党的坚强领导是一国贫困治理的组织保障；其次，扶贫需要"精准"战略，精准识别贫困人口、精准识别贫困成因、精准实施贫困帮扶，扶贫才能发挥效用；最后，扶贫的核心是贫困群众，摆脱贫困还是要贫困群众自身辛勤劳动，需要发挥贫困群众的积极性和创造性，实现"扶贫又扶志"的长远目标。

---

① 中华人民共和国国务院新闻办公室：《新时代的中国与世界》(2019年9月)，13～14页，北京，人民出版社，2019。

五、巩固拓展脱贫攻坚成果

截至 2020 年底，我国脱贫攻坚战取得了决定性胜利，但要认识到：我国社会主义初级阶段的性质没有变，绝对贫困的消除不代表贫困的消失，相对贫困仍会较长时间存在，通过教育、技能培训和增加投入，提升贫困群众造血能力是保证贫困地区彻底脱贫，实现经济社会发展可持续的关键，是我国未来发展进程中的一项长期而艰巨的使命。

建立脱贫工作长效机制，需要借鉴前期有益经验。在脱贫工作中形成的重要经验和认识，是中国脱贫攻坚的理论结晶，是马克思主义反贫困理论中国化最新成果，是中国特色社会主义社会学理论在扶贫工作中的映照。这些理论和经验，必将在不断创新发展过程中，指导中国长期脱贫工作。继续坚持以人民为中心，坚持社会制度改革，继续提高贫困地区社会治理能力，继续发扬社会主义精神文明，继续真抓实干，都是中国摆脱相对贫困工作的"指南针"。

在脱贫基础上，实现与乡村振兴战略的有效衔接，这是巩固、拓展脱贫攻坚成果，建立解决相对贫困长效机制的重要抓手。2021 年 3 月公开发布的《中共中央 国务院关于实现巩固拓展脱贫攻坚成果同乡村振兴有效衔接的意见》，高度评价脱贫攻坚战取得优异成绩的同时，强调在农村彻底消除绝对贫困基础上，提出在 5 年过渡期内，致力于做好脱贫攻坚与乡村振兴衔接。核心是严格落实"摘帽不摘责任、摘帽不摘政策、摘帽不摘帮扶、摘帽不摘监管"24 字要求，建立健全巩固拓展脱贫攻坚成果长效机制。其实现途径包括，全面加强党的集中统一领导，保障领导体制、工作体系、规划实施和项目建设工作；保障主要帮扶政策总体稳定，健全完善发展规划、政策举措、管理机制等，延续脱贫攻坚金融、财政、土地等方面的扶持政策，加大支持力度；聚力做好产业、就业、基础设施、公共服务等重点工作。在 5 年过渡期后，以乡村振兴战略为指引，紧紧围绕"产业兴旺、生态宜居、乡风文明、治理有效、人民富裕"总要求，逐步推动产业振兴、人才振兴、生态振兴、组织振兴、文化振兴。到 2050 年全面实现农业强、农村美、农民富，最终消除农村相对贫困，实现贫困群众稳定脱贫，农业农村现代化发展。

为实现以上目标，中国特色社会主义社会学必将与时俱进，将中国特色脱贫攻坚与乡村振兴的经验、创新举措，融入中国特色社会主义社会学社会发展论、社会改革论、社会结构论、社会建设论、社会治理论大框架之中，服务于新时代现代化建设的使命和任务。与中国乡村振兴战略结合，在实践创新、制度创新、政策创新中不断推动中国特色社会主义社会学理论体系完善和发展，在彰显时代特征基础上更好地指导社会主义现代化建设的实践。

延伸思考

1. 谈一谈社会发展的内涵和意义。

2. 谈一谈中国社会发展战略和中长期规划的内容和意义。

3. 社会全面协调发展包括哪几个主要方面？

4. 中国社会事业发展的主要内容、成就和未来任务有哪些？

5. 中国脱贫攻坚取得胜利有哪些主要经验？

参考文献

［1］魏礼群. 当代中国社会大事典（1978—2015）［M］. 北京：商务印书馆，2017.

［2］魏礼群. 深化新中国 70 年历程研究 推动中国特色社会学

创新发展[J]. 社会治理，2019(2).

    [3] 王伟光. 关于统筹经济社会发展的理论思考[J]. 求是，2004(11).

    [4]刘应杰. 我国区域发展新格局的几个问题[J]. 新华文摘，2020(15).

    [5]李忠杰. 中国规划[M]. 北京：人民出版社，2021.

    [6]陈亚军，徐策，赫胜彬. 深入推进中国式现代化的战略擘画[N]. 经济日报，2021-11-02.

第四章　社会改革论

本章概述

　　社会改革是社会发展与进步的强大动力；社会改革是中国特色社会主义社会学研究的核心课题。40多年来，中国由计划经济体制向社会主义市场经济体制转变，推动了全方位社会领域的变革。本章主要阐述社会体制改革、户籍制度改革、社会保障制度改革、住房制度改革、收入分配制度改革和城市社会与农村社会改革的历程、内容、机制，阐明党领导下国家、市场、社会、公民良性互动的社会改革的内涵及运行规律；对中国特色社会主义改革实践进行经验总结与理论提炼，并探究中国社会变革趋势。

第一节　社会体制改革

　　社会体制是国家为了维护社会秩序，促进社会发展，保障社会平稳运行，维护与实现社会公平正义，形成的一系列制度体系。社会制度涉及各种社会主体在社会运行中的地位、权利、义务和责任，其实质是围绕构筑和处理国家、政府、市场和公民之间的相互关系，形成的一套社会运行制度体系。社会体制有狭义和广义之分，广义的社会体制是相对于经济体制之外的社会领域体制；狭义的社会体制是与"五位一体"总体布局中的社会建设相联系的社会体制。狭义的社会体制既是一个自成体系的复杂系统，又与经济体制、政治体制、文化体制、生态文明体制等共同构成一个国家的整体性体制序列。社会体制可以区分为不同的层次：宏观社会体制、中观社会体制和微观社会体制。宏观社会体制指的是涉及政府—社会—市场各种社会主体的根本性、基础性和结构性的制度体系，如社会分配体制等。中观社会体制更多地涉及不同区域、群体与阶层，同时与宏观社会体制相配套、相适应的制度，如社会保障和社会福利制度等。微观社会体制则更多地涉及城乡基层、企事业单位及社会民众，如户籍制度等。所谓社会体制改革，是对体制、机制进行宏观、中观或微观层面的变革，以形成完善、成熟的定型的制度。

一、社会体制改革的内涵和意义

1978 年，党的十一届三中全会作出了把党和国家工作中心转移到经济建设上来、实行改革开放的历史性决策，开启了改革开放和社会主义现代化的伟大征程。改革开放是推动中国社会发展的强大动力，是当代中国发展进步的活力之源，是党和人民事业大踏步赶上时代的重要法宝。改革开放以来，中国围绕建立和发展社会主义市场经济的社会体制改革取得了重大进展，各项社会事业不断繁荣发展，公共服务水平不断巩固提升、人民群众获得感不断增强，整个社会良性运行、稳步发展、活力增强。

改革开放极大地改变了我国的社会面貌，我国由传统农业社会向现代工业社会转变，由计划经济体制向社会主义市场经济体制转轨，由封闭半封闭社会向开放型社会变迁。伴随着城市单位制度的改革和农村人民公社制度的解体，"政府办社会"、"企业办社会"的局面发生根本性改变，社会结构日趋多元，各项社会事业不断推进。然而，社会体制改革的相对滞后，造成了社会问题多发凸显，社会领域矛盾不断积累、冲突日益频繁，一定程度上阻碍了经济社会持续健康地运行和发展。因此，从 20 世纪 80 年代开始，我国推出了教育体制、养老保险和医疗保险体制、住房体制等一系列社会体制改革。

党的十八大把加快推进社会体制改革放在突出位置，第一次把加快形成社会管理体制、基本公共服务体系、现代社会组织体制和社会管理机制等概括为构建中国特色社会主义社会体制的基本内涵。党的十八届三中全会绘制出深化社会体制改革的蓝图：紧紧围绕更好保障和改善民生、促进社会公平正义深化社会体制改革，改革收入分配制度，促进共同富裕，推进社会领域制度创新，推进基本公共服务均等化，加快形成科学有效的社会治理体制，确保社会既充满活力又和谐有序。社会体制改革的两个基本点是实现共同富裕与创新社会治理，相应地，社会体制改革的重点领域与关键环节主要在于收入分配体制、基本公共服务体制、社会治理体制等方面。

党的十八大以来，全面深化改革，坚持以人民为中心，不断推动社会改革，解决了许多长期想解决而没有解决的问题和难题，进一步明确了社会领域变革中政府、市场与社会的关系及边界。基本公共服务均等化不断推进，覆盖城乡、均等、普惠、可持续的基本公共服务体系趋于完善。社会领域供给侧结构性改革不断深化，进一步激发了医疗、养老、教育、文化、体育等社会领域的投资活力。

党的十九大以来，中国特色社会主义进入新时代，我国社会主要矛盾已经转化为人民日益增长的美好生活需要和不平衡不充分的发展之间的矛盾。社会体制改革的问题更加突出，内涵更加丰富，广义上的社会体制改革越来越受到重视。推进社会体制改革，就是要建立与社会主义市场经济体制相适应，符合社会发展规律的就业、教育、医疗卫生、社会保障、户籍管理、公共服务、收入分配、社会治理等制度和制度体系，从而更好地协调社会关系，更好保障和改善民生、促进社会公平正义。

二、社会体制改革的目标和原则

社会体制改革的总体目标是建立一种社会制度和组织体系，调节社会关系，提供公共社会服务，促进社会公平和保障公民权益，从而最大限度地激发社会发展活力，充分发挥社会力量在社会发展、社会建设和社会治理中的作用，及时有效维护社会秩序，化解经济社会发展中的社会矛盾和问题，推动社会有序发展。最终目标是建成既富有活力，又和谐有序的现代社会。

党的十八大报告提出："加强社会建设，必须加快推进社会体制改革。要围绕构建中国特色社会主义社会管理体系，加快形成党委领导、政府负责、社会协同、公众参与、法治保障的社会管理体制，加快形成政府主导、覆盖城乡、可持续的基本公共服务体系，加快形成政社分开、权责明确、依法自治的现代社会组织体制，加快形成源头治理、动态管理、应急处置相结合的社会管理机制。"[1]党的十九大报告提出："打造共建共治共享的社会治理格局。加强社会治理制度建设，完善党委领导、政府负责、社会协同、公众参与、法治保障的社会治理体制。"[2]这些都为社会体

---

[1]　胡锦涛：《坚定不移沿着中国特色社会主义道路前进，为全面建成小康社会而奋斗》（二〇一二年十一月八日），见中共中央文献研究室编：《十八大以来重要文献选编》（上），27 页，北京，中央文献出版社，2014。

[2]　习近平：《决胜全面建成小康社会，夺取新时代中国特色社会主义伟大胜利》（二〇一七年十月十八日），见中共中央党史和文献研究院编：《十九大以来重要文献选编》（上），34 页，北京，中央文献出版社，2019。

制改革的具体领域指明了目标和方向。

(一)推进国家治理体系和治理能力现代化

社会体制改革是完善和发展中国特色社会主义制度，推进国家治理体系和治理能力现代化的重要组成部分和基础性工作。党的十八届三中全会指出，全面深化改革的总目标是完善和发展中国特色社会主义制度，推进国家治理体系和治理能力现代化。推进国家治理体系和治理能力现代化，在社会体制改革方面至少要做好这样几项工作：提升社会资源动员和汲取能力、培育认同国家和社会价值观的教化能力、维护社会公平正义的再分配能力、处置社会事务的管理能力、吸纳人民参与公共服务的协调能力，以及社会动员能力。

(二)保障和改善民生、促进社会公平正义

党的十八届三中全会把"促进社会公平正义"确定为社会体制改革的价值目标，指明了社会体制改革的 3 个方向："改革收入分配制度，促进共同富裕"；"推进社会领域制度创新，推进基本公共服务均等化"；"加快形成科学有效的社会治理体制"。[①] 强调了从一次和二次分配来降低社会不平等，优化社会结构；从公共服务均等化来体现社会公平的价值取向；从多主体参与、横向协商来创新社会治理结构，形成能够"及时反映和协调人民群众各方面各层次利益诉求"的制度安排。

(三)处理好社会体制与经济体制、政治体制、文化体制、生态文明体制的关系

从体制改革的构成来看，社会体制改革与经济体制、政治体

---

① 《中共中央关于全面深化改革若干重大问题的决定》(二〇一三年十一月十二日中国共产党第十八届中央委员会第三次全体会议通过)，见中共中央文献研究室编：《十八大以来重要文献选编》(上)，513 页，北京，中央文献出版社，2014。

制、文化体制、生态文明体制改革共同构成一个完整的序列。社会体制改革能激发社会活力，保障社会公平正义，维护社会秩序，进而推动其他体制的改革。如果没有社会体制改革，或者社会体制改革滞后于经济社会发展，其他体制的改革将很难推进。党的十八届三中全会提出"五位一体"总体布局，其中，社会建设是现代化建设系统工程的一个组成部分。深化社会体制改革的任务和进程，需要在经济体制、政治体制、文化体制、生态文明体制和党的建设制度的整体推进中有效展开。

三、社会体制改革的路径和要求

根据对社会体制改革的历程、内涵与目标的分析，社会体制改革的路径主要有以下方面。

（一）处理好国家、政府、市场和社会的关系

社会体制改革的核心议题，不仅要处理好国家、政府与社会的关系，还要处理好市场与社会的关系。从新中国成立到党的十一届三中全会，为了治理旧中国一盘散沙的状态，国家将绝大多数人组织在政治、军事、经济、文化及其他各种组织里。这种社会管理体制规范着中国社会资源的分配方式和社会生活的组织方式。国家通过城市中的单位制、街居制和农村的人民公社制度，实现了"国家—单位—个人"一元主体的社会体制，形成了党政社会一体化的局面。社会实现了高度整合，维护了社会的安定团结，社会秩序总体上得到有效维护，但也制约了社会活力。随着改革开放的推进，高度统一、高度集中的计划经济体制逐渐被社会主义市场经济体制取代。国家逐渐改变了行政计划作为配置社会经济资源的主要手段，而要使市场在资源配置中发挥基础性和决定性的作用。这就促使社会结构分化，既有的社会利益格局逐渐打

破，社会利益主体日趋多元化。阶层分化、流动加速、利益多元、社会活力迸发、新老矛盾也叠加交织等，社会不稳定因素日益凸显。在经济体制改革的配套中，政府逐步放弃了对社会的全面整合和控制，同时主动进行社会体制建设和改革的探索。社会体制改革出现了明显的"社会市场化"取向，给住房、医疗和教育等领域带来了不少负面影响。因此，社会体制改革必须厘清政府和市场、社会的关系，特别是厘清国家、政府与社会、市场与社会的边界和相互作用。在社会体制改革中必须全面加强中国共产党的领导，把加强和改进社会领域党的建设，巩固党的执政基础作为一条红线，贯穿社会领域各方面。

（二）社会体制改革必须与其他领域的改革相协调

社会体制改革是全面深化改革、完善中国特色社会主义制度体系的有机组成部分，必须与其他方面体制改革相协调、相配合，在全面推进经济体制、政治体制、文化体制、生态文明体制改革创新中统筹谋划、协同推进。改革开放 40 多年来，中国社会经历着从传统社会向现代社会、从农业社会向工业社会、从计划经济体制向市场经济体制转轨的过程。在这一过程中，我国逐步确立了社会主义市场经济体制，社会体制改革的重要性与日俱增，需要在经济体制改革的同时，加大社会改革力度，把握好各方面体制改革相互联系、相互促进的规律，审时度势，科学决策，全面协调地加以推进。同时，必须协调好宏观、中观和微观的关系，做好顶层设计和中层改革、微观运行的协调推进。

（三）坚持问题意识和制度导向，着力解决突出的体制、机制问题

社会体制改革是一个解决当今中国社会问题的过程，必须树立强烈的问题意识，提出有针对性的解决问题的办法；必须标本

兼治，着眼于建立和完善相关制度机制，加强制度建设。社会体制改革是一个系统工程，千头万绪、工程浩大，很多问题是两难选择，要把重点突破和全面推进结合起来。改革由问题倒逼产生，又在不断解决问题中得以深化。在社会体制改革过程中，哪里矛盾和问题最突出，就重点抓哪里。尤其需要抓住解决人民群众最关心、最直接、最现实的利益问题这个"牛鼻子"，始终把增强人民群众的获得感摆在突出位置，积极回应人民群众的呼声，得到人民群众的拥护，为社会体制改革营造良好的社会氛围。

第二节　户籍制度改革

户籍制度是一项具有基础性和综合性的社会制度，即国家依法收集、确认和登记公民出生、死亡、亲属关系、法定地址等公民人口基本信息的制度，同时户籍制度还承担了多种功能，这些功能随着经济社会发展而调整变化。新中国成立以来的户籍制度形成于计划经济体制的建构过程之中，伴随着改革开放和社会主义市场经济体制的建立，原有的户籍制度已经不能适应社会发展需要，不可避免地开始了改革的进程。

一、户籍制度改革的历程

改革开放以来，我国户籍制度共经历了 3 轮比较重要的改革。

（一）1978 年至 20 世纪 90 年代初：松动阶段

改革开放之初，随着农村家庭联产承包责任制的推行及乡镇企业的发展，越来越多的农民转向集镇务工、经商，迫切要求解决迁入集镇落户问题。1984 年中央一号文件规定，在各省、自治区、直辖市可选若干集镇进行试点，允许务工、经商、办服务业的农民自理口粮到集镇落户。1984年10月《国务院关于农民进入集镇落户问题的通知》提出："凡申请到集镇务工、经商、办服务业的农民和家属，在集镇有固定住所，有经营能力，或在乡镇企事业单位长期务工的，公安部门应准予落常住户口，及时办理入户手续，发给《自理口粮户口簿》，统计为非农业人口。"这是自1958年以来，第一次为农民有条件进入城镇开门，户籍制度开始走向松动。

（二）20世纪90年代中后期到21世纪初：鼓励进入中小城市阶段

随着农村经济的发展，小城镇建设的重要性更明显，发展小城镇成为中国城市化战略的重要路径。因此，20世纪90年代中后期到21世纪初，小城镇户籍管理制度改革成为户籍制度改革的重心。从1997年开始，国家开展小城镇户籍管理制度改革试点工作。1998年党的十五届三中全会通过的《中共中央关于农业和农村工作若干重大问题的决定》指出："发展小城镇，是带动农村经济和社会发展的一个大战略……要制定和完善促进小城镇健康发展的政策措施，进一步改革小城镇户籍管理制度。"①2000年6月印发的《中共中央、国务院关于促进小城镇健康发展的若干意见》规定："为鼓励农民进入小城镇，从二〇〇〇年起，凡在县级市市区、县人民政府驻地镇及县以下小城镇有合法固定住所、稳定职业或生活来源的农民，均可根据本人意愿转为城镇户口，并在子女入学、参军、就业等方面享受与城镇居民同等待遇，不得实行

---

① 《中共中央关于农业和农村若干重大问题的决定》（中国共产党第十五届中央委员会第三次全体会议一九九八年十月十四日通过），见中共中央文献研究室编：《十五大以来重要文献选编》（上），569～570页，北京，人民出版社，2000。

歧视性政策。"①2001 年 3 月《国务院批转公安部关于推进小城镇户籍管理制度改革意见的通知》规定，县级市及以下小城镇落户完全开放，小城镇户籍制度改革趋于完成。

进入 21 世纪，"三农"问题进一步凸显出来。党的十六大确立了新世纪前 20 年全面建设小康社会的奋斗目标，明确提出"统筹城乡经济社会发展，建设现代农业，发展农村经济，增加农民收入，是全面建设小康社会的重大任务"，把解决"三农"问题摆在了国民经济和社会发展的重要位置。越来越多的地方政府认识到，加快户籍制度改革对城市化的重要意义，加大了户籍制度改革力度，以实现公共服务均等化为改革目标，以条件准入为推进途径，进一步放宽了落户条件，采取以准入条件取代人口控制指标的方式。农民进城落户的门槛逐渐降低，城市的大门越开越大。然而，受各种条件限制，改革举措更多只涉及中小城市和建制镇。

(三)2012 年至今：进一步放宽阶段

2012 年党的十八大以后，以习近平同志为核心的党中央，坚定不移地高举改革开放旗帜，制定进一步推进户籍改革的方针政策。党的十八大报告指出，要加快改革户籍制度，有序推进农业转移人口市民化，努力实现城镇基本公共服务常住人口全覆盖。2013 年中央一号文件明确要求："把推进人口城镇化特别是农民工在城镇落户作为城镇化的重要任务。加快改革户籍制度，落实放宽中小城市和小城镇落户条件的政策。加强农民工职业培训、社会保障、权益保护，推动农民工平等享有劳动报酬、子女教育、公共卫生、计划生育、住房租购、文化服务等基本权益，努力实

---

① 《中共中央、国务院关于促进小城镇健康发展的若干意见》(二〇〇〇年六月十三日)，见中共中央文献研究室编：《十五大以来重要文献选编》(中)，1296 页，北京，人民出版社，2001。

现城镇基本公共服务常住人口全覆盖。"①2013 年党的十八届三中全会审议通过《中共中央关于全面深化改革若干重大问题的决定》，明确指出："创新人口管理，加快户籍制度改革，全面放开建制镇和小城市落户限制，有序放开中等城市落户限制，合理确定大城市落户条件，严格控制特大城市人口规模。稳步推进城镇基本公共服务常住人口全覆盖，把进城落户农民完全纳入城镇住房和社会保障体系，在农村参加的养老保险和医疗保险规范接入城镇社保体系。"②户籍制度改革进一步向中等城市、大城市和特大城市推进。

2014 年印发的《国务院关于进一步推进户籍制度改革的意见》，规定取消"农业户口"和"非农业户口"的区分，统一登记为"居民户口"。文件提出了具体的改革举措，包括：第一，进一步调整户口迁移政策，全面放开建制镇和小城市落户限制，有序放开中等城市落户限制，合理确定大城市落户条件，严格控制特大城市人口规模，有效解决户口迁移中的重点问题；第二，创新人口管理，建立城乡统一的户口登记制度，建立居住证制度，健全人口信息管理制度；第三，切实保障农业转移人口及其他常住人口合法权益，完善农村产权制度，扩大基本公共服务覆盖面，加强基本公共服务财力保障。2015 年 11 月国务院颁布、2016 年 1 月 1 日起施行的《居住证暂行条例》提出，在全国建立居住证制度，推进城镇基本公共服务和便利常住人口全覆盖。2019 年 12 月，

---

① 《中共中央、国务院关于加快发展现代农业进一步增强农村发展活力的若干意见》（二〇一二年十二月三十一日），见中共中央文献研究室编：《十八大以来重要文献选编》（上），105 页，北京，中央文献出版社，2014。

② 《中共中央关于全面深化改革若干重大问题的决定》（二〇一三年十一月十二日中国共产党第十八届中央委员会第三次全体会议通过），见中共中央文献研究室编：《十八大以来重要文献选编》（上），525 页，北京，中央文献出版社，2014。

中共中央办公厅、国务院办公厅印发《关于促进劳动力和人才社会性流动体制机制改革的意见》，全面取消城区常住人口 300 万以下的城市落户限制，全面放宽城区常住人口 300 万至 500 万的大城市落户条件。完善城区常住人口 500 万以上的超大特大城市积分落户政策，推进基本公共服务均等化。我国户籍制度改革取得显著成效，"十三五"时期全国有超过 1 亿非户籍人口在城市落户，基本公共服务总体覆盖城镇常住人口，城乡统一的户口登记制度全面建立，户口迁移政策全面放开放宽，居住证制度实现全覆盖，户籍管理基础工作不断夯实。

二、户籍制度改革的目标

从户籍制度本身而言，户籍制度改革的目标是户籍制度回归统计管理的基本职能，形成与全面建成小康社会相适应、有效支撑社会管理和公共服务、依法保障公民权益、以人为本、科学高效、规范有序的新型户籍制度。从整个国家和社会的角度来说，户籍制度改革的目标主要有三。

一是消除城乡二元体制，促进城乡经济社会一体化。新中国成立以来的户籍制度形成于采取计划经济方式推动快速工业化的时期，是与重工业优先发展战略相适应的制度安排。户籍制度维系的城乡劳动力市场分割成为城乡二元分割体制的核心内容。在社会主义市场经济条件下，城乡二元结构成为制约城乡发展一体化的主要障碍。户籍制度对人口迁移流动造成的约束越来越不能适应社会主义市场经济对要素流动性的内在需求，大大影响了劳动力生产要素的自由流动和市场配置，加剧了城乡割裂和地区差异，阻碍了城乡经济社会一体化进程。同时户籍制度所内生的制度壁垒、社会排斥、区域分割越来越阻碍城乡和国家统一市场和整体管理体制的构建。户籍制度改革的目标就是要消除城乡二元体制的障碍，赋予城乡居民平等的发展机会与权益。

二是促进新型城镇化的健康发展。城镇化滞后、农村剩余劳动力多是我国经济社会发展面临的最大的结构性问题。形成于计划经济体制下的户籍制度导致城乡劳动力市场分割，阻碍了劳动力资源的合理配置，增加了农村居民向城市迁移的机会成本，抑制了人口流动的意愿，大大限制了中国城乡间和地区间的人口流动，阻碍了中国城镇化的发展进程。积极稳妥推进城镇化，不断提高经济社会发展水平，让全体人民更多更公平地分享改革发展成果，迫切需要进一步深化户籍制度改革。

三是促进社会公平正义。户籍制度是中国公民身份制度的核心内容，城乡二元户籍管理体制损害了宪法赋予公民的基本权利的实现。通过户籍制度改革，逐步有序实现户籍与就业、教育、养老、社保等各项福利完全脱钩，打破差别性社会福利和公共服务供给，推进城镇基本公共服务和便利常住人口全覆盖，逐步实现城乡之间、区域之间、不同户籍身份公民之间在就业、教育、养老、社保等方面享有基本平等的福利待遇，从而构筑起依托国民身份的国民福利制度，实现全民共享改革发展成果。

三、户籍制度改革的路径

总结我国户籍制度改革经验，针对改革实践中存在的问题，户籍制度改革应在以下 3 方面积极探索，进一步完善路径。

（一）因地制宜、区别对待

改革开放以来的不同时期，我国的城镇化发展战略和态势的不同，户籍制度改革的重点不尽相同。20 世纪 80—90 年代的户籍制度改革从集镇、小城镇入手调整，国家逐步放松对人口迁移的控制并开放了小城镇落户。21 世纪初，改革重点向中小城市转移。近些年，户籍制度改革的重点聚焦于大中城市及特大城市。同时，我国的户籍改革充分考虑当地经济社会发展水平、城市综合承载能力和提供基本公共服务的能力，实施建制镇和小城市、中等城市、大城市、特大城市的差别化落户政策。长远地说，推进户籍制度改革需要实现城乡基本公共服务一体化以及区域间、城镇间经济与社会发展差距的缩小。

（二）联动改革、协同推进

中国的户籍制度是与就业、教育、医疗、社保、住房、兵役、婚姻等社会福利"挂钩"的综合性管理制度，是城乡、地区间一次利益和资源的重新分配，也是部门之间的一次权力重组。因此，一方面，户籍制度不是一个可以独立执行的政策，户籍制度改革需要与有关经济社会体制改革统筹配套。逐步实现公共服务均等化，不断缩小城乡、地区之间的户籍差异，是户籍改革的基础。另一方面，户籍制度改革绝不仅仅是主管户籍制度工作的公安部门的事，而是一项与各部门密切相关的社会系统工程，是一项长期、复杂、艰巨的民生工程，有赖于不同部门、地区以及从中央到地方不同层级的政府之间形成合力，齐抓共管。

（三）顶层设计、地方探索

户籍制度改革既需要加强顶层设计，也要尊重并鼓励地方探索，在中央与地方、顶层与基层的互动中推进政策创新及其制度化。中国人口众多、城乡和区域发展差距较大，许多公共服务和社会福利政策长期与户籍挂钩，各类群体发展愿望和利益诉求多元多样，地方处于户籍改革的最前沿。在户籍制度改革实践中，国家出台政策措施，允许地方探索，引导和规范地方改革行为，最终在地方探索经验的基础上，形成全国性的操作细则。同时，国家层面进行户籍制度改革的统筹协调，将户籍制度改革置于城镇化、人口和经济结构转型的大背景下考量，统筹考虑大城市、中小城市、建制镇的户籍制度改革。

第三节　社会保障制度改革

一、中国社会保障制度的形成与发展

社会保障是民生的安全网，是各种具有经济福利性的、社会化的国民生活保障系统的统称。实行社会保障制度，是为社会成员的基本生活权利提供安全保障，以确保他们不因特定事件的发生而陷入生存困境，并体现公平性，维护社会公平正义与实现国民共享发展成果，促进整个社会稳定与和谐发展。

新中国成立后，我国政府曾建起一个虽然水平较低，但覆盖城镇职工的、板块式的"国家—单位"保障制度。改革开放以来，随着社会经济结构的变化，"国家—单位"保障制度逐步向"国家—社会"保障制度转换，由政府、企业和个人共同分担社会保障责任。特别是进入 21 世纪以后，随着经济的持续增长、社会建设加速推进，公平、正义、共享理念深入人心，我国社会保障制度在政府的主导下进入了黄金发展期，先后出台了《失业保险条例》、《工伤保险条例》、《社会保险法》、《社会救助暂行办法》、《慈善法》等一系列法律法规和多种政策，建立了以社会救助、社会保险和社会福利为主要内容，以慈善事业和商业保险为补充的多层次、多支柱的社会保障制度。

现行的社会救助制度包括城乡最低生活保障、特困人员供养、受灾人员救助、医疗救助、教育救助、住房救助、就业救助、临时救助等。社会保险制度包括基本养老保险制度、基本医疗保险制度、工伤保险制度、失业保险制度等。其中，基本养老保险制度又包括城镇职工基本养老保险制度，机关事业单位基本养老保险制度和城乡居民养老保险制度；基本医疗保险制度则包括城镇职工基本医疗保险制度和城乡居民医疗保险制度。社会福利制度包括残疾人福利、老年人福利、儿童福利等主要面向社会特殊群体的福利服务制度。补充保障制度包括企业为员工建立的企业年金和补充医疗保险、慈善事业以及商业保险等，它们体现了社会保障体系的多层次特征。

除此之外，我国的社会保障制度还包括国家针对军人职业的特殊性和面临风险的特殊性，为军人和军人家属建立的军人保障制度。我国传统的军人保障通常被称为社会优抚或优抚安置，由抚恤优待保障、离退休保障、安置保障等部分组成。在现代社会保障体系中，军人保障包括军人抚恤优待、军人保险、军人安置保障和军人福利制度，构成了一个既相对独立，又与其他社会保障系统相联系的子系统，在解除军人后顾之忧、稳定军心、巩固国防等方面具有独特的意义。

二、养老保障制度改革

中国养老金制度整体变迁的基本线索是伴随着计划经济体制向社会主义市场经济体制的转型，从以城镇职工为对象的"国家—单位"退休金制度向以全体国民为对象的社会养老保险制度转变。具体来说，分别是城镇居民退休金向社会养老保险的转变，农村居民养老金权利的从无到有，以及从城乡分割走向城乡统筹。

计划经济时期，退休金是城市劳动者的"专利"，是其"单位保障"的重要组成部分。劳动者本人不需要缴费，退休金全部来源于单位,被视为"工资的延期支付"和劳动者终身雇佣关系的重要体现。1951 年 2 月 26 日,政务院颁布《中华人民共和国劳动保险条例》,规定各企业工会基层委员会应根据企业情况与职工需要,办理疗养所、养老院、托儿所等集体劳动保险事业;工人与职员供养的直系亲属医疗费用则享受报销一半的待遇。

改革开放后,随着市场经济体制的确立,劳动者与企业的关系伴随着劳动交换过程的结束而中止,城市居民的退休金制度很难附着于企业继续维持。1986 年,国务院发布《国营企业实行劳动合同制暂行规定》,要求劳动合同制工人退休费用实行社会统筹,由企业和工人共同缴纳。2015 年国务院发布《关于机关事业单位工作人员养老保险制度改革的决定》,要求基本养老保险费由单位和个人共同负担。

在农村,2009 年开始试点新型农村社会养老保险制度,并于 2014 年初将其与城镇居民社会养老保险制度合并实施,成为城乡居民社会养老保险制度。它标志着中国农民在历史上首次获得了由国家提供的、制度化的养老金,也标志着养老金权利从基于劳动权的衍生权利(即只有受雇劳动者才有养老金)扩展为基于国民身份的基本权利。

此外,在我国迈入老龄化社会的世纪之交,养老服务事业也开始了社会化转型的探索。2000 年,中共中央、国务院发布《关于加强老龄工作的决定》,专门设章对老年服务业发展进行安排,包括在供养方式上坚持以居家为基础、以社区为依托、以社会福利机构为补充的发展方向;坚持家庭养老与社会养老相结合、政府引导与社会兴办相结合、道德规范与法律约束相结合等原则;要求加强社区建设,依托社区发展老年服务业,进一步完善社区为老年人服务的功能;老年服务业的发展要走社会化、产业化的道路；要培育和发展老年消费市场。这为 21 世纪养老服务的社会化转型指明了方向。

2013 年，国务院下发《关于加快发展养老服务业的若干意见》，其成为指导养老服务业发展的纲领性文件。意见提出，到 2020 年，全面建成以居家为基础、社区为依托、机构为支撑的，功能完善、规模适度、覆盖城乡的养老服务体系，养老服务产品更加丰富，市场机制不断完善，养老服务业持续健康发展。随后的几年里，相关部委先后下发有关养老机构管理、老年人优待、养老服务人才培养、医养结合、全面放开养老服务市场、社区居家养老服务改革、公办养老机构改革、养老服务标准化建设以及长期护理保险的政策文件，完整而全面的养老服务政策体系框架初见端倪。2019 年，国务院办公厅下发《关于推进养老服务发展的意见》，从深化放管服改革、拓宽养老服务投融资渠道、扩大养老服务就业创业、扩大养老服务消费、促进养老服务高质量发展和促进养老服务基础设施建设 6 个方面，针对养老服务业发展中的关键和难点问题，提出了 28 点具体要求和建议，为新时代养老服务事业的加快发展再添新动力。2020 年，党的十九届五中全会通过的《中共中央关于制定国民经济和社会发展第十四个五年规划和二○三五年远景目标的建议》，提出"实施积极应对人口老龄化国家战略"，要求"推动养老事业和养老产业协同发展"，"培育养老新业态"。[1]

---

① 《中共中央关于制定国民经济和社会发展第十四个五年规划和二○三五年远景目标的建议》（二○二○年十月二十九日中国共产党第十九届中央委员会第五次全体会议通过），见中共中央党史和文献研究院编：《十九大以来重要文献选编》（中），811 页，北京，中央文献出版社，2021。

三、医疗保障制度改革

我国的医疗保障制度脱胎于计划经济时期，其显著的特征是按人群分设。改革开放前，我国人口按照户籍分为农业户籍人口和非农业户籍人口，非农业户籍人口按照就业关系又分为机关事业单位职工、国营企业职工、集体企业职工、非就业人口 4 类，并分别享受对应的医疗保障项目：机关事业单位职工对应公费医疗，企业职工参加"劳保医疗"，非就业人口作为上述两类职工的家属分别被公费医疗和"劳保医疗"覆盖。农村人口医疗保障水平较低，主要是依靠"合作医疗"制度。

1978 年后，随着国有企业的改革，依托企业的"劳保医疗"逐渐演变成"社会统筹加个人账户"模式的城镇企业职工基本医疗保险；机关事业单位的公费医疗也逐步整合进职工医疗保险。城镇企业职工医疗保险以就业职工作为参保对象，但不覆盖他们的非就业家属以及其他城镇非就业人员。针对未覆盖的群体，国家从 2007 年开始建立城镇居民基本医疗保险，居民自愿参加，通过政府补贴和个人缴费进行筹资。在农村地区，随着人民公社的解体，原有的合作医疗制度逐步瓦解。为了给农村居民提供医疗保障，2003 年，政府开始建立新型农村合作医疗制度（简称"新农合"）。农村居民自愿参加新农合，实行政府补贴加个人缴费的筹资原则。2013 年，城镇职工医疗保险、新农合、城镇居民医疗保险 3 项制度实现了人群的全覆盖，医疗保险覆盖率超过了 95%。由于覆盖农村居民的新农合与覆盖城镇非就业人口的城镇居民医疗保险分立格局越来越不适应我国城镇化的快速发展以及大规模的城乡人口流动，自 2013 年起，各地开始整合新农合与城镇居民医疗保险。2016 年，国务院提出按照"六统一"原则整合新农合与城镇居民医保，建立统一的城乡居民基本医疗保险。

2018 年的国务院机构改革，整合了城镇职工医保、城镇居民医保和医疗救助的管理体系，建立了国家医疗保障局。至此，我国形成了包括覆盖就业职工的城镇职工医保、覆盖农村居民和城镇非就业居民的城乡居民医保两项医疗保险制度，以及面向全体国民的医疗救助制度在内的统一的医疗保障体系，并实现了医疗保障制度全覆盖。

与此同时，为有效减轻居民就医费用负担，切实缓解"看病难、看病贵"，为群众提供覆盖城乡，且安全、有效、便捷的医疗卫生服务，我国一直在探寻集医疗、医药和医保于一体的医疗卫生体制改革。2009 年 3 月 17 日，中共中央、国务院向社会公布《关于深化医药卫生体制改革的意见》，开启"新医改"大门。以人民健康为中心、公立医院回归公益性质、医生回归看病角色、药品回归治病功能的"三明医改"在 10 年的探索中初见成效，成为医改样板。

四、社会救助制度改革

社会救助制度经历了由单一的五保制度向以最低生活保障制度为主要内容，医疗救助、教育救助、住房救助和临时救助等多项内容组成的社会救助体系发展的过程。

城市最低生活保障制度是部分城市在社会救济基础上发展起来的，随着国有企业的改革，作为配套措施逐步扩大范围、提高标准、充实保障资金，进而成为城市社会保障的基本制度之一。1999 年 9 月，国务院颁布《城市居民最低生活保障条例》，标志着城市低保走向规范化、法制化。

在农村，很长一段时间内，针对贫困人口的社会救助制度包括五保制度、临时救助和定期定量救助等多种制度安排。1956 年

1月，中共中央在《1956年到1967年全国农业发展纲要(修正草案)》中要求，农业合作社对于社内缺乏劳动力、生活没有依靠的鳏寡孤独的社员，应当统一筹划，指定生产队或者生产小组在生产上给以适当的安排，使他们能够参加力能胜任的劳动；在生活上给以适当的照顾，做到保吃、保穿、保烧(燃料)、保教(儿童和少年)、保葬(即五保)，使他们的生养死葬都有指靠。家庭联产承包责任制推广后，五保供养制度基础削弱。1978年，民政部要求五保供养所需经费以乡镇为单位统筹，并大力发展农村敬老院。但随着农村集体经济的式微和瓦解，传统的五保制度无法延续。2006年，国务院颁布《农村五保供养工作条例》，明确指出农村五保供养资金在地方人民政府财政预算中安排，农村集体经营收入可用于改善五保供养对象的生活，农村五保制度正式从集体福利转变为国家福利。2007年，中央政府在全国范围内建立农村最低生活保障制度，为家庭年人均纯收入低于当地最低生活保障标准的农村居民，主要是因病残、年老体弱、丧失劳动能力以及生存条件恶劣等原因造成生活常年困难的农村居民提供生活保障。

2014年，为加强社会救助，保障公民的基本生活，促进社会公平，维护社会和谐稳定，国务院通过了《社会救助暂行办法》。2020年9月7日，《社会救助法(草案征求意见稿)》征求社会各界意见，正式法案有望出台。

五、社会福利制度改革

与西方国家社会福利的范畴不一样，中国的社会福利制度主要是指面向老年人、残疾人和儿童等社会特殊群体，尤其是贫弱特殊群体的保障和服务制度。新中国成立后的30年，养老哺幼助残主要由家庭供养、单位福利和集体福利、传统的国家福利3个板块共同承担，保障水平与当时的生产方式、传统文化和经济社会发展水平相适应，具有社会救济性质。改革开放后，伴随着经济社会结构的剧变，"家庭—集体—国家"的保障模式逐步走向社会化和多元共担的保障模式。

（一）儿童福利制度改革

我国儿童福利制度经历了从补缺型向适度普惠型发展、从政府主导向福利供给多元化发展的变化。

计划经济时期，在城市建立的"国家—单位—个人"的链式社会体制，在农村形成的以人民公社为基层单位的社会结构，均为儿童福利的有效供应提供了组织基础。国家能够保障绝大多数儿童的基本生存，并在福利制度和五保制度中进行专门性设计，以保障家庭福利无法顾及的孤残儿童及贫困儿童。

改革开放后，国家开始关注儿童福利事业，政府、工青妇等人民团体、社会组织等多元主体参与儿童福利的供给，尤其是国际儿童组织，通过与中国政府合作，在儿童福利领域发挥了重要作用。但总体上看，儿童福利在很长一段时间内还属于有限的补缺型儿童福利制度。2010 年，《国务院办公厅关于加强孤儿保障工作的意见》颁布，政府第一次以现金补贴的形式为福利机构内外的孤儿提供制度性保障，这一年被认为是中国儿童福利制度开始发展的元年。2011 年，国务院发布的《中国儿童发展纲要（2011—2020 年）》，增加了儿童与福利一章，第一次将儿童福利写进儿童发展纲要。2013 年，《民政部关于开展适度普惠型儿童福利制度建设试点工作的通知》明确提出"扩大儿童福利范围，建立和完善适度普惠的儿童福利体系"的目标，要求本着"适度普惠、分层次、分类型、分标准、分区域"的理念，按照"分层推进、分类立标、分地立制、分标施保"的原则和要求，立足当地经济社会发展状况、儿童生存与发展需要和社会福利制度的发展，全面安排和设计儿童福利制度，并将儿童群体分为孤儿、困境儿童、困境家庭儿童、普通儿童4个层次，在各地探索适度普惠型儿童福利制度的建立。

随着中国人口结构的改变和总和生育率的不断下降，儿童福利与服务的重要性日益凸显。2018年的国务院机构改革，在民政部设立专门的儿童福利司，并自上而下地在省（自治区、直辖市）、地级市、区（县）民政部门建立政府儿童福利事务的专责机构，这有助于顺应社会发展进步的要求，推进儿童福利事业的全面发展。2019年，国务院办公厅发布《关于促进3岁以下婴幼儿照护服务发展的指导意见》，要求以需求和问题为导向，推进供给侧结构性改革，建立完善促进婴幼儿照护服务发展的政策法规体系、标准规范体系和服务供给体系，充分调动社会力量的积极性，以多种形式开展婴幼儿照护服务，逐步满足人民群众对婴幼儿照护服务的需求，促进婴幼儿健康成长、广大家庭和谐幸福。为进一步促进儿童身心健康全面发展，《儿童福利法》亦在酝酿中。

（二）残疾人福利制度改革

自新中国成立以来，尤其是改革开放以来，我国残疾人福利制度不断发展，残疾人权利不断得到维护，建立了以《中华人民共和国宪法》为根本依据，以《中华人民共和国残疾人保障法》为基础，以《残疾人教育条例》、《残疾人就业条例》、《残疾预防和残疾人康复条例》、《无障碍环境建设条例》等法规为主体，以《中华人民共和国社会保险法》、《中华人民共和国慈善法》、《社会救助暂行办法》等为配套，以各部门和各级政府的政策文件为补充的残疾人权利保障法律规范体系，形成了政府主导、残疾人组织积极协调统筹、社会各界广泛参与的残疾人权利保障机制，探索出了一条与经济社会发展有机结合，以保障生存权、拓展发展权为重点，立法先行、依法维权，因地制宜、各个突破的中国特色残疾人权利维护道路。在中国特色残疾人权利保障体系的维护下，我国残疾人生活水平不断提高，参与社会生活的环境和条件明显改善，受教育程度显著提高，康复服务种类与范围不断拓展，就业数量与质量不断提升，维护残疾人权利的理念日渐深入人心，无障碍环境建设日益改善，残疾人的面貌发生根本性变化，由被动的受助者变为积极的经济社会建设参与者……但还存在一些问题，维护残疾人权利的法律法规政策还不完备，现有法规政策实施力度还不够，残疾人参与社会生活还面临许多障碍和困难，社会维权意识还不够清晰与明确，歧视、侵害残疾人权利的现象还时有发生等，需要加快完善残疾人维权体系与机制。

第四节　住房制度改革

住房制度改革是改革开放以来中国城市改革的重要内容，直接关系到广大城市居民的生活质量和财富分配以及城市社会稳定，牵一发而动全身，涉及城市建设与土地制度、财政制度、就业与社会保障制度、金融制度、教育制度、基层群众自治制度等其他众多领域的改革，具有非常广泛的经济社会意义。从社会政策的角度看，住房制度改革实施以来取得了显著的成效，广大城市居民获得了自主购买或租赁住房的权利而不再依赖工作单位，城市居民总体的住房状况得到了极大改善，众多城市的基础设施和市容市貌也日新月异。然而，住房制度改革仍有很多亟待改进的地方，特别是保障性住房的惠及范围和精准度等问题。

一、住房制度改革的总体目标和基本思路

20 世纪 80 年代以来的城市住房制度改革，是在以国有企业改革为重要内容的城市经济体制改革的推动之下开展起来的。为了增强企业活力和竞争力，推动社会主义市场经济体制建设，国有企业改革的一个基本目标是改变"企业办社会"的局面，剥离企业建立的面向本单位职工的社会服务功能，使企业聚焦经营主业，建立现代企业制度。从广义上讲，"企业办社会"是当时普遍存在的"单位办社会"的一种主要表现形式。在单位制体制下，城市住房或者由单位在地方政府划拨的土地上集资建设后分配给本单位职工，或者由地方房管部门分配给单位后再由单位分配给本单位职工。进入 20 世纪 90 年代，随着国有企业改革的深化，城市住房制度改革的力度逐渐加大，明确了改革的总体目标，即要使住房的建设和分配与国有企业等单位组织脱钩，取消把住房作为单位福利进行分配的做法，把住房转变为可以相对自由交易的商品，实现城市住房供给的商品化和社会化。1991 年，国务院印发《关于全面推进城镇住房制度改革的意见》，全面启动城市住房制度改革。随后，为了落实 1993 年中共中央印发的《关于建立社会主义市场经济体制若干问题的决定》，1994 年国务院又印发了《关于深化城镇住房制度改革的决定》，继续深化城市住房制度改革。

为了实现城市住房制度改革的总体目标，改革的基本思路如下。第一，对于存量公有住房（公房）进行改革。依据自愿原则，由公房居住人按照折扣后的公房标准价或成本价购买，从而使公房转换为个人产权住房即"房改房"，房屋居住人成为产权人。对于继续由居住人承租的公房，则要逐步提高租金。第二，1994年，《中华人民共和国城市房地产管理法》颁布，正式建立城市国有土地使用权出让制度和房地产市场，由房地产经营企业主要通过"招拍挂"等市场手段获得城市国有经营性土地使用权之后建设新房，由符合购买条件的消费者购买后居住，并允许住房产权人在房地产市场上交易存量产权住房。第三，逐步探索建立货币化住房补贴制度和住房公积金制度，以货币形式发放给城市居民用于改善住房条件。第四，为了保障城市中低收入群体的基本住房权利，由地方政府自主建设廉租房、经济适用房等保障性住房，并向符合户籍、家庭收入水平、住房状况等标准的社会群体提供。第五，在1994年正式开始施行的分税制改革中，国务院印发《关于实行分税制财政管理体制的决定》，明确城市建设和房地产业的主要相关税收收入，如城镇土地使用税、城市维护建设税、房产税、契税、土地增值税、国有土地有偿使用收入等，由地方政府享有，以利于减少分税制改革阻力及解决改革后地方政府财权事权不匹配的问题，并激发地方政府发展房地产业的积极性。

二、城市公房制度的改革

城市公房制度是计划经济的产物，是与城市单位制的发展相伴生的，具有显著的社会保障性质，因此也成为住房制度改革的首要目标对象。公房制度改革的基本目标是取消带有社会保障性质的、主要以单位组织为实施主体的实物住房分配，转而以货币形式向城市居民提供住房资金，强调城市用人单位和职工个人在住房建设和管理中应该承担的经济责任。公房制度改革的最重要结果，是大量城市公房转制为个人产权住房，大量城市居民获得了具有巨大经济社会价值的不动产，并可以在房地产市场上相对自由交易，而国有企业等单位组织获得了大量房改房购房资金，通常也不再需要继续承担新建住房的责任，大大减轻了自己的资金压力和管理工作量。虽然有一部分城市公房延续了以往政策，由居住人承租，但此类情况所占比例相对较低，而且单位组织和地方政府房管部门可以逐步提高公房租金价格，以缓解资金压力，而租金上涨部分则可以由发放给城市居民的住房补贴和住房公积金来负担。

住房制度改革实际上体现了从计划经济向社会主义市场经济转轨过程中的体制转型路径，即随着全能型国家向有限责任国家转型，国家以及作为国家在城市地区代理人的单位组织把此前承担的一部分经济社会责任转移给个人和市场，把一部分国有资产转制为个人资产，从而赋予城市居民参与市场经济的"启动资金"，同时建立交易市场，实现大部分不具有公共物品属性的产品和服务按照市场规律进行生产和分配。公房改革后，国家和单位组织不再完全承担住房建设和管理责任，转而由个人在更大程度上承担这些责任。经过房改的公房成为个人产权住房，成为城市居民参与房地产市场的"启动资金"，可以上市交易。个人获得自主购买和使用住房的权利。因此，城市居民储蓄可以通过购房款和住房贷款等形式被释放进入房地产交易市场，一方面有利于改善居民住房条件，另一方面有利于地方政府增强财政实力，改善市容市貌。随着城市建设进程的加快和房地产市场的繁荣，拥有个人产权住房的城市居民也实现了个人资产的大幅增长，从而极大地享受了改革红利。

向城市职工个人出售公房的制度安排，直接体现了国有资产转制为个人资产的转型逻辑。在购房市场价之外，国家还推出了购房"标准价"、"成本价"等特殊的价格政策，尽管限制了所购住房的产权处置权和产权归属，但显著降低了城市中低收入群体的购房成本，实现了体制的平滑转型。以成本价购买的城市公房，一般住用5年后才可以依法进入市场，并且在交易时需要补交土地使用权出让金。以标准价购买的城市公房，与单位组织共享住房产权，因此只在个人产权部分(个人产权比例按售房当年标准价占成本价的比重确定)享有处置权并可以继承，同样是一般住用 5 年后方可依法进入市场，但原售房单位或地方政府房管部门有优先购买和租用权，并且住房上市交易或出租时，单位和个人按各自的产权比例分配收益。

此外，国家还制定了多种折扣措施，进一步降低居民购买公房的经济成本。第一，目前正在居住公房的城市居民购买该公房，1994 年享受房价 5％的折扣，此后逐渐降低直至 2000 年前全部取消，这实际上是国家给公房现居住者提供的购房补贴。第二，城市居民购买公房时普遍享有工龄折扣，按照建立住房公积金之前的双职工家庭工龄计算，这实际上是把城市居民在社会主义建设时期在国有和集体单位的劳动贡献一次性支付给城市居民。第三，如果城市居民购买的公房是旧房，可以享受旧房折扣，如果一次性付清购房款，还可以享受一次付款折扣，这些都符合基本的市场经济规律。

三、城市保障性住房制度的探索

与城市公房制度改革同步进行的是城市保障性住房制度的探索。随着城市住房制度改革的推进，公房制度的社会保障功能明显弱化，并且覆盖范围急剧缩小。但是城市中低收入群体的住房需求和困难仍现实存在，公房制度改革后留下的制度空白将主要由城市保障性住房制度所填补。1994 年国务院印发的《关于深化城镇住房制度改革的决定》已经为未来的城市住房供给结构描绘了蓝图，即面向中低收入家庭提供具有社会保障性质的经济适用住房，面向高收入家庭提供商品房。因此，保障性住房实际上具有社会保障的一般属性，即通过收入再分配措施，向中低收入群体提供物质帮助，以满足他们的基本生活需求。住房显然是公民生活所必需的物质条件，而保障性住房是通过特殊的土地和税收政策，比如土地划拨方式供地，从而为中低收入群体提供低于市场售价或租金的住房。住房制度改革初期的国家政策甚至十分详细地规定，房地产开发商每年的建房总量中，经济适用住房要占20％以上。此外，当时的国家政策明确鼓励以集资合作建房的方式建设保障性住房，享受企事业单位自有划拨土地和国家税费减免带来的价格优惠。这实际上是在停止单位福利分房之后，为单位组织继续向本单位职工提供低于市场价的住房提供了制度缓冲。

　　保障性住房政策推出以来成效显著，但产生了很多有关经济适用房的争议。经济适用房政策的探索，为后续的限价商品房、自住型商品房和共有产权房等多种具有保障性质的住房政策探索，提供了十分重要的经验和教训。1994 年国务院印发《关于深化城镇住房制度改革的决定》，同年，建设部、国务院住房制度改革领导小组和财政部共同印发《城镇经济适用住房建设管理办法》，专门推进经济适用房建设。经济适用房主要由房地产开发商按照地方政府的相关要求进行建设、销售和出租，并享受政府划拨用地和税费减免等政策扶持。1998 年，国务院印发《关于进一步深化城镇住房制度改革加快住房建设的通知》，明确要求 1998 年下半年开始停止住房实物分配，新建经济适用住房原则上只售不租，指出建立和完善以经济适用住房为主的住房供应体系等政策方向。为了落实《关于进一步深化城镇住房制度改革加快住房建设的通知》，1998 年建设部等三部委又共同印发了《关于大力发展经济适用住房的若干意见》。至此，随着福利分房"寿终正寝"，经济适用房成为城市中低收入群体可以享受的低于市场价的主要住房类型，而且这之后将以出售为唯一供应方式，这一政策对各地的经济适用房建设工作产生了更大的推动力。以北京为例，在1998年《关于进一步深化城镇住房制度改革加快住房建设的通知》印发之后不久，回龙观和天通苑等首批19个经济适用房项目正式启动。

国家推行经济适用房建设的初期，监管体制还不健全，在建设和销售过程中都出现了一些问题，使得经济适用房的预期社会效益没有充分实现。

首先，经济适用房的发展动力不足，以经济适用房为主的住房供应体系实际上一直没有建立起来。其原因来自地方政府和房地产开发商两个方面。分税制改革之后，地方政府对"土地财政"十分依赖，而地方政府在经济适用房建设中无法获得经营性土地出让金和相关的全额税费收入，同时充足的经济适用房供应很可能会压制当地商品房的价格，使得地方政府无法在房价上涨、房市火爆的情况下获得丰厚的财税收入，因此地方政府不愿意全力推进经济适用房建设。根据1998年建设部等三部委共同印发的《关于大力发展经济适用住房的若干意见》，经济适用房建设项目利润率不超过3%，而且实行政府指导价出售，远低于投资商品房建设的利润率，因此房地产开发商缺乏积极参与经济适用房建设的动力。

其次，经济适用房的准入机制不健全，存在制度漏洞或不尽合理之处，因此并未广泛精准惠及真正的城市中低收入群体。由于家庭收入和住房状况审核不严格，很多实际上不属于城市中低收入群体的购房者获得了购房资格，一些地方甚至出现了城市中高收入群体以"借名买房"等各种方法购买经济适用房的灰色操作，这些现象挤占了城市中低收入群体的购房机会。在早期国家政策只限制房价不限制住房面积的情况下，一些地方还建设了面积超过140平方米甚至超过200平方米的"豪华"经济适用房，背离了经济适用房保障城市中低收入群体基本住房需求的制度初衷。还有一些地方则出现了经济适用房成为地方机关事业单位和国有企业工作人员变相福利房的违规现象。此外，经济适用房的退出机制不合理，当购房者的家庭收入状况或家庭成员状况出现变化之后，地方政府无法及时了解并对这些经济适用房进行动态调整。另外，允许经济适用房购房者在购房 5 年之后上市交易的政策也造成了一些问题。虽然国家可以在经济适用房交易过程中收回土地出让金等收益，但交易的结果是所交易的经济适用房在价格水平上已经等同于商品房，因此存量经济适用房实际上逐渐减少，新增的城市中低收入群体只能更多地通过新建的经济适用房来满足他们的住房需求，导致经济适用房的供给矛盾持续。

针对经济适用房的上述问题，国家出台了后续的政策予以纠正。为了控制经济适用房建设标准和严格准入条件，使之真正符合保障城市中低收入群体基本住房需求的制度初衷，1998 年国务院印发的《关于进一步深化城镇住房制度改革加快住房建设的通知》、2004 年和 2007 年建设部等多个部委联合印发的《经济适用住房管理办法》、2007 年国务院印发的《关于解决城市低收入家庭住房困难的若干意见》，以及 2010 年住房和城乡建设部印发的《关于加强经济适用住房管理有关问题的通知》，都对经济适用房单套建筑面积限制、规范准入审核和强化使用监督等问题做了明确要求。

四、住房公积金制度的建立

城市住房制度改革的一个重要目标，是建立住房分配货币化制度，以取代计划经济时代建立起来的实物形式的福利分房制度。住房分配货币化制度强调城市用人单位在城市住房建设中的责任，因此仍然具有住房保障的性质。改革过程中新设立的住房补贴和住房公积金，是住房货币化分配的两种主要形式，其中又以住房公积金更为重要，因为住房公积金目前的实际覆盖面比住房补贴更为广泛。1992年国务院批复了上海市的住房制度改革方案，其中一个内容就是建立住房公积金制度。1994年国务院印发的《关于深化城镇住房制度改革的决定》正式提出建立住房公积金制度。1996年国务院办公厅转发国务院住房制度改革领导小组印发的《关于加强住房公积金管理意见》，进一步推动了住房公积金制度的发展。

住房补贴的受益群体一般是未享受公房福利（租住或购买）的城市职工以及享受公房福利但面积不达标的城市职工。但是国家既没有明文规定用人单位必须向职工发放住房补贴，也没有明文规定住房补贴发放标准，所以住房补贴主要由各地自行管理，出现了较大的地区差异。此外，由于住房补贴的成本是用人单位单方面承担，因此公有制部门和非公有制部门之间在住房补贴方面也有较大差异。公有制部门用人单位通常可以确保发放住房补贴，而非公有制部门用人单位则需要视其经营状况而定。出于节约用人成本的考虑，实际上很多非公经济组织和社会组织都没有为其职工发放住房补贴。与之相比，住房公积金的受益群体更为广泛，享受了面积达标的公房福利的城市职工同样有权享受住房公积金。《关于进一步深化城镇住房制度改革加快住房建设的通知》明确要求职工个人和用人单位住房公积金的缴交率（公积金占月工资的比例）应不低于5%。而且自1999年国务院首次印发《住房公积金管理条例》以来，国家已经明确要求用人单位必须为其职工缴存住房公积金，并明确了罚款和法院强制执行等针对用人单位违规行为的处罚措施。这些措施都有力地保障了广大城市职工享受住房公积金的权利。

作为长期住房储金，住房公积金由城市职工个人和用人单位缴存，其中个人缴存部分由用人单位在其工资的个人所得税税前扣除（公积金缴存比例在 5%～12% 之间时）。因此，住房公积金的一半其实是直接来自城市职工的劳动所得，只是作为国家强制储蓄不能由城市职工随意提取使用。住房公积金制度建立之初，已经明确了住房公积金提取和贷款的相应条件，但实际上各地制定的公积金提取手续较为烦琐，并且提取的群体主要是用公积金偿还住房贷款和支付装修款的购房者，公积金贷款的群体只能是购房者，对租房者等其他群体而言公积金不仅不能解决住房困难问题，而且因为当期现金收入的减少而产生支付难题。由此造成的问题是，公积金缴存群体规模明显大于公积金实际提取群体规模，并且提取群体通常是缴存群体中经济社会地位较高、有能力购房者，因此有违社会政策的公平原则。为了纠正这一问题，住房和城乡建设部等三个部委于 2015 年印发《关于放宽提取住房公积金支付房租条件的通知》，大大简化了租房者提取公积金的手续，使公积金实际提取群体范围大为扩展。

第五节　收入分配制度改革

一、收入分配制度的内涵和改革历程

分配制度即劳动产品在社会主体中如何分割和配给制度的总和，是一国生产关系和基本经济制度的重要组成部分，也是社会治理的基础制度。在我国社会主义初级阶段，实行以按劳分配为主体、多种分配方式并存的收入分配制度。改革开放以来，在初次分配领域，劳动者报酬在国民收入分配中的比重有所下降；在

再分配领域，财政支出中经济建设支出占比逐渐下降，民生和公共服务支出占比日益增加。努力实现居民收入增长和经济发展同步，劳动报酬增长和劳动生产率提高同步，同时，在初次分配和再分配中都处理好效率与公平的关系，在再分配中更加注重公平，这是中国现阶段收入分配领域中必须实行的基本原则。

在计划经济时期，收入分配中最突出的问题是平均主义。在这种分配制度下，收入分配缺乏充分激励机制，劳动者不能实现多劳多得，从而挫伤了其积极性和主动性，经济运行效率低下，人民群众生活水平提高缓慢。

我国经济体制改革实际上是从收入分配制度改革开始的。20世纪80年代，城市和农村都实行了以提高经济效率、增加劳动激励为主的"承包责任制"。1992年党的十四大之后，经济体制改革步伐加快。1993年党的十四届三中全会通过的《中共中央关于建立社会主义市场经济体制若干问题的决定》，明确了中国经济体制改革的目标是建立社会主义市场经济体制；在收入分配制度方面，明确提出了个人收入分配要坚持按劳分配为主体、多种分配方式并存的制度，把按劳分配以外的多种分配方式从补充地位上升到制度层面，允许资本、技术等生产要素参与收入分配。此后，社会主义市场经济快速发展，各种生产要素在经济社会发展中的作用逐渐增大，按生产要素分配成为收入分配制度中的重要组成部分。党的十五大更为明确地提出，在坚持按劳分配为主体、多种分配方式并存制度的基础上，要把按劳分配与按要素分配结合起来。至此，中国特色社会主义的收入分配制度基本形成。党的十六大、十七大、十八大都强调，要完善按劳分配为主体、多种分配方式并存的收入分配制度。党的十九大报告提出，我国社会主要矛盾已经转化为人民日益增长的美好生活需要和不平衡不充分的发展之间的矛盾；提出应该"坚持按劳分配原则，完善按要素分配的体制机制，促进收入分配更合理、更有序"。

以按劳分配为主体，主要有两方面：一方面，全社会范围的收入分配中，按劳分配起主要作用；另一方面，公有制经济范围内劳动者总收入中，按劳分配收入是主要的收入来源。多种分配方式并存，主要是指资本、技术等其他生产要素合理合法参与收入分配的分配制度。以按劳分配为主体、多种分配方式并存的分配制度，实质上反映出劳动、管理、资本、技术、土地等各种生产要素，都按贡献参与收入分配。

二、收入分配制度改革的核心是兼顾效率与公平

收入分配一般分为初次分配和再分配两个过程。初次分配是指国民总收入（即国民生产总值）直接与生产要素相联系的分配，具体包括劳动力、资本、土地和技术等生产要素在国民收入分配中所占的比重。再分配（也称社会转移分配）是指在初次分配结果的基础上，在整个社会范围内进行的分配，国家通过税收、财政预算和其他政策、法律等措施，对国民收入进行再次分配，也是对各种生产要素收入进行再次调节的过程。

改革开放以来，我国收入分配制度改革一直主要围绕着如何处理好效率和公平的关系展开。

改革开放初始，1982 年党的十二大报告提出"在经济和社会生活中坚持按劳分配制度和其他各项社会主义制度"[1]，实际上提出了要纠正以往在收入分配中"吃大锅饭"的平均主义做法，打破"绝对公平"。1987 年党的十三大报告提出："在促进效率提高的

---

① 中共中央文献研究室编：《十二大以来重要文献选编》（上），28 页，北京，人民出版社，1986。

前提下体现社会公平"，反对"绝对公平"①。1992年党的十四大报告提出："兼顾效率和公平"②。党的十五大报告提出："坚持效率优先，兼顾公平"③。2002年党的十六大报告对公平和效率问题进行了新的阐述，提出："初次分配注重效率，再分配注重公平"④。2007年党的十七大报告提出："初次分配和再分配都要处理好效率和公平的关系，再分配更加注重公平"⑤。

2012年党的十八大报告指出："努力实现居民收入增长和经济发展同步，劳动报酬增长和劳动生产率提高同步，提高居民收入在国民收入分配中的比重，提高劳动报酬在初次分配中的比重，初次分配和再分配都要处理好效率和公平的关系，再分配更加注重公平"；并且强调："规范收入分配秩序，保护合法收入，增加低收入者收入，调节过高收入，取缔非法收入；加大再分配调节力度，着力解决收入分配差距较大问题，使发展成果更多更公平惠及全体人民，朝共同富裕方向稳步前进"。⑥

---

① 中共中央文献研究室编：《十三大以来重要文献选编》(上)，32～33页，北京，人民出版社，1991。

② 江泽民：《加快改革开放和现代化建设步伐，夺取有中国特色社会主义事业的更大胜利》(一九九二年十月十二日)，见中共中央文献研究室编：《十四大以来重要文献选编》(上)，19页，北京，人民出版社，1996。

③ 江泽民：《高举邓小平理论伟大旗帜，把建设中国特色社会主义事业全面推向二十一世纪》(一九九七年九月十二日)，见中共中央文献研究室编：《十五大以来重要文献选编》(上)，24页，北京，人民出版社，2000。

④ 江泽民：《全面建设小康社会，开创中国特色社会主义事业新局面》(二〇〇二年十一月八日)，见中共中央文献研究室编：《十六大以来重要文献选编》(上)，21页，北京，中央文献出版社，2004。

⑤ 胡锦涛：《高举中国特色社会主义伟大旗帜，为夺取全面建设小康社会新胜利而奋斗》(二〇〇七年十月十五日)，见中共中央文献研究室编：《改革开放三十年重要文献选编》(下)，1732页，北京，中央文献出版社，2008。

⑥ 胡锦涛：《坚定不移沿着中国特色社会主义道路前进，为全面建成小康社会而奋斗》(二〇一二年十一月八日)，见中共中央文献研究室编：《十八大以来重要文献选编》(上)，28页，北京，中央文献出版社，2014。

2017 年党的十九大报告提出："必须坚持和完善我国社会主义基本经济制度和分配制度"，"坚持按劳分配原则，完善按要素分配的体制机制，促进收入分配更合理、更有序"，"坚持在经济增长的同时实现居民收入同步增长、在劳动生产率提高的同时实现劳动报酬同步提高"。① 党的十九届四中全会强调，着重保护劳动所得，"增加劳动者特别是一线劳动者劳动报酬"②，将按劳分配为主体、多种分配方式并存的收入分配制度上升为社会主义基本经济制度。党的十九届五中全会进一步指出，我国发展不平衡不充分问题仍然突出，其中就包括"收入分配差距较大、民生保障存在短板"等收入分配问题。为此，党的十九届五中全会提出"十四五"时期要"扎实推动共同富裕"，坚持按劳分配为主体、多种分配方式并存，提高劳动报酬在初次分配中的比重，完善工资制度，健全工资合理增长机制，着力提高低收入群体收入，扩大中等收入群体。完善再分配机制，加大税收、社保、转移支付等调节力度和精准性，合理调节过高收入，取缔非法收入。发挥第三次分配作用，发展慈善事业，改善收入和财富分配格局。③

显然，在社会主义初级阶段，正确认识和处理收入分配领域的效率和公平之间的合理关系，是一个重要原则问题。总的说来，

---

① 习近平：《决胜全面建成小康社会，夺取新时代中国特色社会主义伟大胜利》（二〇一七年十月十八日），见中共中央党史和文献研究院编：《十九大以来重要文献选编》（上），15、33 页，北京，中央文献出版社，2019。

② 《中共中央关于坚持和完善中国特色社会主义制度、推进国家治理体系和治理能力现代化若干重大问题的决定》（二〇一九年十月三十一日中国共产党第十九届中央委员会第四次全体会议通过），见中共中央党史和文献研究院编：《十九大以来重要文献选编》（中），281 页，北京，中央文献出版社，2021。

③ 《中共中央关于制定国民经济和社会发展第十四个五年规划和二〇三五年远景目标的建议》（二〇二〇年十月二十九日中国共产党第十九届中央委员会第五次全体会议通过），见中共中央党史和文献研究院编：《十九大以来重要文献选编》（中），809 页，北京，中央文献出版社，2021。

"初次分配和再分配都要处理好效率和公平的关系，再分配更加注重公平"。只有处理好收入分配领域的效率和公平的关系，才能促进整个经济更有效率、更加公平、更可持续的发展，使全体人民逐步朝着共同富裕目标前进。

三、收入分配制度改革面临的问题

（一）初次分配体现按劳分配为主体存在不足

劳动报酬在国民收入初次分配中所占的比重具有十分重要的基础性意义。为了说明目前劳动者报酬占国民收入分配的比重情况，这里按两种口径呈现相关结果：一是国民收入全口径分配中劳动者报酬占比的变化情况；二是企业部门中劳动者报酬占国民收入增加值的比重变化情况。

首先，全口径国民收入中劳动者报酬占比的变化情况。20世纪80年代，由于采取了各种"放权让利"式的搞活政策，劳动者收入在国民收入中的比重略有上升，大体保持在50％以上。1990年开始，劳动者报酬占比缓慢下降，2003年降为46.16％。2004年由于统计口径调整，劳动者报酬占比骤降至41.55％，此后一直下降到了2007年的39.74％。[1] 2009年起重新恢复2003年之前的统计口径，劳动者报酬占比为46.62％，此后还是缓慢下降。显然，排除统计口径调整的影响，2010年之前，劳动者报酬占比一直在逐步下降。2010年之后，尤其是2012年党的十八大以来，劳动者报酬占比又开始重新缓慢回升，但上升幅度仍然很小。[2]

---

[1] 白重恩、钱震杰：《国民收入的要素分配：统计数据背后的故事》，载《经济研究》，2009(3)。

[2] 吕光明、于学霆：《基于省份数据修正的我国劳动报酬占比决定因素再研究》，载《统计研究》，2018(3)。

其次，企业部门中劳动者报酬占国民收入的比重变化情况。企业部门的劳动者报酬通常占各机构部门(全社会)①劳动报酬总和的 50% 左右，它的变动趋势直接影响或左右着全社会劳动者报酬占 GDP 比重的走势，我们可以通过测算企业部门劳动者的劳动报酬占该机构部门增加值的比重，来把握全社会劳动者报酬占 GDP 比重的变动情况。② 研究表明，企业部门劳动者报酬占比自 1992 年以来一直在逐步下降，从 50% 下降到了 2009 年最低的 35% 左右，2010 年之后略有回升，但幅度非常小。③

总体而言，20 世纪 90 年代以来，我国居民个人在国民收入分配格局中的比重是下降的，并且几乎在收入分配的各个环节都是下降的。党的十八大以来，劳动者报酬在国民收入初次分配中的比重略有回升，但幅度仍然很小。因此，党的十九大报告提出，要"坚持在经济增长的同时实现居民收入同步增长、在劳动生产率提高的同时实现劳动报酬同步提高"④。这是针对收入分配中劳动所得明显偏少提出来的。

(二)再次分配促进社会公平不够

国家财政支出是国民收入再分配领域的主要部分，是调节个

---

①　我国国民收入分配主体的划分依据联合国国民经济核算体系标准，将收入分配主体分为企业部门(非金融企业部门和金融企业部门)、政府部门、住户部门和国外部门。各部门的活动创造出本部门的增加值，各部门一年创造的增加值之和就是当年度的 GDP。讨论劳动报酬占 GDP 比重问题，也就是分析各机构部门劳动报酬的总和在各机构部门每年创造的增加值总和中所占的比重。

②　信卫平：《企业部门初次分配中劳动报酬占 GDP 比重问题研究》，载《中国劳动关系学院学报》，2013(2)。

③　周琢、权衡、陈陶然：《制造业出口、分工深化效应与企业的劳动收入占比》，载《国际贸易问题》，2017(2)。

④　习近平：《决胜全面建成小康社会，夺取新时代中国特色社会主义伟大胜利》(二〇一七年十月十八日)，见中共中央党史和文献研究院编：《十九大以来重要文献选编》(上)，33 页，北京，中央文献出版社，2019。

人收入差距和地区发展差异的重要手段。改革开放以来，我国国家财政支出领域发生了很大变化，其中最大的变化是越来越注重加强和改善民生。

有关资料表明，经济建设支出比重由 1978 年的 64.1％下降到 2006 年的 26.5％。社会文教支出保持持续上升趋势，由 1978 年的 13.1％上升到 2006 年的 26.6％，2011 年则达到了 36.4％，其中，2006—2008 年还超过了经济建设支出的比重。一直到目前为止，我国财政支出结构都呈现出经济建设和公共服务的"双强"格局。

显然，改革开放以来，财政支出中经济建设支出占比逐渐下降，民生和公共服务支出占比日益增长，公共财政建设取得显著成绩。但是，与发达国家（经济体）相比，中国当前的公共支出结构与之差异很大。发达国家公共支出的绝对主体是以社保、教育和医疗为代表的公共服务支出。我国以社保、教育和医疗为代表的公共服务支出占财政支出的比重则要低很多。因此，在我国财政支出"双强"格局中，中国既面临着很强的公共服务支出压力，也面临着很强的经济建设支出压力，中西部地区的一些少数基层政府，甚至面临着维持行政运转和工资发放的压力。

同时，在国民收入再分配过程中，还存在严重的区域间和城乡间的不平衡问题。改革开放以来，中国区域间发展差距明显扩大，城乡居民收入差距也显著扩大。2002 年党的十六大之后，中国加大了对中西部地区和农村地区的财政转移支付，区域间和城乡间发展差距有所缓解。2012 年党的十八大之后，中央进一步强化了对区域间和城乡间发展不平衡问题的调节力度，尤其加大了对贫困地区的脱贫攻坚力度，区域间和城乡间的不平衡问题进一步缓解。但是，中国区域间和城乡间的不平衡问题，仍然是中国再分配过程中最突出的矛盾之一，区域间和城乡间在人均财政支出、基本公共服务均等化、人居环境改善等方面仍然存在较大差距，需要中央进一步加大公共财政均衡力度，以促进区域间和城乡间平衡发展。

在社会主义初级阶段，我国实行以按劳分配为主体、多种分配方式并存的收入分配制度。要正确认识和处理"初次分配和再分配都处理好效率和公平的关系"，在初次分配中实现两个"同步"即"坚持在经济增长的同时实现居民收入同步增长、在劳动生产率提高的同时实现劳动报酬同步提高"。要正确认识和处理按劳分配与其他分配方式的关系，坚持按劳分配原则，完善按要素分配的体制机制，促进收入分配更合理、更有序。鼓励劳动守法致富，扩大中等收入群体，增加低收入者收入，调节过高收入，取缔非法收入。要逐步缩小个人收入差距，逐步向共同富裕目标迈进。这些既是我国完善收入分配制度的基本方向，也是全面建成小康社会和全面建设社会主义现代化国家的基本要求。

（三）第三次分配的体制机制尚不成熟

党的十九届五中全会首次提出，要"重视发挥第三次分配作用，发展慈善事业，改善收入和财富分配格局"①。第三次分配主要是指慈善公益事业在社会分配中的作用机制。有学者指出，第三次分配就像一只促进社会公平正义的"温柔之手"，建立在自愿性的基础上，以募集、自愿捐赠和资助等慈善公益方式对社会资源和社会财富进行分配，是对初次分配和再分配的有益补充，有利于缩小社会差距，实现更合理的收入分配。慈善公益事业在许

---

① 《中共中央关于制定国民经济和社会发展第十四个五年规划和二〇三五年远景目标的建议》（二〇二〇年十月二十九日中国共产党第十九届中央委员会第五次全体会议通过），见中共中央党史和文献研究院编：《十九大以来重要文献选编》（中），809 页，北京，中央文献出版社，2021。

多国家不仅弥补了各种正式社会保障制度安排的缺漏，同时还具备软性的调和社会矛盾和社会冲突、提升公众社会责任与社会公德的功能，扮演着积极促进互助友爱、提升文明道德的重要角色。随着我国经济发展和社会文明程度提高，全社会公益慈善意识日渐增强，社会公益氛围越来越浓厚。

但是，目前我国针对第三次分配的体制机制尚不健全，一些妨碍慈善公益健康发展的体制障碍还未破除。在未来一段时间内，如何从税收政策、法律法规等方面完善第三次分配的体制，是中国收入分配制度改革的重要内容。

第六节　农村社会改革

1978 年，党的十一届三中全会作出实行改革开放的历史性决策。改革率先在农村发起，并以磅礴之势推向全国，谱写了改革发展的壮丽史诗。

农村改革发展的伟大实践，极大调动了亿万农民的积极性，极大解放和发展了农村社会生产力，极大改善了广大农民物质文化生活。更为重要的是，农村改革发展的伟大实践，为建立和完善我国社会主义初级阶段基本经济制度和社会主义市场经济体制进行了创造性探索，为实现人民生活从温饱不足到总体小康的历史性跨越、推进社会主义现代化作出了巨大贡献。

一、农村改革的历史进程

随着改革开放的不断深入，农村改革从早期的以转变农业经营制度和引入市场机制为主要内容的经济体制改革逐步向覆盖农村政治、经济、社会、文化、生态和党的建设等各方面的全方位改革推进。

根据改革背景、目标和重点任务的不同，我们大致可以把中国农村改革的历程分为家庭经济地位重新确立、资源配置从计划向市场过渡、新型城乡关系初步确立和发展、农村改革全面深化4个阶段。这种阶段性变化反映了中国农村改革的基本脉络，即以家庭承包经营为基础，以保障农民权益和主体地位为核心，从单领域到全方位、从点到面、从试点到推广的渐进式市场化改革。这种渐进式市场化改革作为一条主线，贯穿于中国40年农村改革的始终。在几乎触及农村各个方面的所有改革中，有些几乎贯穿于整个改革历程，有些则集中在个别阶段。

(一)1978—1984年：家庭联产承包责任制的确立

通过建立家庭联产承包责任制、废除人民公社制度等改革，家庭经济地位得到重新确立，为以家庭承包经营为基础，统分结合、双层经营的农村基本经营制度的建立奠定了基础。这一基本经营制度是党的十一届三中全会以来党的整个农村基本政策的核心内容，也是党的农村政策的基石。

(二)1985—2000年：资源配置机制逐步走向市场化

在这个阶段，包括农产品与生产要素在内的资源的配置机制逐步实现从计划向市场过渡。首先是启动农产品流通体制改革，将农业体制改革的重点从理顺农民与集体的关系转向解决和理顺农民与国家的关系；其次是推进乡镇企业的发展与改革、农村劳动力流动制度改革和农村金融体制改革等。这些改革为发挥市场在资源配置中的作用奠定了基础。

(三)2001—2012年：统筹城乡协调发展

自2000年农村税费改革开始，国家按照"多予少取放活"的指导方针深化改革。2006 年开始，国家全面取消农业税，终结了延续 2600 年的"皇粮国税"。通过农村税费改革实现"少取"，通过农村社会事业改革、农业支持保护制度和农民权益保护制度建设等实现"多予"和统筹发展，有力促进了城乡关系转变和城乡发展一体化。

（四）2012 年以来：农村改革全面深化

党的十八大以来，中国农村改革呈现出综合配套和全面深化的特征，由单兵突进向综合改革转变，在抓住主要矛盾的基础上强调改革的系统性和整体谋划。这一时期，除了继续完善城乡融合发展体制机制，改革的重点主要集中在 3 个方面：一是建立完善精准扶贫体制机制；二是深化农村集体产权制度改革；三是推进农业供给侧结构性改革。

中国农村改革从单领域到全方位、从点到面、从试点到推广的渐进式推进，为中国农村的持续快速发展奠定了坚实的制度基础。这种渐进式改革符合中国的国情特点，也正是这种渐进式改革极大地激发了农民的积极性和农村的发展活力，并保持了农村经济社会发展的稳定，使中国农村改革与发展取得了巨大的成就。中国农村改革的经验表明，唯有改革才能全面激发农村发展的内生活力，才能促进农村的全面发展和繁荣。可以说，改革创新是引领农村发展的第一动力。

二、农村基本经营制度改革

农村经济社会的改革，是从农村基本经营制度变革开始的，是将土地所有权与使用权分开，把以生产小队为单位的集体统一经营，改为以农民家庭为单位分散经营，农民家庭重新成为农业的基本经营单位。"大包干"使得农民家庭在获得土地使用权的同时，也获得了经营剩余索取权。

2003 年 3 月 1 日起施行的《中华人民共和国农村土地承包法》，改变了农村基本经营制度。该法明确规定"耕地承包期为三十年"，并且"承包期内，发包方不得调整承包地"。这一规定就是习惯上说的"30 年内增人不增地，减人不减地"。由此在承包期内，不再根据家庭成员的数量变化或部分成员的身份变化调整土地。

以家庭联产承包责任制为核心的农村基本经营制度，极大地促进了农民的生产积极性，提高了农业生产效率，为改革开放的成功奠定了坚实的基础。不过，随着中国特色社会主义事业的不断发展，农村基本经营制度面临新的问题。其一，市场经济的发展使得农业市场规模不断扩大，农业市场参与主体实力不断增强，而以家庭为生产单位的普通农户难以适应大市场的要求和节奏，往往无法有效满足市场需求、承担市场风险。其二，工业化、城镇化的进程使得大量农业人口转移进入城市，依靠传统农业种植获得收入已经难以满足农民的生活需要，农民耕种土地的积极性明显下降，甚至出现土地撂荒的现象。其三，市场经济的冲击使得农村基层治理涣散，村级组织凝聚力不强，农村政治秩序受到挑战，社会治理问题凸显，乡村文化建设停滞。

这一系列问题的出现是社会经济发展规律的必然。农村基本经营制度的变革与生产力的发展状况是紧密相关的，农村基本经营制度必须适应生产力发展和生产方式演变所提出的新要求。传统的小农生产方式难以应对大市场的发展，亟须进行改革。邓小平同志曾预见这一问题，并指出了发展方向，他指出："中国社会主义农业的改革和发展，从长远的观点看，要有两个飞跃。第一个飞跃，是废除人民公社，实行家庭联产承包为主的责任制。这是一个很大的前进，要长期坚持不变。第二个飞跃，是适应科学种田和生产社会化的需要，发展适度规模经营，发展集体经济。"①习近平对农村基本经营制度问题有着深刻的思考，他认为应正确地认识"统"与"分"的辩证关系，"社会主义制度的优越性在农村经济上的体现，应该是集体优越性与个人积极性的完美结合"。"只有使二者有机地结合起来，才能使生产力保持旺盛的发展势头，偏废任何一方，都会造成大损失"。"发展集体经济实力，绝不是复归'归大堆'式的公社化，而是纠正大包干中忽视统一经营所造成的偏差；绝不是对家庭联产承包责任制的否定，而是对这种责任制的进一步完善和发展"。习近平总书记将发展集体经济的重要性总结为 4 点：其一，加强集体经济实力是坚持社会主义方向，实现共同富裕的重要保证；其二，发展集体经济实力是振兴贫困地区农业的必由之路；其三，发展集体经济实力是促进农村商品经济发展的推动力；其四，集体经济实力是农村精神文明建设的坚强后盾。②

随着改革开放的不断深入，农村基本经营制度也在不断发生变革，以适应生产力发展的需要。一种明显的趋势是，越来越多的农村走向新型集体经济之路。这种集体经济与之前人们理解的集体经济已经有了根本性的变化，是一种以社会主义市场经济体制为基础，以共同富裕为目的，进行财产联合或者劳动联合的经济组织和经营方式。这种新型集体经济与家庭联产承包责任制并行不悖，土地承包经营权的明确为土地大规模流转，从而进行规模经营提供了有利的条件。农村合作社的规范化、制度化，也给

---

① 邓小平：《国际形势和经济问题》（一九九〇年三月三日），见《邓小平文选》第 3 卷，355 页，北京，人民出版社，1993。

② 习近平：《摆脱贫困》，142～143 页，福州，福建人民出版社，2014。

农村新型集体经济的发展提供了难得的契机。农村新型集体经济的出现，是农村基本经营制度在中国特色社会主义新时代的新发展。

三、乡村治理体系的改革与建设

随着农村改革的推进，农村社会发生了一系列深刻的变化；同时，乡村治理体系也在不断的改革中。

1983 年 10 月，中共中央、国务院发出《关于实行政社分开，建立乡政府的通知》，1984 年底农村人民公社完成了政社分开工作，农村形成了"乡政村治"的基本治理体系，即乡镇作为最低一级的政权，而在行政村则实行村民自治。这个治理体系延续至今。

有效的乡村治理是农村社会稳定发展的最根本前提；治理的振兴是乡村振兴的核心。在农村基层，乡村治理是嵌套在具体的工作中，并与之相互促进、良性互动的。其主要涉及以下几个方面。

一是农村产业发展。以乡村政府组织牵头发展单位集体经济，或引导扶持村民自发组织合作社，结合各地优势，灵活进行制度探索，适度发展土地规模经营，降低小农的生产成本。在保障农民权益的前提下合理引入工商资本，尝试建立农业深加工链条，以多种形态发展乡村产业。

二是农村公共品供给。主要包括两个方面：一方面是高效地承接、利用国家提供的公共服务资源。首先需要从法律与制度层面优化项目管理技术，确保项目的公正分配与有序运行；其次需要依托乡村行政组织体系作为基础性力量，使得外来资源能够与分散小农的多样化需求对接铆合。另一方面是着力构建村庄内生性的公共服务提供机制。

三是日常生活秩序的维护。一要构建稳定、有效的纠纷调解机制。二要维护公序良俗，形成控制越轨行为的舆论场域与新型村庄领袖权威，重塑乡村社会的内生性规范体系。三要重建村庄公共生活。因地制宜、与时俱进地为村民提供公共生活的内容与资源，充分调动村民积极性，重构村庄社会空间，实现互助和谐的社会关系再生产。

四是应对重大突发风险。包括：风险的预防与发现机制，需要强化基层政府的治理能力，密切干群关系，及时发现问题并进行沟通疏导；风险的应对与处理机制，综合运用乡村治理的外部与内部手段、硬性与软性手段，技术性治理和社区性治理，有效应对、化解各种重大突发风险。

针对乡村治理的基本特征和主要问题，党的十九届四中全会提出了"健全党组织领导的自治、法治、德治相结合的基层治理体系"[①]，进一步明确了党作为一种特殊的政治力量在国家生活、社会生活以及国家与乡村社会关系中的统领作用，并强调了多元主体共治，多种手段并举。

党组织作为乡村多元化治理的领导核心，在乡村各项事务中进行思想领导、政治领导和组织领导，总揽全局，协调各方。面对农村社会复杂的新形势，要通过改革进一步建立健全村级党组织书记通过法定程序担任村民委员会主任的制度和机制，完善"村两委"班子成员交叉任职制度。同时，基层党组织通过区域化党建、跨行业党建等方式延伸，并创新党组织形态，以成立跨社区联合党总支等多种方式提升组织力。

---

① 《中共中央关于制定国民经济和社会发展第十四个五年规划和二〇三五年远景目标的建议》（二〇二〇年十月二十九日中国共产党第十九届中央委员会第五次全体会议通过），见中共中央党史和文献研究院编：《十九大以来重要文献选编》（中），811 页，北京，中央文献出版社，2021。

在乡村治理实践中，自治是法治与德治的基础，法治是自治与德治的边界和保障，德治是较高追求，德治以自治与法治为基石，并对自治与法治形成有力补充，三者各有侧重，有优先次序，但更需同时发力，交织前进，从而形成"乘数效应"。在不同乡村社会形态中和不同的治理面向中，法治与德治的重心不同。例如，对于市场经济发达，已初具工商社会特征的地区，人们之间的契约性关系较多，法律调节社会关系的重要性就相对凸显；对于社会流动性较低、市场逻辑不占主导，传统保持得较好的乡村社会，社会就更依赖彼此之间的道德义务，通过礼俗教化，维系着社会团结。同时，在同一个地区，关涉土地财产经济发展等方面的治理内容，更多依赖法治精神；而人们的日常交往、互助合作则更依靠德治传统。

因此，在今后乡村治理体系的改革和建设中，以下 3 个方面尤其值得推进：一是健全党组织领导的"三治"结合的深化机制，以及"三治"需求侧的旺盛与"三治"供给侧的对接乏力的化解机制；二是探寻新时期群众路线的实现机制，具体表现为自治单位下沉、法治供给下沉、德治规训下沉；三是以党组织的领导来贯通总体性治理与分类治理相辅相成的机制，自治、法治、德治三者的结合既要作为一个整体发挥作用，又要结合不同类型的区域以及不同类型的村庄所遇到的具体困难的不同，发挥分类治理的功能。

四、脱贫攻坚与乡村振兴的有机衔接

乡村振兴与脱贫攻坚是我国两大国家战略，两大战略具有基本目标的统一性和战略举措的互补性。脱贫攻坚解决了贫困农户的基本生存与发展需求问题，为乡村振兴打开了时间和空间；乡村振兴则通过助力产业脱贫等，为巩固拓展脱贫攻坚成果提供长

效内生动力。习近平总书记指出，脱贫摘帽不是终点，而是新生活、新奋斗的起点。要接续推进全面脱贫与乡村振兴有效衔接，推动减贫战略和工作体系平稳转型，统筹纳入乡村振兴战略，建立长短结合、标本兼治的体制机制。

乡村振兴不仅是经济的振兴，也是生态的振兴、社会的振兴，文化、教育、科技的振兴，以及农民素质的提升，是统筹推进农村经济建设、政治建设、文化建设、社会建设、生态文明建设。在"五位一体"推进中，建立健全城乡融合发展的体制机制和政策体系，加快推进农业农村现代化。

产业兴旺，就是要紧紧围绕促进产业发展，引导和推动更多的资本、技术、人才等要素向农业农村流动，调动广大农民的积极性、创造性，形成现代农业产业体系，实现第一、第二、第三产业融合发展，保持农业农村经济发展旺盛活力。

生态宜居，就是要加强农村资源环境保护，大力改善水电路气房信等基础设施，统筹山水林田湖草保护建设，保护好绿水青山和清新清净的田园风光。

乡风文明，就是要促进农村文化教育、医疗卫生等事业发展，推进移风易俗、文明进步，弘扬农耕文明和优良传统，使农民综合素质进一步提升、农村文明程度进一步提高。

治理有效，就是要加强和创新农村社会治理，加强基层民主和法治建设，让社会正气得到弘扬、违法行为得到惩治，使农村更加和谐、安定有序。

生活富裕，就是要让农民有持续稳定的收入来源，经济宽裕，衣食无忧，生活便利，共同富裕。

通过以下方面的改革与创新，推进脱贫攻坚与乡村振兴的有效衔接。

第一，将"精准式"济困帮扶与"普惠式"共享发展有机结合，通过全面强化均衡协调发展实现利益均衡。一是适度扩大扶贫政策惠及范围。应加快建立相对贫困治理政策框架体系，将临界贫困户纳入低收入群体政策支持范围。鼓励先富户、脱贫户与贫困户之间形成合作帮扶机制，形成农户之间资源互补、利益共享的发展路径。二是探索贫困村与非贫困村协同发展路径。高效整合乡村发展的要素资源，通过统一规划、合理布局，促进贫困村与非贫困村协同发展产业，建立共建共享的区域利益均衡机制，实现村寨集群发展。三是加强对共同性生产条件和生产服务体系的建设支持。注重进一步整体改善农业生产条件，跨村域共同推动农田、机耕道、灌溉水渠等生产性基础设施改造，大力发展农业社会化服务体系，实现贫困地区经济社会发展水平的区域性整体提升。

第二，从根本上遏制产业扶贫的短期化偏向，构建可持续的产业发展长效机制。一是高质量提升优势特色产业。应依托贫困地区丰富多样的农业资源，以小规模、绿色化为基本导向，坚持"一乡一业"和"一村一品"的特色产业发展路径，寻优推进、错位发展，避免过度规模化和同构化，加快形成贫困地区具有市场竞争力的优势特色产业体系。二是有效改善生产性基础设施条件。受资源条件限制，小规模分散经营是贫困地区农户的基本生产方式，因此要更加重视修建和完善生产便道、小型灌溉设施等生产性基础设施，重点解决贫困地区产业发展中最突出和紧迫的短板制约因素，增强抵御自然灾害的能力，提升产业发展的稳定性。三是进一步强化产业发展的合作机制。要与贫困地区乡村治理机制的再造相结合，以提高贫困地区农民组织化程度为导向，联动推进集体经济组织和农民合作社发展，建立规范稳定的利益联结机制，通过强化农民的"集体行动"能力，改变原有分散和孤立的发展格局，有效提高贫困地区产业发展的实际成效。四是注重推动全产业链延伸。单纯重视生产规模扩张是导致贫困地区产业发展短期化突出和波动性强的重要原因，因此需要在以市场化方式导入更多供应链资源的基础上，更加注重全产业链建设，实现生产、加工、运储、营销等各个环节的相互连接，衔接配套，有效提升产业发展的综合效率，为贫困地区可持续的产业振兴注入强劲动力。

第三，全面提速农村改革步伐，突破深层次体制机制障碍，更大限度地转换发展动能和释放改革红利，是贫困地区在脱贫攻坚与乡村振兴有机衔接转换期中面临的紧迫任务。一是强化农村土地制度改革。在进一步推进农村承包地"三权分置"改革基础上，加大力度推进农村宅基地管理制度改革和集体经营性建设用地入市改革，有效激活贫困地区相对富余的农村土地资源，构建贫困地区新的发展动能。二是强化农村集体产权制度改革。加快完成贫困地区清产核资、成员界定、股份量化和成立集体经济组织的改革任务，进一步完善集体产权功能作用，为发展壮大农村集体经济组织和带动农民增收致富奠定重要组织基础。三是强化农村经营方式改革。以支持小农发展提升为重点，积极探索入股、联营、托管等多种适度规模经营模式，同时对贫困地区带动产业发展的各类新型经营主体和社会化服务组织给予政策支持，积极探索与贫困地区资源禀赋和发展基础相适应的农业经营方式。此外，应更加精准地构建以本土人才培育和外部人才引入双轮驱动的乡村人力资本累积政策，为贫困地区以多元化人才振兴实现乡村全面振兴探索有效路径。

第七节　城市社会改革

城市社会改革是伴随城市经济体制改革进行的，其开始时间晚于农村社会改革。城市聚集了大量的党政机关和国有企事业单位，直接涉及国家的政治和经济安全。同时，在城乡分割的二元经济体制之下，城市居民享受到国家提供的充分就业和广泛的社会福利，是计划经济体制的主要受益群体。因此，在改革开放的最初阶段，城市社会改革比农村社会改革更为谨慎，改革中遇到的社会阻力也相对较大。进入 20 世纪 90 年代，随着城市经济体制改革的深化，城市社会改革才逐渐加快。城市社会改革与农村社会改革都在持续推进，但城乡差距仍然存在，在一些地方还十分显著。未来城市社会改革的长期方向应该是坚持走中国特色新型城镇化道路，提升城市社会的包容性，推动城乡协调发展。

一、城市社会改革的总体目标和基本思路

我国实行改革开放以来，为了推动城市国有和集体企业改革，建立现代企业制度，必须同步推进城市社会改革。城市经济体制改革是对城市区域中的生产经营体制和活动进行的改革，推动生产要素按照市场原则进行配置。劳动力是最为活跃的生产要素，因此对劳动关系的改革十分重要。同时，劳动力又是最为特殊的生产要素，作为劳动力的人需要在劳动的同时进行自身的再生产。由于人的生命周期和情感需求等因素的作用，劳动力自身的再生产不可能完全依据市场经济规律，而是需要广泛的社会支持。从根本上说，人自身的发展，也是全部政治经济活动的终极目标。

因此，城市社会改革的总体目标，就是激发城市社会活力，调整城市社会结构，构筑城市社会安全网，实现城市社会现代化。

为了实现城市社会改革的总体目标，改革的基本思路如下。第一，改革单位制，使城市就业与城市基本公共服务供给逐渐脱钩，减轻单位组织的公共服务职责，弱化单位组织的社会控制功能，使之聚焦经营主业。第二，改革街居制，剥离街道办事处和居民委员会的生产职能，赋予街道办事处更充足的人财物资源并增强其行政执法能力，建立专职社区工作者队伍和固定的社区办公用房，强化街道办事处和居民委员会的基本公共服务供给功能和社会控制功能，夯实城市基层社会治理的基石。第三，激发城市社会活力，鼓励和规范社会组织的发展，使之参与城市公共服务供给和城市社会结构调整，并助力城市政府职能转变。第四，建立城市社会保障体制，特别是为城市非公有制部门就业人员和弱势群体建立社会安全网，并逐步实现公有制部门与非公有制部门社会保障体制的并轨，从而在发展非公有制部门的同时维护城市社会稳定。第五，强化以群防群治为基础的城市社会治安综合治理体系，防范和化解高社会流动性带来的城市社会风险。第六，探索新型城镇化道路，提高城市社会的包容性，推进城乡统筹协调发展。

二、激发城市社会活力

建立和完善市场经济体制，必须推进生产要素的市场化和自由流动。首先，作为生产要素之一的劳动力要获得自由流动的权利；其次，其他各种生产要素的自由流动也需要由人来进行配置，这就要求人获得更多的自主决策空间。因此，城市经济体制改革必然要求激发城市社会活力，表现为人口在城市之间、城乡之间和城市内部的自由流动，以及城市居民对生产方式和生活方式更多的选择权。具体来说，激发城市社会活力是通过改革单位制和鼓励社会组织发展的方式来实现的。

第一，改革单位制。在计划经济体制下，单位组织作为国家在城市基层社会的代理人，一方面安排城市居民的就业，并提供相应的社会福利；另一方面对城市居民进行严密的社会控制。城市居民不但只能通过单位组织获得工作机会和社会福利，而且在处理诸如登记结婚等个人事务时也必须获得单位的同意。此外，单位制内部还建立起比较严格的身份制，对国营和集体单位、干部身份和工人身份、正式工和合同工进行明确区分，并提供差别明显的工资待遇和社会福利。因此，单位制构成计划经济时代城市社会治理的制度基础。然而随着市场经济的发展，自 20 世纪80 年代以来，越来越多的城乡居民在城市地区非公有制部门就业，单位组织无法对其进行管理和服务。最初，这个群体中既有迫于生计而选择进城务工经商的农民以及选择从事个体经营活动的城市经济困难居民，也有主动选择从单位组织中辞职"下海"的城市居民。这部分人最早在单位制之外自主择业，对单位制在城市地区进行就业机会和社会福利垄断供给的格局造成了一定冲击。

进入 20 世纪 90 年代，随着党政机关和国有企事业单位改革的深化，单位组织特别是国有企业的大量冗员需要寻找新的就业渠道，单位制在城市地区对就业机会和社会福利的垄断供给格局全面瓦解。一方面，机关事业单位的冗员在机构改革中被分流到下属单位或行业协会等社会团体；另一方面，在国有企业建立现代企业制度的背景下，大批城市国有企业"下岗职工"被迫在非公有制部门自主择业。至此，单位制直接管理和服务的城市人口比例大为下降，仍然留在单位制中的城市居民，主要是"吃财政饭"

的机关事业单位编制内职工。在单位制改革后，机关事业单位不再为其职工提供涉及他们生老病死的全方位社会福利，不再对其职工进行全方位的社会控制。此外，自 20 世纪 80 年代以来，户籍制度逐步松动，居民身份证制度也在 1984 年建立起来，便利了人口流动。为了寻找更好的工作机会和生活环境，大量农民进城务工经商，大量人口在不同城市之间迁徙，并主要在非公有制部门就业。

第二，鼓励社会组织发展。随着 1956 年底社会主义改造的基本完成，全国已经完全建立起公有制经济的主体地位，原本在城市手工业和资本主义工商业工作的劳动力，绝大部分已经被纳入各类单位组织。由于国家权力向城市基层社会的持续渗透，特别是"文化大革命"的巨大冲击，城市基层社会原有的民间组织，诸如行会组织、帮会组织、宗教组织、宗族组织、地缘和学缘组织等，逐渐停止活动。同时，以 1954 年《城市居民委员会组织条例》颁布为标志，居民委员会在城市普遍建立起来，取代了原有的保甲组织成为城市基层社会治理的基础之一。为了更好地完成群众运动等政治任务，居民委员会依据工作任务把城市居民组织起来，形成具体任务导向的众多群众工作小组。此外，城市还普遍建立起"工青妇"等群众组织，以及带有统一战线性质的科协、工商联、侨联等人民团体，从而把特定的城市社会群体组织起来。然而，无论是单位组织、居民委员会及其下设的各类群众工作小组还是群团组织，都主要是国家为了实现其政治经济目标而把城市居民动员和组织起来的工作抓手，城市居民依据自组织原则建立社会组织的情况基本不存在。

改革开放以来，大量城市居民依据自组织原则建立社会组织，由此形成了日益活跃的第三部门和日益繁荣的公益慈善事业，从而在激发社会活力的同时推动了社会整合。1988 年《基金会管理办法》和 1998 年《社会团体登记管理条例》等法规的颁布，标志着社会组织全面恢复发展。出于国家安全考虑，国家的社会组织监管政策曾经出现过反复，并且针对不同类型的社会组织制定了双重管理、分类控制等复杂的管理体制，然而这些都不能改变国家日益鼓励和规范社会组织发展的总体趋势。自 2013 年国务院办公厅印发《关于政府向社会力量购买服务的指导意见》以及 2016 年财政部、民政部联合印发《关于通过政府购买服务支持社会组织培育发展的指导意见》以来，越来越多的社会组织通过政府购买服务项目参与城市公共服务供给，助力城市政府转变职能，使城市政府更加专注于监管职能，而把一般性的社会公共服务职能转交社会力量承接。

三、城市社会公共服务体系的建立

随着城市社会改革的推进，城市居民获得了自由流动的权利以及自主选择生产方式和生活方式的广泛权利，然而，他们同时面临着高社会流动性所带来的高社会风险。在市场经济体制下，非公有制部门就业人员面对无处不在的市场竞争，由此造成的社会风险更加显著，比如失业或投资经营失败。对社会处境不利群体来说，他们在年龄、性别、健康状况、劳动技能等方面处于劣势，在市场经济条件下并不具备充分的竞争力，随时可能面临生活困境。面对市场经济所带来的、主要存在于非公有制部门的社会风险，在计划经济体制下建立起来的、以单位制为依托的城市社会福利体系显然无法有效应对。即使公有制部门从业人员面临的社会风险相对较低，但是随着单位制改革的推进，单位的社会服务职能日益被剥离出来，单位职工所需的住房、医疗卫生、子女教育、养老等公共服务，也越来越需要以社会化方式获得，并需要个人承担一部分公共服务成本，比如社会保险费个人缴存部分。此外，自1993年国家教委印发《关于做好1994年全国普通高等学校毕业生就业工作的通知》以来，普通高等学校毕业生分配工作的制度逐步取消，越来越多的毕业生需要自主择业，而快速发展的非公有制部门为他们提供了越来越多的工作机会。因此，为了在发展市场经济、激发社会活力的同时，有效应对社会风险，构筑社会安全网，还必须建立不依赖单位制的新型城市社会公共服务体系，其中又以城市社会保障体系最为重要。

城市社会保障体系的建设，首先是在非公有制部门中探索建立城市社会保障制度。1980年国务院印发的《中外合资经营企业劳动管理规定》和1984年劳动人事部印发的《中外合资经营企业劳动管理规定实施办法》为建立城市社会保障体系提供了最早的法律框架。随后，以1991年国务院印发的《关于企业职工养老保险制度改革的决定》为标志，国有企业社会保障制度加快改革。改革的目标是改变此前由国家和单位组织完全承担社会保障职责的状况，由国家、工作单位和职工个人三方共同承担，并改变此前事实上的"企业保障"为真正的社会保障，逐步提高社会保障基金的统筹层次，扩大社会保障基金调剂使用的范围，建立社会保障社会化管理服务体系。1994年颁布的《中华人民共和国劳动法》首次明确了各类用人单位和劳动者必须依法参加社会保险，缴纳社会保险费。进入21世纪以来，随着《中华人民共和国劳动合同法》、《中华人民共和国社会保险法》先后颁布，国家针对用人单位不缴纳或不足额缴纳社会保险费的违法行为，制定了金融机构划拨用人单位账户资金、拍卖用人单位资产、罚款和行政处罚等强制措施，使得社会保障体系的实际覆盖范围大为扩展。

社会保障体系的建设和改革过程中，在一些地方出现了错误做法。有的地方为了卸财政包袱，把公立医院大规模私有化改制，还有一些国有企业在改制过程中违规对下岗职工以"买断工龄"等方式一次性清退。这些做法实质上都是地方政府和用人单位在逃避社会保障体系建设的职责，使众多城市居民无力应对市场经济带来的社会风险，导致居民健康状况下降和生活困难等问题，也造成了社会不稳定的隐患。因此，在后续的改革过程中，国家反复强调社会保障体系的公益性和相应的政府和用人单位责任，以纠正上述错误做法。此外，社会保障体系目前仍存在公有制部门和非公有制部门之间的显著差异。机关事业单位的相关改革长期滞后，直到 2015 年国务院印发《关于机关事业单位工作人员养老保险制度改革的决定》之后才开始全面实行养老保险制度改革，且机关事业单位医疗制度改革目前尚未全面实行。因此，未来进一步的改革方向，应该是加快机关事业单位社会保障体制的改革步伐，最终实现公有制部门与非公有制部门社会保障体制的全面并轨。

在国家改革城市社会保障体制的同时，随着第三部门的快速发展和公益慈善事业的繁荣，多元主体共同参与城市社会公共服务供给的格局已经初步形成。城市社会不仅仅需要治理，也在培育治理主体、聚集治理资源。各类社会组织和社会企业已经在养老助残、基础教育和继续教育、青少年保护与矫治、法律援助、环境保护、社区建设、志愿服务等众多领域发挥着日益重要的作用。它们可以灵活筹措资金和聘用人员，大部分具有专业所长和社会基础，因此能够对政府供给的公共服务形成有力补充。在政府转变职能的过程中，地方政府也越来越多地采取政府购买服务的方式，激发社会组织和社会企业参与公共服务供给积极性。此外，随着近年来群团组织改革的深化，群团组织也将更为积极地发挥枢纽型组织在孵化和培育社会组织方面的重要功能，助力社会组织参与城市公共服务体系建设。

四、城市基层社会治理体制改革

城市基层社会治理体制改革，是激发城市社会活力、建设城市社会公共服务体系的工作基础。随着市场经济的发展和单位制的改革，越来越多的城市居民处于单位制的管理和服务范围之外。如何对单位组织就业人员之外的城市居民提供公共服务并进行社会控制，成为城市社会治理的新课题。此时，改革街居制成为完善城市基层社会治理体制的主要途径。

街居制是指由街道办事处和居民委员会构成的城市基层社会治理制度。街居制早在 1954 年就在城市地区普遍建立起来，同年，《城市街道办事处组织条例》和《城市居民委员会组织条例》同时颁布。计划经济体制下，街居制主要是对单位组织无法管理和服务的少数城市居民进行管理和服务，诸如无业的老人、家庭妇女、儿童、残疾人、失业人员等。单位组织通常不参加居民委员会，集中居住的单位职工和家属往往由单位组织自行建立的职工家属委员会进行自我管理。因此，计划经济时代的街居制相对于单位制具有明显的从属性特征，并不构成城市社会治理的主要制度基础。正是街居制的从属性特征，使街道办事处和居民委员会掌握的人财物资源和管理权限都比较有限，居民委员会干部队伍更是长期以退休老人、家庭妇女等当地居民兼职担任为主体。而且，在 20 世纪 80 年代国有集体企业改革的过程中，众多街道办事处和居民委员会还一度负责街居集体企业的经营管理，其生产职能与公共服务职能存在某种冲突。

街居制改革的思路，是剥离街道办事处和居民委员会的生产职能，赋予街道办事处更充足的人财物资源并增强其行政执法能力和区块统筹能力，建立专业化的社区工作者队伍和固定的社区办公用房，强化街道办事处和居民委员会的基本公共服务供给功能和社会控制功能，厘清市、县级基层政府职能部门与街道办事处和社区居委会的权责关系，夯实城市基层社会治理体系的基石。2000 年，中共中央办公厅、国务院办公厅转发《民政部关于在全国推进城市社区建设的意见》，全面启动城市社区建设工作。街道办事处体制改革在各地进行了多种形式的有益探索，但是目前尚未形成全国统一的改革指导意见。其中，街道办事处体制改革的宏观法律框架目前明显缺失，《城市街道办事处组织条例》已经于2009 年废止，国家尚未制定新的全国性法规。而 2018 年新修订的《城市居民委员会组织法》则为新形势下的城市居民委员会建设提供了法律框架。虽然安徽省铜陵市等地在改革过程中撤销了街道办事处，但是这种模式至今仍然属于个别试点，并未成为全国街居制改革的主流。而近年来北京、上海等超大城市推行街道办事处"大部制"改革，在强化街道的城市基层社会治理职能方面进行了十分有益的体制机制改革探索。

　　街居制改革以来，城市基层社会治理的属地原则得到强化，街道办事处和居民委员会作为国家在城市基层社会的代理人，对辖区内的城市居民直接进行管理和服务，而单位制所遵循的以组织归属确定管理和服务范围的原则被弱化。街道办事处和居民委员会以城市居民户籍所在地或实际居住地为标准确定管理和服务对象，打破了单位制和身份制的严格壁垒。众多单位大院里建立起城市社区，居民委员会、社区工作站、社区警务室、物业管理公司、业主委员会等各类社区治理主体，而单位组织原有的水、电、暖、物业管理等公共服务职能通常移交给新建立的各类社区治理主体行使。其中一些单位组织随着产权改制或者破产重组等，已经基本退出了社区管理和服务工作；而另一些单位组织，以大型学校、医院、科研院所等事业单位以及国有企业为典型，仍然在社区管理和服务工作中发挥重要作用，各类社区治理主体往往接受街道办事处和单位组织的双重领导，社区和单位组织的公共服务资源往往也可以共享。与此同时，自1996年中共中央组织部印发《关于加强街道党的建设工作的意见》以来，城市基层党建也逐渐改变了以往高度依赖单位制的工作模式，建立起区域化党建新格局，以居住社区、商务楼宇、产业园区为依托开展工作，整合各类群团组织、社会组织和非公经济组织，积极参与社区建设。然而目前城乡户籍制度的壁垒依然存在，尤其是超大城市和特大城市的落户政策仍然十分严格，因此对非户籍人口的管理和服务仍然是街道办事处和居民委员会工作中的一个难点。为了应对大量人口流动造成的人户分离问题，特别是解决外来人口在迁入地享受城市基本公共服务的问题，2010年以来居住证制度逐渐建立和发展起来。

在城市社会改革过程中，某些区域社会风险和安全问题频发，表现为社会矛盾和冲突增多，其中不少演变为违法犯罪现象；加上自然灾害、安全生产事故、传染性疾病、恐怖主义袭击等重大突发性事件的叠加效应，更加危及人民生命财产安全乃至国家政权根基。为了应对上述挑战，政法系统长期坚持建设以群防群治为基础的城市社会治安综合治理体系。自1991年中共中央、国务院印发《关于加强社会治安综合治理的决定》以来，社会治安综合治理工作在全国全面铺开。一方面，政法系统把人力物力资源向基层下沉，特别是建立起社区警务、社区调解、社区法律援助工作体系，把警务、司法调解、法律援助等工作与群众工作相结合。

另一方面，各类基层单位和街道办事处、居民委员会的群防群治属地责任日益强化，继续承担社会矛盾化解、治安联防、法制教育等工作职责。进入 21 世纪以来，北京市东城区等地还探索出了网格化管理等行之有效的新工作模式，相关工作经验被 2015 年中共中央办公厅、国务院办公厅印发的《关于加强社会治安防控体系建设的意见》等中央文件肯定并在全国推广。随着 2021 年 4 月中共中央、国务院印发《关于加强基层治理体系和治理能力现代化建设的意见》，城市基层社会治理体制改革开启了新的篇章。

五、探索新型城镇化道路

城市社会改革的持续推进，为探索中国特色新型城镇化道路奠定了坚实的基础。传统模式的城镇化主要强调城市的规模扩张，表现为城市经济的增长、城市空间的拓展和城市人口的增长。这种模式的粗放型特征，确实在一定历史时期中适应了中国经济社会高速发展的要求，极大激发了城市的经济社会活力，但同时造成了城市常住人口规模与城市公共服务规模以及城市基层社会治理体制之间明显的不匹配，城市中以农业转移人口为主体的大量非户籍人口难以享受到与户籍人口同等的城市公共服务和城市基层社会治理参与权。由此造成的社会排斥问题，影响城市社会稳定和城市的可持续发展，对城市社会治理构成严峻挑战，也固化了城乡二元结构。

进入 21 世纪以来，特别是进入新时代以来，党中央提出建设社会主义和谐社会、树立科学发展观，特别是统筹推进"五位一体"总体布局等重大战略思想，城市社会改革被纳入中国特色新型城镇化道路的总体部署中。党的十八大报告提出，要"坚持走中国特色新型工业化、信息化、城镇化、农业现代化道路"①。随后，中央作出了推进新型城镇化的一系列重大战略部署。2013 年 12 月，中央城镇化工作会议在北京召开。2014 年 3 月，中共中央、国务院联合印发《国家新型城镇化规划(2014—2020 年)》，农业转移人口市民化、城市基本公共服务、城市社会治理、城乡发展一体化等是其中的重要内容。2014 年 7 月，国务院印发《关于进一步推进户籍制度改革的意见》，要求统一城乡户口登记制度，对不同规模的城市实行差别化的落户政策，以有序推进农业转移人口市民化。2015 年 12 月，中央城市工作会议在北京召开，提出部署城市工作的六大要点。2016 年 2 月，国务院印发《关于深入推进新型城镇化建设的若干意见》，继续大力推进新型城镇化建设。2016 年 9 月，国务院办公厅印发《推动 1 亿非户籍人口在城市落户方案的通知》，专项推动农业转移人口和其他常住人口等非户籍人口在城市落户工作。

中国特色新型城镇化道路的突出特征是以人为核心，而城市社会改革的目标正是着眼于人的社会维度，服务于人的社会需求。因此，新型城镇化实际上既为城市社会改革指明了方向，也为城市社会改革提出了全新的要求。推进以人为核心的新型城镇化，必须促进农业转移人口市民化和城乡基本公共服务均等化，建立包容性的城市社会发展模式和城乡统筹协调的发展格局。第一，建立以义务教育、就业、养老、医疗卫生、保障性住房等为主要构成要素的城市基本公共服务体系，由面向户籍人口转为面向城市全体常住人口。第二，加快户籍制度改革，建立与居住证而非

---

① 胡锦涛：《坚定不移沿着中国特色社会主义道路前进，为全面建成小康社会而奋斗》(二〇一二年十一月八日)，见中共中央文献研究室编：《十八大以来重要文献选编》(上)，28 页，北京，中央文献出版社，2014。

户籍相挂钩的城市基本公共服务体系，全面放开小城镇落户限制，并以就业年限、居住年限、城镇社会保险参保年限等为基准条件，放宽大中城市落户条件，依据自愿原则，推动城市常住人口中的非户籍人口在常住地落户，大大缩小户籍人口城镇化率与常住人口城镇化率之间的差距。第三，把城市常住人口中的非户籍人口纳入共建共治共享的城市社会治理体系中，使他们与城市户籍人口有同等机会参与城市党团组织、人大、政协、群团组织、基层群众自治组织、社会组织等治理组织和平台。第四，推动建立以就业服务、社会保障等为主要内容的城乡统一的基本公共服务体系，逐步实现城乡基本公共服务均等化。目前，国家正在编制《国家新型城镇化规划（2021—2035年）》，这将为未来15年中国城市社会改革描绘出更加美好的蓝图。

延伸思考

1. 简述社会体制改革的内涵、任务和路径。
2. 收入分配制度的核心是什么？面临的问题是什么？
3. 简述农村社会改革的内涵和历程。
4. 简述城市社会改革的内涵和历程。
5. 简述社会保障制度的主要内容和目标。

参考文献

［1］习近平. 习近平谈治国理政：第2卷［M］. 北京：外文出版社，2017.

［2］习近平. 在庆祝中国共产党成立100周年大会上的重要讲话［N］.《人民日报》，2021-07-02.

［3］中共中央文献研究室. 十八大以来重要文献选编：上

[M]. 北京：中央文献出版社，2014.

　[4]中共中央文献研究室. 十八大以来重要文献选编：中[M]. 北京：中央文献出版社，2016.

　[5]中共中央党史和文献研究院. 十九大以来重要文献选编：上[M]. 北京：中央文献出版社，2019.

　[6]陈锡文，赵阳，罗丹. 中国农村改革 30 年回顾与展望[M]. 北京：人民出版社，2008.

第五章　社会结构论

本章概述

　　社会结构演变是社会发展和社会变迁的重要方面，也是中国特色社会主义社会学研究的基本议题。本章主要介绍社会结构的内涵，论述了所有制结构、城乡结构、就业结构、人口结构、社会阶层结构、组织结构和家庭结构的基本特征和变动趋势。通过本章学习，可以了解我国改革开放以来社会结构发生的深刻变动和发展趋势。

第一节　所有制结构的变革

　　生产资料所有制及其构成是社会基本经济制度的核心与基础，是决定社会基本性质和发展方向的根本性因素。只有从理论与实践的结合上弄清楚生产资料构成的基本内涵，在整个经济社会发展中的基础性决定性作用，在推进生产资料所有制改革中需要准确把握的界限问题，才能够在推进社会主义现代化建设中始终坚持坚定正确的政治方向。

一、所有制结构的内涵与变革

　　所有制有狭义与广义之分。狭义所有制是指生产资料所有制，它体现的是人们在生产条件占有上的相互关系。它是广义所有制的基础，由它的性质决定、派生出来的人们在交换、分配、消费中的相互关系，与它一起构成了广义所有制的内涵。

所有制不是一种孤立抽象的经济关系，它始终内涵于人们物质资料的生产活动中，是人们进行劳动的必要前提。人们正是在现实的生产活动中完成了对生产条件、对产品的占有，人们之间的社会经济关系是平等的还是不平等的都是发生在生产过程之中，都是通过社会再生产过程来实现的。它要通过人们所进行的劳动是自由的、还是强迫的，对劳动产品的占有是平等的、还是不平等的而具体表现出来。也就是说，社会生产活动是人们相互关系的载体，离开了社会生产与再生产过程，所有制关系就无从谈起。

因为，生产资料与劳动者在相互分离的情况下，只是可能的生产要素，只有进行生产，二者才能现实地结合起来。生产资料所有制关系所要回答的问题不是两者需要结合，而是要说明两者是以什么方式结合起来的，正是这种具体的结合方式，才将社会划分为不同的经济形态。比如，在奴隶制条件下，奴隶主之所以成为生产的主观条件与客观条件的所有者，绝不仅仅是因为他占有了生产资料和奴隶的人身，而是因为他把奴隶当作会说话的工具与牲畜、农具等一起并入生产过程，从而实现了对劳动产品的无偿占有。如果他像"野蛮时代"那样将掠获的人吃掉，奴隶主与奴隶的关系就不会存在。在封建社会，劳动者与生产资料的实际结合则采取了劳动者作为封建地产的附属者被固定在土地上的形式。在资本主义社会，劳动者与生产资料彻底分离，劳动力与生产资料分属于不同的所有者，要进行现实的生产，就要通过横在两者之间的资本家的购买行为，才能使它们结合起来。这种间接的结合方式，使得社会生产一方面将剩余价值不断地再生产出来，被资本家所占有，另一方面，就是劳动者不断地对自己创造的作为劳动力价值的那部分新增价值的占有，这种占有不断地把劳动者当作出卖劳动力的雇佣工人，当作整个资本增殖的源泉再生产出来。在社会主义条件下，劳动者共同平等地占有生产资料，劳动者与生产资料实现了直接的结合，这种结合方式决定了人们所进行的劳动是自由的，每个人按照自己所付出的劳动获得相应的消费资料。

　　上述是从直接的生产过程来分析所有制关系的，这只是社会再生产过程的生产环节，社会再生产是由相互依存、紧密联系的生产、分配、交换和消费4个环节组成的，生产资料所有制不仅体现于劳动者与生产资料的结合方式中，而且还通过分配、交换与消费来完全地表现自己。其一，生产资料所有制与产品分配的关系。首先，产品的分配就是生产资料所有制的实现。劳动产品归谁占有、怎样占有、以什么比例占有，看起来是劳动成果的分配问题，实际上是生产资料占有方式的再现。人们占有生产资料的目的就是为了长期牢固地占有生产成果，以实现他们占有和运用生产资料的预期经营利益。其次，生产资料所有制性质决定了产品分配的性质。有什么样的生产资料占有方式，就会有什么样的产品分配方式。无论是原始社会的产品平均分配，还是社会主义的按劳分配和共产主义的按需分配，都是由全体社会成员共同占有生产资料决定的。而带有阶级剥削的产品占有形式，如对奴隶的劳动成果的占有，对农民生产成果的占有，对工人创造的剩余价值的占有，则分别取决于生产资料的奴隶占有制、封建占有制和资本主义占有制。其二，生产资料所有制和交换关系。交换，作为社会再生产中的一个环节，它与生产资料所有制有着密切的联系。交换的形式、性质都取决于生产资料的形式与性质。在社会主义初级阶段，由生产力发展的不平衡所决定的生产资料所有制多种形式并存，使得社会成员之间劳动产品不能直接分配，而是要通过价值、价格的形态进行等价交换才能完成，但这是等量劳动的交换，与资本主义生产资料所有制下的交换本质不同，因为等价交换形态下掩盖的剩余价值已由资本家的私人占有变成了全民的共同享有。其三，生产资料所有制和消费的关系。个人生活资料的消费水平与结构，是由社会收入分配性质与水平决定的，有什么性质的生产资料所有制，就会有什么性质的社会分配，也就会有什么性质和水平的消费。在社会主义社会，以生产资料共同占有为基础的联合劳动，必然通过按劳分配原则，使社会成员各得其所，并使人们的消费水平随着生产力的发展而不断提升。

以上分析说明，生产资料所有制是一个客观的经济过程，它内涵于社会生产的 4 个环节中。随着社会生产的循环往复，社会生产力不断地积蓄能量，当社会生产力发生质的飞跃时，生产资料所有制关系的变革就会到来，整个社会形态的变迁就不可避免。人类社会的发展进程已经充分地证明了这是一条铁律。

生产力决定生产资料所有制关系，是从历史必然性和根本趋势上说的，并不等于说生产资料所有制对于生产力是完全被动的，它对生产力的发展具有一定的反作用。这主要表现在：当它适合生产力发展水平时，会推进生产力的解放；当它超前或滞后于生产力发展水平时，就会成为生产力发展的桎梏。生产资料所有制的这种"超前"和"滞后"情况说明，所有制关系不仅会受到生产力的决定，它还会受到法律、政治及意识形态的制约。特别是在社会经济发展的特殊时期，所有制的建立与形成表现出相对独立性。人们可以通过国家政权的力量，或通过社会革命以及法律形式摧毁或废除旧的所有制形式和保护新的所有制形式。这种情况在人类历史上并不少见。比如，处于特殊的国际环境下，经济比较落后的发展中国家经过无产阶级革命，建立了社会主义经济制度。但是，这并不意味经济制度一经建立就可以一蹴而就，就可以由人们任意地选择生产资料所有制形式了。恰恰相反，在经济发展落后的国家建立起来的社会主义制度只能是不发达的社会主义制度，它必须经历一个确立、发展和完善的过程；它能否从不成熟的状态发展并完善起来，完全取决于它是否能够选择适合于并有利于生产力发展的公有制实现形式，从而在它适应和促进生产力发展的同时，不断地完善自身，发展成为成熟的高级形态。我国社会主义公有制形式从"一大二公"、"纯而又纯"，到公有制为主体、多种所有制经济共同发展的变迁就生动地说明了：适合生产力发展的生产资料所有制，能够解放和发展生产力，能够创造经济高速健康增长与社会长期稳定的奇迹。

二、所有制结构决定着社会基本关系的性质与发展

生产资料所有制是生产关系的核心，是社会经济制度的基础，对整个社会基本关系的性质和发展发挥着决定性作用。

首先，所有制性质决定着人们的生产关系。劳动者与生产资料的结合方式，看起来是人与物的结合，是进行劳动必要因素的配置。而实际上，生产资料归根结底是归人所有，在厂房、土地、机器设备、资本的后面站着的是所有者。因此劳动者与生产资料的结合，本质上是人与人之间的关系，也就是通常所说的生产关系。有什么样的生产资料所有制关系，就会有什么样的生产关系。生产资料所有制不仅决定了生产关系的性质，而且还是生产关系调整与变革的起点。在一个社会形态中，随着生产力的发展进步，生产关系会发生某些调整和变革，但这些变化总是被限制在生产资料所有制所允许的范围之内。比如，资本主义从自由竞争走向

垄断，生产关系发生了局部变革与调整，但这些变革都是在生产资料的资本主义占有制所允许的范围内进行的，并没有改变生产资料占有的资本主义性质。在整个社会主义初级阶段，社会生产力发生了前所未有的解放与发展，人们的生产关系也由生产资料的公平占有、劳动成果的平均分配发展成为人人都是生产资料的所有者，也都是生产资料的创造者，劳动成果由直接分配演变为通过市场，通过价值、价格形态的间接分配，参与收入分配的除了劳动的质和量以外，还有人们的资本投入、管理能力、科研成果、信息数据等多种要素，但这种变化还是以人们的劳动为基本依据的。管理能力、知识产权与科研成果就是人们的智力劳动，即使是资金、厂房、土地的投入，也是人们通过劳动形成的积累进入再生产过程。这种生产关系的变化是由生产资料公有制为主体、多种所有制经济共同发展决定的，是在社会主义公有制为主体所允许的范围之内的调整，这种变化不是生产资料所有制的改变，而是其组成成分与实现形式的多元与丰富。多种所有制经济创造的社会财富一方面以投资的方式进入再生产过程，以创造更多的社会财富；另一方面国家通过税收、财政和金融等手段用于公共设施的建设和民生的改善。因此，分析生产关系的变化一定要到生产资料的所有制中才能找到根据。

其次，所有制性质决定着人们的政治关系。正是生产资料的社会主义所有制，决定了人民是国家的主人，是社会发展的主体力量。以人民为中心的发展理念成为党和国家治国理政的首要价值选择。人民群众在党的领导下，在国家根本制度、基本制度、重要制度的保障下充分行使着当家作主的权利。为了更好地实现人民民主权利，党和国家通过民主集中制，通过群众路线保持着下情上达、上情下达的畅通。更重要的是针对生产资料所有制的多元使劳动者配置在具有相对独立经济利益的单位中的现实，党和国家不断丰富发展了广泛的、多层次的、制度化了的民主协商制度。这种协商民主的广泛性就在于由于生产资料的共同占有为主体，决定了众人的事情众人办、众人的事情商量着办。这种协商民主的广泛性是达及每个人的。每个社会成员都可以在法律允许的范围内提出诉求和建议，从而引起广泛的讨论，有效地解决问题；这种协商民主是多层次的，从最初的政党之间的协商发展成为达及各级政府、达及城乡社区、达及机关单位、达及每个企业、达及社会组织，这其中不仅有从上到下的多层级协商，还包括了政府、社区、单位、社会组织之间的协商。正是通过遍及人们日常生活的协商机制，才彻底与西方国家奉行的人民只有在选举时被唤醒、选举后即沉睡的形式上的民主划清了界限，从而使民主选举、民主决策、民主管理、民主监督真正地落到实处，使社会主义民主成为最广泛、最真实、最管用的人民民主；这种协商民主是制度化的，党从建立之日起就坚决地奉行群众路线，并视其为党的根本工作路线和生命线。协商民主就是群众路线在政治领域的贯彻与发展，特别是党的十八大以来，党和国家依据程序原则、平等原则、包容原则、和谐原则和实效原则，加快协商民主的制度完善。在城乡社区、机关单位、企业等基层社会治理中，通过协商的方式，使群众的利益和诉求得到合法、合理的解决。正是通过这一个个局部利益的协同才有效地推动了整个社会利益的趋同，为真正建成既有民主又有集中、既有统一意志又有个人心情舒畅的生动活泼的政治局面开辟了道路。

最后，所有制性质决定着人们的社会关系。实行改革开放政策后，根据我国生产力发展水平与结构，生产资料所有制由原有的"一大二公"调整为以公有制为主体、多种所有制经济共同发展。

这在充分解放和发展社会生产力的同时，也使人们的社会关系由界限分明的工农差别、城乡差别和脑力劳动与体力劳动的差别，演变为利益多元、阶层多样、相互渗透的复杂的社会关系，有多少种所有制关系就会有多少种社会关系。正是生产资料所有制的多样，才使人们相对固定于某个单位、某个社区、某个岗位上，有着相对独立的经济利益。这一个个相对独立的经济群体使社会结构日益多层，人们的思想观念、利益诉求日益多元、多样、多变，相互之间的利益博弈成为常态。将人们多元的经济利益整合起来，将人们多样的社会关系和谐起来是一项复杂的社会系统工程。需要充分发挥市场在配置资源中的决定性作用、更好地发挥政府作用，通过科学高效的宏观调控，综合运用税收、财政、金融的手段，科学配置的行政手段和法治路径、德治教化、通过再分配和第三次分配，尽量缩小城乡之间、地区之间、人们收入的差距；需要发挥自治、法治和德治的协同力量，使人们在提出和追求个人利益时要兼顾其他社会成员的利益，要守住不能以个人利益伤害或者妨碍大多数人利益和国家利益的底线；需要通过社会主义的核心价值观，引领人们在国家、社会、个人层面建立应有的行为规范，从而形成社会共识，最大限度地画好同心圆。但最根本的还是要通过生产资料公有制和多种所有制经济的共同发展，尽快地增加社会财富，尽快地提升社会经济发展的质量，在多种所有制经济共同发展的同时，提升国有经济的效率，增强国有企业的引领力、影响力和辐射力，做大做强社会主义的国有经济，做大做强社会主义的集体经济，做大做强多种所有制经济。只有在一切创造社会财富的源泉充分涌流的情况下，才能为彻底消灭剥削、消除贫富两极分化、实现全体人民的共同富裕奠定坚实的物质基础，才能为持续提升人民的长远利益、根本利益奠定坚实的物质基础，才能为建立和谐的社会关系奠定坚实的物质基础。

上述分析表明，生产资料所有制的性质与实现方式决定了人们的生产关系、政治关系和社会关系的性质与发展。在整个社会主义初级阶段只有坚持生产资料公有制为主体、多种所有制经济共同发展，才能充分解放和发展社会生产力，才能充分发挥社会主义国家的制度优势，才能使整个社会和谐稳定发展。

三、所有制结构改革需要正确把握的两个界限

随着社会生产力的发展，所有制构成需要不断发展完善，但必须始终坚持两个"毫不动摇"。毫不动摇地巩固和发展公有制经济，毫不动摇地鼓励支持和引导非公有制经济发展。因此，在实践中准确把握两个界限问题对于始终坚持社会主义基本经济制度十分重要。

（一）始终准确把握公有制为主体、多种所有制经济共同发展与私有化的界限

划清这个界限的关键是要正确认识3个问题。

首先，什么是私有化问题。在西方，私有化是作为国有化的对立面出现的。第二次世界大战后，西方发达资本主义国家曾掀起过一个国有化浪潮，建立了一大批国有企业。20世纪七八十年代以后，在新自由主义影响下，西方国家以国有企业经营乏善为由，又推动了私有化浪潮，并波及发展中国家。80年代末90年代初，苏联解体后苏东等社会主义国家采用"休克疗法"，全面推行私有化，走上了资本主义道路。比较西方发达国家与原苏东国家的私有化过程，可以发现它们在私有化过程的目标、任务和性质上是两种类型的私有化。前者是在不改变资本主义制度前提下

的个别企业私有化过程，它与资本主义国家曾经出现的国有化一样，都是国家干预经济的一种手段，其目的是降低国家在社会再生产中的地位和作用，并不从根本上改变资本主义制度的性质；后者是社会经济制度的根本转向，是用资本主义经济制度全面取代社会主义经济制度。

总结苏东剧变的经验教训，对于社会主义国家来说，真正的私有化并不是指一些国有企业转变为非国有企业，而是指以公有制为主体的社会主义制度向以私有制为主体的资本主义制度的根本转变。因此，判断私有化的真实标准在根本上取决于是否坚持公有制为主体。按照这个标准，任何否定公有制主体地位的观点和实践都是错误的。理论和实践告诉我们，以公有制为主体是社会主义经济制度的基本特征，是社会主义区别于其他社会制度的根本标志。没有公有制为主体，社会主义就失去了存在的经济基础，从而也就失去了存在的依据；但坚持公有制为主体，是相较于多种所有制经济共同发展而言的，只有在大力发展多种所有制经济中坚持以公有制为主体，整个社会经济才能保持旺盛的发展活力。因此，在整个改革开放和现代化建设中，我们必须始终坚持公有制为主体的根本原则，绝不能有丝毫的动摇。正如邓小平同志所指出的，一个公有制占主体，一个共同富裕，这是我们所必须坚持的社会主义根本原则。

其次，是公有制为主体的所有制与市场经济的结合问题。在实践中，人们经常把市场经济与私有制联系起来，并以此质疑我国基本经济制度的社会主义性质。确实，从人类社会起源来看，市场经济与私有制有着天然联系，而从市场经济存在的原因分析，它又不必然带有社会制度的属性。这是因为，市场与社会分工相联系，哪里有社会分工和商品生产，哪里就有市场。同时，马克思也明确指出，分工发展的不同阶段包含着所有制的各种不同形式。由此看来，市场经济不是资本主义私有制的专利，它是以社会分工的存在为前提的，社会主义同样具有发展市场经济的条件和可能性，只要在坚持公有制主体地位的前提下形成多元化的市场竞争主体，这种可能性就会变成现实。这就是说，在分工日益发展的基础上，市场经济只是一种财产组织方式和资源配置机制，与运行其中的社会制度并不存在必然的因果关系，资本主义可以依托它带来经济的快速增长，社会主义也可以凭借它实现财富的积累与共同富裕。从实践层面来看，发展社会主义市场经济符合经济发展规律。我国社会生产力多元、多层的结构特点，决定了我国国有企业有着独立的经济利益。这就意味着，在所有制问题上始终存在着经济成分多样化发展的内在趋势。改革开放以来我国不断深化经济体制改革，大力发展个体私营等非公有制经济，是在自觉而主动地顺应生产关系与生产力相适应的经济发展规律。当然，发展社会主义市场经济，也需要克服市场经济的局限性，避免陷入私有化陷阱。市场经济作为资源配置手段，通过市场机制调节国民经济活动，主要解决的是经济效率问题，这是市场经济的优势所在。但市场机制对经济活动的调节带有自发性、盲目性和滞后性，往往会造成生产过剩、两极分化以及周期性、结构性经济危机问题。市场失灵的普遍存在说明，社会主义与市场经济的结合是有条件的，这个条件就在于能否发挥社会主义基本经济制度的优势，在促进经济效率的同时克服和弥补市场缺陷，创造出比资本主义更高的生产力。依据这个条件，我们得到一个基本判断：公有制相对于私有制，更有利于克服市场缺陷。一方面，社会主义国家借助公有制经济的主导作用，使国有企业能够适应国家经济发展战略和生产社会化的要求，集中投资于与经济发展和人民生活密切相关的基础设施等公共事业，有效担当起提供公共产品、应对外部效应、克服市场垄断以及促进社会公平等社会功能；另一方面，社会主义国家还可以通过有力的宏观调控，保持社会供求总量基本平衡，促进经济结构优化升级，调整收入分配结构，创造公平竞争环境，抑制市场机制的自发性和盲目性，实现经济稳定增长和社会全面进步。因此，在发展社会主义市场经济过程中，只要我们坚持公有制主体地位和发挥好国家的宏观调控职能，就能在发挥市场配置资源决定性作用的同时，保证经济发展的社会主义方向。

最后，是社会发展的必然趋势问题。大多数实行资本主义所有制的国家实践证明，私有化不是谋求经济发展的必由之路，必将随着生产社会化的不断扩大与深化而走向崩溃，被社会主义所替代。目前，世界上实行私有化的国家和地区有近 200 个，其中发达资本主义国家只占极小部分。因此，正确认识私有化的前途命运，不能只看少数发达资本主义国家的经济发展，更应该密切关注其他资本主义国家经济发展的状况。事实是，第二次世界大战后的 70 多年里，亚洲、非洲、拉丁美洲的一些资本主义国家，经济发展速度远远低于发达资本主义国家，社会经济矛盾尖锐，政局处于动荡之中。尤其是非洲一些国家经济发展甚至处于停滞状态，人民生活水平不但没有提高，反而恶化，经济社会矛盾与其他矛盾相互缠绕，社会和经济危机频频暴发，国内政局强烈动荡，人民陷入了无尽的灾难。近年来，欧洲国家发展持续乏力，拉丁美洲"新自由主义神话"的破灭，以及由发达资本主义国家引发的严重国际经济金融危机，更使得私有化神话黯然失色。世界经济发展的实践证明，私有化不是包治百病的良方，中国要迅速摆脱生产力发展的落后状态、实现全体人民的共同富裕，必须始终坚持以公有制为主体、多种所有制经济共同发展不动摇。

（二）始终准确把握公有制为主体、多种所有制经济共同发展与单一公有制的界限

公有制为主体是社会主义的根本特征，但我们强调坚持公有制为主体，并不是要搞单一公有制。从社会历史进程来看，单一公有制观点有理论和实践两方面的根据。在理论上，社会主义社会作为一种独立的经济制度，它与资本主义制度的本质区别就在于生产资料的共同占有，即公有制为主体。因此，对于社会主义经济制度来说，公有制为主体是必要条件。

我国社会主义脱胎于半殖民地半封建社会，生产力水平低下，经济发展落后。甚至到目前为止，我国经济总量和现代化水平虽有大幅提高，但社会生产发展仍不平衡不充分，人均 GDP 在世界排名依然靠后，城乡和地区差距较大，人们的收入水平差距较大。这就决定了我国将长期处于社会主义初级阶段，还不具备建立单一公有制的物质技术基础，只能建立与生产力多层次状况相适应的公有制为主体、多种所有制经济共同发展的所有制结构。我国在长达 30 年的计划经济时期，由于片面追求所有制结构上的"一大二公"、"纯而又纯"，严重束缚了人民群众的生产积极性，导致生产效率低下，人民生活困难，教训是十分深刻的。

党的十一届三中全会后，党提出了社会主义初级阶段的重要论断，开启了在社会主义国家建立市场经济体制的改革时代。与苏东社会主义国家的早期改革不同，我国对经济体制和所有制结构的改革是分步进行的，在不触动国有经济的地位的同时，鼓励城乡非公有制经济发展，多种所有制经济的充分发展，自然就形成了竞争性市场。在这一过程中，城乡经济中涌现了大量非公有经济组织。一方面，多元的市场主体与国有企业同台竞争，使国

有经济充分感受到生存发展压力，迫使其转换经营机制，以适应市场竞争；另一方面，竞争性市场环境的形成和多种所有制经济的竞相发展，也为进一步推进国有企业改革创造了制度条件，特别是股份制、混合所有制的应运而生，创造了公有制实现形式的多元多样，有力地推动了国有经济的战略性调整与重组，进一步形成了有利于各种所有制经济公平竞争的市场规则和竞争秩序，建立了充满活力的社会主义市场经济体制。

随着整个社会经济规模的扩大与升级，国有经济比重出现下降。由此，人们提出了公有制的主体地位问题。以公有制为主体，固然不能只讲质量不讲数量。如果公有制经济过度萎缩，其影响力、控制力、带动力就会削弱，就难以引领多种所有制经济的发展方向，最终使社会制度的性质发生改变。坚持公有制的主体地位，既要重视公有资产的数量优势，又要注重公有资产质量的提升，这是中国共产党在改革中始终强调与坚持的。公有制经济的主导作用，主要体现在控制力上，即体现在控制国民经济发展方向，控制经济运行的整体态势，控制主要稀缺资源的能力上。我们应动态地观察，要有历史眼光、长远眼光。改革开放前，我们极力追求单一公有制，阻碍了生产力发展；改革开放后，我们通过鼓励多种所有制经济共同发展，看起来公有制经济比重降低了，但社会生产力却突飞猛进，创造了人类发展史上的增长奇迹。特别是国有企业通过改革重新焕发了活力，国有经济对国民经济的控制力非但没有削弱，反而在多种所有制经济竞相发展中日益增强。

实践证明，在社会主义初级阶段的所有制结构中，不同的所有制具有不同的特点和相对优势。公有制的主体地位保证了市场经济的社会主义性质，有利于国民经济的协调发展和人民的共同富裕。多种所有制经济的共同发展有利于市场的活力和效率的提高。在坚持社会主义基本经济制度的前提下，国有经济在数量和结构上的调整变化以及国有企业在某些领域的退出是正常的经济现象，一方面是国家根据经济发展需要进行的战略调整，另一方面体现了市场在资源配置中发挥决定性作用的内在要求，国有经济的比重虽有所降低，但国有企业的活力和效率却大幅提升，特别是国有企业在国内外市场中的强大竞争优势不是靠国家输血形成的，而是靠自身的改革创新竞争得来的。这充分说明，坚持公有制为主体，关键是保证国有经济的主导地位，核心是国有企业的竞争力。在国有企业竞争力日益增强的前提下，公有制经济在国民经济中的比重、在一些领域的进退，需要根据生产力解放与发展的需要来动态地加以确定，而不能以某一时段、某一领域的比重作为评判的依据。

第二节　城乡结构

一、城乡二元社会结构的概念与内涵

城乡二元社会结构是指以户籍制度为基础，将公民划分为非农业人口和农业人口，国家对拥有非农业户口的城市居民和拥有农业户口的农民分别实施不同政策，形成了城乡分割的二元状态。城乡二元社会结构的核心是户籍制度，依据户籍属性在城市和农村建立了身份壁垒，同时构建起一整套城乡分割的社会制度体系，涵盖了住宅制度、生产资料供给制度、教育制度、就业制度、医疗制度、养老保险制度、劳动保护制度、人才制度、兵役制度、婚姻制度、生育制度等。

城乡二元社会结构的主要特点包括：一是"二元"的身份属性。

城乡二元社会结构以户籍制度为基础，将城市居民和农民划分为两种不同的社会群体，形成了城市和农村二元的身份特征。二是"二元"的社会福利待遇。城乡二元社会结构是由于在城市居民和农民间实施了差异性政策，使两类群体在教育、医疗保障等社会福利保障方面呈现出明显区别。三是"二元"的经济发展方式。城市地区以现代化方式进行生产，农村地区则主要是传统农业生产。

新中国成立以后，为迅速恢复国民经济，打破国际社会的经济封锁，国家提出要实行工业化发展战略，优先发展重工业。重工业建设必须依靠高强度的资金积累，在高度集中的计划经济体制基础上，国家对城乡社会经济资源进行统一调配，实施了工农业产品不等价交换、农业生产集中化、统购统销等一系列政策，控制了各生产要素在城乡间的自由流动，形成了工农产品价格"剪刀差"的主要特点。从农民手中低价收购的农产品被低价销售给城市居民和企业，形成了不断产生超额工业利润的条件，再由大工业利税上缴，完成国家工业化建设资金的积累。这种农业积累向工业领域转移的模式，尽管支持了国家工业化发展，但也导致生产要素价格扭曲，农业生产效率降低，城乡经济发展差异扩大。新中国成立初期，城乡二元社会结构的另一特点是严格的户籍管理制度。依据户籍属性，公民由农村迁往城市，必须持有城市劳动部门、学校、城市户口登记机关的准予迁入证明，向常住地户口登记机关申请办理迁出手续，这大大限制了城乡人口的社会流动，削弱了农民自由择业和流动的机会。不同的户籍身份，代表着不同的社会福利权益，严格的户籍制度使城市居民和农民被人为分割成不同的利益群体。

二、改革开放以来我国城乡结构的演变及其意义

改革开放以来，我国城乡关系发生了明显变化，先后经历了

二元结构松动、曲折转型。进入 21 世纪之后，我国城乡发展战略发生了根本性变革，逐步走向城乡统筹与城乡融合发展的新阶段。

（一）实施农村经济体制改革，城乡二元结构松动

伴随改革开放，计划经济体制向市场经济体制转型，在现代化和市场化进程中，我国城乡二元结构开始松动。1978 年，党的十一届三中全会召开后，我国开始大力推动农村经济体制改革。在市场经济体制背景下，原有的农副产品统购统销制度、政社合一的人民公社制度被彻底取消。严格的户籍管理制度也出现弱化，农民进城务工经商的束缚被解除，大量农村剩余劳动力涌入城市，推动了中国的城市建设和制造业的发展。尤其是以包产到户为主的家庭联产承包责任制在全国农村地区的实施，改变了通过工农业产品价格"剪刀差"从农村征收"暗税"来加快工业化原始积累的方式。由集体经营变为家庭经营，将集体生产单位还原为家庭生产单位，是农村生产方式变革的重要突破，充分释放了农村经济发展活力，农民生产积极性明显提高，农民收入在较短的时间内迅速增长，各生产要素开始在城乡之间自由流动。

（二）推动以城市为重心的改革，城乡二元结构曲折转型

经历过改革开放初期二元结构的松动后，以城市为重心的改革转向将城乡二元分化的利益格局重新加固。1984 年，党的十二届三中全会通过了《中共中央关于经济体制改革的决定》，指出要将改革重点由农村转移到城市。为保证城市改革的顺利推进，财政资金和各种资源配置逐步向城市倾斜，以城市为重心的利益格局的恢复，集中体现在城市收入分配、社会保障制度改革和国家财税制度改革等领域。但与此同时，在农村地区，乡镇企业的发展为促进这一时期城乡人口流动、改善城乡关系提供了支持，农民获得了更多就业机会。1992 年，党的十四大明确提出我国经济

体制改革目标是建立社会主义市场经济体制。随着社会主义市场经济体制的不断深化，我国的城乡结构也发生了深刻变化。城市利用自身优势和国家优惠的改革政策获得先富起来的机会，发展速度明显快于农村，城乡差距持续拉大。对于农村地区人口，户籍制度的松动尽管为农民进城务工提供了空间，但农民工群体与城市居民相比，在城镇劳动力市场上的就业机会、收入水平、社会保障等方面存在明显差异。对于留守在农村地区的人口，尽管农业经济开始发展，但在金融市场上，农村土地所有性质、农业发展资金的有限投入等因素导致城乡结构进一步失衡，"三农"问题异常突出。

（三）从城乡二元体制走向城乡统筹与城乡融合发展

21世纪以来，我国更加注重城乡资源配置和公共服务均等化，提出了城乡统筹、城乡一体化、城乡融合发展的战略。2002年党的十六大首次提出要"统筹城乡经济社会发展"，此后农村改革遵循的基本逻辑变成"多予少取放活"，城乡发展战略的重大调整标志着我国城乡二元结构开始向城乡协调发展的一元化路径转变。2006年中央一号文件明确提出了我国总体上已进入以工促农、以城带乡的发展阶段，要坚持统筹城乡发展的方略、建设社会主义新农村，加大对农业和农村的支持力度，贯彻工业反哺农业、城市支持农村的方针和坚持"多予少取放活"的方针。2007年党的十七大明确要"建立以工促农、以城带乡长效机制，形成城乡经济社会发展一体化新格局"。2012年，党的十八大提出"推动城乡发展一体化"的战略思想，明确要逐步"形成以工促农、以城带乡、工农互惠、城乡一体的新型工农、城乡关系"。2013年，党的十八届三中全会进一步明确"城乡一体的新型工农城乡关系"发展战略。但城乡一体化发展是将农业与工业、城市与乡村作为一个整体，以城乡同质化发展为目标，这使得城乡一体化发展必须建立在实现全面现代化基础上，而目前城乡一体化发展的条件尚不成熟。2021年，"十四五"规划中提出要健全城乡融合发展的体制机制。建立健全城乡要素平等交换、双向流动政策体系，促进要素更多向乡村流动，增强农业农村发展活力。从城乡统筹、城乡一体化到城乡融合发展，这表明我国已进入重构城乡关系阶段，城乡发展战略的调整改善了农村政策环境，城乡差距进一步缩小，城乡结构逐步优化。

三、我国城乡结构发展的趋势和对策

我国城乡结构目前仍面临着一些亟待解决的重要问题。一是户籍制度改革亟待深化。尽管户籍制度在限制人口流动方面的作用明显弱化，但户籍之上仍附着各类社会福利，这使得农民工市民化进程发展缓慢，城乡基本公共服务差距明显。二是城镇化对流动人口的吸纳能力不足。中小城市由于就业机会有限，工资水平较低，且教育、医疗、交通等资源相对匮乏，使得户籍"含金量"较低，对流动人口吸引力较弱，流动人口落户中小城市意愿不足。三是乡村衰退日益加剧。乡村建设依然落后于城镇建设的发展速度，农业现代化水平相对落后，农村产业融合发展程度较低。随着农村劳动力大量流出，导致村庄"空心化"现象日益加剧，部分乡村开始走向衰退。

（一）我国城乡结构发展的主要趋势

新中国成立以来，我国城乡结构经历了从二元结构走向城乡融合的发展过程，对城乡关系的认识发生了根本性转变，但同时仍存在着一些深层次的问题亟待解决。2021年，《中共中央关于制定国民经济和社会发展第十四个五年规划和二〇三五年远景目

标的建议》中指出："要强化以工补农、以城带乡，推动形成工农互促、城乡互补、协调发展、共同繁荣的新型工农城乡关系。"①在这一背景下，为实现新型工农城乡关系，未来我国城乡结构将主要呈现出四大趋势。

一是我国城镇化率将持续跃升。第七次全国人口普查结果显示，我国城镇人口占比已达到 63.89％，城镇化程度进一步加深。按照全球城镇化普遍的发展规律，当一个国家的城镇化率处于 30％至 70％区间时，一般发展增速会处于较快水平。这意味着我国城镇化发展依然有着一定的空间，未来城镇化速度仍将保持稳定增长态势。城镇化率的提高，意味着我国将有更多农民转化成市民，农业就业人员比重将会持续下降。

二是城乡人口流动将逐步从农民非农化的就业流动，向农民市民化带动家庭流动转变。改革开放以来，我国城乡人口结构变化的主要特征表现为工业化带动的农村剩余劳动力大规模向城镇迁移。迁移形式主要是农民非农化的就业流动，迁移动机是为农业和非农业岗位间的劳动报酬差距所驱动。未来，随着农业现代化进程加快、城乡二元体制弱化、进城农民收入水平稳步提升，城乡人口流动的主要形式将转变为农民市民化带动家庭流动的形式。与此同时，城乡人口流动将不再由农村向城镇的纵向迁移占主导，不同城镇之间的人口流动呈现出更加频繁的发展趋势，将形成横向流动和纵向流动复杂交织的格局。

三是城镇体系结构的重心持续上移，城市分化态势将不断加速。在我国，城市的行政级别越高，它们在公共服务设施投资、

---

① 《中共中央关于制定国民经济和社会发展第十四个五年规划和二〇三五年远景目标的建议》（二〇二〇年十月二十九日中国共产党第十九届中央委员会第五次全体会议通过），见中共中央党史和文献研究院编：《十九大以来重要文献选编》（中），801 页，北京，中央文献出版社，2021。

重大产业项目布局和重大交通路网布局等方面就越具有优势。城乡人口流动普遍会向超大城市和大中型城市迁移，这导致城镇体系重心会持续上移。未来，我国城镇体系结构重心上移的态势不会改变，城市分化可能将呈现不断加速的发展趋势。由于不同城市的条件变化，高等级的城市会成为世界城市，而部分资源型城市、转型难的城市可能会收缩，甚至出现衰落现象。

四是出现一些乡村迁并或消失，乡村老龄化、乡土文化衰退等问题将日益突出。随着乡村大量青壮年劳动力持续外流，不可避免地会造成大部分农村衰落的现象。当前，我国部分地区农村的"空心村"问题已经比较突出，位置僻远、交通不畅、资源环境承载力弱的农村地区将会出现持续衰退现象，这会使大量农村面临迁并和整合发展的现实选择。随着农村青壮年持续外流、农村人口年龄结构变动和代际空间选择的变迁，未来农村老龄化问题将会比城市更加突出。农村老龄化将迫使农业现代化步伐进一步加快，规模化、机械化、信息化成为农业发展的重要方向。农村乡土文化由于缺乏代际有序传递，可能面临失传的风险，不少乡村发展活力将出现进一步衰退。

（二）我国城乡结构发展的主要对策

为促进我国城乡结构进一步优化，首先，要大力推动城乡一体化发展。一是推进城乡基本公共服务均等化。建立城乡教育资源均衡配置机制，大力发展农村教育事业，建立以城带乡、均衡发展的义务教育发展机制。健全城乡公共文化服务体系，推动文化资源重点向乡村倾斜，提高服务的覆盖面和适用性。加快城乡一体的就业服务体系建设，建立城乡统一的就业失业登记制度和就业援助制度。加快城乡一体的社会保障体系建设。建立健全更加公平可持续发展的社会保障体系，注重统筹各类社会群体和各类保障待遇。二是健全城乡基础设施一体化发展的体制机制。建立城乡基础设施一体化规划机制，以市县域为整体，统筹规划城乡基础设施，统筹布局道路、供水、供电、信息、广播电视、防洪和垃圾污水处理等设施。统筹规划重要市政公用设施，推动向城市郊区乡村和规模较大中心镇延伸。三是健全城乡要素合理分配的体制机制。积极探索实施农村集体经营性建设用地入市制度。允许农村集体在农民自愿的前提下，依法把有偿收回的闲置宅基地、废弃的集体公益性建设用地转变为集体经营性建设用地入市。建立土地征收公共利益认定机制，缩小土地征收范围。严格规定征收范围，对土地的征用过程进行严格的审查，保障土地公共利益。建立城乡统一的财政管理制度。要改变政府城市偏向的财政支出行为，优化城乡财政支出结构，加大中央财政转移支付。

其次，进一步提高中小城市对流动人口的吸纳能力。一是加快中小城市基础设施建设。加强公共供水、道路交通、燃气供热、信息网络等基础设施建设和教育、医疗、文化等公共服务设施建设。完善高速公路、高速铁路、航道、运输管道、电力输送、网络、排水管网体系和通信干线构成的区域性基础设施网络，缩短不同城市间的通勤距离。引导高等职业教育院校在中小城市布局，优质教育和医疗机构在中小城市设立分支机构。二是加快促进中小城市产业发展。鼓励特色产业、优势项目在资源环境承载力强、发展潜力大的中小城市布局。建立健全促进中小城市发展的投融资体制，形成多元化投融资格局，为中小城市经济发展提供良好环境，为外来人口创造更多就业机会。三是加快推进中小城市户籍制度改革。进一步放宽流动人口在中小城市的落户，为促进中小城市的发展创造良好的社会环境。

最后，全面推动实施乡村振兴战略。一是加快推进乡村产业振兴。积极推动农村第一、二、三产业融合发展，丰富乡村经济业态，发展乡村旅游、休闲康养等新产业新业态，拓展农民就业增收空间。大力推进农村创业创新，培育返乡农民工、入乡科技人员、乡村能人等创业主体，增强乡村产业发展动能。二是以保障国家粮食安全为底线，健全农业支持保护制度。加强高标准农田建设，建设国家粮食安全产业带，加强粮食生产功能区和重要农产品生产保护区建设，确保粮食种植面积稳定、产能稳步提升。坚持最严格的耕地保护制度，强化耕地数量保护和质量提升。三是大力推动乡村建设行动。统筹县域城镇和村庄规划建设，保护传统村落和乡村风貌。加强乡村公共基础设施建设，提升农房建设质量。进一步实施农村人居环境整治，分类有序推进农村厕所革命，健全农村生活垃圾收运处置体系，深入推进村庄清洁和绿化行动。四是进一步提升乡村治理水平。加强农村基层党组织建设，创新乡村治理方式，落实好社会主义精神文明建设。提高农民科技文化素质，推动乡村人才振兴。

第三节　社会流动与农民工群体

一、社会流动的概念与内涵

（一）社会流动的概念与内涵

社会流动，指的是社会成员在社会关系空间中从一个地位向另一个地位的移动。依据不同的分类标准，可将社会流动划分为多种类型：根据流动的方向可将社会流动划分为水平流动和垂直流动；根据衡量流动的不同参照基点可以把社会流动分为代内流动和代际流动；根据流动原因可将社会流动分为结构性流动和非结构性流动。在社会发展过程中，形成促进社会良性运行的合理的社会流动是极为重要的。合理的社会流动是一种社会新陈代谢的机制，不断给社会系统注入生机与活力；合理的社会流动是一种拾遗补缺的社会机制，促进社会的协调发展；合理的社会流动还可以形成一种促优汰劣的社会机制，促进和推动社会的运行和发展。

新中国成立初期是中国社会阶级阶层关系的重塑时期。社会主义制度确立后，社会阶级阶层位序出现大规模重组，整个社会阶级阶层结构在宏观上呈现"两个阶级一个阶层"的结构，即主要由工人阶级、农民阶级和干部或知识分子组成的社会阶级阶层结构。在综合了先赋性与后致性规则的政策制度安排下，社会成员的阶级地位发生巨大变化。此时，中国的社会流动趋于制度化，国家逐步垄断社会重要的资源分配权力，社会成员的社会地位获得日益依赖于国家再分配。社会成员的社会流动既取决于宏观制度安排和政策法规，也取决于经济结构变化，既取决于先赋性因素也取决于后致性因素。各职业均被赋予一定的行政级别或纳入技术等级体系，社会流动渠道单一化，只有从政、参军、升学、招工、从事文艺工作才有可能获得向社会地位较高阶层流动的机会。

(二)改革开放以来我国的社会流动

1978 年党的十一届三中全会作出实行改革开放的历史性决策，拉开了中国社会流动大变革的序幕。十一届三中全会后，国家由计划经济体制逐步转为市场经济体制。在此阶段，社会流动也同样发生了模式转换：第一，社会成员的政治阶级身份体系被打破，社会成员回归正常的政治经济生活轨道。第二，后致性因素逐渐在社会流动机制中发挥主导作用，农村进行经济体制改革，全面推广家庭联产承包责任制，新的社会阶层开始出现。第三，劳动密集型产业蓬勃发展，城市化进程加快，就业空间大规模扩张，职业结构日趋多样化。第四，教育体制发生重要变革，高考制度恢复不仅增加了社会成员的教育机会，也促进社会正常流动。

随着社会主义市场经济体制的逐渐建立，社会分化愈益深刻，社会各阶层的职业地位（权力、收入和声望等）发生了程度不同的升降变化。新的社会阶层成长壮大，我国社会阶层结构进而明显地形成一种由国家与社会管理者、经理人员、私营企业主、专业技术人员、办事人员、个体工商户、商业服务业人员、产业工人、农业劳动者和无业失业半失业人员等 10 个主要基于职业社会阶层组成的新阶层结构。[①]

（三）我国社会流动的特点

纵观我国社会流动的发展历程，我国社会流动呈现出以下主要特征。

一是我国社会流动模式与工业化国家的社会流动不同，具有一定的独特性和特殊性。工业化国家的社会大多为开放型社会，后致性因素通常在开放型社会的社会流动中起主导作用；而在我国，无论是先赋性因素还是后致性因素在社会流动中发挥的作用，均离不开政策制度与社会结构影响。因此，研究我国当代社会流动框架应结合宏观层面的制度—政策安排与微观层面的先赋—后致规则。

二是我国社会的流动模式、流动机制在改革开放前后发生了巨大的变化。改革开放前，我国实行计划经济体制，控制和垄断了政治、经济、文化等资源配置和资源分配的权力，国家的政治经济制度和政策安排决定着社会流动的规则，社会流动渠道较为

---

① 陆学艺主编：《当代中国社会阶层研究报告》，7～23 页，北京，社会科学文献出版社，2002。

单一。改革开放后，我国实行社会主义市场经济体制，加快经济发展的同时，也推动了我国工业化、城市化和现代化发展，推动了社会结构的分化，社会流动渠道较为多元。

三是我国社会的职业结构正逐步趋向高级化，社会的中等收入群体将呈现跳跃式的扩张。改革开放后，我国职业结构发生了较大的变化。在以人为核心的新型城镇化战略和以县城为重要载体的城镇化政策推动下，以农业为主要职业的纯农民将显著减少，到 2035 年其占就业人口的比例预计下降至 20％左右；由"私营企业、外资企业的管理人员和技术人员"、"中介组织从业人员"、"自由职业人员"、"私营企业主"和"个体工商户"等组成的新社会群体的规模将进一步扩大，并将成为我国中间阶层或中等收入群体的重要来源。在未来，我国的职业结构将趋向高层化和白领化，中高层或白领从业者的比例将进一步扩大，职业结构日趋合理。

四是我国社会正在逐步走向一个开放型的社会，社会流动空间越来越大。工业化、城镇化和高等教育大众化带来了产业结构和职业结构的升级，这必然带来向上流动机会的增加，这也是所有工业化国家社会流动的普遍趋势。随着改善人民生活品质、强化就业优先、鼓励创新创业、户籍制度改革和完善等一系列政策的落地，阻碍社会成员向上流动的制度及非制度屏障将被不断破除，我国社会结构将日益趋向中间阶层或中等收入群体占主导地位的橄榄型或纺锤型现代社会分层结构，人民日益增长的美好生活需要和不平衡不充分的发展之间的社会主要矛盾将得到根本解决。

二、农民工形成的意义及其政策演变

（一）农民工的概念界定

"农民工"是中国经济社会变革时期的一个特殊概念。"农民工"指的是户籍身份还是农民、有承包土地，但主要从事非农产业、以工资为主要收入来源的人员。狭义的农民工一般指跨地区外出进城务工人员。广义的农民工，既包括跨地区外出进城务工人员，也包括在县域内第二、三产业就业的农村劳动力。

"农民工"一词曾存在争议与分歧。有的人认为"农民工"一词是对这个群体的歧视，是歧视农民和农民工，认为在城市务工的就是工人，为什么还要叫农民工呢？中央和国务院文件对"农民工"的使用也在不断地演变，原先并未使用"农民工"这一词，只提"进城务工人员"，但务工人员所界定的内涵不够清晰，后来又提"农民工人"，但既是农民又是工人，意思也不够清楚。

2004 年，在国务院领导的批示下，国务院研究室着手开展了解决农民工问题的调研，并作了大量的社会调查。此次社会调查由党中央、国务院 17 个部门参与，在全国 8 个农民工输出输入的大省开展调查，总共形成 32 份地方调研报告和 11 份中央部门报告。调研小组还将调研深入到农民工企业、农民工市场、农民工家庭等场所。在掌握大量事实的基础上，大家认为在有更准确的概念取代之前，还是简称"农民工"为好。农民工有其特殊的内涵，即这个群体的人，他们还有承包地在农村，还没有脱离农村，如有困难还可以回农村去，同时他们也是产业工人。

在城乡二元结构尚未根本突破的时代背景下，农民工不仅为城市增加了活力、为改革开放增添了动力，实现了收入增加，还为我国深化改革，扩大开放，加快工业化、城镇化和现代化进程作出了巨大贡献。农民外出务工已成为扩大就业、增加收入的主要渠道；农民工已成为支撑我国工业化发展的重要力量；农民工已成为促进城市建设与繁荣的主力军；农民外出务工已成为工业带动农业、城市带动农村、发达地区带动落后地区的有效形式；

农民外出务工已成为促进改革的推动力。

(二)维护农民工权益的重要政策

进入 21 世纪以来，党中央更加重视农民工问题，连续出台多项调研报告、政策意见和解决措施，确保农民工的权益。

2003 年中央接连颁布 3 个有关农民工问题的文件。2003 年 1 月，国务院发出了《关于做好农民进城务工就业管理和服务工作的通知》，提出了"公平对待、合理引导、完善管理、搞好服务"的政策原则，规定了取消针对农民工的歧视性政策规定以及不合理收费、拖欠或克扣农民工工资、农民工子女的义务教育问题、农民工进行职业培训、农民工在城市的生活居住条件及工作环境等 6 方面的政策内容。此后，国务院办公厅又发出"国办发 78 号"、"国办发 79 号"文件，又分别对农民工子女的义务教育问题及农民工技能培训问题作出专门规定，明确流入地政府负责农民工子女接受义务教育工作，以全日制公办中小学为主；明确各级财政在财政支出中安排专项经费扶持农民工培训工作；提出逐步统一城乡劳动力市场，形成城乡劳动者平等就业制度。除此以外，国务院公布《工伤保险条例》，首次将农民工纳入保险范围。

2004 年中央一号文件《关于促进农民增加收入若干政策的意见》指出，为解决好农民增收困难问题，各级党委和政府按照统筹城乡经济社会发展要求，坚持"多予、少取、放活"方针。一方面，要加快科技进步、深化农村改革，增加农业投入、集中力量支持粮食产业发展，适时调整农业结构，发展农村第二、第三产业，并扩大农民就业，增加农民收入；另一方面，要改善进城就业农民的工作环境，简化农民跨地区就业和进城务工的各种手续，保障农民工的合法权益，解决好农民工子女入学问题，推进大中城市户籍制度改革，放宽农民进城就业和定居条件，尽快扭转城乡居民收入差距不断扩大的趋势。

2006年，国务院颁发《关于解决农民工问题的若干意见》。该《意见》阐述了解决农民工问题的重要性和紧迫性，明确了做好农民工工作的指导思想、基本原则和政策措施，是解决农民工问题的重要指导性文件。该《意见》指出，农民工进城务工为我国现代化建设作出了巨大的贡献，要充分认识解决好农民工问题的重大意义，以"公平对待、一视同仁、强化服务、完善管理、统筹规划、合理引导、因地制宜、分类指导、立足当前、着眼长远"为基本原则，做好农民工工作。为了切实保障农民工的劳动权益，《意见》还对加大维护农民工权益的执法力度提出了具体要求。

2011年，民政部印发《关于促进农民工融入城市社区的意见》。该《意见》指出了充分认识促进农民工融入城市社区的重要意义，强调了正确把握促进农民工融入城市社区的指导思想和基本原则，促进农民工融入城市社区应遵循"公平对待，一视同仁"、"强化服务，完善管理"、"求同存异，相互尊重"、"因地制宜，注重实效"4项原则，各地政府应加强对促进农民工融入城市社区工作的组织领导。

2016年，为全面治理拖欠农民工工资问题，国务院办公厅颁发了《关于全面治理拖欠农民工工资问题的意见》。该《意见》设立了明确的目标任务，即到2020年，形成制度完备、责任落实、监管有力的治理格局，使拖欠农民工工资问题得到根本遏制，努力实现基本无拖欠。《意见》具体指出，要全面规范企业工资支付行为，健全工资支付监控和保障制度，推进企业工资支付诚信体系建设，依法处置拖欠工资案件，改进建设领域工程款支付管理和用工方式，加强组织领导。

三、农民工的群体特征与未来发展趋势

（一）农民工的群体特征

随着我国工业化、城镇化的加速发展，农民工群体规模不断壮大，"民工潮"现象也引起了国家和社会的广泛关注，农民工群体主要呈现以下特点。

一是规模不断壮大，但文化程度普遍较低。20 世纪 80 年代，农民工总人数约为 1.2 亿人，2020 年全国农民工总量达到 2.856 亿人，其中外出农民工约为 1.70 亿人，本地农民工约 1.16 亿人。东部地区是农民工主要的流入地，中西部地区是农民工的主要输出地，但近年来中西部地区吸纳农民工就业的数量也有所提高。大部分农民工的受教育水平为初中，大专及以上学历的农民工仅占全体农民工的 12.2%。

二是主要从事第二、第三产业，且职业流动频繁。农民工就业主要集中于建筑业、运输业等制造业和餐饮、家政、环境卫生、治安保卫等服务业，2020 年从事第二产业和第三产业的农民工占比分别为 48.1% 和 51.5%。此外，农民工同农村、家庭、土地仍有千丝万缕的联系，他们定期在城市与家乡之间徘徊，且职业通常是非正规职业，这使得他们必须在不同城市、行业之间变换不同的职业。

三是收入水平较低，生活水平较低，维权意识较弱。进城务工农民普遍从事技术含量低、劳动条件差、收入水平低、风险高的体力劳动。2020 年农民工月均收入为 4072 元，远低于全国平均月收入。受户籍制度制约，在城市务工的农民不能充分享受城市医疗、养老等社会保障和社会福利待遇，无法充分享受城市政府提供的公共服务。农民工随迁子女教育需求难以满足，"留守儿童"、"留守家庭"等现象突出。农民工签订劳动合同意识较弱、自

我保护意识差，欠薪时有发生，工伤事故和职业病发生率较高。农民工自我维权意识较弱，维权能力不高，权利被侵犯时往往采取忍气吞声或被动恳求的方式解决。

四是农民工成为中国现代化建设中产业工人的主力军，是工人阶级重要的新生力量。2019 年农民工总量达到 2.98 亿人。在整个非农从业人员群体中，扣除党政干部、事业单位从业人员、社会组织从业人员等之后，农民工约占工人队伍的 60%，已经成为我国产业工人的主要组成部分。农民工遍布于建筑、运输、农贸、服务以及工业等领域，已经成为我国基础设施建设、生产流水线、一般建筑业和日常服务业的骨干支撑，为国家经济水平的发展、城市生活和环境的改变以及城市公共基础设施的改善奉献了强大力量。虽然农民工的户籍身份还是农民，其文化教育水平和收入水平也低于工人队伍的平均水平，但大量农民工加入工人阶级队伍加快了我国城镇化发展的进程，成为推动经济持续增长的重要力量。[1]

（二）促进农民工融入城市的对策

现阶段农民工融入城市问题主要体现在：经济融入低，农民工整体收入水平偏低，工资拖欠问题仍存在；社会融入低，在居住空间和社会参与上，农民工群体整体呈现出边缘化和与城市社会隔离的状态，参与城市社区公共事务、社会组织的积极性较低，与城里人的社会交往较少；自我认同感低，农民工在城市社区的融入上面临着身份认同困境，由于身份认同标准的多维性与复杂性，农民工群体总是在城里人和农村人两种身份间挣扎、徘徊，

---

[1]　本部分所有数据引自《中华人民共和国 2020 年国民经济和社会发展统计公报》，国家统计局网站，2021 年 2 月 28 日，http://www.stats.gov.cn/xxgk/sjfb/zxfb2020/202102/t20210228_1814159.html。

成为游离于城市和农村之间的双重边缘人。

农民工融入城市是中国城镇化道路的必然要求。自农民工问题凸显以来，党和国家高度重视农民工问题，出台了一系列对策以促进农民工融入城市。

第一，充分发挥社区的功能作用。健全以社区为依托的农民工服务和管理平台，促进农民工逐步融入城市生活，融入社区服务体系。一是构建以社区为载体的农民工服务管理平台，以农民工需求为导向，整合延伸到社区的人口、就业、社保、教育、卫生以及法律服务等社会管理职能和服务资源，完善以社区服务站为主体的社区综合服务管理平台，将农民工服务管理纳入其中。二是扎实做好农民工社区就业服务工作，紧密结合农民工就业服务需求，依托社区公共就业服务窗口，有针对性地为农民工提供就业服务，促进农民工创业就业。三是切实保障农民工参与社区自治的权利，进一步完善社区民主选举制度，探索农民工参与社区选举的新途径。四是健全覆盖农民工的社区服务和管理体系，大力发展丰富多彩的社区文化生活，围绕尊重农民工、关心农民工的主题，开展多种形式的业余文化活动，丰富农民工的精神生活。

第二，完善农民工社会保障体系。一方面要不断健全保障覆盖内容；另一方面，保障方式还要适应农民工流动性大的特点，从而实现异地可转移接续。一是建立农民工工资支付保障制度。严格规范用人单位工资支付行为，建立工资支付监控制度和工资保证金制度，从根本上解决拖欠、克扣农民工工资问题。合理确定和提高农民工工资水平，规范农民工工资管理，切实改变农民工工资偏低、同工不同酬的状况。二是健全社会保险转移和衔接机制，加大政府监管力度和宣传力度，尽可能把流动人口纳入城乡社会保障体系，动员和组织更多农民工参保，努力提高农民工的保险意识。三是依法将农民工纳入工伤保险范围，努力完善和健全农民工失业、工伤保险和职业安全保障机制；抓紧解决农民工大病医疗保障问题，创新医疗保险运行模式，提高农民工医疗保障水平。四是探索适合农民工特点的养老保险办法，降低转移成本和建立衔接机制，提高农民工养老保险参与率。

第三，切实为农民工提供相关公共服务。一是把农民工纳入城市公共服务体系，逐步健全覆盖农民工的城市公共服务体系。在编制城市发展规划、制定公共政策、建设公用设施等方面，统筹考虑长期在城市就业、生活和居住的农民工对公共服务的需要。二是保障农民工子女平等接受义务教育，将农民工子女义务教育纳入当地教育发展规划，加强农民工疾病预防控制和适龄儿童免疫工作，并进一步搞好农民工计划生育管理和服务。三是多渠道改善农民工居住条件和工作条件，切实加强对农民工的人文关怀，保护好其合法权益，提高对其职业技能培训的针对性和有效性等。进一步加大工作力度，着力营造有利于农民工较好较快融入城市的良好生存环境和发展环境，彻底改变其在城市被排斥、被歧视和被边缘化的状况。四是加大维护农民工权益的执法力度，做好对农民工的法律服务和法律援助工作。强化劳动保障监察执法，加强劳动保障监察队伍建设，完善日常巡视检查制度和责任制度，依法严厉查处用人单位侵犯农民工权益的违法行为。将农民工列为法律援助的重点对象，对农民工申请法律援助，要简化程序，快速办理，为农民工获得法律援助提供必要的经费支持。

第四节　就业结构演变与新型职业群体

一、就业结构的概念与内涵

就业结构即社会劳动力分配结构，是指国民经济各部门所占用的劳动力数量、比例及其相互关系，抑或指不同就业人口在总就业人口中的比例关系。就业结构是衡量社会劳动力资源配置状况的重要标准，按照不同分配方式可分为就业的产业结构、就业的所有制结构、就业的城乡结构、就业的地区结构、就业的知识结构、就业的性别结构、就业的职业类型结构、就业的技术结构等。就业结构的主要特点包括：一是动态性。就业结构的比例关系随时间变化而变化，不同就业结构之间呈现此消彼长的变化特点。二是规律性。就业结构是由一个国家经济社会发展状况决定的，就业结构的变化遵循一定发展规律，一般会经历从低级向高级，从原始到先进的演变过程。三是系统性。就业结构各部分之间是按照一定法则有序组织起来的，各部分间相互依赖、相互联系、相互作用，共同促使就业结构发生变化。

新中国成立后，我国就业规模迅速扩大，就业结构呈现出工业部门吸纳就业人口能力增强的特点，但仍以农业就业人口为主，公有制经济就业人口比重超过非公有制经济就业人口，劳动者素质有所提高。新中国成立以来，随着国民经济的逐步恢复，工业化进程加快，我国工业部门就业人口比重迅速增加，就业结构中重工业劳动者比例远超过轻工业。但由于我国农业人口基数大，就业的产业结构仍是以农业为主，农业就业人口规模大且比重高。1956 年，随着资本主义工商业的社会主义改造基本完成，公有制经济成为就业的主要渠道。在我国就业的所有制结构中，国有经济、集体经济就业人口比重扩大，而个体私营经济就业人口规模迅速减少。与此同时，在就业的文化结构方面，随着国家大力推动学校教育发展，利用开办"扫盲班"、"夜校"等方式，使劳动者的文化素质有所提高。

二、改革开放以来我国就业结构的主要特征与演变趋势

(一)改革开放以来我国就业结构的主要特征

改革开放以来，我国就业的城乡结构、产业结构、所有制结构持续优化，就业结构呈现出以城镇就业人口为主、第三产业就业人口规模大且比重高、个体私营经济成为吸纳就业人口主力军的特征。首先，我国就业结构以城镇就业人口为主。改革开放极大解放和发展了生产力，充分释放了劳动力市场的活力，使城镇就业人员迅速增加。国家统计年鉴数据显示，2018年，城镇就业人员占全国就业人员比重进一步提高至56.0%。其次，第三产业就业人口规模大且比重高。2018年，我国三大产业就业人员比例分别为26.1%、27.6%和46.3%，服务业占主导的现代模式逐步形成，就业结构更加优化。特别是党的十八大以来，服务业迅速发展，2013—2018年占就业人员比重平均每年增加1.7个百分点。最后，个体私营经济成为吸纳就业人口的主力军。个体私营经济已经成为吸纳就业人口的主要渠道。个体私营经济集中在商业服务业，能够为劳动力提供更多就业岗位。据国家工商总局调查显示，全国三分之一就业集中在个体私营经济部门，90%的城镇新增就业源于个体私营经济组织。

(二)改革开放以来我国就业结构的演变趋势

改革开放以来，在计划经济向市场经济转型的背景下，我国

就业结构发生了明显变化，呈现出农业从业人员比例大幅减少而工人数量和比例不断增长、公有制经济就业人口比例大幅降低、自由职业者比例出现增长、劳动者性别比总体均衡、就业人口文化素质进一步提高的发展趋势。

一是农林牧渔劳动者比例逐年下降，工人数量和比例明显增加。改革开放以后，农民从土地束缚中解放出来，拥有了自由选择职业的机会，很多农民转换职业，成为乡镇企业工人或管理者、进城农民工、个体经营者等。从全国人口普查中劳动就业者的职业分布来看，我国农林牧渔劳动者数量逐渐减少，所占比例不断下降。改革开放以来，我国工人群体规模不断扩大。工人群体既包括传统的工业工人，也包括服务行业的从业人员。国家统计年鉴结果显示，我国第二产业就业人口比重由 1978 年的 17.3％增长至 2019 年的 27.5％，第三产业就业人口比重由 1978 年的 9.1％上升至 2019 年的 47.4％。

二是我国公有制经济就业人口比例大幅降低。改革开放以来，我国非公有制经济蓬勃发展使我国就业的所有制结构发生明显变化。在各经济形式中，公有制经济就业人口比重大幅下降，非公有制经济就业人口比重快速攀升，劳动者有了更为灵活和广阔的就业空间。在公有制经济中，国有单位、城镇集体单位就业人口比重下降。1978 年，我国几乎没有其他所有制形式的经济组织。改革开放后的前十几年，随着经济的恢复和快速发展，特别是乡镇企业的崛起，国有企业的工人和集体企业工人都有所增加。但经过国有企业改革和多种经济成分的大发展，国有企业工人的人数大幅减少。

三是我国自由职业者比例出现增长。互联网时代的到来赋予"自由职业者"新的含义。传统"自由职业者"是指没有雇佣单位，自我雇佣的脑力劳动者，其主要包括独立从业的医生、教师、律师、会计、作家、艺术家等，人数有限。然而，互联网的发展催生了一大批新型网络工作岗位，自由职业者的内涵和外延更为丰富，出现了如个体的、形式多样的网络直播、网店经营、网上代购、短视频制作、"慕课"、网约车等就业方式。中国社会综合状况调查结果显示，我国自由职业者在职业阶层结构中的比例已从 2008 年的 0.1％上升至 2019 年的 5.6％，这意味着自由职业者群体规模达到 3900 万人。

四是各类型职业劳动者性别比总体较为均衡。全国人口普查调查结果显示，各类专业、技术人员，商业、服务业工作人员，以及农林牧渔劳动者的性别比基本维持在 90∶110 之间。办事人员和有关人员以及生产工人、运输工人和有关人员的性别比较高，但办事人员和有关人员的性别比呈现出明显的下降趋势，而生产工人、运输工人和有关人员的性别比近年来略有增高。国家机关、党群组织、企事业单位负责人的性别比最高，虽然随着女性社会参与度的不断提高，这一数字出现大幅下降，但仍然处于较高水平。

五是我国就业人口文化素质进一步提高，劳动力素质显著增强。改革开放以来，一方面，我国就业人口受教育程度进一步提升。2020 年，新增劳动力接受过高等教育比例达到 50.9％，新增劳动力受教育的水平已经进入到高等教育阶段，平均受教育年限达到 13.7 年。另一方面，技术技能素质普遍提高。我国拥有专业技术职称的职工人数不断增加，高层次、高技能人才不断涌现，职工技术素质显著提升。截至 2019 年年末，全国累计有 3234.4 万人取得各类专业技术人员资格证书，比 2012 年增加 1659.4 万人。

三、我国新型职业群体的主要特征与发展态势

（一）我国新型职业群体的概念与形成

新型职业群体是指在新零工经济中，掌握相对独立成熟的职业技能，形成一定规模的从业人员。不同于传统"朝九晚五"的工作形式，新型职业群体的工作普遍用时短、灵活性强。工作类型包括咨询顾问、承接协定、兼职工作、临时工作、自由职业、个体经营、副业，以及通过自由职业网站平台找到的订单式零工等。

新型职业群体的形成既是对我国人民群众日益增长的美好生活需求的反映，也是对随着互联网、人工智能等技术进步催生出一大批新经济新业态的回应，更是对新时期就业群体多元择业价值观的体现。首先，人民群众不断升级的消费需求。国民收入增加和财富的不断积累，使人们对美好生活的需求不断提高。消费市场因此呈多元化发展趋势，消费需求升级后更加强调个性化、品质化体验，以发展为主的教育、娱乐等服务性消费持续增长。消费除了承载交易功能外，在自我表露、社交属性等方面对消费者的意义日益增强。其次，互联网等技术的进步与革新。以互联网和人工智能为代表的新技术正在重塑新一轮社会经济格局。一方面，技术革新和进步催生出一批新业态、新岗位，拓展出新的更广阔的就业空间。互联网技术改变了人们传统的工作生活方式、时间和空间观念。另一方面，技术革新和进步对传统就业方式产生了影响和冲击，促使传统产业生产、管理和营销模式发生变革，以"机器换人"等形式替换劳动，导致一些原有岗位被淘汰。最后，日益多元的择业价值观。就业群体对于职业价值的认知和选择越来越多元，体制内就业只是就业的一个选择。尤其是对于青年人，职业不仅是谋求生存的手段，更是体验不同生命历程的重要方式，因此职业选择开始强调个人兴趣，这进一步促使了新型职业群体

的产生。

（二）我国新型职业群体的主要特征

依托互联网、共享经济的发展，灵活多样的就业形式促使新型职业群体产生。一些新的就业形态，如网约车司机、外卖"骑手"、"网约工"等从业人员规模已达数千万。新型职业群体在发展中表现出劳动力素质水平高、从业人员年轻化、就业形式灵活多样的特征。一是新型职业群体拥有良好的知识结构和专业技能。新型职业普遍要求从业者具有一定的专业知识和技能。随着社会分工的逐渐精细化，新型职业群体开始利用自身专业知识和技术能力参与就业。不管是与区块链、物联网等相关的工程技术类岗位，还是城市管理网格员、互联网营销师、社群健康助理员、在线学习服务师等现代服务业类岗位，都需要良好的理论和实践应用能力。二是新型职业群体呈现年轻化。在新型职业群体中，"90后"和"00后"是选择新职业的主流人群。这一阶段的年轻人，强调"职业自由"的工作方式，在拥有良好的教育背景并掌握多种职业技能的基础上，获得了择业的主动权。作为成长在互联网技术迅速发展时期的一代，互联网已经与他们的生活学习建立起紧密的联系，这使得他们成为新职业的主要参与者。三是就业形式多样化、灵活性强、自由度高。新型职业从业人员的就业形式更为多样灵活。一方面，为满足人们日益增长的消费需求，新职业从业人员的职业类型更加丰富，既包括以互联网为主的高新技术岗位，也包括与生活质量相关的服务类岗位。另一方面，对于新型职业群体，工作的稳定性并不是择业时的主要考量。新型职业与传统职业相比，新职业从合同雇工到劳务派遣、从实体服务到虚拟环境、从定时定点到随时随地等就业方式和劳动关系方面转变，使得新职业的灵活性更强、自由度更高。

（三）我国新型职业群体的发展趋势

随着互联网技术的不断进步，新经济新业态的持续发展，新型职业群体呈现出群体规模日益扩大、职业类型日益多元、职业选择从以满足生存需求向以满足个人兴趣的方向发展。首先，新型职业群体规模持续扩大。在新型职业群体中，以共享经济为主要商业模式的平台就业形式发展迅速。美团点评与智联招聘调查数据显示，我国共享经济平台企业员工人数逐年增加。2020 年，平台企业员工数约为 631 万人。其次，职业类型呈多元化发展趋势。1999 年，我国颁布了首部国家职业分类大典，共收录 1838个职业。新世纪以来，为适应新职业不断出现和发展的新情况，我国于 2015 年修订并颁布新版国家职业分类大典，首次对 127 个绿色职业进行了标识。这些新职业主要集中在新兴业态中，少数出现在餐饮、旅游、电影等非新兴业态里，包括了以数字化和高新技术为基础的新职业、以生活服务为主的新职业、以娱乐化和兴趣为主的新职业及以创新管理为主的新职业等多元职业类型。最后，新型职业群体就业逐渐突破传统就业观影响。新型职业者的职业选择不仅是为满足基本生存需求，而且更强调表达择业者自我的生活态度。越来越多的年轻人开始以兴趣为导向，突破传统就业观的束缚，性别、年龄等传统就业中面临的壁垒逐渐出现松动。譬如，在被大众普遍认为是"女性职业"的工作领域里，越来越多的男性从业者加入进来。此外，互联网信息技术的发展，直播平台的兴起为劳动者提供了更为灵活的就业方式，弱化了年龄等就业条件的限制。

（四）促进我国新型职业群体进一步扩大的对策建议

新型职业群体是在改革发展中形成的产物，尽管这一群体的规模在不断扩大，但作为新兴群体，也面临着职业发展稳定性不足、社会保险参保率不高、维权机制不健全、职业前景缺少长远规划、教育培训欠缺等问题，对其发展造成了影响。因此，通过保障新型职业群体劳动权益、促进个体经济发展创造更多就业机会、提高新型职业群体就业能力，增强社会对这一群体的认同感，从而进一步扩大我国新型职业群体规模。

第一，要大力保障新型职业群体的劳动权益。保护新型职业者的合法权益是扩大我国新型职业群体的基础。一要进一步完善相关劳动法律法规。针对新就业形态劳动关系、劳动强度、劳动方式等方面的新特点，要加快出台新的劳动关系认定标准和方法，建立与司法实践相适应的实质审查标准，完善适应新就业形态的劳动合同、劳务管理等相关制度。二要进一步健全社会保险制度。要积极研究制定新就业形态从业者参加养老、医疗保险和缴纳住房公积金的社会保障制度。引导推广为新就业形态从业者打造雇主责任保险或意外伤害保险，探索适应新就业形态从业者的失业、工伤保险保障方式。三要增强新型职业群体的组织化水平。大力支持新型职业群体组建专业性从业人员行业组织，加强行业自律，推动新型职业群体有序组织化。

第二，要进一步促进个体经济发展。促进个体经济成长，开辟消费和就业新空间是新型职业群体能够持久发展的必备条件。一是积极培育新个体，支持自主就业。进一步降低个体经营者线上创业就业成本，提供多样化就业机会。支持微商电商、网络直播等多样化的自主就业、分时就业，鼓励发展基于知识传播、经验分享的创新平台。鼓励商业银行推广线上线下融合的信贷服务，合理降低个体工商户融资成本。引导互联网平台企业降低个体经营者使用互联网平台交易涉及的服务费，吸引更多个体经营者线上经营创业。二是大力发展微经济。探索运用区块链技术完善多元价值传递和贡献分配体系。激发各类主体的创新动力和创造活力，加快推动线上多样化社交、短视频平台等健康有序发展。三是鼓励兼职兼业。明确兼职工作的用工关系和权利义务，鼓励各类平台提供兼职工作机会，支持劳动者在并不损害本职工作的基础上，从事兼职工作，增加劳动收入。

第三，要提高新型职业群体的就业能力。就业能力是维系新型职业群体持续扩大的重要动力。一方面，完善新型职业群体的职业发展体系。要加强职业化教育，探索建立新型职业群体就业培训模式。有针对性地开展技能培训，提供职业指导、就业信息、就业见习等服务，做好职业生涯规划教育引导，提升新职业者的职业素养。要完善新职业在国家职业认定与分类系统中的界定，将相对成熟稳定的新职业纳入国家职业分类大典，使新职业合法化。另一方面，建立新型职业群体的职业规范机制。要建立健全推动新型职业群体健康发展的政策法规体系，完善新型职业群体发展规范和配套政策，尽快制定相应的职业标准和行业规范，建立技能等级评定体系。

第四，要强化新型职业群体的社会认同感。社会认同感是吸引个体选择新型职业的主要助力。一方面，增强社会对新职业的理解。要进一步推动新型职业群体的典型培育，向社会传递新职业青年发展的正能量，使社会民众能够接受并理解新职业的发展前景和工作内容，为新职业者的成长营造出良好的社会环境，吸引更多青年成为新职业从业者。通过将新型职业群体纳入共青团、工会工作体系，采用个人信用积分、行业集体抵制禁入等方式，改变社会对新职业者的固有认识。另一方面，要完善新型职业群体政治参与和社会参与权利。加快推动相关平台建设，为新职业者政治参与、社会参与提供公开平台，畅通诉求表达渠道，提高新型职业群体的职业认同感和社会融入程度。

第五节　人口结构变化和应对人口老龄化

一、人口结构的概念与内涵

人口结构是社会、经济、文化发展和人类自身发展的历史产物，反映国家各地区人口的质量（素质）和经济发展水平。在人口与社会、经济发展的相互作用下，人口的年龄结构、城乡结构、产业结构、职业结构以及文化结构等，形成了自身的特点和变动的规律性。了解人口结构变动趋势，对进行人口预测、制定经济与社会发展规划、制定人口政策和社会经济政策等，有着重要意义。

人口结构，又称人口构成，是指将人口以不同的标准划分而得到的一种结果。其反映了一定地区、一定时点人口总体内部各种不同质的规定性的数量比例关系，主要有性别结构和年龄结构。构成这些标准的因素主要包括年龄、性别、人种、民族、宗教、教育程度、职业、收入、家庭人数等。

人口结构根据人口的不同特征，可划分为 3 大类：人口自然结构、地域结构与社会结构。人口自然结构是按照人口的生理属性来划分的，是人口结构体系中最基本的结构，主要有性别结构与年龄结构；人口地域结构是指人口的地理分布状况，是人类长期适应、利用和改造大自然的结果，包括人口的行政分布、自然与经济区域分布、城乡分布等；人口社会结构是按照人口的社会经济属性来划分的，包括人口的婚姻状况结构、家庭类型结构、阶级或阶层结构、民族结构、宗教信仰结构、在业与不在业结构、行业结构、职业结构、文化教育程度结构等。

人口结构的变动是一个受社会、经济、人口自身等因素的影响，随着时间的推移而不断发生变化的过程。新中国成立至改革开放之前，我国人口结构变动表现为人口规模由无计划自发高增长转变为有计划可控制增长、性别结构均衡稳步推进、劳动年龄人口稳步提升、城镇化水平稳步推进的特征。第一，在人口规模上，1949—1957 年、1962—1970 年为人口无计划自发高速增长时期，人口自然增长率均维持在较高水平，是新中国成立以后出现的两次人口生育高峰；20 世纪 70 年代为人口有控制增长阶段，是中国人口发展出现根本性转变的时期。这一时期人口自然增长率迅速下降，由于总人口基数庞大，人口净增的绝对数仍相当可观。第二，人口性别结构均衡稳步推进。这一时期内人口性别比保持较高水平，受死亡率性别差异的影响呈缓慢下降趋势，性别结构伴随时间推移持续优化。第三，劳动年龄人口占比稳步提升。这一时期内，劳动年龄人口大幅增长并保持较高水平，形成了有利的人口年龄结构，转化为推动经济增长的人口红利。第四，人口城镇化率稳步推进。新中国成立初期我国乡村人口为 4.84 亿，城镇人口近 5765 万，此时城乡人口之比大致为 1∶9，随后二者均保持增长，城镇化率稳步推进。

二、改革开放以来我国人口结构的主要特征与演变趋势

改革开放以来，我国人口政策逐步从计划生育向鼓励生育转变，先后作出了实施计划生育、单独两孩、全面两孩、三孩政策等重大战略安排，使人口结构呈现出一系列新特征与新趋势。

（一）改革开放以来我国人口结构的主要特征

人口性别比偏高，性别结构持续改善。改革开放以来，我国人口性别比一直保持较高的水平，2019 年我国人口男女比例为

104.46：100，高于绝大多数国家总人口性别比。但近些年来人口性别比有所回落，发展趋势整体向好，性别结构持续改善。

老龄人口持续上升，老龄化速度快且总量大。我国自 1999 年年底步入人口老龄化社会，到 2020 年，全国 60 周岁及以上老年人达 2.6 亿，其中 65 周岁以上老年人 1.9 亿，分别占总人口的 18.70％ 与 13.50％。如此巨大的老年人口规模与增长速度让我国较其他国家提前进入了老龄化社会，成为除日本外的世界人口大国在崛起过程中老龄化速度最快的国家，老龄化的挑战十分严峻。

劳动年龄人口占比较高，人口红利持续近 40 年。改革开放以来，我国劳动年龄人口占比一直处于六成以上，于 2000 年以后更是保持高于七成的水平，为我国经济发展创造了良好条件。然而，同时期世界总人口、英美等发达国家的劳动年龄人口占比均未超过 70％。虽然以劳动年龄人口增长快、比重高为特征的第一次人口红利即将结束，但未来伴随着老年人口比重提高，可能产生新储蓄动机和新人力资本供给，从而形成第二次人口红利。

就业结构持续优化。改革开放以来，伴随着经济的转型升级和劳动力市场的逐步完善，我国劳动力就业结构持续优化。其中，商业服务业人员明显提升，农业从业人员显著降低。商业服务业成为我国吸纳劳动力的重要渠道，占比超过我国就业人口的 1/4，而农业从业人员占比已经降至我国就业人口的 1/3 左右。

城市化率超世界平均水平，处于城市化进程加速期。改革开放 40 多年来，我国城镇化率提升了将近 43 个百分点。2019 年达到 60.6％。从我国城市化发展历程来看，城市化发展的起步阶段，仅用了 49 年，而美国、德国、英国分别用了 66、48、79 年；在随后的城市化中期阶段，我国仅用 21 年，而美国、德国、英国分别用了 60、80、100 年，我国城市化进程飞速发展。

　　(二)改革开放以来我国人口结构的演变趋势

　　人口老龄化加剧，老龄问题进一步突出。改革开放以来，中国的老龄化始终延续着老年人口规模不断增长、比例逐渐提高的总体趋势。这一时期，老龄化的持续发展与高龄化的加速推进相伴，不仅中国人口整体将会呈现出明显的老化，老年人口群体内部也发生着急剧的老化。老龄化的直接后果就是社会抚养压力加重，养老负担与抚幼负担相互交织，需要采取积极的应对策略。

　　劳动力资源仍然丰富，人口红利继续存在。改革开放以来，"人口红利"为我国的经济发展提供了一个有利的战略机遇期，在创造"经济奇迹"中发挥了显著作用。目前，中国第一次人口红利正由聚集转向减少，并逐渐转入收获结构性人口红利阶段。我国劳动年龄人口虽处于缓慢老化时期，但劳动力资源依旧丰富，人力资本积累仍不断增加。但是，未来收获人口红利难度将进一步加大，将更多依赖于人力资本积累和深化劳动力市场等方面的制度改革。

　　人口素质不断提高，人才红利新优势逐渐显现。近年来，随着我国教育水平的提高、"健康中国"规划纲要等举措的出台，巨大的质量型"人才红利"被逐渐激发出来。人才红利驱动经济增长的战略，是促进我国经济持续增长的关键。为此，要进一步突破体制机制障碍，给创新、创造人才提供更加广阔的空间，让中国的"人口红利"转化为"人才红利"。

　　人口加快集聚，城市"集聚效应"明显。城市的"集聚效应"是指社会经济活动因空间集聚所产生的各种影响或经济效果。通过规划合理的城市人口规模，能最大限度地发挥城市的"集聚效应"，带来人口和产业的集聚，进一步推动技术进步、提高全要素生产率以及收入水平。当前，人口向城市加快集聚的同时，也对提高城镇化的质量、促进区域协调发展提出了新的要求。

三、我国人口老龄化的挑战与应对策略

人口老龄化是 21 世纪大多数国家都要面临的重大战略问题。从全球范围来看，我国人口老龄化具有特殊性，面临的挑战压力巨大。但从我国未来发展的大局来看，只要深刻认识人口老龄化挑战的严峻性，高度重视老龄问题，制定实施符合国情的应对人口老龄化战略，就一定能够成功保持人口老龄化条件下经济社会的全面协调和可持续发展，实现社会主义现代化建设的宏伟目标。

（一）我国人口老龄化的挑战

自 1999 年，我国步入老龄化社会以来，人口老龄化加速发展，并日益呈现规模大且增长快、高龄化、发展不均衡的特点。第一，老年人口绝对规模大，发展态势迅猛。到 2020 年，我国 60 周岁及以上老年人达 2.6 亿，其中 65 周岁以上老年人 1.9 亿。如此巨大的老年人口规模与增长速度让我国较其他国家提前进入了老龄化社会。第二，老年人口高龄化。随着寿命的延长，老年群体内的老化态势日渐明显，2020 年，我国高龄老年人增加至 2900 万人左右，老年人口高龄化显著。第三，老龄化发展不均衡，城乡不均衡与地区不均衡并存。一方面，人口老龄化水平城乡倒置，农村人口老龄化程度始终高于城镇；另一方面，区域常住人口老龄化呈现出东部放缓、中西部不断加快的态势，各省份间的老龄化进程差异巨大。程度持续加深的人口老龄化，已经成为影响国计民生、民族兴衰和国家长治久安的重大战略问题，给我国经济发展、养老保障发展、医疗保障发展带来严峻的挑战。

人口老龄化给经济发展带来严峻挑战。人口老龄化是经济发展的必然结果，中国的老龄化超前于现代化，"未富先老"是中国

当前的阶段性特征，人口老龄化对经济发展的不利影响显而易见。一方面，人口老龄化导致劳动适龄人口下降。劳动年龄人口相对缩减，使从事经济活动的劳动人口下降。在一定生产规模和生产要素配比下，劳动力资源不足可导致部分生产资料和设备闲置，影响生产力与经济的发展。另一方面，人口老龄化导致国民收入分配向老年人倾斜，加剧公共财政负担。老龄化引起行政事业单位离退休人员费用、企业职工养老保险、城乡居民养老保险、老龄人口医疗费用、与老年人口相关的公益福利设施费用等财政支出急剧上升，加重国民经济负担，影响经济可持续发展。

人口老龄化给养老保障的发展带来严峻挑战。我国人口老龄化发展迅速，养老保障需求压力越来越大。由个人收入、家庭保障、基本养老保险、社会养老服务等所构成的养老保障供给能力不足。这种供需缺口将对养老保障的发展带来严峻挑战。第一，人口老龄化加剧基本养老保险制度可持续发展压力。随着劳动年龄人口比重的逐渐降低以及老年人口比重的不断提高，参保人员的负担系数将继续提高。这将对现收现付制的基本养老保险基金的收支平衡产生直接影响，加剧其可持续发展的压力。第二，人口老龄化导致家庭养老功能日益弱化。目前，我国家庭依然发挥着对老年人经济供养的部分功能。伴随人口老龄化，我国家庭规模趋于小型化和核心化，老年人家庭日益空巢化和独居化。家庭结构的这一变迁导致我国家庭养老功能逐渐弱化。第三，人口老龄化冲击社会养老服务体系。当前社会养老服务总量不足、服务发展水平滞后、服务人力资源匮乏的状态难以应对需求巨大的老龄服务市场，冲击社会养老服务体系。

人口老龄化给医疗保障的发展带来严峻挑战。人口的快速老龄化以及与之相伴随的疾病谱的转变，导致我国疾病经济负担和医疗服务利用需求急剧增长，这将会给我国的医疗卫生事业发展带来持续冲击。一方面，人口老龄化加剧医疗保障制度可持续发展压力。随着人口老龄化的加速，医疗保险制度的缴费人群将缩小，享受保险人群将相对扩大，以现收现付制为筹资模式的医疗保险制度必然面临保险基金收不抵支的风险。医疗保障制度面临的财务可持续性压力十分巨大，构成潜在隐性债务。另一方面，人口老龄化加剧医疗卫生服务体系建设压力。面对人口老龄化背景下老年人口医疗服务利用快速增加的现实要求，我国既要依托现有的医疗卫生服务体系，加强或扩展老年人医疗卫生服务的功能，又要针对老年人特殊的、集中的需求，适当建设一些专业性的、独立性的老年医疗保健机构，加重医疗卫生服务体系建设压力。

（二）我国人口老龄化应对策略

人口老龄化是我国的基本国情，积极应对人口老龄化的挑战，是我国一项长期战略任务。面对日趋严峻的老龄化问题，必须实施"积极应对人口老龄化"的战略，以新的思维、新的策略应对老龄化的挑战。

强化经济发展与投资，开发涉老产业、"银发"市场与资源。经济发展和经济实力是应对人口老龄化问题的基础，发展是应对人口老龄化挑战的唯一路径。第一，推进经济结构战略性调整，加速经济发展。把经济发展方式转变到依靠科技进步和体制创新上来，统筹实体经济和资本经济协调发展，实现宏观经济持续稳定发展，为积极应对人口老龄化提供坚实物质基础。第二，强化对劳动人口的投资。落实"以质量换数量"的发展战略，将已收获的"人口红利"投资于教育、卫生和福利等直接关乎未来人口劳动生产率的部门，使劳动力始终保持与社会经济发展相适应的知识和技能水平，逐步形成"人才红利"。第三，发展老龄产业，开发"银发"市场。积极探索老龄产业发展路径，大力发展满足老年人所需产品与服务的老年产业。人口老龄化带来的巨大养老和社会保障建设需求创造了庞大的消费市场与大量的全新职业及岗位，有利于扩大内需，推动经济发展。第四，开发老年劳动力资源，为老年人再就业创造条件。引导老年人进入适合其体力和脑力条件的行业，鼓励老年人口在退休后能够继续通过灵活就业和志愿服务等方式最大限度地发挥老年人口的人力资本与社会资本优势。

完善养老保障、医疗保障体系，强调"医养护结合"。第一，加快完善多支柱的养老保障体系。完善基本养老保险制度，加快发展职业年金/企业年金制度，鼓励个人参加商业性养老保险，并推动社会救助、社会福利和慈善事业发展，为老年人提供多支柱、多层次的养老保障。第二，健全居家为基础、社区为依托、机构为支撑的社会养老服务体系。强化家庭养老服务功能、统筹发展社区养老与机构养老服务，提高社会养老服务水平，满足老年人多样化、多层次的养老服务需求。第三，构建多层次医疗保障体系。多层次医疗保障体系是我国未来医疗保障的重要发展方向，需要结合我国人口的基本特点，逐步完善老年人医疗保障体系。加快基本医疗保险制度整合，提高统筹层次和保障水平；积极发展商业健康保险，完善补充医疗保险制度；鼓励和引导发展社会慈善医疗救助，建立健全责任明确、分担合理、多层次有序组合的健康保障体系，切实减轻老年人的医疗保健费用负担。第四，发展老年长期照护服务，强调"医养护结合"。将老年长期照护服务定位于"社会服务"而非"医疗服务"。

加强家庭孝道文化与家庭支持系统建设，推动家庭养老功能再实现。家庭养老是中国养老的主要方式，对于解决好老龄化社会中的老有所养问题具有不可替代的作用。一方面，弘扬孝道文化，加强尊老养老敬老的教育宣传。孝道文化是家庭养老的灵魂，更是家庭建设的永恒主题，孝道从家庭做起。在全社会广泛深入开展尊老敬老养老的教育宣传，继续发扬中华民族子孙晚辈尊敬赡养父老辈的优良传统。另一方面，构建现代家庭养老支持系统，强化家庭养老功能。构建家庭养老支持系统的目标，是通过支持家庭来满足老年人家庭养老需求。所涉及的内容应包括，为老年人提供经济保障、医疗保障、照料服务、精神慰藉等服务，为家庭成员提供经济支持、照护补贴、喘息服务、就业扶持甚至惠及整个家庭的购房优惠、户籍随迁等支持。总之，政府和社会应该为家庭提供全方位多层次的支持和指导，有效地推进家庭养老功能的再实现。

积极推进和完善涉老政策创制。积极应对人口老龄化，立足当前，需要做好涉老政策的研究与创制，为老龄事业发展筑牢政策保障基础。一方面，逐步建立长期护理保障制度。全面推进建立护理补贴制度，扶持发展商业性长期护理保险，在部分具备条件的地区进行长期护理社会保险试点。力争尽快建立全国范围长期护理社会保险制度，形成护理补贴、护理救助、社会护理保险、商业护理保险有机结合的多层次长期护理保险制度。另一方面，逐步延迟法定退休年龄。按照小步调整、弹性实施、分类推进、统筹兼顾等原则，逐步延迟法定退休年龄，促进人力资源充分利用。这是符合历史发展潮流的大势所趋，也是应对老龄化挑战的应有之义，更是实现积极老龄化的重要举措。

第六节　社会阶层结构与中等收入群体

一、社会阶层结构的概念与内涵

"社会阶层"是由具有相同或类似社会地位的社会成员组成的相对持久的群体。社会阶层是一种普遍存在的社会现象。同一社会集团成员之间态度以及行为模式和价值观等方面具有相似性，而不同集团成员则存在差异性。社会阶层有以下几个特征：(1)同一阶层的人群具有类似的行为；(2)社会阶层的地位有高低；(3)社会阶层乃是职业、所得、教育等综合的结果；(4)社会阶层的内涵会变动，而且个人亦会提升到较高阶层或下降到较低阶层。社会阶层的影响因素可分为 3 类：经济因素、社会互动因素和政治因素。经济因素包括职业、收入和财富；社会互动因素包括个人声望、社会联系和社会化；政治因素则包括权力、阶层意识和流动性。社会阶层结构是指不同社会成员或社会群体在整个社会系统中的构成方式与比例关系。它依据社会分层的原则、标准和方法，对社会成员阶层归属进行划分。

在我国革命、建设和改革开放的历史进程中，阶级阶层分析一直都是非常重要的问题。1925 年，毛泽东在《中国社会各阶级的分析》一文中，运用马克思主义的阶级分析方法，将中国社会各阶级分为 5 大部分：地主阶级和买办阶级、民族资产阶级、小资产阶级、半无产阶级、无产阶级，以此来区分谁是朋友，谁是敌人。

新中国成立初始，按照政治和经济双重标准，对中国各阶级进行了划分，在新的经济结构的基础上构建出"四个阶级和一个阶层"的社会阶级阶层模式，包括工人阶级、农民阶级、小资产阶级、民族资产阶级，以及既与工人阶级密切联系又因特殊社会功能独立于工人阶级的管理者阶层，其中工人阶级是领导阶级。我国国旗的五星图案，代表了当时阶级阶层结构的基本格局，即围绕中国共产党这颗大星的人民大团结，由代表工人阶级、农民阶级、城市小资产阶级、民族资产阶级的四颗小星组成。

1956年1月，周恩来代表中央在知识分子问题会议上提出，知识分子的"绝大部分已经成为国家工作人员，已经为社会主义服务，已经是工人阶级的一部分"[①]。到1956年底，对私有制的社会主义改造完成后，中国进入社会主义社会，社会经济结构逐渐趋向单一，只有全民所有制经济和集体所有制经济，工人阶级相对人数和绝对人数都进一步扩大。同时，社会阶级阶层也随之发生重大变化，小资产阶级、民族资产阶级逐渐消失，中国只剩下工人阶级和农民阶级两大阶级，以及知识分子阶层，形成了"两个阶级和一个阶层"的社会结构，并一直延续至改革开放前。

二、改革开放以来我国社会阶层结构的主要特征与演变

改革开放以后，我国经济社会发展进入一个新阶段，出现了一系列历史性转折和阶段性新特征，其中社会阶层结构的变化是改革开放40多年来我国社会发生的最主要变化，具体表现在以下5个方面。

（一）工人队伍空前壮大，农民工成为新生力量

一是农民工成为工人队伍中庞大的新生力量，2016年全国农民工的总量达到2.82亿人。在整个非农从业人员中，扣除党政干

---

① 周恩来：《关于知识分子问题的报告》（一九五六年一月十四日），见《周恩来选集》（下卷），162页，北京，人民出版社，1984。

部、事业单位从业人员、社会组织从业人员等之后，约占工人队伍的 60％。虽然农民工的户籍身份还是农民，其文化教育水平和收入水平也低于工人队伍的平均水平，但他们已成为我国基础设施建设、生产流水线、一般建筑业和日常服务业的骨干支撑。

二是服务业工人的人数超过了工业工人，成为工人队伍中人数最多的部分。改革开放初期，服务业工人是三大产业中从业人员最少的部分，而到 2016 年，服务业工人的人数不仅超过了工业工人，也超过了农民。特别是随着以通信、金融、物流、电子商务、房地产为主体的现代服务业的快速发展，一支与新技术、新业态密切联系的，有别于传统体力劳动工人的新型工人队伍迅速成长，人数已达数千万。

三是工人队伍中的国有企业职工比重大幅度减少，其经济社会地位分化较大。改革开放初期的 1978 年，我国工人中大约 75％是国有企业工人，25％是集体企业工人，几乎没有其他所有制形式的经济组织。经过国有企业改革和多种经济成分的大发展，国有企业工人的人数大幅度减少。到 2015 年，全国 6200 多万国有部门从业人员中，扣除 700 多万党政机关公务员、3000 多万国有事业单位人员等，国有企业工人实际已下降到 3000 多万人，集体企业工人也只剩下 400 多万人，而私营企业、港澳台资企业、外资企业和各种非国有控股的混合所有制企业的工人，达到近 2 亿人，其中私营企业工人 1 亿多人。

这些变化也使得工人队伍的经济社会地位发生分化，现代服务业，效益较好的国有垄断行业，与新技术、新业态相联系的知识经济部门，工人的经济收入情况相对较好，而传统产业部门、去产能国有企业需要安置的工人经济收入次之，农民工的收入水平和社会保障水平相对较低。

（二）农民数量大规模减少，并且日趋分化和高龄化

改革开放之初，我国还是典型的农民大国。在 40 多年改革开放推进中，我国人口总量不断增长。但是，随着经济社会发展变化，特别是城镇化进程加快，农村居民和农业从业人员的数量没有随着人口总量增长而增加，反而整体比例是下降的，数量是减少的。

农民阶级发生了几个大的变化：一是相当大部分的农业劳动力特别是绝大多数农村青年劳动力，都转移到非农产业就业。2016 年我国持农村户籍、从事非农工作的农民工总量达到 2.82 亿人，其中以进城务工为主的外出农民工达到近 1.7 亿人；二是在务农的农民中，出现了一些从事种植、养殖、渔业、牧业、林业等规模经营的农业大户以及数量众多的兼业户，纯粹务农的小耕农的数量和比例都大幅度减少了；三是留在农村从事农耕的农民，呈现高度高龄化，40 岁以下的务农农民已经很少了；四是务工经商、参军、上大学、嫁入城市等似乎成为农村孩子改变自身命运的主要渠道。

（三）专业技术人员成为中等收入群体的主力

专业技术人员是指在企事业单位和各种经济社会组织中从事专业技术工作的人员，是一个以教师、医生、律师、工程师、经济师、科研人员、记者、编辑、演员、作家、艺术家等为主体的职业群体。这个群体以高学历和脑力劳动为特点，我国称之为"知识分子"。我国的专业技术人员分散在各行各业，总人数并不是很多。按照国家统计局就业分类来估算，1978 年我国专业技术人员约 1500 万人，约占全社会从业人员的 4％；到 2015 年，这个群体达到 5000 多万人，约占全部从业人员的 12.5％。

经过多年的发展，专业技术人员队伍也发生了一些重要变化：

一是他们的政治地位提高了，成为"工人阶级"的一部分，特别是成为知识创造和科技"创新"的主体。二是经济地位也显著提高了。改革开放初期，经济收入"脑体倒挂"的现象得到根本扭转。他们的平均收入水平已高于公务员的平均水平。三是所属单位财政自主能力显著增强。改革开放初期，专业技术人员还几乎是完全依靠国家财政发工资，现在其所在的单位，已经分化成财政全额拨款单位、差额拨款单位和完全自收自支单位。

（四）私营企业主成为广受关注的社会阶层

改革开放以后，中国经济社会发展活力日益迸发，民营经济蓬勃发展。现在，当人们形容民营经济时，都会用到"五六七八九"，即贡献了50%以上的税收，60%以上的国内生产总值，70%以上的技术创新成果，80%以上的城镇劳动力就业，90%以上的企业数量。私营企业主阶层从无到有，快速发展。总的来看，我国私营企业绝大多数都还属于中小企业，户均资本规模为475万元，但在经济新常态条件下，仍呈现快速发展势头。

我国的私营企业主目前呈现出以下几个特征：一是从产业分布来看，私营企业主绝大多数集中在商业服务业，这一领域私营企业的户数占全国私营企业总户数比例非常高。二是从区域分布来看，超过半数的私营企业主集中在东部地区。三是从受教育程度和收入状况来看，私营企业主平均受教育程度并不高，远低于公务员群体和国有企业负责人群体。四是从收入情况来看，私营企业主内部呈现高度分化，绝大多数小私营企业主收入并不高。

（五）新社会阶层和新社会群体不断产生

新社会阶层和新社会群体，通常是指那些在改革开放以来社会阶级阶层结构发生深刻变化的背景下，不太容易被归类为传统的阶级阶层概念中的新阶层、新群体。2001 年，江泽民在"七一讲话"中指出，"改革开放以来，我国的社会阶层构成发生了新的变化，出现了民营科技企业的创业人员和技术人员、受聘于外资企业的管理技术人员、个体户、私营企业主、中介组织的从业人员、自由职业人员等社会阶层"。他还强调，这些新的社会阶层，"也是有中国特色社会主义事业的建设者"。①

2015 年，《中国共产党统一战线工作条例（试行）》对"新社会阶层"作了新的归纳：一是私营企业和外资企业的管理人员和技术人员；二是社会组织从业人员（包括律师、会计师、评估师、税务师、专利代理人等以及社团、基金会、民办非企业单位从业人员）；三是自由职业人员和新媒体从业人员。该文件强调："他们"是"统战工作新着力点"。这些新社会阶层和新社会群体，有的是伴随社会结构的发展趋势不断成长的，有的是经常变动不居的。至 2016 年，全国新社会阶层约有 5000 多万人，他们在社会上的影响力不断增强。

三、我国中等收入群体的主要特征与发展态势

中等收入群体通常是指一个经济体中收入达到中等水平、生活较为宽裕的群体。这个群体通常具有较为稳定的收入，较强的消费能力，受过良好的教育，主要从事专业性和技术性较强的工作。党的十九届五中全会审议通过的《中共中央关于制定国民经济和社会发展第十四个五年规划和二〇三五年远景目标的建议》提出，在"十四五"时期"着力提高低收入群体收入，扩大中等收入群

---

① 江泽民：《在庆祝中国共产党成立八十周年大会上的讲话》（2001 年 7 月 1 日），31 页，北京，人民出版社，2001。

体",到2035年"中等收入群体显著扩大"。在开启全面建设社会主义现代化国家新征程的新发展阶段,扩大中等收入群体是一项把发展的目的和手段有机统一的重要要求,也有助于把一系列与民生相关的改革和发展举措协同起来,同步、配套地予以推进。

(一)我国中等收入群体的主要特征

总体上看,我国中等收入群体成长较快,但比重小,多为刚迈过中等收入下限的群体,城乡区域行业分布不平衡,消费结构正在向高端化、多样化、服务化升级。

第一,我国中等收入群体多为刚迈过中等收入下限的群体。改革开放以来,随着经济发展和居民收入水平的提高,我国中等收入群体规模在迅速扩大。按照中等收入群体4亿人测算,2019年我国中等收入群体占总人口的比重为28.6%,明显低于发达国家50%~75%的水平,尚未形成"橄榄型"社会结构。我国中等收入群体大部分是刚迈过中等收入下限的群体,主要依赖工资性收入,抵御风险能力较弱,一旦遇到大的经济波动,一些人员滑出中等收入群体、跌入低收入群体的风险也较大。

第二,中等收入群体城乡区域行业分布不平衡。从城乡看,我国中等收入群体中城市户籍人口占3/4左右,农村居民和农业转移人口约占1/4。城市居民中的中等收入群体占比明显高于农村居民和农业转移人口。从区域看,中等收入群体区域分布与经济发展水平大体一致,约有60%的中等收入群体分布在东部地区,而中西部地区仅占40%。从行业看,中等收入群体主要集中在金融、教育、公共管理、科技研发、医疗、文化、体育、信息技术、租赁和商务服务等技术和知识密集型行业,其中金融、教育、公共管理等行业的中等收入群体比重更高,而批发和零售业、制造业等就业容量大的行业,中等收入群体绝对规模更大,但占本行业就业人员比重相对较低。与此同时，带有自然垄断属性的行业，中等收入群体比重相对较高，市场竞争比较充分的行业相对较低。

第三，中等收入群体财产性收入比重呈上升趋势。我国中等收入群体主要是工薪阶层，收入来源以所从事职业或兼职取得的劳动报酬为主，但不动产、有价证券在收入中的占比不断提高。由于财产性收入有累积循环效应，中等收入群体对财产性收入依赖程度呈上升趋势。

第四，中等收入群体更加追求消费品质和个性化消费。中等收入群体恩格尔系数比全国平均水平要低，服务型消费特征更为明显，享受型消费比重更高，对商品和服务的品质、质量和消费体验有更高要求，对新兴科技产品、高档消费品的需求增长更快。随着互联网平台等新业态、新模式不断涌现，中等收入群体的消费不断细分，零散小众的长尾需求逐渐获得满足，消费潜力进一步释放。

第五，受教育水平是进入中等收入群体的重要因素。研究生学历人员进入中等收入群体的比重高于本科学历人员，本科学历人员明显高于大专学历人员，大专学历人员又明显高于职高、技校、中专学历人员，而初中及以下学历者进入中等收入群体的比重远低于全国平均水平。

(二)我国中等收入群体的发展态势

我国中等收入群体的发展态势主要表现出以下3个方面特点：

一是中等收入群体的比例持续上升。2001—2014年，我国中等收入群体比例从8.1%上升到47.6%，平均每年增长近3个百分点，而且越往后增长越快。在中等收入群体比例快速上升的同时，低收入和较低收入群体比例大幅下降，低收入群体比例从2001年的37%下降到2014年的18.4%，同期较低收入群体比例从54.8%下降到33.3%。

二是中等收入群体内部的层级构成形态不合理。在中等收入群体比例快速增长的同时，中等收入群体内部的层级构成形态不合理，绝大多数中等收入者都集中于中低收入水平，升入中间收入群体和中高收入群体的人很少，而且其比例增长缓慢。

三是中等收入群体职业构成从多元化走向层级化。目前，中等收入群体主要由 3 类人组成：中高层蓝领（技术工人）、中低层白领（普通专业技术人员和经理人员、办事人员）和小业主（包括小企业主、个体经营者和专业户等）。与此同时，这 3 类人在中等收入群体内部形成层级分化，蓝领工人和办事人员集中于中等收入群体的中下层，专业技术人员和经理人员集中于中等收入群体的中上层，小业主及自雇劳动者虽然较为均衡地分布于各层次，但小企业主多集中于中上层，而普通的个体经营者多集中于中下层。

(三)扩大中等收入群体的对策

中等收入人群是社会和谐稳定的基石，是构筑可持续发展的"橄榄型"社会结构的基础，是建设高品质生活的主力军。扩大中等收入群体是推动形成新发展格局的重要途径。

第一，以深化户籍制度改革和基本公共服务均等化为重点，打通农业转移人口市民化的通道。要全面取消城区常住人口 300 万以下的城市落户限制，全面放宽城区常住人口 300 万至 500 万的大城市落户条件。完善城区常住人口 500 万以上的超大特大城市积分落户政策，精简积分项目，确保社会保险缴纳年限和居住年限分数占主要比例。对暂不具备落户条件的农民工，依托居住证制度梯度赋权，依据居住证连续持有时间，逐步扩大公共服务项目。推进基本公共服务均等化，逐步推进常住人口享有与户籍人口同等的教育、就业创业、社会保险、医疗卫生等基本公共服务。

第二，以农村土地制度改革和宅基地流转为重点，提高农民财产性收益。在稳步推进土地规模经营和农业经营现代化的同时努力增加财产性收入，是提升农民和农业转移人口在中等收入群体中比重的重要手段。要加快落实集体经营性建设用地入市改革，建设城乡统一的建设用地市场。探索宅基地所有权、资格权、使用权"三权分置"改革，落实宅基地集体所有权，适度放活宅基地和农民房屋使用权、交易权，重点结合发展乡村旅游、返乡下乡人员创新创业等先行先试，盘活利用农村闲置农房和宅基地，促进城乡要素双向流动。

第三，以职业技能培训和提高技术工人待遇为重点，拓展产业工人进入中等收入群体的空间。职业技能培训和提高技术工人待遇是产业工人进入中等收入群体的重要渠道。要促进校企深度合作，切实提升职业教育质量，让职业院校的专业设置、师资队伍、教学方式与现代制造业的生产实践相对接，培养技能精湛且能够满足现实需求的技术工人。破除身份差别，提高技术工人福利待遇和社会地位，让技术工人能够通过自身的人力资本获得体面的薪酬待遇。推进职业资格与职称、职业技能等级制度有效衔接，推动实现技能等级与管理、技术岗位序列相互比照。

第四，以建设高质量教育体系和保障教育公平为重点，提升低收入群体进入中等收入群体的能力。要继续推进城乡义务教育一体化发展，实现县域内校舍建设、师资配备、生均公用经费基准定额等标准统一。落实国家学生资助政策，保障家庭经济困难学生、残疾学生等受教育的权利。继续实施支援中西部地区招生协作计划、重点高校招收农村和贫困地区学生专项计划，增加农村地区、贫困地区、贫困家庭学生上大学的机会和接受优质高等教育的机会。通过工资制度鼓励教师均衡流动，缩小重点学校、名校和其他学校的差距。

第五，以增进社会性流动和打破阶层固化为重点创造进入中等收入群体的公平机会。要加快建设统一开放、竞争有序的人力资源市场，保障城乡劳动者享有平等的就业权利，依法纠正身份、性别等就业歧视现象。加快产业数字化转型，实施传统产业智能化改造提升工程，提供更多高质量就业机会。积极落实国家关于创业创新方面的政策举措，鼓励劳动者通过创业实现个人发展，为有志青年提供更为广阔的发展空间和更加顺畅的流动渠道。

第七节　社会组织结构

一、社会组织的概念

（一）我国的社会组织界定

20 世纪末以来，社会组织成为全球社会经济发展中的一种新型组织形式。由于不同国家在文化传统和语言习惯方面的差异，社会组织在不同国家和地区有多种不同的称谓，比较常见的有：非营利组织、非政府组织、民间组织、慈善组织、公益组织、第三部门组织、市民社会组织等。

在我国，相当长一段时期内，各级政府普遍使用"民间组织"概念，民政部门设立"民间组织管理局"。2006 年 10 月，党的十六届六中全会通过《关于构建社会主义和谐社会若干重大问题的决定》，正式提出"社会组织"概念，系统论及社会组织的培育发展和管理监督，自此"社会组织"作为一个重要范畴得以确立。2007 年10 月，党的十七大提出加强以改善民生为重点的社会建设，进一步重视社会组织建设和管理，党和政府政策文件开始统一使用"社会组织"概念。2016 年 8 月，"国家民间组织管理局"正式更名为

"国家社会组织管理局"。

　　依据 2021 年 1 月 1 日施行的《中华人民共和国民法典》第 87 条，"为公益目的或者其他非营利目的成立，不向出资人、设立人或者会员分配所取得利润的法人，为非营利法人。非营利法人包括事业单位、社会团体、基金会、社会服务机构等"。第 90 条与第 91 条对社会团体法人进行规定："具备法人条件，基于会员共同意愿，为公益目的或者会员共同利益等非营利目的设立的社会团体，经依法登记成立，取得社会团体法人资格；依法不需要办理法人登记的，从成立之日起，具有社会团体法人资格。""设立社会团体法人应当依法制定法人章程。社会团体法人应当设会员大会或者会员代表大会等权力机构。社会团体法人应当设理事会等执行机构。理事长或者会长等负责人按照法人章程的规定担任法定代表人。"第 92 条到 94 条对基金会、社会服务机构进行规定："具备法人条件，为公益目的以捐助财产设立的基金会、社会服务机构等，经依法登记成立，取得捐助法人资格。依法设立的宗教活动场所，具备法人条件的，可以申请法人登记，取得捐助法人资格。法律、行政法规对宗教活动场所有规定的，依照其规定。""设立捐助法人应当依法制定法人章程。捐助法人应当设理事会、民主管理组织等决策机构，并设执行机构。理事长等负责人按照法人章程的规定担任法定代表人。捐助法人应当设监事会等监督机构。""捐助人有权向捐助法人查询捐助财产的使用、管理情况，并提出意见和建议，捐助法人应当及时、如实答复。捐助法人的决策机构、执行机构或者法定代表人作出决定的程序违反法律、行政法规、法人章程，或者决定内容违反法人章程的，捐助人等利害关系人或者主管机关可以请求人民法院撤销该决定。但是，捐助法人依据该决定与善意相对人形成的民事法律关系不受影响。"第 95 条规定了非营利法人终止时的剩余财产分配："为公益目的成立的非营利法人终止时，不得向出资人、设立人或者会员分配剩余财产。剩余财产应当按照法人章程的规定或者权力机构的决议用于公益目的；无法按照法人章程的规定或者权力机构的决议处理的，由主管机关主持转给宗旨相同或者相近的法人，并向社会公告。"①

据此，我们界定的社会组织，是指在政府和企业之外，为公益目的、会员共同利益等非营利目的的成立，向社会某个领域、会员提供社会服务或捐助等，同时具有组织性、非政府性、非营利性、公益性、自治性、志愿性等特点的非营利法人。

(二)社会组织与其他部门组织的差异

社会组织与其他部门组织有不同之处。非营利组织与政府机构、营利组织不同，原因在于其独特的产品功能(专注于公共产品与福利，而不是利润最大化)、治理结构(由会员或平民构成的理事会进行治理的自治实体)、收入来源(收入既有慈善捐款、政府资助和补贴，也有经营收入)、员工(包括志愿者的重要贡献)、法律和税收待遇(大多数国家都有特定的非营利组织法律形式，赋予组织许多免税待遇，激励捐赠者)。因既不是政府，也不是营利组织，非营利组织也被视为可能兼具两部门之所长：将政府的公共利益、责任和广阔视角，与商业的效率和知识有机融合。

二、我国社会组织的发展阶段及其特点

(一)我国社会组织的发展阶段

20 世纪以来，中国社会组织发展主要经历了 3 个大的阶段：

---

① 《中华人民共和国民法典(实用版)》，69~74 页，北京，中国法制出版社，2020。

第一阶段从 20 世纪初至 1949 年新中国成立。由于中国处在各种势力相互争夺的半殖民地半封建的特殊历史时期,中国社会出现了大量的社会组织。第二阶段从新中国成立后至"文化大革命"结束,新中国成立初期进行清理、整顿,1966 年"文化大革命"开始,社会组织中断发展。第三阶段从改革开放至今。改革开放以来中国经济、政治、社会生活以及文化观念的巨大变化很快引发社会组织的迅速发展。若继续进行细分,中国 1978 年改革开放以来社会组织发展,则大致经历了原始增长期(改革开放初到 1992 年底)、规范紧缩期(1993 年到 2002 年)、繁荣生长期(2003 年至 2016 年)、法治规范期(2017 年至今)4 个小的时期。据测算,中国社会组织创造的 GDP 占国民经济的比重在 0.1％～0.7％。当然,对中国来说,这些社会组织并不仅有经济意义,它们也衍生出政治、社会、文化与生态等方面的意义。比如,志愿者参与社会组织提升了公众参与;志愿服务正在走向制度化与常态化;政府购买服务逐渐成为普遍现象;公益创投、社会企业等也日渐增多;等等。

(二)我国社会组织的发展特点

经历了 20 世纪末改革开放以来的快速发展阶段之后,我国社会组织在数量、形式、活动和影响等方面都达到了新高度。

一是我国社会组织数量不断增长。根据民政部官网数据,截至 2020 年年底,全国民政系统依法登记的社会组织近 90 万个,其中社会团体 37.5 万个、社会服务机构 51.1 万个、基金会 8385 个,另有纳入城乡基层群众自治管理的社区社会组织超过 300 万个。自《中华人民共和国境外非政府组织境内活动管理法》2017 年 1 月 1 日生效实施以来,截至 2020 年年底,共有来自 43 个国家和地区的 554 个境外非政府组织登记,备案的临时活动达 3289 项

（备案组织所在国家或地区数量排名前 5 的为中国香港、美国、中国澳门、日本和德国，合计共占总数的 85.25％）。需要指出的是，这些数据仅反映了我国社会组织数量的一部分，因当前仅社会团体、民办非企业单位（社会服务机构）、基金会、境外非政府组织可依法注册，而实际上，我国社会中还存在大量未在民政、公安部门注册的各类社会组织，它们的数量远远超过已注册的社会组织。

二是我国社会组织形式与分类多样。当前我国的社会组织不仅数量庞大，而且种类繁多，形式多样。仅在民政部合法登记的就有社会团体、民办非企业单位（社会服务机构）、基金会 3 大类。其中，社会团体可分为工商业服务、科技与研究、教育、卫生、社会服务、文化、体育、法律、宗教、生态环境、农业以及农村发展、职业及从业组织、国际及涉外组织、其他等 14 类；民办非企业单位（社会服务机构）可分为科技服务、生态环境、教育、卫生、社会服务、文化、体育、商务服务、宗教、国际及其涉外组织、其他等 11 类；基金会可分为公募基金会和非公募基金会。而境外非政府组织在公安部门登记或进行活动备案。此外，我国社会组织还包括工商登记的非营利组织、城市社区社会组织、农村基层民间组织以及其他新型社群组织等。

三是我国社会组织服务能力增强。随着基本公共服务体系建设和政府购买社会组织服务的快速发展，社会组织在公共服务等社会服务领域的能力和作用逐渐增强，政府与社会组织合作趋势也日益明显。公共财政逐步成为社会组织发展的重要资金来源之一，越来越多的社会组织成为公共服务的供给主体。在购买服务基础上政府与社会组织之间的深度合作，中国特色国家与社会合作新模式，已逐步成为我国社会组织发展中的一种主流趋势。

四是行业协会商会与政府机关脱钩改革任重而道远。自 2016 年起，行业协会商会与行政机关脱钩工作逐步开展，并于 2020 年基本完成。然而，行业协会商会与政府脱钩不是简单的"脱离行政机关"管理的过程，而是与整个社会体制改革紧密相关。对内，脱钩后的人员编制、资产分配、财务制度、党建外联等诸多事项的变革都需要纳入考虑范围；对外，行业协会商会的公信力、权威性、合法性备受挑战。行业商会协会是中国社会组织中数量最庞大的组成部分，体现着中国社会治理创新的实践，也关乎政府职能转变的效果。对行业协会商会脱钩问题的研究，关乎政社关系的变革和整个社会组织行业的发展。"十三五"期间，完成了行业协会商会与政府脱钩任务；"十四五"期间，行业协会商会脱钩后的改革与发展将是一个更为艰难的任务。

三、我国现代社会组织体制的提出与实践

（一）我国现代社会组织体制的提出

2012 年 11 月，党的十八大提出："加快形成政社分开、权责明确、依法自治的现代社会组织体制。"[①]2013 年 3 月，《国务院办公厅关于实施〈国务院机构改革和职能转变方案〉任务分工的通知》要求，逐步推进行业协会商会与行政机关脱钩，强化行业自律，使行业协会商会真正成为提供服务、反映诉求、规范行为的主体。2015 年 7 月，中共中央办公厅、国务院办公厅发布《行业协会商会与行政机关脱钩总体方案》，要求积极稳妥推进行业协会商会与行政机关脱钩，厘清行政机关与行业协会商会的职能边界，加强

---

① 胡锦涛：《坚定不移沿着中国特色社会主义道路前进，为全面建成小康社会而奋斗》(二〇一二年十一月八日)，见《胡锦涛文选》第 3 卷，653 页，北京，人民出版社，2016。

综合监管和党建工作，促进行业协会商会成为依法设立、自主办会、服务为本、治理规范、行为自律的社会组织。2017 年 10 月，党的十九大进一步强调推进社会组织协商、发挥社会组织作用。2018 年 2 月，党的十九届三中全会将社会组织改革纳入党和国家机构改革体系，突出强调加强社会组织党建、激发社会组织活力。2020 年 5 月 28 日，第十三届全国人民代表大会第三次会议通过《中华人民共和国民法典》（2021 年 1 月 1 日施行），第一编第三章第三节专设"非营利法人"。

现代社会组织体制是现代社会运行系统的基础部分，社会体制改革的一项重要任务是社会组织体制改革。现代社会组织体制，是现代社会中以各种社会组织为主的资源配置、机制和规则，是社会治理体制的重要组成部分。概而言之，现代社会组织体制的内涵主要包括 6 个方面：一是现代社会组织党建体制，包括党的建设政策制度、支持保障体系等；二是现代社会组织监管体制，包括登记、备案、监督等体制；三是现代社会组织支持体制，包括社会组织的培育、孵化、税收优惠与财政补贴等；四是现代政府与社会组织合作互动体制，包括服务购买与委托体制、政策倡导和政策之间互动体制、政府与社会组织间的对话协商和共同行动体制等；五是现代社会组织治理体制，包括协同治理、共同治理以及社会组织内部民主治理等；六是现代社会组织运行体制，比如社会组织专业化、企业化、市场化的运行体制等。

从世界范围来看，社会组织体制存在 3 种主要类型。第一种是慈善主义。以公民结社为基，以民间慈善为本，国家与社会平行发展。特点是国家原则上不限制、不监督社会组织，社会组织较少参与公共服务也较少得到公共资源，例如美国、韩国。第二种是法团主义。国家与社会协调发展，特点是国家鼓励并监管社会组织发展，社会组织积极参与公共服务并大量获得公共资源，例如德国、英国。第三种是管制主义。以体制公益为主，以民间非营利为辅，国家管制社会发展。特点是社会组织分为官办与民办，政府对其分类管理与监督，例如日本。

(二)我国现代社会组织体制的变化趋势

我国现代社会组织体制的实践探索，走出了一条借鉴世界各地成功经验与立足中国国情、坚持从实际出发相结合的中国特色发展之路。具体而言，主要体现在：

第一，政社关系，从合一到分开。1949年，新中国成立后，我国在计划经济体制下，把所有的人都组织在一定的单位中，建立起高度集中的、政府包管一切的社会组织体制。这种社会组织体制以"单位体制"＋"街居体制"为特征，推动国家权力下乡、下基层。此种在计划经济体制下形成的政府全能型社会组织体制，极大地增强了国家对社会的组织动员能力和控制能力，建立起高度统一的社会秩序，对我国经济社会发展起到了积极作用。然而，这种社会组织体制把社会管得太死，缺乏必要的社会流动，社会自身缺乏自组织能力和自我调节机制，缺乏活力和创造力。随着社会组织的不断发育成长和社会包容度、开放性的日益增强，人们对社会组织的过度"行政化"越来越不满意，对社会组织的附属地位越来越不满意。实行行业协会商会与行政机关脱钩，是党的十八届二中、三中全会确定的一项重要改革任务，强调要厘清行政机关与行业协会商会的职能边界，理清政府、社会、市场三者关系，加强综合监管，规范行业协会商会依法运行，促进行业协会商会更加有效地发挥作用。从2015年开始，分三批开展脱钩改革试点，随后在总结经验的基础上，于2019年全面推行脱钩改革。经过5年持续努力，2020年，脱钩改革基本完成。

第二，权责关系，从模糊到清晰。改革开放以来，我国对社会组织的管理分散在不同部门中。社会组织的成立由各部门分别审批，监管缺乏统一、规范的管理规则。不同管理部门的权责没有明确区分，遇到有利的事情争着管，遇到不利的事情互相推诿扯皮，致使整个社会组织的管理存在诸多漏洞、空白点和盲区，在某种程度上处于无序、分散状态。因此，国务院于1988年7月在民政部设立社会团体管理司作为统一登记管理社会组织的政府机构。20世纪80年代中后期，为规范社会组织管理，国务院于1989年9月颁布《基金会管理办法》，于1989年10月颁布《社会团体登记管理条例》，逐步形成了登记管理部门和业务主管单位双重管理的体制模式：申请新成立的社会组织应先经业务主管单位前置许可，再向登记管理机关申请登记注册。随着《中共中央办公厅、国务院办公厅关于加强社会团体和民办非企业单位管理工作的通知》、《民办非企业单位登记管理暂行条例》、《基金会管理条例》的颁布和施行，以及《社会团体登记管理条例》的修订，双重管理体制得到确认和进一步强化。相较而言，社会组织双重管理体制有其进步性，是在我国社会主义市场经济尚未充分发育、政府职能尚未完全转型条件下的管理体制。同时，双重管理体制也在一定程度上束缚了社会组织的良性发展。针对双重管理体制的弊端，党的十八届二中全会通过，并经十二届全国人大一次会议审议通过的《国务院机构改革和职能转变方案》，以及党的十八届三中全会通过的《中共中央关于全面深化改革若干重大问题的决定》，都明确提出：促进实施行业协会商会类、科技类、公益慈善类和城乡社区服务类4类社会组织，可以依法直接向民政部门申请登记，不再经由业务主管单位审查和管理。当前我国的社会组织管理，进入到双重管理与直接登记同时并存的混合管理体制阶段。

第三，管理方式，从运动式治理到依法治理。随着我国经济社会改革的深入，社会组织迅速发展，政府更加注重对社会组织的管理。1990 年 6 月，国务院办公厅转发《民政部关于清理整顿社会团体的请示》，要求历时一年，对社会团体进行规范管理，努力消除政治风波所带来的负面效应。1997 年 4 月，国务院办公厅转发《民政部关于清理整顿社会团体意见的通知》，要求历时两年半，对社会组织进行清理整顿。这种清理整顿虽然解决了一些问题，但仅仅是临时性的、政策性的。1998 年对《社会团体登记管理条例》进行了修订，1998 年颁布施行《民办非企业单位登记管理暂行条例》，2004 年对仅有 14 个条款的《基金会管理办法》进行大幅度修订，进而颁布施行《基金会管理条例》。2016 年，颁行《中华人民共和国慈善法》。2017 年，《中华人民共和国境外非政府组织境内活动管理法》生效。2021 年，《慈善法》（修订）、《社会组织登记管理条例》列入"国务院 2021 年立法工作计划"。从重视集中清理整顿转向重视法律规制，反映出政府对社会组织管理理念的历史性变化。我国不少社会组织脱胎于政府部门，在其成立、成长、成熟的各个阶段，都与政府有着紧密联系，难免对政府有天然依赖。但是，这种依赖的弊端非常明显，突出体现在自治性不足、自主能力严重欠缺，导致一旦"断奶"、脱离政府，有的社会组织将面临生存、发展危机。鉴于此，政府开始着力推动和引导社会组织实现依法自治。

构建现代社会组织体制，作为一项基础性顶层设计，一方面需要着力加快推进政府改革、职能转型与社会重建步伐，另一方面需要不断丰富和完善社会组织规范发展格局。一个包括党建体制、法治体制、监管体制、支持体制、合作体制、治理体制、运作体制等框架在内的中国特色社会主义现代社会组织体制，正在逐步构建起来。

第八节　家庭结构与家教、家风建设

一、家庭结构的概念与内涵

"天下之本在国，国之本在家。"中华民族历来注重家庭，家和万事兴。习近平总书记十分重视家庭建设。他指出："家庭是社会的细胞。家庭和睦则社会安定，家庭幸福则社会祥和，家庭文明则社会文明。"①从本质上来说，家庭是一种社会关系，是以婚姻、血缘与收养关系为纽带，受一定的心理因素、道德观念与社会意识、经济联系等社会关系支配而形成的人口组合。家庭结构是指家庭中成员的构成及其相互作用、相互影响的状态，以及由这种状态形成的相对稳定的联系模式。家庭的和睦、幸福、文明都与社会休戚与共。只有家庭这个基本细胞健康有活力，社会这个有机体在结构上才能平衡，在运行上才能顺畅，在发展上才能持续。

党的十八大以来，习近平总书记在许多重要场合都讲过："不论时代发生多大变化，不论生活格局发生多大变化，我们都要重视家庭建设，注重家庭、注重家教、注重家风。"②家庭是在一定血亲关系基础上形成的社会单位，家教是在这一场域中父母长辈开展教育而采取的方法，家风则是一个家庭或家族精神风貌的展

---

① 习近平：《注重家庭，注重家教，注重家风》(2016 年 12 月 12 日)，见《习近平谈治国理政》第 2 卷，353～354 页，北京，外文出版社，2017。

② 习近平：《在二〇一五年春节团拜会上的讲话》(2015 年 2 月 17 日)，载《人民日报》，2015-02-18。

现。家庭为本，家教为术，家风为魂，它们之间又相互联系。家庭为家庭教育和家风建设提供了微观场域，合理有效的家庭教育可以更好地促进家庭功能的发挥和家风的传承，良好的家风则可以促进家庭和谐发展，提升家庭教育的质量。它们三者相辅相成，共同构成了家庭家教家风的重要论述。

家庭和睦则社会安定。家是我们的生命之所，我们生于斯、长于斯、归于斯；家是我们的生活之所，我们食于斯、饮于斯、歇于斯；家是我们的精神之所，我们喜于斯、怒于斯、哀于斯。家庭以爱为根，生活以和为贵。家作为最小的社会组织，是社会的基石，家和睦则社会定。家庭和睦有利于培养孩子的良好性格，让孩子更能承担责任、体贴他人，在面临其他人际关系时更自信，在社会上能更理性地应对冲突和困境。有关资料显示，70%以上的青少年犯罪都是因为家庭不和造成的。和睦的家庭有其共同点：关系融洽，积极进取，拥有正能量。如果所有家庭都能和睦，那么社会矛盾必然大大减少。在依法治国的今天，家庭和睦不仅仅是夫妻恩爱、家人友爱、子女健康、成员守法等要素，也是社会安定的要素。习近平总书记指出："我们要认识到，千家万户都好，国家才能好，民族才能好。"①

家庭幸福则社会祥和。家是塑造我们品格的熔炉，我们的习惯在此养成，我们的性格在此定型，我们的品德在此奠基。家是培养社会道德规范的终身学校。其中，家风好坏，决定家庭成员的道德好坏，每个社会成员的道德水平又决定全社会的道德水准。家风纯正，雨润万物；家风一破，污秽尽来。从小处看，好家风

---

① 习近平：《注重家庭，注重家教，注重家风》（2016年12月12日），见《习近平谈治国理政》第2卷，354页，北京，外文出版社，2017。

能提升家庭幸福感；从大处看，好家风能促进社会和谐。因此，好家风是幸福家庭最殷实的家底、最珍贵的传家之宝。幸福的家庭都有着良好的家风，良好的家风则是社会祥和的基础。家风好，则族风好、民风好、国风好、党风好。习近平总书记指出："家风是社会风气的重要组成部分。家庭不只是人们身体的住处，更是人们心灵的归宿。家风好，就能家道兴盛、和顺美满；家风差，难免殃及子孙、贻害社会。""广大家庭都要弘扬优良家风，以千千万万家庭的好家风支撑起全社会的好风气。"①

家庭文明则社会文明。中国历来重视家庭文明建设，通过家训、家规等教导后辈，潜移默化地传达社会规范。运用家训教诲家人在我国已有 3000 多年的历史，我国古代流传下来的家训可谓汗牛充栋。从先秦至今，兴家之训、和家之规，代代相传，成为引领中国社会向善向上的巨大力量。周公旦的《诫伯禽书》、司马谈的《命子迁》、诸葛亮的《诫子书》、颜之推的《颜氏家训》、李世民的《诫皇属》、包拯的《包拯家训》、欧阳修的《诲学说》、袁采的《袁氏示范》、朱柏庐的《朱子家训》、李毓秀的《弟子规》等等，不胜枚举。这些流传下来的家训，含有大量为人处世的道理，对我们今天的家庭文明建设仍有重要借鉴意义。习近平总书记指出："要在家庭中培育和践行社会主义核心价值观，引导家庭成员特别是下一代热爱党、热爱祖国、热爱人民、热爱中华民族。要积极传播中华民族传统美德，传递尊老爱幼、男女平等、夫妻和睦、勤俭持家、邻里团结的观念，倡导忠诚、责任、亲情、学习、公益的理念，推动人们在为家庭谋幸福、为他人送温暖、为社会作

---

① 习近平：《注重家庭，注重家教，注重家风》(2016 年 12 月 12 日)，见《习近平谈治国理政》第 2 卷，355~356 页，北京，外文出版社，2017。

贡献的过程中提高精神境界，培育文明风尚。"①

二、改革开放以来我国家庭结构变化的主要特征及其意义

新中国成立以后，土地改革引发大量农村家庭分家分户，传统的联合家庭减少，家庭户数量激增，规模和代数锐减。在1953年新中国第一次人口普查时，家庭规模不到4.5人。至20世纪60年代中期或中后期，随着生活质量的提高，高生育率和不断下降的死亡率使得家庭规模略有增大，且受到三年困难时期影响家庭又有了联合的趋势。至20世纪70年代之后计划生育政策实施，生育率再次发生变化，家庭规模开始持续快速缩小。改革开放40多年来，随着计划生育政策的实施以及婚育观念的多元化和城乡人口的流动，我国家庭结构发生了巨大变化，主要表现在家庭规模小型化、家庭类型多样化、家庭关系平等化以及家庭老龄化4个方面。

（一）家庭规模小型化

我国家庭规模小型化主要表现在两个方面：一方面，家庭规模大幅缩减。家庭规模是家庭的人口容量。自1990年以后，我国平均家庭户规模首次降到4人以下（3.96人），2000年又进一步下降到3.44人，到2020年，我国家庭户平均人口为2.62人。可见，近40年我国的家庭户规模一直呈不断缩减的态势。另一方面，1人户、2人户的微型家庭的数量快速增加。2016年，1人户占全部家庭户数的14.9％，2人户为25.77％，3人户为26.09％，3人及以下的微型家庭数量占比已接近2/3。

---

① 习近平：《注重家庭，注重家教，注重家风》（2016年12月12日），见《习近平谈治国理政》第2卷，355页，北京，外文出版社，2017。

（二）家庭类型多样化

中国家庭类型多样化的趋势主要表现为非传统类型的家庭大量涌现，如纯老家庭、空巢家庭、隔代家庭、丁克家庭、单身家庭、单亲家庭等。一是丁克家庭、单身家庭和漂泊家庭数量不断增多。越来越多的夫妇没有生育或者不愿生育（即通常所说的丁克家庭），或者从大家庭中脱离出来独立居住，形成二人世界的小家庭。二是空巢家庭、隔代家庭和分离家庭的比例急剧上升。空巢期平均提前 15 年，往往是人到中年即空巢。老年夫妇独立居住的比例增多，构成了较大规模的"空巢家庭"。隔代家庭户明显集中在农村地区，是留守儿童的另一种家庭形式。三是由分居父母、单亲父母和未婚子女构成的缺损核心家庭所占比例有一定程度的下降。单亲家庭的比例（不是数量），在过去 40 年并没有增加，反而有明显的下降。近年来，由于离婚率不断攀升，单亲家庭数量越来越多。

（三）家庭关系平等化

《中国家庭发展报告 2014》指出，中国的家庭关系正在从传统走向现代，民主、平等的新型家庭关系正在越来越多的家庭中确立。一方面，夫妻关系平等化。由于绝大多数家庭是核心家庭，与传统大家庭相比，家庭关系要简单得多，夫妻关系平等化趋势有所加强，妻子在家庭中的地位大大提升，夫妻双方共同承担起挣钱养家、养育子女和赡养双方老人的责任，男尊女卑的现象在城市基本不存在，甚至一些家庭中丈夫承担起"家庭煮夫"的职责。夫妻关系平等化的同时，稳定性不如从前，青年一代的离婚率逐年上升。另一方面，代际关系平等化。家庭内部代际关系出现了反转，老年人在家庭中的地位在下降。传统社会中老人的家长地位已经基本不复存在，孩子成为家庭的中心。

(四)家庭老龄化

随着人口老龄化程度提高，老年人口数量增多，家中有老年人居住的户型对家户总体结构的影响增大。在这一大背景下，中国家庭"老龄化"的现象也在不断加剧，主要表现为有老年人的家庭比重上升和家庭中老年人口比重增加。近3次人口普查结果显示，2000年"五普"60岁及以上人口为10.33%，2010年"六普"则为13.26%，而2020年"七普"数据显示已经发展到18.70%了。"六普"数据显示，2010年中国大陆有60岁和65岁及以上老年人的家庭数量分别为1.23亿户和8803.6万户，占全部家庭的30.6%和21.9%。其中，约2/3的家庭户中有1个老年人，而有多个老年人的家庭户增长趋势明显快于有单个老年人的家庭户。不仅如此，"纯老家庭"（全部由老年人组成的家庭）目前已近3000万户，传统中少见的3人及以上的纯老家庭户也在不断增多，且主要集中在农村。

三、家训、家教与家风建设的内涵及其意义

家训是家庭的重要组成部分，是涵养家风的重要载体。家教是人生的初始化教育，是最基础、最直接、最有效的教育方式，父母是孩子的第一任老师。家风是社会风气的重要组成部分，是一个家庭或家族的传统风尚，体现着家庭或家族的价值传承和文化品格。加强家训家教家风建设，不仅在人的成长过程中起着特殊作用，而且是社会和谐的重要基础，是社会主义精神文明建设的重要内容，对于提高公民思想道德素质和社会文明程度具有十分重要的意义。

(一)家训、家教与家风建设的内涵

家训是中华文化史上的独特景观，是家风的涵养方法和重要

体现。那些优秀的家训、家范，是滋养今人和后代的宝贵精神财富，是我们涵养家风、建设家庭的一个重要路径。首先，体现在内容上。家训大都是围绕"修身、齐家、治国、平天下"等内容，饱含了父母对子孙后代成长成才的殷殷嘱托和治家立业的深切教诲，是中华民族宝贵精神财富的生动体现。其次，体现在它所发挥的作用上。无论是温情脉脉的感人家书，抑或是令人警醒、引人深思的家训，其德化功能体现得都十分显著，都在一定程度上起到了润化个人品德的作用。最后，家训在促进家庭成员关系、增加家庭凝聚力，维护社会安定等方面也发挥了突出作用。因应时代需要，不断发掘中华文化的宝贵财富，从中华传统家训中吸吮智慧养分，我们不但会建设亿万温馨的"小家"，更会让社会这个"大家庭"更和谐、更美好。

家庭教育是立德树人的重要力量。习近平总书记强调："家庭是人生的第一个课堂，父母是孩子的第一任老师。""广大家庭都要重言传、重身教，教知识、育品德，身体力行、耳濡目染，帮助孩子扣好人生的第一粒扣子，迈好人生的第一个台阶。"[①]这些重要论述，既深刻阐释了家庭对未成年人健康成长的重要作用，又深刻阐明了家教在孩子成长过程中的重要性。家庭教育是品德教育的首要阵地。习近平总书记指出："家庭教育涉及很多方面，但最重要的是品德教育，是如何做人的教育。"[②]只有每一个家庭都承载起帮助孩子"在为家庭谋幸福、为他人送温暖、为社会作贡献的过程中提高精神境界，培育文明风尚"的重任，这样家庭培养出来的孩子才能够在"自觉承担家庭责任、树立良好家风"以及为社

---

① 习近平：《注重家庭，注重家教，注重家风》(2016 年 12 月 12 日)，见《习近平谈治国理政》第 2 卷，354～355 页，北京，外文出版社，2017。

② 同上，354 页。

会作出有益贡献等方面打下良好的思想基础、品德基础和人格基础。

家风既"是一个家庭的精神内核，也是一个社会的价值缩影"。它用之于家庭，不仅使其家庭成员的身心健康得以顺利地成长，而且也使家庭之中的孩子在长大之后能够顺利地"成为对国家和人民有用的人"。习近平总书记指出，家风是社会风气的重要组成部分。家风好，就能家道兴盛、和顺美满；家风差，难免殃及子孙、贻害社会，正所谓"积善之家，必有余庆；积不善之家，必有余殃"。家风连着民风、社风、政风，家事连着国事、政事、天下事。习近平总书记特别强调，领导干部的家风不仅关系到自己的家庭，而且关系到党风政风。他要求把家风建设作为领导干部作风建设的重要内容。领导干部有了好家风、好作风，才能带动社会风气的形成、大众生活情趣的培养。千千万万家庭培养传承好家风，才能支撑起全社会的好风气，为加强和创新社会治理注入源源不断的正能量。

（二）加强家训、家教与家风建设的重要意义

加强家训家教家风建设，无论是对国家强盛、民族复兴，还是对家庭幸福、个人成长，都具有重要和长远的意义。

一是加强家训家教家风建设在基层社会治理中具有重要的地位和作用。党的十九届四中全会《决定》提出："注重发挥家庭家教家风在基层社会治理中的重要作用。"[1]家庭是社会的细胞，是基层社会治理的重要基础。加强和创新基层社会治理，可以把家训家教家风作为重要抓手，充分发挥其涵养道德、厚植文化、润泽

---

[1]　《中共中央关于坚持和完善中国特色社会主义制度、推进国家治理体系和治理能力现代化若干重大问题的决定》（二〇一九年十月三十一日中国共产党第十九届中央委员会第四次全体会议通过），见中共中央党史和文献研究院编：《十九大以来重要文献选编》（中），288页，北京，中央文献出版社，2021。

心灵的德治作用，从而推动营造良好社会风尚、维护社会和谐安定。家庭是建立在婚姻和血缘关系或收养关系基础上、以直接面对面的互动方式结合起来的基本群体，是人们的首属群体。作为社会的最基本单元，家庭在基层社会治理中承载着重要的使命和职能。作为心灵的归宿，家庭发挥着满足人们精神需要的作用。作为人生的第一课堂，家庭担负着传授生活技能、灌输社会价值观念、训练和指导个人行为等促进个人社会化的责任。作为社会保护的重要机制，家庭又承担着抚养、赡养的功能。作为个人连接社会的主要环节，家庭对于基层社会的稳定具有重要作用。家庭和睦则社会安定，家庭幸福则社会祥和，家庭文明则社会文明，所以，基层社会治理的落脚点和根基要放在家庭建设方面。

二是加强家训家教家风建设有助于培育和践行社会主义核心价值观。社会主义核心价值观是当代中国精神的集中体现，凝结着全体人民共同的价值追求。传统家庭家教家风建设中以和为贵、与人为善、自强不息、诚实守信等价值理念，与社会主义核心价值观高度契合。在现实生活中，可以将家训家教家风建设作为培育和践行社会主义核心价值观的重要抓手，将个人、家庭、社会有机联系起来。家庭是培育和践行社会主义核心价值观的重要载体。当前，我们要把社会主义核心价值观作为行为准则，从家庭、社会、国家层面探索推进家训家教家风建设的有效路径。在家庭层面，聚焦家庭德育功能，通过生活化场景、日常化活动、具体化载体，在传家风、立家训中筑牢责任意识、担当精神，在正家风、齐家规中砥砺道德追求、理想抱负。在社会层面，通过生动、具体、直观、形象的社会宣传、学校教育、志愿服务等，使体现社会主义核心价值观的家训家教家风走进百姓、贴近生活，在潜移默化中浸润人心、成风化俗。在国家层面，教育引导下一代增强对家庭、社会的责任感，提高对国家、民族的认同感，使千千万万个家庭成为国家发展、民族进步、社会和谐的重要基点。

三是加强家训家教家风建设有助于深入挖掘和阐发中华优秀传统文化。中华优秀传统文化积淀着中华民族最深沉的精神追求，是中华民族生生不息、发展壮大的丰厚滋养，潜移默化地影响着人们的思想方式和行为方式。重家教、守家训、正家风是中华民族的优良传统。家国同构的社会治理模式以及由此凝结而成的家国一体情怀、修齐治平理想，使这些人生智慧与传统美德早已融入中国人的血脉，成为中华民族生生不息、薪火相传的重要精神力量，也成为新时代我们加强家训家教家风建设、加强和创新基层社会治理的丰厚文化滋养。加强家训家教家风建设，需要尊重历史、延续文脉，对中华优秀传统文化进行创造性转化、创新性发展，从中萃取精华、汲取能量，进一步为社会治理提供丰厚文化滋养。例如，厚德敦伦、教化修身的道德规范，治家睦邻、治学济世的思想理念，崇德尚礼、和而不同的文明智慧等，都可以成为新时代加强家训家教家风建设的文化滋养，需要结合新的时代条件不断发扬光大。我们要对中华优秀传统文化进行深入挖掘和阐发，使其与当代文化相适应、与现代社会相协调，把跨越时空、超越国界、富有永恒魅力、具有当代价值的文化精神弘扬起来，讲好新时代的家风故事，进而为基层社会治理提供有力文化支撑。

四是加强家训家教家风建设有助于促进德治与法治相得益彰。习近平总书记强调："法律是准绳，任何时候都必须遵循；道德是基石，任何时候都不可忽视。"[1]加强家训家教家风建设，既要注

---

① 习近平：《坚持依法治国和以德治国相结合》（2016年12月9日），见《习近平谈治国理政》第2卷，133页，北京，外文出版社，2017。

重道德教化，又要注重制度规范，努力实现教育引导和制度支撑相互作用、相互促进。从《新时代公民道德实施纲要》明确提出"用良好家教家风涵育道德品行"，到民法典确立"家庭应当树立优良家风，弘扬家庭美德，重视家庭文明建设"的原则性规定，都为新时代家训家教家风建设提供了制度保障，为基层社会治理实践指明了重要方向、开辟了新的路径。这要求人们自觉提升道德修养和法治素养，将道德规范和法律约束有机统一起来，善于运用法治解决道德领域存在的突出问题，促进德治与法治相得益彰，使社会形成良好的文明风尚，从而营造良好的基层社会治理环境。此外，还要特别重视以制度规范领导干部家训家教家风建设。领导干部的家风，不仅关系到自己的家庭，而且关系到党风政风。《中国共产党廉洁自律准则》规定："廉洁齐家，自觉带头树立良好家风。"①《中国共产党纪律处分条例》规定："党员领导干部不重视家风建设，对配偶、子女及其配偶失管失教，造成不良影响或者严重后果的，给予警告或者严重警告处分；情节严重的，给予撤销党内职务处分。"②这就以党内法规形式对领导干部家训家教家风建设提出明确要求，既从廉洁自律方面划出道德高线，又对家风不正，对配偶、子女及其配偶失管失教的情况作出处分规定，明确了不可触碰的底线和禁区。领导干部要对标对表，以身作则、严于律己，廉洁修身、廉洁齐家，始终保持公仆本色，始终牢记党员身份，始终坚定理想信念，自觉带头树立良好家风，严格要求亲属和

---

① 《中共中央关于印发〈中国共产党廉洁自律准则〉的通知》（二〇一五年十月十八日），见中共中央文献研究室编：《十八大以来重要文献选编》（中），726 页，北京，中央文献出版社，2016。

② 《中共中央关于印发〈中国共产党纪律处分条例〉的通知》（二〇一八年八月十八日），见中共中央党史和文献研究院编：《十九大以来重要文献选编》（上），619 页，北京，中央文献出版社，2019。

身边工作人员，以共产党人的高尚品格和操守为社会作表率。

延伸思考

1. 简述所有制关系对人们其他关系的决定作用。

2. 简述中国城乡二元社会结构的主要特点。

3. 简述中国农民工的特点与发展趋势。

4. 简述中国社会新职业群体的类型与主要特征。

5. 简述中国中等收入群体的主要特征与发展趋势。

6. 简述中国职业分化的主要特征与发展趋势。

7. 简述中国社会组织结构的主要特征与发展趋势。

8. 简述中国家庭结构的基本特征与发展趋势。

参考文献

［1］马克思恩格斯文集：第 2 卷［M］．北京：人民出版社，2009.

［2］邓小平．邓小平文选：第 3 卷［M］．北京：人民出版社，2001.

［3］习近平．习近平谈治国理政：第 2 卷［M］．北京：外文出版社，2017.

［4］中共中央文献研究室．十五大以来重要文献选编：上［M］．北京：人民出版社，2000.

［5］中共中央党史和文献研究院．十九大以来重要文献选编：上［M］．北京：中央文献出版社，2019.

［6］国务院研究室课题组．中国农民工调研报告［R］．北京：中国言实出版社，2006.

第六章 社会建设论

本章概述

    社会建设是中国特色社会主义社会学研究的重要领域。本章从社会运行理论与中国社会建设实践相结合的角度，论述了加强中国特色社会主义社会建设的重要性和推进中国特色社会主义民主建设、精神文明建设、和谐社会建设、法治社会建设、健康中国建设、平安社会建设、生态文明建设以及数字社会建设等内容。通过本章学习，可以系统认识和深入理解中国特色社会主义社会建设的基本内涵、重要意义和主要目标任务，以及中国特色社会主义社会学的发展历程与趋势。

第一节　社会建设与社会现代化的内涵和意义

    社会建设，是中国特色社会主义总体布局的重要组成部分，具有十分重要的地位和作用。相较于西方社会学而言，中国社会建设理论有鲜明特色，在借鉴经典社会学理论的基础上，从中国社会建设实践经验出发，对党和国家制定与实施的发展战略、制度体系、实践路径进行总结，初步形成了一套较为完整的理论体系框架。中国特色社会主义社会建设是中国特色社会主义的重要组成部分，是中国特色社会主义社会学的基本研究对象。

一、社会建设的内涵和意义

(一)加强社会建设的丰富内涵

社会建设是在中国特色社会主义事业发展过程中形成的一个新概念，是社会运行理论在中国特色社会主义实践中的运用和发展。进入 21 世纪以来，我国改革开放不断深化，社会变迁不断加快，社会利益调整和社会矛盾日益复杂多变，中国共产党对执政规律、社会主义建设规律和人类社会发展规律的认识不断深化，在加强经济建设、政治建设、文化建设的基础上，把加强社会建设提上了重要议事日程。2004 年，党的十六届四中全会审议通过的《中共中央关于加强党的执政能力建设的决定》，提出了构建社会主义和谐社会的战略任务，强调要加强社会建设。这是党中央文献中第一次使用"社会建设"概念，标志着中国共产党对中国特色社会主义本质的认识达到了新高度。2007 年，党的十七大首次将社会建设纳入中国特色社会主义"四位一体"总布局，对"加强以保障和改善民生为重点的社会建设"进行了全面部署，标志我国社会建设工作站在了历史新起点。党的十八大以来，以习近平同志为核心的党中央高度重视社会建设，作出一系列重要论述和重大部署，特别是党的十八届三中全会用"社会治理"代替"社会管理"，提出推进社会治理体系和治理能力现代化的目标任务。党的十九届四中全会强调坚持和完善统筹城乡的民生保障制度、坚持和完善共建共治共享的社会治理制度等重要论述，不断推动社会建设理论和实践取得新发展，进一步开创了我国社会建设的新局面。党的十九届五中全会通过的《中共中央关于制定国民经济和社会发展第十四个五年规划和二〇三五年远景目标的建议》指出，要提高社会建设水平，加强和创新社会治理，进一步丰富了社会建设的内涵。至此，我国的社会建设形成了较为完整的理论体系。

社会建设的内涵丰富，主要包括以下几个方面：一是坚持和完善统筹城乡的民生保障制度。社会建设要以保障和改善民生为重点，着力解决人民最关心最直接最现实的利益问题，在发展教育事业、提高就业质量和人民收入水平、加强社会保障体系建设、实施乡村振兴战略、实施健康中国战略等方面取得明显成效。增进人民福祉、促进人的全面发展，是中国共产党立党为公、执政为民的本质要求。因此，要坚持和完善统筹城乡的民生保障制度，健全幼有所育、学有所教、劳有所得、病有所医、老有所养、住有所居、弱有所扶等方面国家基本公共服务制度体系，尽力而为，量力而行，注重加强普惠性、基础性、兜底性民生建设，保障群众基本生活。创新公共服务提供方式，鼓励支持社会力量兴办公益事业，满足人民多层次多样化需求，使改革发展成果更多更公平惠及全体人民。二是坚持和完善共建共治共享的社会治理制度。加强和创新社会治理是社会建设的时代课题，是国家治理体系和治理能力现代化的重要内容，要坚定不移地走中国特色社会主义社会治理之路。加强和创新社会治理，就是要坚持和完善共建共治共享的社会治理制度，坚持和完善"党委领导、政府负责、民主协商、社会协同、公众参与、法治保障、科技支撑"的社会治理体系，打造共建共治共享的社会治理格局，建设人人有责、人人尽责、人人享有的基层社会治理共同体，确保人民安居乐业、社会安定有序，建设更高水平的平安中国。三是不断提高社会治理现代化能力和水平。党的十八大以来，以习近平同志为核心的党中央，在强调推进社会治理体系现代化建设的同时，不断强调加强社会治理能力现代化建设，在强调不断提高社会治理系统治理、依法治理、综合治理、源头治理能力的同时，进一步强调不断提

高社会治理社会化、法治化、专业化、智能化水平。在上述加强
社会建设 3 方面主要内涵中，民生服务建设是核心，社会治理体
系现代化建设是保障，社会治理能力现代化建设是关键。加强社
会建设的目标任务，是在这 3 方面主要内涵基础上的具体表述和
拓展延伸。

（二）加强社会建设的重要意义

在社会良性运行和协调发展中，社会建设是基本条件和关键
环节。在中国特色社会主义"五位一体"总体布局和"四个全面"战
略布局中，社会建设是重要组成部分，处于基础地位。夯实社会
建设基础，推动经济社会全面、协调、可持续发展，形成经济富
裕、政治民主、文化繁荣、社会公平、生态良好的发展格局，把
中国建设成为富强、民主、文明、和谐、美丽的社会主义现代化
国家，意义重大而深远。

加强社会建设，是实现我国社会现代化的必由之路。在社会
学意涵中，现代化是指由传统农业社会向现代工业社会的变迁过
程，是在社会分化的基础上，以科学技术进步为先导，以经济建
设为中心，以工业化、城市化为主要内容，经济与社会协调发展
的社会变迁过程，是传统社会向现代社会转变的过程。很多现代
化国家的实践表明，社会现代化包括经济现代化、政治现代化与
文化现代化，其中经济现代化是基础，发挥着决定性作用。随着
我国经济的高速发展，工业化、城市化进程的不断加速，我国的
经济结构与社会结构都发生了深刻变化，并向着现代化国家的道
路继续迈进。改革开放 40 多年以来，我国经济水平不断提高，基
本达到了现代化的标准，这在为我国的社会现代化建设奠定了良
好基础的同时，也推动着社会现代化建设的步伐向前迈进。根据
党对新时代中国特色社会主义事业的总体布局，我国社会现代化

发展与西方社会现代化进程有着明显的区别，它是经济、政治、科学、文化、观念和生活的全面发展，具体表现为社会主义物质文明、精神文明、政治文明、社会文明、生态文明以及高度社会主义民主的协调发展，与社会主义现代化建设的目标高度契合。因此，可以说社会现代化的目标蕴含于社会主义现代化建设的目标之中，社会现代化建设也支撑着社会主义现代化建设的各项工作开展。加快我国社会现代化发展既要吸取发达国家和其他发展中国家社会现代化的成功经验，更要从本国的基本国情出发。而社会建设作为中国特色社会主义"五位一体"总体布局和"四个全面"战略布局中的重要组成部分，充分体现出了我国社会现代化道路的方向，具有浓厚的本土色彩，因此大力加强社会建设，总结社会建设经验，建构社会建设理论体系是实现社会现代化和社会主义现代化的必由之路。

加强社会建设，是坚持中国特色社会主义道路的必然要求。社会建设是社会主义建设的应有之义。中国特色社会主义建设进入新时代，要更好解决关系人民群众切身利益的生活、生产问题，保障人民群众的经济、政治、文化和社会权益，努力实现人的全面发展，这是党和国家一切工作的出发点和落脚点。

加强社会建设，是构建社会主义和谐社会的基本要求。建设社会主义和谐社会就是要以解决人民最关心、最直接、最现实的利益问题为重点，着力发展社会事业，促进社会公平；就是要扩大公共服务，逐步实现基本公共服务均等化；就是要理顺分配关系，准确把握公平与效率；就是要完善社会管理，维护社会安定团结。这样，才能不断地满足人民群众对于美好生活的需要。

加强社会建设，是全面实现社会主义现代化的重大任务。经过多年努力，我国已经全面建成小康社会、踏上全面建设社会主义现代化国家的新征程。但我国仍处于社会主义初级阶段，社会基本矛盾没有变，发展中不平衡、不充分的问题依然突出。加强社会建设，切实提高保障和改善民生水平，不断加强和创新社会治理，实现共同富裕，维护社会公平正义，是建成社会主义现代化强国的重大任务。

二、实现社会建设现代化的目标任务和重大意义

（一）我国社会主义现代化目标提出的历史过程

实现现代化是我国社会主义建设始终不渝的奋斗目标。在社会主义建设理论和实践发展过程中，我国社会主义现代化建设的目标任务、发展阶段有一个不断深化和明晰的过程。

我国社会主义制度一经建立，就明确提出了实现社会主义"四个现代化"的目标。1954 年 9 月，周恩来在第一届全国人民代表大会第一次会议上所作的《政府工作报告》中首先提出了"四个现代化"的任务，指出："我国的经济原来是很落后的；如果我们不建设起强大的现代化的工业、现代化的农业、现代化的交通运输业和现代化的国防，我们就不能摆脱落后和贫穷，我们的革命就不能达到目的。"[1]1964 年 12 月，在第三届全国人大第一次会议上，周恩来在《政府工作报告》中进一步指出："要在不太长的历史时期内，把我国建设成为一个具有现代农业、现代工业、现代国防和现代科学技术的社会主义强国，赶上和超过世界先进水平。为了实现这个伟大的历史任务，从第三个五年计划开始，我国的国民经济发展，可以按两步来考虑：第一步，建立一个独立的比较完整的工业体系和国民经济体系；第二步，全面实现农业、工业、

---

[1]　周恩来：《政府工作报告》（一九五四年九月二十三日），见中共中央文献研究室编：《建国以来重要文献选编》第 5 册，584 页，北京，中央文献出版社，2011。

国防和科学技术的现代化。"①从此，"四个现代化"的表述规范下来，成为社会主义革命和建设时期激励全国各族人民共同奋斗的宏伟目标。

改革开放后，党和国家进一步提出了社会主义现代化"三步走"战略，明确提出了建设小康社会的目标。从我国长期处于社会主义初级阶段的基本国情出发，根据邓小平的科学构想，1987年党的十三大确定了"三步走"发展战略和建设小康社会的目标。

进入21世纪，社会建设现代化的目标任务提上了重要议事日程。到20世纪90年代，邓小平提出的"三步走"第一步战略目标提前实现，第二步战略目标接近实现。1997年，党的十五大明确提出，加强经济建设、政治建设、文化建设，到中华人民共和国成立100周年时基本实现现代化，建成富强民主文明的社会主义国家的目标。2007年，党的十七大进一步把社会建设同经济建设、政治建设、文化建设一起纳入中国特色社会主义"四位一体"总格局，把社会建设现代化的目标任务提上重要议事日程。

进入中国特色社会主义新时代，全面建成社会主义现代化目标确立，把社会建设放在了更加突出的地位。党的十八大以来，以习近平同志为核心的党中央，站在历史新的起点上，整体推进"五位一体"总体布局、协调推进"四个全面"战略布局，坚持和完善中国特色社会主义制度、推进国家治理体系和治理能力现代化，把加强社会建设、推进社会改革、创新社会治理放在更加突出的地位，取得了明显成效。在庆祝中国共产党成立100周年大会上的讲话中，习近平总书记代表党和人民庄严宣告："经过全党全国

---

① 周恩来：《政府工作报告》（一九六四年十二月二十一日、二十二日），见中共中央文献研究室编：《建国以来重要文献选编》第19册，483页，北京，中央文献出版社，1998。

各族人民持续奋斗，我们实现了第一个百年奋斗目标，在中华大地上全面建成了小康社会，历史性地解决了绝对贫困问题，正在意气风发向着全面建成社会主义现代化强国的第二个百年奋斗目标迈进。"①

（二）社会建设现代化的主要内涵

如上所述，建设社会主义现代化的内涵既一脉相承，又与时俱进，从建设"四个现代化"到全面建设社会主义现代化国家，从以经济建设为中心到"两个文明一起抓"，直到"五位一体"整体推进、"四个全面"协调发展，建设"富强、民主、文明、和谐、美丽"的社会主义现代化国家，内涵不断丰富完善，目标任务逐步具体明确。社会建设现代化是社会主义现代化的重要组成部分，是基础性、长远性、根本性、综合性任务。

加强社会建设现代化需要做好以下几方面工作。

一是健全有利于更充分更高质量就业的促进机制。坚持就业是民生之本，实施就业优先政策，创造更多就业岗位。健全公共就业服务和终身职业技能培训制度，完善重点群体就业支持体系。建立促进创业带动就业、多渠道灵活就业机制，对就业困难人员实行托底帮扶。坚决防止和纠正就业歧视，营造公平就业制度环境。健全劳动关系协调机制，构建和谐劳动关系，促进广大劳动者实现体面劳动、全面发展。

二是构建服务全民终身学习的教育体系。全面贯彻党的教育方针，坚持教育优先发展，聚焦办好人民满意的教育，完善立德树人体制机制，深化教育领域综合改革，加强师德师风建设，培养德智体美劳全面发展的社会主义建设者和接班人。推动城乡义

---

① 习近平：《在庆祝中国共产党成立100周年大会上的讲话》（2021年7月1日），载《人民日报》，2021-07-02。

务教育一体化发展，健全学前教育、特殊教育和普及高中阶段教育保障机制，完善职业技术教育、高等教育、继续教育统筹协调发展机制。支持和规范民办教育、合作办学。构建覆盖城乡的家庭教育指导服务体系。发挥网络教育和人工智能优势，创新教育和学习方式，加快发展面向每个人、适合每个人、更加开放灵活的教育体系，建设学习型社会。

三是完善覆盖全民的社会保障体系。坚持应保尽保原则，健全统筹城乡，可持续的基本养老保险制度、基本医疗保险制度，稳步提高保障水平。加快建立基本养老保险全国统筹制度。加快落实社保转移接续、异地就医结算制度，规范社保基金管理，发展商业保险。统筹完善社会救助、社会福利、慈善事业、优抚安置等制度。健全退役军人工作体系和保障制度。坚持和完善促进男女平等、妇女全面发展的制度机制。完善农村留守儿童和妇女、老年人关爱服务体系，健全残疾人帮扶制度。坚决打赢脱贫攻坚战，巩固脱贫攻坚成果，建立解决相对贫困的长效机制。加快建立多主体供给、多渠道保障、租购并举的住房制度。

四是强化提高人民健康水平的制度保障。坚持关注生命全周期、健康全过程，完善国民健康政策，让广大人民群众享有公平可及、系统连续的健康服务。深化医药卫生体制改革，健全基本医疗卫生制度，提高公共卫生服务、医疗服务、医疗保障、药品供应保障水平。加快现代医院管理制度改革。坚持以基层为重点、预防为主、防治结合、中西医并重。加强公共卫生防疫和重大传染病防控，健全重特大疾病医疗保险和救助制度。优化生育政策，提高人口质量。积极应对人口老龄化，加快建设居家社区机构相协调、医养康养相结合的养老服务体系。聚焦增强人民体质，健全促进全民健身制度性举措。

　　五是完善正确处理新形势下人民内部矛盾有效机制。坚持和发展新时代"枫桥经验"，畅通和规范群众诉求表达、利益协调、权益保障通道，完善信访制度，完善人民调解、行政调解、司法调解联动工作体系。健全社会心理服务体系和危机干预机制，完善社会矛盾纠纷多元预防调处化解综合机制，努力将矛盾化解在基层。

　　六是完善社会治安防控体系。坚持专群结合、群防群治，提高社会治安立体化、法治化、专业化、智能化水平，形成问题联治、工作联动、平安联创的工作机制，提高预测预警预防各类风险能力，增强社会治安防控的整体性、协同性、精准性。

　　七是健全公共安全体制机制。完善和落实安全生产责任和管理制度，建立公共安全隐患排查和安全预防控制体系。构建统一指挥、专常兼备、反应灵敏、上下联动的应急管理体制，优化国家应急管理能力体系建设，提高防灾减灾救灾能力。加强和改进食品药品安全监管制度，保障人民身体健康和生命安全。

　　八是构建基层社会治理新格局。完善群众参与基层社会治理的制度化渠道。健全党组织领导的自治、法治、德治相结合的城乡基层治理体系，健全社区管理和服务机制，推行网格化管理和服务，发挥群团组织、社会组织作用，发挥行业协会商会自律功能，实现政府治理和社会调节、居民自治良性互动，夯实基层社会治理基础。加快推进市域社会治理现代化。推动社会治理和服务重心向基层下移，把更多资源下沉到基层，更好提供精准化、精细化服务。注重发挥家庭家教家风在基层社会治理中的重要作用。加强边疆治理，推进兴边富民。

　　九是完善国家安全体系。坚持总体国家安全观，统筹发展和安全，坚持人民安全、政治安全、国家利益至上有机统一。以人民安全为宗旨，以政治安全为根本，以经济安全为基础，以军事、科技、文化、社会安全为保障，健全国家安全体系，增强国家安全能力。完善集中统一、高效权威的国家安全领导体制，健全国家安全法律制度体系。加强国家安全人民防线建设，增强全民国家安全意识，建立健全国家安全风险研判、防控协同、防范化解机制。提高防范抵御国家安全风险能力，高度警惕、坚决防范和严厉打击敌对势力渗透、破坏、颠覆、分裂活动。

根据党的十九届五中全会精神研究制定的《中华人民共和国国民经济和社会发展第十四个五年规划和 2035 年远景目标纲要》，重点分为"提升国民素质 促进人的全面发展"和"增进民生福祉 提升共建共治共享水平"两篇九章，部署了基本实现社会现代化的主要任务：一是建设高质量教育体系，二是全面推进健康中国建设，三是实施积极应对人口老龄化国家战略，四是健全国家公共服务制度体系，五是实施就业优先战略，六是优化收入分配结构，七是健全多层次社会保障体系，八是保障妇女、未成年人和残疾人基本权益，九是构建基层社会治理新格局。总之，社会建设现代化的任务已经明确，关键是认真抓好落实。

（三）实现社会建设现代化的重大意义

新中国成立以来，特别是改革开放以来，中国共产党带领全党和全国人民，围绕"实现什么样的现代化，怎样实现现代化"这一基本问题，不断进行理论创新和制度创新，开创了一条既顺应世界现代化的时代大势，又蕴含中国特色社会主义现代化的新路，为发展中国家走向现代化贡献了可资借鉴的中国经验、中国方案、中国智慧。总的来说，中国特色社会主义现代化制度，具有强大的自我完善能力，是当代中国发展进步的根本制度保障，是中国共产党对人类更好社会制度的战略设计和成功探索，为发展中国家根据本国国情创建先进社会制度提供了中国方案。

中国的现代化是建立在中国社会的全面进步、社会主义全面发展基础上的现代化。中国的现代化是根植于中国特色社会主义实践，具有鲜明时代特点的现代化。当前，只有在习近平新时代中国特色社会主义思想的指导下，全面准确地理解现代化的含义，才能保证经济、政治、文化、社会、生态等各领域工作顺利进行，才能实现中华民族的伟大复兴。

社会主义现代化建设是中国共产党确立的伟大目标，是实现中华民族伟大复兴所系，是中华民族的最高利益和根本利益所在。将"富强、民主、文明、和谐、美丽"作为全面建设社会主义现代化强国的目标，是自新中国成立以来中国共产党对我国社会主义现代化建设规律的认识不断深化的结果。这一目标的确立具有重大的理论意义和现实意义。

社会主义现代化从根本上说是人的现代化、社会的现代化，标志是人民物质文化生活的全面提高、社会文明程度和文明素质的全面提高。中国实现社会现代化，是人类历史上前所未有的大变革。在人类社会发展进程中，已实现现代化的国家不超过 30个、人口不超过 10 亿。我们这个世界上最大的发展中国家实现了现代化，就意味着比现在所有发达国家人口总和还要多的中国人民将进入现代化行列，其影响将是历史性的、世界性的。当我国成为世界上第一个不是通过资本主义道路，而是走社会主义道路成功建成现代化强国时，当在实现中华民族伟大复兴的过程中实现中华文明伟大复兴时，中国共产党领导人民在中国进行的伟大社会革命将更加充分地展示出其重大历史意义。

第二节　发展社会主义民主

社会化与个体化是当代社会发展的两大特征。发展社会主义民主，是社会建设的重要任务、中国特色社会主义的本质要求，是中国共产党始终不渝的奋斗目标。

一、我国社会主义民主建设目标提出的过程

早在革命战争年代，以毛泽东为代表的中国共产党人，在创建人民政权、发展社会主义民主方面进行了卓有成效的探索，积累了丰富的经验。中华人民共和国成立后，我国实行了人民民主专政的国体和人民代表大会制度的政体，实行了中国共产党领导的多党合作和政治协商制度以及民族区域自治制度。

党的十一届三中全会拨乱反正，认真总结历史经验和"文化大革命"教训，对民主问题进行了认真讨论，指出必须有充分的民主，才能做到正确的集中。在人民内部的思想政治生活中，只能实行民主方法，不能采取压制、打击手段。各级领导要善于集中人民群众的正确意见，对不正确的意见进行适当的解释说服。宪法规定的公民权利，必须坚决保障，任何人不得侵犯。为了保障人民民主，必须加强社会主义法制，使民主制度化、法律化，使这种制度和法律具有稳定性、连续性和极大的权威，做到有法可依，有法必依，执法必严，违法必究。邓小平的《解放思想，实事求是，团结一致向前看》，是解放思想的宣言书。党的十一届三中全会开创了改革开放新时期，开启了发展社会主义民主新阶段。党的十二大报告首次明确提出，要发展高度的社会主义民主，发

展社会主义民主是中国共产党的根本目标和根本任务之一。之后，党的历次代表大会都对发展社会主义民主政治进行部署，有力地推动了中国社会主义民主建设。

党的十八大以来，我国社会主义民主建设，在理论和实践中不断取得新发展、新成效。党的十八大报告论述了坚持走中国特色社会主义发展道路和推进社会主义民主发展，指出人民民主是中国共产党始终高扬的光辉旗帜。党的十九大指出，要健全人民当家作主制度体系，发展社会主义民主。党的十九届四中全会把"坚持和完善人民当家作主制度体系，发展社会主义民主"作为根本性要求提了出来。

二、我国社会主义民主建设的深刻内涵

（一）人民民主是社会主义的生命

没有民主就没有社会主义，就没有社会主义现代化，就没有中华民族伟大复兴。社会主义愈发展，民主也愈发展。在前进道路上，要坚定不移走中国特色社会主义民主发展道路，继续推进社会主义民主政治建设、发展社会主义文明。社会主义社会是人民当家作主的社会，社会主义国家是人民的国家。中国特色社会主义民主发展道路，是中国社会激越变革、激荡发展的必然选择。

（二）发展社会主义民主是中国特色社会主义的必然要求

以什么样的思路来谋划和推进中国社会主义民主建设，在发展社会主义民主中具有管根本、管全局、管长远的作用。古今中外，由于发展道路选择错误而导致社会动荡、国家分裂、人亡政息的例子比比皆是。中国是一个发展中大国，坚持正确的发展道路更是关系根本、关系全局的重大问题。与此同时，我们也要深刻认识到，世界上没有完全相同的制度模式，一个国家实行什么

样的制度，走什么样的发展道路，必须与这个国家的国情和性质相适应。新中国成立以来特别是改革开放以来，中国共产党团结带领人民在发展社会主义民主方面取得了重大进展，成功开辟和坚持了中国特色社会主义发展道路，为实现最广泛的人民民主确立了正确方向。中国特色社会主义民主发展道路，是近代以来中国人民长期奋斗历史逻辑、理论逻辑、实践逻辑的必然结果，是坚持党的本质属性、践行党的根本宗旨的必然要求。

（三）人民当家作主是发展社会主义民主的本质和核心

发展社会主义民主就是要体现人民意志、保障人民权益、激发人民创造活力，用制度体系保证人民当家作主。我国实行工人阶级领导的、以工农联盟为基础的人民民主专政的国体，实行人民代表大会制度的政体，实行中国共产党领导的多党合作和政治协商制度，实行民族区域自治制度，实行基层群众自治制度。这样一套制度安排，是我国在历史传承、文化传统、经济社会发展的基础上长期发展、渐进改进、内生性演化的结果，具有鲜明的中国特色，必须长期坚持、全面贯彻、不断发展。

（四）我国社会主义民主是全过程的民主

全过程人民民主代表全体中国人民的根本利益，是人民具体地实现自身权益的重要保障。习近平总书记在庆祝中国共产党成立100周年大会上的重要讲话中强调"发展全过程人民民主"，这是对我国社会主义民主的新概括、新论断、新要求。"全过程人民民主"的重要论断，生动阐明了我国社会主义民主的特质和优势，是总结中国共产党百年来为实现和保证人民当家作主不懈奋斗的宝贵经验、丰富和发展马克思主义关于人民民主的思想、不断深化对人类文明发展规律认识的重大理论创新成果，为新时代发展社会主义民主、建设社会主义政治文明指明了前进方向、提供了根本遵循。"全过程人民民主"保障国家一切权力属于人民，充分实现民主权利。在我国，国家一切权力属于人民。毛泽东同志曾指出"我们的这个社会主义的民主是任何资产阶级国家所不可能有的最广大的民主"[①]，这深刻指出了我国社会主义民主的广泛性。占世界 1/5 多人口的 14 亿多中国人民，在自己的国家和社会生活中当家作主，享有广泛的民主权利，实行全面、系统的全过程人民民主，这本身就是对人类文明发展的重大贡献。

（五）我国社会主义民主是维护人民根本利益的最广泛、最真实、最管用的民主

我国的社会主义民主，能够有效保证人民享有更加广泛、更加充实的权利和自由，保证人民广泛参加国家治理和社会治理；能够有效调节各方关系，发展充满活力的政党关系、民族关系、宗教关系、阶层关系、海内外同胞关系，增强民族凝聚力，形成安定团结的局面；能够集中力量办大事，有效促进社会生产力解放和发展，促进现代化建设各项事业，促进人民生活质量和水平不断提高；能够有效维护国家独立自主，有力维护国家主权、安全、发展利益，维护中国人民和中华民族的福祉。我们完全有信心、有能力把我国社会主义民主的优势和特点充分发挥出来，为人类文明进步作出充满中国智慧的贡献。

三、我国社会主义民主建设的基本原则

（一）发展社会主义民主，走中国特色社会主义民主发展道路，必须坚持党的领导、人民当家作主、依法治国有机统一

党的领导是人民当家作主和依法治国的根本保证，人民当家

---

① 毛泽东：《关于正确处理人民内部矛盾的问题》（一九五七年二月二十七日），见《毛泽东著作选读》下册，760 页，北京，人民出版社，1986。

作主是社会主义民主的本质特征，依法治国是党领导人民治理国家的基本方式，三者统一于我国社会主义民主伟大实践。在我国政治生活中，党是领导一切的，坚持党的领导、人民当家作主、依法治国有机统一，最根本的是坚持党的领导。

(二)发展社会主义民主，走中国特色社会主义民主发展道路，必须积极稳妥推进改革

改革开放以来，我们在坚持根本制度、基本制度的基础上，不断深化改革，推进制度体系完善和发展。仅党中央职能部门就集中进行了5次机构改革，国务院机构集中进行了8次改革，为坚持和发展中国特色社会主义提供了重要体制机制保障。要持续推进社会主义民主制度化、规范化、程序化，保证人民依法通过各种途径和形式管理国家事务，管理经济文化事业，管理社会事务，巩固和发展生动活泼、安定团结的局面。

(三)发展社会主义民主，走中国特色社会主义民主发展道路，必须始终保持战略定力

必须坚持社会主义民主的政治方向。如果这一点把握不好、把握不牢，走偏了方向，不仅社会建设很难搞好，而且会给党和人民的事业带来损害。我们需要借鉴国外社会发展有益成果，但绝不能放弃中国制度的根本。习近平总书记强调："照抄照搬他国的制度行不通，会水土不服，会画虎不成反类犬，甚至会把国家前途命运葬送掉。只有扎根本国土壤、汲取充沛养分的制度，才最可靠、也最管用。"[1]要保持战略定力，坚持从国情出发、从实际出发，既要把握长期形成的历史传承，又要把握走过的发展道路、积累的经验、形成的原则，还要把握现实要求、着眼解决现

---

① 习近平：《坚定对中国特色社会主义政治制度的自信》(2014年9月5日)，见《习近平谈治国理政》第2卷，286页，北京，外文出版社，2017。

实问题,不能割断历史,不能想象突然就搬来一座所谓理想的制度"飞来峰"。要坚定对中国特色社会主义制度的自信,增强走中国特色社会主义发展道路的信心和决心。

四、我国社会主义民主建设的目标任务

(一)扩大人民民主,保证人民当家作主

人民当家作主是社会主义民主的本质和核心。要健全民主制度,丰富民主形式,拓宽民主渠道,依法实行民主选举、民主决策、民主管理、民主监督,保障人民的知情权、参与权、表达权、监督权。支持人民代表大会依法履行职能,善于使党的主张通过法定程序成为国家意志;保障人大代表依法行使职权,密切人大代表同人民的联系,逐步实行城乡按相同人口比例选举人大代表;加强人大常委会制度建设,优化组成人员知识结构和年龄结构。支持人民政协围绕团结和民主两大主题履行职能,推进政治协商、民主监督、参政议政制度建设;把政治协商纳入决策程序,完善民主监督机制,提高参政议政实效;加强政协自身建设,发挥协调关系、汇聚力量、建言献策、服务大局的重要作用。坚持各民族一律平等,保证民族自治区域依法行使自治权。推进决策科学化、民主化,完善决策信息和智力支持系统,增强决策透明度和公众参与度,制定与群众利益密切相关的法律法规和公共政策原则上要公开听取意见。加强公民意识教育,树立社会主义民主法治、自由平等、公平正义理念。支持工会、共青团、妇联等群团组织依照法律和各自章程开展工作,参与社会管理和公共服务,维护群众合法权益。

(二)发挥社会主义协商民主重要作用

社会主义协商民主是我国人民民主的重要形式。要完善协商

民主制度和工作机制，推进协商民主广泛、多层、制度化发展。通过国家政权机关、政协组织、党派团体等渠道，就经济社会发展重大问题和涉及群众切身利益的实际问题广泛协商，广纳群言、广集民智，增进共识、增强合力。坚持和完善中国共产党领导的多党合作和政治协商制度，充分发挥人民政协作为协商民主的重要渠道作用，围绕团结和民主两大主题，推进政治协商、民主监督、参政议政制度建设，更好地协调关系、汇聚力量、建言献策、服务大局。加强同各民主党派的政治协商。把政治协商纳入决策程序，坚持协商于决策之前和决策之中，增强民主协商实效性。深入进行专题协商、对口协商、界别协商、提案办理协商。积极开展基层民主协商。

（三）发展基层民主，保障人民享有更多更切实的民主权利

人民依法直接行使民主权利，管理基层公共事务和公益事业，实行自我管理、自我服务、自我教育、自我监督，对干部实行民主监督，是人民当家作主最有效、最广泛的途径，必须作为发展社会主义民主的基础性工程重点推进。要健全基层党组织领导的充满活力的基层群众自治机制，扩大基层群众自治范围，完善民主管理制度，把城乡社区建设成为管理有序、服务完善、文明祥和的社会生活共同体。全心全意依靠工人阶级，完善以职工代表大会为基本形式的企事业单位民主管理制度，推进厂务公开，支持职工参与管理，维护职工合法权益。深化乡镇机构改革，加强基层政权建设，完善政务公开、村务公开等制度，实现政府行政管理与基层群众自治有效衔接和良性互动。发挥社会组织在扩大群众参与、反映群众诉求方面的积极作用，增强社会自治功能。

（四）全面落实依法治国基本方略，加快建设社会主义法治国家

依法治国是社会主义民主的基本要求。要坚持科学立法、民

主立法，完善中国特色社会主义法律体系。加强宪法和法律实施，坚持公民在法律面前一律平等，维护社会公平正义，维护社会主义法制的统一、尊严、权威。推进依法行政。深化司法体制改革，优化司法职权配置，规范司法行为，建设公正高效权威的社会主义司法制度，保证审判机关、检察机关依法独立公正地行使审判权、检察权。加强政法队伍建设，做到严格、公正、文明执法。深入开展法制宣传教育，弘扬法治精神，形成自觉尊法学法守法用法的社会氛围。尊重和保障人权，依法保证全体社会成员平等参与、平等发展的权利。各级党组织和全体党员要自觉在宪法和法律范围内活动，带头维护宪法和法律的权威。

(五)壮大爱国统一战线，团结一切可以团结的力量

促进政党关系、民族关系、宗教关系、阶层关系、海内外同胞关系的和谐，对于增进团结、凝聚力量具有不可替代的作用。要贯彻长期共存、互相监督、肝胆相照、荣辱与共的方针，加强同民主党派合作共事，支持民主党派和无党派人士更好履行参政议政、民主监督职能，选拔和推荐更多优秀党外干部担任领导职务。牢牢把握各民族共同团结奋斗、共同繁荣发展的主题，保障少数民族合法权益，巩固和发展平等团结互助和谐的社会主义民族关系。全面贯彻党的宗教工作基本方针，发挥宗教界人士和信教群众在促进经济社会发展中的积极作用。鼓励新的社会阶层人士积极投身中国特色社会主义建设。认真贯彻党的侨务政策，支持海外侨胞、归侨侨眷关心和参与祖国现代化建设与和平统一大业。

(六)加快行政管理体制改革，建设服务型政府

行政管理体制改革是深化改革的重要环节。要着力转变职能、理顺关系、优化结构、提高效能，形成权责一致、分工合理、决

策科学、执行顺畅、监督有力的行政管理体制。健全政府职责体系，完善公共服务体系，推行电子政务，强化社会管理和公共服务。加快推进政企分开、政资分开、政事分开、政府与市场中介组织分开，规范行政行为，加强行政执法部门建设，减少和规范行政审批，减少政府对微观经济运行的干预。规范垂直管理部门和地方政府的关系。加大机构整合力度，探索实行职能有机统一的大部门体制，健全部门间协调配合机制。精简和规范各类议事协调机构及其办事机构，减少行政层次，降低行政成本，着力解决机构重叠、职责交叉、政出多门问题。统筹党委、政府和人大、政协机构设置，减少领导职数，严格控制编制。加快推进事业单位分类改革。

（七）完善制约和监督机制，保证人民赋予的权力始终用来为人民谋利益

确保权力正确行使，必须让权力在阳光下运行。要坚持用制度管权、管事、管人，建立健全决策权、执行权、监督权既相互制约又相互协调的权力结构和运行机制。健全组织法制和程序规则，保证国家机关按照法定权限和程序行使权力、履行职责。完善各类公开办事制度，提高政府工作透明度和公信力。重点加强对领导干部特别是主要领导干部、人财物管理使用、关键岗位的监督，健全质询、问责、经济责任审计、引咎辞职、罢免等制度。落实党内监督条例，加强民主监督，发挥好舆论监督作用，增强监督合力和实效。

（八）坚持和完善共建共治共享的社会治理制度是发展社会主义民主的重要抓手

坚持和完善共建共治共享的社会治理制度，充分体现了中国共产党发展社会主义民主的意志。以习近平同志为核心的党中央

对保障全体人民享有参与社会建设、社会治理权利高度重视，坚定维护全体人民享有社会治理成果权益。共建是共同参与社会建设，要求突出制度和体系建设的基础性、战略性地位，是社会治理的基础；共治是共同参与社会治理，要求树立大社会观、大治理观，打造全民参与的开放治理体系，是社会治理的关键；共享是共同享有社会治理成果，要求社会治理的成效更多更公平地惠及全体人民，是社会治理的目标。坚持和完善共建共治共享的社会治理制度，可充分保障人民的知情权、参与权、表达权、监督权，是发展社会主义民主的重要保障。

第三节　建设高度的社会主义精神文明

中国特色社会主义，是精神文明和物质文明全面发展的社会主义。中国特色社会主义社会建设的重要任务是发展社会先进文化、建设社会高度文明。

一、我国社会主义精神文明建设的提出及其意义

（一）社会主义精神文明建设的提出

我国有五千多年文明史。重视精神文明建设，是中华民族的优良传统，更是中国共产党的光荣传统。马克思主义中国化理论，就是马克思主义基本原理同中国具体实际相结合、同中华优秀传统文化相结合的产物。

改革开放后，随着我国物质文明建设不断推进，加强社会主义精神文明建设任务被提上重要议事日程。1979 年 3 月，邓小平在党的理论工作务虚会上所作的《坚持四项基本原则》讲话中强调

指出，实现四个现代化，必须在思想政治上坚持四项基本原则，保持崇高的革命理想，提高人民的道德水平，转变社会风气和端正党风。① 同年 9 月，叶剑英在代表党和国家所作的庆祝中华人民共和国成立 30 周年讲话中明确指出："我们要在建设高度物质文明的同时，提高全民族的教育科学文化水平和健康水平，树立崇高的革命理想和革命道德风尚，发展高尚的丰富多彩的文化生活，建设高度的社会主义精神文明。这些都是我们社会主义现代化的重要目标，也是实现四个现代化的必要条件。"②1982 年党的十二大报告，全面部署了建设高度的社会主义精神文明任务。自此，加强社会主义精神文明建设成为中国共产党坚持不懈追求的现代化建设目标。之后，党的历次代表大会都对加强社会主义精神文明建设作出部署，不断推动社会主义精神文明建设取得显著成效。

党的十九大以后，经过长期努力，中国特色社会主义进入了新时代，我国的社会主义精神文明建设也开始了在新起点上的新飞跃。精神文明建设作为中国特色社会主义的重要特征，是在改革开放中应运而生的，并且随着改革开放和现代化建设的深入推进，实现了持续发展，取得了丰硕成果。新时代下的精神文明建设有了新思想、新思路、新活力。习近平总书记指出："以辩证的、全面的、平衡的观点正确处理物质文明和精神文明的关系。"③精神文明是人们改造主观世界的活动过程中形成的精神成果，它紧紧地与人们的物质生产实践活动相联系。改造客观世界

---

① 邓小平：《坚持四项基本原则》（一九七九年三月三十日），见《邓小平文选》第 2 卷，158～184 页，北京，人民出版社，1994。

② 叶剑英：《在庆祝中华人民共和国成立三十周年大会上的讲话》（一九七九年九月二十九日），见中共中央文献研究室编：《三中全会以来重要文献选编》（上），234 页，北京，中央文献出版社，1982。

③ 习近平：《人民有信仰，民族有希望，国家有力量》（2015 年 2 月 28 日），见《习近平谈治国理政》第 2 卷，324 页，北京，外文出版社，2017。

与主观世界的活动是辩证统一的。对应于这两种活动的两种文明形式——物质文明和精神文明，二者的关系也是辩证统一的。一方面，物质文明建设为从事文化、艺术、道德等精神文明建设提供物质保证和实践前提，决定着精神文明建设的层次和水平。另一方面，精神文明建设有助于规范物质文明建设的正确方向，为其提供精神动力和智力支持。先进的科学文化、坚定的理想信念、高尚的道德情操、积极的价值追求将极大地提高人们的技能，激发创造热情，凝聚起从事物质文明建设的强大精神力量，从而促进物质文明的发展。因此，新时代精神文明建设要辩证地平衡同物质文明建设的关系，实现二者的和谐、均衡发展。

(二)社会主义精神文明建设的重要意义

精神文明建设是社会主义现代化建设的重要组成部分。社会主义现代化，是物质文明和精神文明的全面发展、协调进步。没有高度的社会主义精神文明，就没有社会主义的现代化。社会主义现代化建设，必须在建设高度物质文明的同时，努力建设高度的社会主义精神文明，并使两者有机结合、互相促进。这是中国特色社会主义的基本方针，是社会主义现代化建设的战略任务。

社会主义精神文明建设是全面推进社会主义现代化建设的发展动力。社会主义现代化首先是人的现代化。建设社会主义精神文明的目的是，适应社会主义现代化建设需要，培育有理想、有道德、有文化、有纪律的社会主义公民，提高整个中华民族的思想道德素质和科学文化素质。社会主义现代化是一场革命，新一轮科技革命和产业变革正在加速重构文化生态、场景和发展模式，互联网日益成为文化创作生产传播消费的重要平台和渠道。文化建设必须抓住新一轮产业革命和科技变革机遇，顺应数字化、网络化、智能化发展趋势和后疫情时代形势，用好国内国际两个市场、两种资源，加快转变文化和旅游发展模式，提供更多优秀文艺产品、优秀文化产品和优质文艺旅游产品，促进提档升级、提质增效，更好实现文化赋能、旅游带动。加强社会主义精神文明建设，是为改革开放和社会主义现代化建设提供思想保证、精神动力和智力支持的必然要求。

社会主义精神文明建设是全面推进社会主义现代化建设的重要保证。当今世界正处于百年未有之大变局，人类命运共同体理念深入人心。目前，国际环境日趋复杂，不稳定性不确定性因素明显增加，为开启全面建设社会主义现代化国家新征程带来了许多风险挑战。我们必须高扬思想旗帜、强化价值引领、激发奋斗精神，增强全民族的凝聚力向心力创造力，在展示国家形象、促进对外交往、增进合作共赢等方面发挥重要作用，为全体人民奋进新时代，实现中华民族伟大复兴的中国梦提供强大精神动力。

二、我国社会主义精神文明建设的主要内容

社会主义精神文明建设，就是以马克思主义为指导，坚守中华文化立场，立足当代中国现实，结合当今时代条件，发展面向现代化、面向世界、面向未来的，民族的科学的大众的社会主义文化，推动社会主义物质文明和精神文明协调发展。我国社会主义精神文明建设内容主要包括以下几个方面。

（一）牢牢掌握意识形态工作领导权

意识形态决定文化前进方向和发展道路。必须推进马克思主义中国化时代化大众化，建设具有强大凝聚力和引领力的社会主义意识形态，使全体人民在理想信念、价值理念、道德观念上紧紧团结在一起。新时代，社会主义精神文明建设必须牢牢掌握意识形态工作的领导权，不断增强意识形态领域主导权和话语权。

（二）深入培育和践行社会主义核心价值观

社会主义核心价值观是当代中国精神的集中体现，凝结着全体人民共同的价值追求。党和国家以培养担当民族复兴大任的时代新人为着眼点，强化教育引导、实践养成、制度保障，发挥社会主义核心价值观对国民教育、精神文明创建、精神文化产品创作生产传播的引领作用，把社会主义核心价值观融入社会发展各方面，转化为人们的情感认同和行为习惯。全民行动、干部带头，从家庭做起，从娃娃抓起，深入挖掘中华优秀传统文化蕴含的思想观念、人文精神、道德规范，结合时代要求继承创新，让中华文化展现出永久魅力和时代风采。

（三）不断加强思想道德建设

人民有信仰，国家有力量，民族有希望。新时代以来，中国共产党广泛开展理想信念教育，深化中国特色社会主义和中国梦的宣传教育，弘扬民族精神和时代精神，加强爱国主义、集体主义、社会主义教育，引导人们树立正确的历史观、民族观、国家观、文化观。深入实施公民道德建设工程，推进社会公德、职业道德、家庭美德、个人品德建设，激励人们向上向善、孝老爱亲，忠于祖国、忠于人民。不断加强和改进思想政治工作，深化群众性精神文明创建活动。不断弘扬科学精神，普及科学知识，开展移风易俗、弘扬时代新风行动，抵制腐朽落后文化的侵蚀。推进诚信建设和志愿服务制度化，强化社会责任意识、规则意识、奉献意识。

（四）繁荣和发展社会主义文艺

社会主义文艺是人民的文艺，党引领着以人民为中心的创作方向，在深入生活、扎根人民中进行无愧于时代的文艺创造。坚持思想精深、艺术精湛、制作精良相统一，加强现实题材创作，不断推出讴歌党、讴歌祖国、讴歌人民、讴歌英雄的精品力作。坚持发扬学术民主、艺术民主，不断提升文艺原创力，不断推动文艺创新。倡导讲品位、讲格调、讲责任，抵制低俗、庸俗、媚俗。加强文艺队伍建设，造就一大批德艺双馨名家大师，培育一大批高水平创作人才。

（五）推动文化事业和文化产业发展

满足人民过上美好生活的新期待，必须提供丰富的精神食粮。要深化文化体制改革，完善文化管理体制，加快构建把社会效益放在首位、社会效益和经济效益相统一的体制机制，完善公共文化服务体系，深入实施文化惠民工程，丰富群众性文化活动，加强文物保护利用和文化遗产保护传承。

三、加强我国社会主义精神文明建设的任务和路径

坚持马克思主义在意识形态领域的指导地位，坚定文化自信，坚持以社会主义核心价值观引领文化建设，围绕举旗帜、聚民心、育新人、兴文化、展形象的使命任务，促进满足人民文化需求和增强人民精神力量相统一，推进社会主义文化强国建设。加强社会主义精神文明建设，培育和践行社会主义核心价值观，推动形成适应新时代要求的思想观念、精神面貌、文明风尚、行为规范。

（一）推动理想信念教育常态化制度化

深入推进习近平新时代中国特色社会主义思想学习教育，不断完善用党的创新理论武装全党、教育人民的工作体系。建立健全"不忘初心、牢记使命"的制度和长效机制，加强和改进思想政治工作，持续开展中国特色社会主义和中国梦宣传教育，加强党史、新中国史、改革开放史、社会主义发展史教育，加强爱国主义、集体主义、社会主义教育，加强革命文化研究阐释和宣传教

育，弘扬党和人民在各个历史时期奋斗中形成的伟大精神。完善弘扬社会主义核心价值观的法律政策体系，把社会主义核心价值观要求融入法治建设和社会治理，体现到国民教育、精神文明创建、文化产品创作生产全过程。完善青少年理想信念教育齐抓共管机制。

（二）发展中国特色哲学社会科学

加强对习近平新时代中国特色社会主义思想的整体性系统性研究、出版传播、宣传阐释，推进马克思主义中国化、时代化、大众化。深入实施马克思主义理论研究和建设工程，推进习近平新时代中国特色社会主义思想研究中心（院）、中国特色社会主义理论体系研究中心等建设，建好用好"学习强国"等学习平台。构建中国特色哲学社会科学学科体系、学术体系和话语体系，深入实施哲学社会科学创新工程，加强中国特色新型智库建设。

（三）传承弘扬中华优秀传统文化

深入实施中华优秀传统文化传承发展工程，强化重要文化和自然遗产、非物质文化遗产系统性保护，推动中华优秀传统文化创造性转化、创新性发展。加强文物科技创新，实施中华文明探源和考古中国工程，开展中华文化资源普查，加强文物和古籍保护研究利用，推进革命文物和红色遗址保护，完善流失文物追索返还制度。建设长城、大运河、长征、黄河等国家文化公园，加强世界文化遗产、文物保护单位、考古遗址公园、历史文化名城名镇名村保护。健全非物质文化遗产保护传承体系，加强各民族优秀传统手工艺保护和传承。

（四）持续提升公民文明素养

推进公民道德建设，大力开展社会公德、职业道德、家庭美德、个人品德建设。开展国家勋章、国家荣誉称号获得者和时代楷模、道德模范、最美人物、身边好人的宣传学习。实施文明创建工程，拓展新时代文明实践中心建设，科学规范做好文明城市、文明村镇、文明单位、文明校园、文明家庭评选表彰，深化未成年人思想道德建设。完善市民公约、乡规民约、学生守则、团体章程等社会规范，建立惩戒失德行为机制。弘扬诚信文化，建设诚信社会。广泛开展志愿服务关爱行动。提倡艰苦奋斗、勤俭节约，开展以劳动创造幸福为主题的宣传教育。加强网络文明建设，发展积极健康的网络文化。

（五）提升中华文化影响力

创新推进国际传播，加强对外文化交流和多层次文明对话，利用网上网下讲好中国故事，传播好中国声音，增强中华文化亲和力、吸引力、辐射力，促进民心相通。开展系列对外文化交流活动，建好海外文化交流平台，开展经典著作互译、影视贸易合作，加强国家文化出口基地建设，不断提升中华文化影响力。

第四节　建设社会主义和谐社会

在社会运行过程中，不可避免地会产生诸多社会问题。加强社会建设的重要目标任务就是解决问题、化解矛盾、协调关系、构建和谐。建设社会主义和谐社会是中国特色社会主义的本质属性，是建设社会主义现代化国家的内在要求，是促进社会公平正义、增进人民福祉的必然选择。建设社会主义和谐社会，必须紧紧围绕建成社会主义现代化国家奋斗目标、实现中华民族伟大复兴的中国梦，坚持尊重人民主体地位、科学发展、改革开放、依法治国、维护社会公平正义、正确处理改革发展稳定的关系等基本原则，以解决人民群众最关心、最直接、最现实的利益问题为重点，推动社会建设与经济建设、政治建设、文化建设和生态文明建设协调发展。

一、建设社会主义和谐社会的内涵及历史背景

在中国文化中，"和谐"是一个古来有之的概念。"和"代表民族团结、社会稳定，"谐"表明统筹协调、互相配合，而"和谐社会"则是将两者兼而有之，主要追求的是个人自身的和谐，人与人之间的和谐，社会各系统、各阶层之间的和谐，个人、社会与自然之间的和谐，整个国家与外部世界的和谐，是人类自古以来所追求的一种理想的、美好的社会状态。用社会学的术语表达"和谐社会"就是良性运行和协调发展的社会。

在中华文化发展五千多年的历史长河中，产生过不少有关社会和谐的思想，有许多丰富多彩的理论观点。春秋战国时期，孔子在《礼记·礼运》中，描绘了自己所向往的大同世界是一个文明、高尚、仁爱、公平、人民各得其所的美好社会，并提出了"和为贵"的思想。孟子用"老吾老，以及人之老；幼吾幼，以及人之幼。天下可运于掌"[1]的社会治理原则，倡导通过发展多种生产、开展伦理教化，消除社会的不和谐现象，达到理想中"民为贵"、"君为轻"[2]的王道政治。墨家提出了"兼相爱"[3]、"爱无差等"[4]的理想社会方案。晋朝诗人陶渊明在脍炙人口的名篇《桃花源记》中描绘了自然经济条件下生态良好、人际和谐的理想社会。

---

[1]　《孟子·梁惠王上》。
[2]　《孟子·尽心章句下》。
[3]　《墨子·兼爱》。
[4]　《孟子·滕文公上》。

构建社会主义和谐社会继承并发展了马克思主义理论。19 世纪，法国空想社会主义者傅立叶最早提出"和谐社会"这一概念。在批判吸收空想社会主义的有益理论后，马克思和恩格斯创立了辩证唯物主义和历史唯物主义，提出了无产阶级革命的理论和战略策略，设想了一个和谐社会模式，把人类社会的发展分为 3 个阶段：人对物的依赖关系的社会，人对人的依赖关系的社会，人的全面自由发展的社会。其中最后一个阶段就是我们所追求的高级的和谐社会。列宁就建设社会主义和谐社会进一步提出了一系列重要思想。马克思、恩格斯、列宁关于未来社会的理论探索与科学构想，指明了构建社会主义和谐社会的前进方向，为构建中国特色社会主义和谐社会的理论与实践提供了重要的指导和启迪。

新中国成立后，毛泽东提出正确处理人民内部矛盾的理论，党中央把正确处理人民内部矛盾作为党和国家政治生活的主题。但在 20 世纪 50 年代后期，特别是"文化大革命"时期，搞"以阶级斗争为纲"，造成了严重的社会动乱。党的十一届三中全会以后，中国共产党面对新时期形势任务，认真总结国内外历史经验教训，创造性地提出了中国特色社会主义和谐社会理论。党强调指出，我们要建设的社会主义和谐社会，既不同于历史上一些思想家所憧憬的"大同世界"，也不同于空想社会主义者所描绘的"乌托邦"，我们要建设的是马克思主义关于社会和谐的思想同当代中国实际相结合的产物，是在中国特色社会主义建设的道路上，由中国共产党领导全体人民共同建设、共同治理、共同享有的和谐社会。

2004 年，党的十六届四中全会明确提出构建社会主义和谐社会的理论，作出了社会和谐是中国特色社会主义的本质属性的重大判断。2006 年，党的十六届六中全会作出了《关于构建社会主义和谐社会若干重大问题的决定》，强调指出，新世纪新阶段，中国共产党要带领人民抓住机遇、应对挑战，把中国特色社会主义伟大事业推向前进，必须坚持以经济建设为中心，把构建社会主义和谐社会摆在更加突出的地位，明确提出了当前和今后一个时期构建社会主义和谐社会的指导思想、目标任务、工作原则和重大部署。党的十七大报告全面阐述了社会主义和谐社会和科学发展的关系，指出科学发展和社会和谐是内在统一的，进一步明确中国共产党所要建设的社会主义和谐社会，是一个民主法治、公平正义、诚信友爱、充满活力、安定有序、人与自然和谐相处的社会。

党的十八大以来，以习近平同志为核心的党中央，带领全党全国各族人民实现了全面建成小康社会的奋斗目标，正在为建成富强民主文明和谐美丽的社会主义现代化国家而不懈奋斗。习近平总书记面对世界百年未有之大变局，从中华民族伟大复兴战略全局出发，创造性地提出了构建人类命运共同体、构建中华民族共同体意识等重要论述，进一步丰富和发展了构建社会主义和谐社会的理论。

二、构建社会主义和谐社会的重要意义

构建社会主义和谐社会，是从中国特色社会主义事业全局出发提出的一个重大战略任务。这一战略任务的提出既反映了中国社会发展的内在要求，也体现了人民群众的共同愿望。

构建社会主义和谐社会，反映了科学社会主义的基本要求。马克思主义经典作家认为，未来理想社会是社会生产力高度发达和人的精神生活高度发展的社会，是每个人自由而全面发展的社会，是人与人和谐相处、人与自然和谐共生的社会。社会和谐是科学社会主义的应有之义，是科学社会主义在当代中国的具体体

现。构建社会主义和谐社会，反映了建设富强民主文明和谐美丽的社会主义现代化国家的内在要求，体现了全党全国各族人民的共同愿望。把社会和谐明确为中国特色社会主义的本质属性，有利于更全面地体现党的奋斗目标和全国各族人民的共同理想，有利于更好地建设中国特色社会主义，更好地实现最广大人民的根本利益。

构建社会主义和谐社会，表明了中国共产党长期奋斗的目标指向。无论是中国共产党领导人民进行的新民主主义革命，还是新中国成立后对社会主义建设的艰辛探索，以及进入新时期以后，中国共产党在中国特色社会主义理论体系指导下进行的改革开放，始终如一的目标就是人民生活在社会和谐之中。

构建社会主义和谐社会，是把握复杂多变的国际形势、有力应对来自国际环境的各种挑战和风险的必然要求。和平与发展仍是当今时代的主题，但国际形势继续处于深刻复杂的变化之中。世界格局处于向多极化过渡的重要时期，经济全球化趋势不断深入发展，科技发展突飞猛进，国际产业升级和转移速度加快，各国注重经济发展和国际经济技术合作，区域经济一体化进程加速。这些因素给我国的改革发展带来了难得机遇和有利条件。

同时，我们必须清醒地看到，当今世界仍不安宁，各种矛盾错综复杂，影响和平与发展的不稳定不确定因素仍然存在。在这样复杂多变的国际形势下，要想提高应对外部各种挑战和风险的能力，就必须着眼于国内的各种亟待解决的问题和矛盾，始终保持国家统一、民族团结、社会稳定的局面。要清醒地认识到，我国仍处于并将长期处于社会主义初级阶段的基本国情，建设社会主义和谐社会，就要立足于基本国情，利用优势资源，创造有利条件，完善健全制度体系，积极主动地推进和谐社会建设，并要着眼长久发展，做好长期持续努力的准备。

三、构建社会主义和谐社会的主要内容

党的十六届六中全会把构建社会主义和谐社会内涵确定为以下6个方面。

（一）民主法治

坚持把党的领导、人民当家作主和依法治国有机统一起来，积极妥善地推进政治体制改革，进一步健全民主制度，丰富民主形式，扩大公民有序的政治参与，不断推进社会主义民主政治的制度化、规范化、程序化，更好地发挥社会主义政治制度的特点和优势。切实落实依法治国的基本方略，充分发挥法治在促进、实现、保障社会和谐方面的重要作用，进一步加强和改进立法工作，全面推进依法行政，落实司法为民的要求，加强法制宣传教育，形成法律面前人人平等、人人自觉守法用法的社会氛围。

（二）公平正义

城乡、区域发展差距扩大的趋势逐步扭转，合理有序的收入分配格局基本形成，家庭财产普遍增加，人民过上更加富足的生活；社会就业比较充分，覆盖城乡居民的社会保障体系基本建立；基本公共服务体系更加完备，政府管理和服务水平有较大提高。

（三）诚信友爱

加强思想道德建设，坚持马克思主义在意识形态领域的指导地位，牢牢把握社会主义先进文化的前进方向，弘扬中华民族优秀文化传统，借鉴人类有益文明成果，倡导和谐理念，培育和谐精神，进一步通过建设社会主义核心价值体系、树立社会主义荣辱观、坚持思想舆论的正确导向，广泛开展和谐创建活动，形成全社会共同的理念、信念和道德规范，打牢全党全国各族人民团

结奋斗的思想道德基础，促进和谐人际关系进一步形成。

（四）充满活力

增强全社会的创造活力，增进社会团结和睦，巩固和壮大最广泛的爱国统一战线，充分调动各方面积极性，促进政党关系、民族关系、宗教关系、阶层关系、海内外同胞关系的和谐；坚持走和平发展道路，营造良好的外部环境；增强全社会创造活力，形成万众一心共创伟业的生动局面，发挥人民群众的首创精神，使全社会的创造能量充分释放、创新成果不断涌现、创业活动蓬勃开展。

（五）安定有序

加强社会管理，健全党委领导、政府负责、社会协同、公众参与的社会管理格局；健全利益协调机制、诉求表达机制、矛盾调处机制、权益保障机制 4 个机制；形成统一指挥、反应灵敏、协调有序、运转高效的应急管理机制，提高危机管理和抗风险能力；坚持打防结合、预防为主、专群结合、依靠群众的方针，完善社会治安防控体系，广泛开展平安建设活动，把社会治安综合治理措施落实到基层。

（六）人与自然和谐相处

加强生态环境建设和治理工作，以解决危害群众健康和影响可持续发展的环境问题为重点，加快建设资源节约型、环境友好型社会；从源头上控制环境污染、推广清洁生产、节约能源资源；统筹城乡环境建设，加强城市环境综合治理，改善农村生活环境和村容村貌；加快环境科技进步，完善有利于环境保护的产业政策、财税政策、价格政策，强化污染物排放总量控制，建立生态环境评价体系和补偿机制，强化企业和全社会节约资源、保护环境的责任；完善环境保护法律法规和管理体制，严格环境执法，加强环境监测，严格处罚违法行为。增强全民族的环境保护意识，在全社会形成爱护环境、保护环境的良好风尚。

四、我国社会主义和谐社会建设的主要任务

经过长期努力，我国已经实现了全面建成小康社会的目标，正在为全面建设社会主义现代化强国而奋斗。今后一个时期，我国发展仍处于重要战略机遇期，要继续努力建设人民各尽所能、各得其所、人与自然和谐相处的局面，就要深刻认识我国社会主要矛盾变化带来的新特征新要求，深刻认识错综复杂的国际环境带来的新矛盾新挑战，增强机遇意识和风险意识，善于在危机中育先机、于变局中开新局，努力建设社会主义和谐社会。

（一）坚持以人民为中心的发展思想

以人为本是社会主义和谐社会建设必须秉持的基本价值理念。和谐社会建设必须坚持发展为了人民、发展依靠人民、发展成果由人民共享，以实现人的全面发展为目标，发展社会主义民主政治，保证人民依法行使民主权利，使人民群众和各方面的积极性、主动性、创造性更好地发挥出来，促进党和人民群众以及执政党和参政党、中央和地方、各阶层之间、各民族之间等方面关系的和谐。

（二）坚持和完善统筹城乡的民生保障制度

民生是人民幸福之基，社会和谐之本，民生连着民心，民心关系国运。促进社会公平正义，充分激发社会各方面的积极性，解决城乡之间发展不平衡不充分的问题。要深刻认识到，我国作为一个农民占人口多数的国家，坚持和完善统筹城乡的民生保障制度，就要坚持把解决"三农"问题作为全党工作的重中之重，扎实推进社会主义新农村建设，落实区域发展总体战略，发挥城市

对农村的辐射和带动作用，发挥工业对农业的支持和反哺作用。通过推进实施积极的就业政策、教育优先发展政策、加强医疗卫生服务来逐步建立有利于改变城乡二元经济结构的体制，稳定完善和强化对农业的支持作用，加快农业和农村经济发展。

（三）坚持和完善共建共治共享的社会治理制度

加快构建多元主体共同参与的治理体制，建设人人有责、人人尽责、人人享有的社会治理共同体；让国家、人民以及社会组织通过民主协商、共商共治、群策群力，充分调动和整合各方资源，共同治理社会事务，缓和社会主要矛盾，提升政府效能，实现社会均衡发展；形成政治引领、自治强基、德治教化、法治保障、智治支撑的治理方式，提升社会治理自我革新、自我完善、自我修复的能力和水平，实现社会治理社会化、法治化、智能化、专业化。

（四）铸牢中华民族共同体意识

习近平总书记在党的十九大报告中强调："全面贯彻党的民族政策，深化民族团结进步教育，铸牢中华民族共同体意识，加强各民族交往交流交融，促进各民族像石榴籽一样紧紧抱在一起，共同团结奋斗、共同繁荣发展。"[1]中华民族共同体意识对于国家统一、民族团结，实现中华民族伟大复兴的中国梦具有重要意义。引导各族群众牢固树立正确的国家观、历史观、民族观、文化观、宗教观。重视加强学校思想政治教育，把爱国主义精神贯穿于各级各类学校教育全过程，把爱我中华的种子埋入每个青少年的心灵深处，深刻认识国家统一是各民族最高利益，铸牢共同维护国

---

① 习近平：《决胜全面建成小康社会，夺取新时代中国特色社会主义伟大胜利》（二○一七年十月十八日），见中共中央党史和文献研究院编：《十九大以来重要文献选编》（上），28页，北京，中央文献出版社，2019。

家统一的思想根基。培育和践行社会主义核心价值观，深化文化认同，不断增强各民族群众对伟大祖国、中华民族、中华优秀传统文化、各民族优秀传统文化、中国共产党、中国特色社会主义的认同，在尊重差异、包容多样中实现各民族文化交融共生、和谐发展，形成各民族同呼吸、共命运、心连心的强大精神纽带。以铸牢中华民族共同体意识为主线做好各项工作，建设富强民主文明和谐美丽的社会主义现代化国家，推动中华民族走向包容性更强、凝聚力更大的命运共同体，把中华民族伟大复兴的中国梦变成美好现实。

第五节　全面加强法治社会建设

在社会运行中，社会秩序的依法构建是重要手段，尤其是现代社会建设，法治思维和法治方式成为调整社会关系、构建社会秩序的重要保障。全面加强法治社会建设是中国特色社会主义社会学的重要研究对象，是推动社会主义现代化建设的重要目标任务。

全面依法治国是坚持和发展中国特色社会主义的本质要求和重要保障，事关中国共产党执政兴国，事关人民幸福安康，事关党和国家事业发展。要坚定不移走中国特色社会主义法治道路，坚持法治国家、法治政府、法治社会一体建设，把法治中国建设规划及法治社会建设实施纲要落到实处。

一、法治社会建设的发展历程和重要意义

（一）新中国成立以来法治社会建设有经验也有教训

中国共产党历来重视法治建设。新中国成立初期，中国共产

党在废除旧法统的同时，积极运用新民主主义革命时期根据地法治建设的成功经验，抓紧建设社会主义法治，初步奠定了社会主义法治的基础。后来，特别是"文化大革命"十年，社会主义法治建设走过一段弯路，付出了沉重代价。进入改革开放历史新时期，中国共产党把依法治国确定为党领导人民治理国家的基本方略，把依法执政确定为党治国理政的基本方式，推动依法治国取得重大成就。

（二）新时代法治中国建设站在了历史新起点

党的十八大以来，中国共产党对社会主义法治的理论认识和实践探索达到了新的历史高度，以习近平同志为核心的党中央对全面依法治国高度重视，从关系党和国家长治久安的战略高度，来定位法治、布局法治、厉行法治，把全面依法治国放在党和国家事业发展全局中来谋划、来推进，社会主义法治国家建设取得历史性成就。党的十八届四中全会作出了全面推进依法治国的顶层设计，制定了路线图、施工图，在我国社会主义法治史上具有里程碑意义。党的十九大对新时代全面推进依法治国提出了新任务，描绘了到 2035 年基本建成法治国家、法治政府、法治社会的宏伟蓝图。法治中国建设规划及法治政府建设实施纲要、法治社会建设实施纲要正在认真贯彻落实中。

（三）法治社会建设的重要意义

经验和教训使中国共产党深刻认识到，法治是治国理政不可或缺的重要手段。习近平总书记反复强调："法治兴则国家兴，法治衰则国家乱。什么时候重视法治、法治昌明，什么时候就国泰民安；什么时候忽视法治、法治松弛，什么时候就国乱民怨。"[1]

---

[1] 习近平：《在中共十八届四中全会第二次全体会议上的讲话》（2014 年 10 月 23 日），见《习近平关于全面依法治国论述摘编》，8 页，北京，中央文献出版社，2015。

在我们这样一个大国，要实现经济发展、政治清明、文化昌盛、社会公正、生态良好，必须把全面依法治国坚持好、贯彻好、落实好。法治社会建设是法治中国建设的基础，要认真实施法治社会建设实施纲要，加强社会主义法治文化建设，深入开展法制宣传教育，完善公共法律服务体系、法律援助和国家司法救助制度，全面加强人权司法保护，促进人权事业全面发展。

二、法治社会建设的主要原则

（一）坚定不移走中国特色社会主义法治道路

中国特色社会主义法治道路，是社会主义法治建设成就和经验的集中体现，是建设中国特色社会主义法治国家的唯一正确道路。中国特色社会主义法治道路的核心要义，就是坚持党的领导，坚持中国特色社会主义制度，贯彻中国特色社会主义法治理论。党的领导是中国特色社会主义最本质的特征，是社会主义法治最根本的保证，坚持中国特色社会主义法治道路最根本的是坚持党的领导。中国特色社会主义制度，是中国特色社会主义法治体系的根本制度基础，是全面推进法治中国的根本制度保障。中国特色社会主义法治理论，是中国特色社会主义法治体系的理论指导和学理支撑，是全面推进依法治国的行动指南。这 3 个方面，规定和确保了中国特色社会主义法治体系的制度属性和前进方向。

（二）坚持以人民为中心的发展思想

人民是依法治国的主体和力量源泉。我国社会主义制度保证了人民当家作主的主体地位，也保证了人民在全面推进依法治国中的主体地位。要坚持人民主体地位，坚持法治为了人民、依靠人民、造福人民、保护人民。加强人权法治保障，保证人民依法享有广泛权利和自由。把体现人民利益、反映人民愿望、维护人民权益、增进人民福祉落实到依法治国全过程，使法律及其实施充分体现人民意志。

（三）坚持尊重和维护宪法法律权威

宪法是我国的基本法，是立国之根本、兴国之命脉，关系着国家的长治久安和人民的幸福安康。宪法是我国人民共同意志和根本利益的体现，宪法权威是法治权威的最高体现，法治社会建设，必须坚持尊重和维护宪法权威。尊重和维护宪法法律权威，必须加强宪法和法律实施，必须加强宪法宣传教育，形成全社会学法、尊法、守法、用法的良好社会氛围。

（四）坚持法律面前人人平等

平等是社会主义法律的基本属性，是社会主义法治的基本要求。坚持法律面前人人平等，必须体现在立法、执法、司法、守法各个方面。任何组织和个人都必须尊重宪法法律权威，都必须在宪法法律范围内活动，都必须依照宪法法律行使权力或权利、履行职责或义务，都不得有超越宪法法律的特权。

（五）坚持依法治国和以德治国相结合

坚持依法治国和以德治国相结合，是中国特色社会主义法治道路的鲜明特点。法律是成文的道德，道德是内心的法律。法律和道德都具有规范社会行为、调节社会关系、维护社会秩序的作用，在国家治理及社会治理中都有其重要地位和功能。法安天下，德润人心。法治和德治不可分离、不可偏废，必须一手抓法治、一手抓德治。要发挥法治对道德的保障作用，运用法治手段解决道德领域突出问题。强化道德对法治的支撑作用，把道德要求贯彻到法治建设中，实现法律和道德相辅相成、法治和德治相得益彰。

（六）坚持从基本国情出发

走什么样的法治道路，建设什么样的法治体系，是由一个国家的基本国情决定的。全面推进依法治国，必须从我国实际出发，同推进国家治理体系和治理能力现代化相适应，既不能罔顾国情、超越阶段，也不能因循守旧、墨守成规。坚持从实际出发，就是要突出中国特色、实践特色、时代特色。法治社会建设，要坚持以马克思主义中国化理论为指导，与我国社会建设实际相结合、与中华民族优秀传统文化相结合。要学习借鉴世界上有益的法治文明成果，但必须坚持以我为主、为我所用，认真鉴别和吸收，不能搞"全盘西化"，不能搞"全面移植"，不能照搬照抄。

三、法治社会建设的目标任务

2020年12月中共中央印发的《法治社会建设实施纲要（2020—2025年）》，提出法治社会建设总目标是：到2025年，"八五"普法规划实施完成，法治观念深入人心，社会领域制度规范更加健全，社会主义核心价值观要求融入法治建设和社会治理成效显著，公民、法人和其他组织合法权益得到切实保障，社会治理法治化水平显著提高，形成符合国情、体现时代特征、人民群众满意的法治社会建设生动局面，为2035年基本建成法治社会奠定坚实基础。

（一）推动全社会增强法治观念

全民守法是法治社会的基础工程。树立宪法法律至上、法律面前人人平等的法治理念，培育全社会法治信仰，增强法治宣传教育针对性和实效性，引导全体人民做社会主义法治的忠实崇尚者、自觉遵守者、坚定捍卫者，使法治成为社会共识和基本原则。

维护宪法权威。深入宣传宪法，弘扬宪法精神，增强宪法意识，推动形成尊崇宪法、学习宪法、遵守宪法、维护宪法、运用宪法的社会氛围。切实加强对国家工作人员特别是各级领导干部的宪法教育，组织推动国家工作人员原原本本学习宪法文本。全面落实宪法宣誓制度，国家工作人员就职时应当依照法律规定进行宪法宣誓。

增强全民法治观念。深入学习宣传习近平法治思想，深入宣传以宪法为核心的中国特色社会主义法律体系，广泛宣传与经济社会发展和人民群众利益密切相关的法律法规，使人民群众自觉尊崇、信仰和遵守法律。广泛开展《民法典》普法工作，让《民法典》走到群众身边、走进群众心里。积极组织疫病防治、野生动物保护、公共卫生安全等方面法律法规和相关知识的宣传教育活动。引导全社会尊重司法裁判，维护司法权威。

建设社会主义法治文化。弘扬社会主义法治精神，传播法治理念，恪守法治原则，注重对法治理念、法治思维的培育，充分发挥法治文化的引领、熏陶作用，形成守法光荣、违法可耻的社会氛围。丰富法治文化产品，培育法治文化精品，扩大法治文化的覆盖面和影响力。

(二)健全社会领域制度规范

健全社会领域法律规范体系。完善教育、劳动就业、收入分配、社会保障、医疗卫生、食品药品、安全生产、道路交通、扶贫、慈善、社会救助等领域和退役军人、妇女、未成年人、老年人、残疾人正当权益保护等方面的法律法规，不断保障和改善民生。完善疫情防控相关立法，全面加强公共卫生领域相关法律法规建设。健全社会组织、城乡社区、社会工作等方面的法律制度，进一步加强和创新社会治理。完善弘扬社会主义核心价值观的法律政策体系，加强见义勇为、尊崇英烈、志愿服务、孝老爱亲等方面的立法。

促进社会规范建设。充分发挥社会规范在协调社会关系、约束社会行为、维护社会秩序等方面的积极作用。加强居民公约、村规民约、行业规章、社会组织章程等社会规范建设，推动社会成员自我约束、自我管理、自我规范。深化行风建设，规范行业行为。加强对社会规范制定和实施情况的监督，制定自律性社会规范的示范文本，使社会规范制定和实施符合法治原则和精神。

加强道德规范建设。倡导助人为乐、见义勇为、诚实守信、敬业奉献、孝老爱亲等美德善行，完善激励机制，褒奖善行义举，形成好人好报、德者有得的正向效应。推进社会公德、职业道德建设，深入开展家庭美德和个人品德教育，增强法治的道德底蕴。强化道德规范的教育、评价、监督等功能，努力形成良好的社会风尚和社会秩序。深入开展道德领域突出问题专项教育和治理，依法惩处公德失范的违法行为，用法律的权威来增强人们培育和践行社会主义核心价值观的自觉性。

推进社会诚信建设。加快推进社会信用体系建设，提高全社会诚信意识和信用水平。完善企业社会责任法律制度，增强企业社会责任意识，促进企业诚实守信、合法经营。健全公民和组织守法信用记录，建立以公民身份证号码和组织机构代码为基础的统一社会信用代码制度。完善诚信建设长效机制，健全覆盖全社会的征信体系，建立完善失信惩戒制度。结合实际建立信用修复机制和异议制度，鼓励和引导失信主体主动纠正违法失信行为，为社会信用体系建设创造良好环境。推动出台信用方面的法律。

（三）加强权利保护

通过完善有力的法律制度保障公民的权利。制定以权利公平、机会公平、规则公平为核心的法律制度，保障公民的各项权利能够不受侵犯，顺利行使。通过法律制度的完善保障公民的经济、文化、社会等各项权利的落实，完善公民权利救济的法律渠道。

通过法治保障社会主义市场经济的平稳运行。建立以保护产权、平等交换、公平竞争、有效监督为主要取向的法律体系，以完善的法律体系保障市场在资源配置中的决定性作用的发挥。清理违反公平原则的法律条款，加强对各类市场主体和自然人的财产权保护，建立以公平为核心原则的产权保护制度。保障企业的自主经营，通过法律体系的完善不断优化营商环境，引导企业主动进行合规建设，同时推进企业社会责任立法。

通过法律手段保障创造者权利，激发创造活力。加强知识产权保护，完善知识产权保护制度，通过完善科技成果转化体制保障创作者的财产权。多方位加强市场法治建设，形成以民法、经济法、金融法、财税法等多部门法律形成的合力，保障交易公平，提高商品和要素的流动性，增强市场活力。强化反垄断措施，保障公平竞争，通过法治建设保障社会主义市场经济平稳有序发展。

（四）推进社会治理法治化

推进社会治理法治化是社会治理体系和治理能力现代化的重要目的和重要保障。法治治理是社会治理的重要支持。推动社会治理法治化，要坚持以人民为中心，对于人民密切关注的问题，要通过立法、执法、司法等手段精准施策，通过法治方法精确治理，通过法治手段保障人民的安全感和幸福感，提升人民对于法治的信心和信任。推动社会治理法治化，要坚持法治思维，坚持有法必依，严格执法，公正司法，提升司法公信力，提升公民法律意识，构建全民守法的社会氛围。推动社会治理法治化，完善社会矛盾纠纷调处化解机制，坚持和发展新时代"枫桥经验"，构建完善非诉讼纠纷解决机制，强化溯源治理、源头预防，将治理端口前移。完善群众诉求反映沟通渠道，丰富社会矛盾化解的法治化路径，将矛盾化解在基层、化解在源头，做到矛盾化解的标本兼治。

第六节　全面推进健康中国建设

健康是生命之基，是人生幸福的源泉，是广大人民群众的期盼和追求。"健康"始终是社会学研究的重要领域之一。我国传统中医认为，健康是指"阴阳平衡、脏腑和调、人与自然和社会相统一"的平衡状态。世界卫生组织（WHO）将健康定义为：健康是不仅没有疾病和虚弱，而且保持身体、心理和社会适应各方面的良好状态。现代医学则从疾病与健康的关系中，将健康界定为一种生理、心理和社会适应，并与年龄相称的动态生活状态。

全面推进健康中国建设，是以习近平同志为核心的党中央从党和国家事业发展全局出发作出的重大战略部署，必将对我国卫生健康事业发展、增进人民健康福祉产生深远的影响。当前，国内关于"健康"的社会学、政治学、伦理学关注和研究相对较少，健康中国战略的提出与实施发展了"健康"的社会和政策内涵，从制度层面减少健康不平等，促进社会健康领域问题的解决。

一、全面推进健康中国建设的重大意义

党的十八大以来，以习近平同志为核心的党中央把保障人民健康摆在优先发展的战略地位，坚定实施健康中国战略，推动卫生健康事业不断取得新的发展成就。当前中国特色社会主义进入了新时代，人民群众对美好生活有了新期盼，对卫生健康事业发展提出了新要求，我们必须站在党和国家工作全局，深刻认识全面推进健康中国建设的重大意义。

（一）全面推进健康中国建设，是关系我国现代化建设全局的战略任务

从国际上看，卫生健康事业在经济社会发展中处于基础性地位。联合国人类发展指数有三大核心指标，反映健康水平的人均预期寿命排在第一位。拥有健康的国民身体和心理素质意味着拥有强大的综合国力和可持续的发展能力。大力发展卫生健康事业，既可以增强人民体质，也有利于解除群众看病就医的后顾之忧，积蓄经济发展的长久势能，扩大内需潜力，为推动形成新发展格局提供重要支撑。把全面推进健康中国建设与国家整体发展战略紧密衔接，这是在新的历史起点上开启新征程的重大决策，必将为实现第二个百年奋斗目标注入强大动力。

（二）全面推进健康中国建设，是人民对美好生活的向往

人民的获得感、幸福感、安全感都离不开健康。当前，我国社会主要矛盾已经转化为人民日益增长的美好生活需要和不平衡不充分的发展之间的矛盾，具体到卫生健康领域，主要是群众对健康有了更高需求，要求看得上病、看得好病、看病更舒心、服务更体贴，更希望不得病、少得病。目前，我国已经迈入中高收入国家行列，完全有必要也有基础发展卫生健康事业，扩大优质健康资源供给。

（三）全面推进健康中国建设，是解决社会矛盾、推进社会公平的"稳定器"

习近平总书记指出："没有全民健康，就没有全面小康。医疗卫生服务直接关系人民身体健康。要推动医疗卫生工作重心下移、医疗卫生资源下沉，推动城乡基本公共服务均等化，为群众提供安全有效方便价廉的公共卫生和基本医疗服务，真正解决好基层

群众看病难、看病贵问题。"①健康不仅仅只是个人身体问题，更是一个社会命题。健康中国战略的实施将有效推动健康生活方式，缓解因社会阶层、地域、性别等方面的差异而导致的健康不平等，成为解决社会矛盾、推进社会公平的"稳定器"。

（四）全面推进健康中国建设，是维护国家公共安全的重要保障

近年来，全球重大新发突发传染病疫情不断。及时防范应对疫情，可最大限度降低对人民生命健康的损害和对经济社会造成的影响。在抗击新冠病毒感染疫情中，党中央采取坚决果断的措施，疫情防控取得重大决定性成果，统筹疫情防控和经济社会发展取得显著成效。我们要站在维护国家公共安全的高度，加快推进健康中国建设，提高公共卫生治理水平，筑牢公共卫生安全屏障。

二、全面推进健康中国建设的原则

全面推进健康中国建设、增进人民健康福祉，是新发展理念推动我国卫生健康事业发展的具体体现。必须全面、系统、准确地把握健康中国战略的核心要义和基本思路，统筹解决好人民群众最关心最直接最现实的健康问题。

（一）坚持以人民为中心，把人民健康放在优先发展的战略位置

把人民健康放在优先发展的战略位置，充分体现了以人民为中心的发展思想，凸显了发展卫生健康事业的重要意义。全面推进健康中国建设，要把健康优先体现在社会生活全过程，经济社会发展规划中突出健康目标，公共政策制定实施中向健康倾斜，财政投入上保障健康需求，切实维护人民健康权益。

---

① 习近平：《在江苏调研时的讲话》（2014 年 12 月 13 日、14 日），载《人民日报》，2014-12-15。

（二）贯彻新发展理念，坚持新时代卫生与健康工作方针

要坚持预防为主、中西医并重等实践证明行之有效的指导思想；强调以基层为重点，推动工作重心下移、资源下沉到农村和城市社区；特别要倡导把健康发展融入到国家战略全局中，真正实现人民共建共享，推动政府、全社会、人民群众共同行动，激发积极性和创造力，实现"人人参与、人人尽力、人人享有"。

（三）完善国民健康政策，全方位、全周期、全系统地维护人民健康

以提高人民健康水平为核心，不断完善卫生健康相关政策，建立健全相关体制机制，转变卫生与健康发展方式，加快基本医疗卫生与健康促进法立法进程，把健康融入所有政策，将维护人民健康的范畴从传统的疾病防治拓展到生态环境保护、体育健身、职业安全、意外伤害、食品药品安全等领域，普及健康生活、优化健康服务、完善健康保障、建设健康环境、发展健康产业，实现对生命全程的健康服务和健康保障。

（四）促进社会公平正义，坚持基本医疗卫生事业的公益性

要牢牢坚持和把握公益性是医疗卫生事业的主要特性，正确处理政府与市场、基本与非基本的关系，不能走全盘市场化、商业化模式的道路。政府要承担好公共卫生和基本医疗服务等组织、管理、协调的职责，切实履行好领导、保障、管理和监督的责任，同时也要注重发挥市场机制和社会力量的作用。在非基本医疗卫生服务领域，充分发挥市场配置资源决定性作用，鼓励社会力量增加服务供给、优化结构。

三、全面推进健康中国建设的目标任务

"共建共享、全民健康"，是建设健康中国的战略主题。核心

是以人民健康为中心，坚持以基层为重点，以改革创新为动力，预防为主，中西医并重，把健康融入所有政策，人民共建共享的卫生与健康工作方针，针对生活行为方式、生产生活环境以及医疗卫生服务等健康影响因素，坚持政府主导与调动社会、个人的积极性相结合，推动"人人参与、人人尽力、人人享有"，落实预防为主，推行健康生活方式，减少疾病发生，强化早诊断、早治疗、早康复，实现全民健康。

《"健康中国2030"规划纲要》提出战略目标：到2020年，建立覆盖城乡居民的中国特色基本医疗卫生制度，健康素养水平持续提高，健康服务体系完善高效，人人享有基本医疗卫生服务和基本体育健身服务，基本形成内涵丰富、结构合理的健康产业体系，主要健康指标居于中高收入国家前列。到2030年，促进全民健康的制度体系更加完善，健康领域发展更加协调，健康生活方式得到普及，健康服务质量和健康保障水平不断提高，健康产业繁荣发展，基本实现健康公平，主要健康指标进入高收入国家行列。到2050年，建成与社会主义现代化国家相适应的健康国家。到2030年具体实现以下目标：

——人民健康水平持续提升。人民身体素质明显增强，2030年人均预期寿命达到79.0岁，人均健康预期寿命显著提高。

——主要健康危险因素得到有效控制。全民健康素养大幅提高，健康生活方式得到全面普及，有利于健康的生产生活环境基本形成，食品药品安全得到有效保障，消除一批重大疾病危害。

——健康服务能力大幅提升。优质高效的整合型医疗卫生服务体系和完善的全民健身公共服务体系全面建立，健康保障体系进一步完善，健康科技创新整体实力位居世界前列，健康服务质量和水平明显提高。

——健康产业规模显著扩大。建立起体系完整、结构优化的健康产业体系，形成一批具有较强创新能力和国际竞争力的大型企业，成为国民经济支柱性产业。

——促进健康的制度体系更加完善。有利于健康的政策法律法规体系进一步健全，健康领域治理体系和治理能力基本实现现代化。

当前和今后一个时期，全面推进健康中国建设要坚持预防为主的方针，深入实施健康中国行动，完善国民健康促进政策，织牢国家公共卫生防护网，为人民提供全方位全生命周期的健康服务。主要任务是：

（一）以预防为主，加强教育，提升全民健康素养

健康中国建设要以预防为主的大健康为理念，实现全民健康和全面健康。中医的基本理念是"上工治未病之病，中工治欲病之病，下工治已病之病"。建设健康中国，不仅要追求传统医疗卫生所保障的"小健康"，更要追求社会和人的全面发展的"大健康"。要针对全体人群，围绕全生命周期，加大预防和干预力度，把健康融入所有政策。加强健康教育、提高全民健康素养是健康中国建设的首要任务，要广泛开展全民健身运动，帮助民众形成自主自律的健康行为，最终引导群众养成合理膳食、适量运动、心理平衡的健康生活方式。

（二）建设优质、高效的医疗卫生服务体系

当前，我国医疗卫生服务无论在资源分配上，还是在管理体制与运行机制上，均存在较为突出的问题和难题。整合型医疗卫生服务体系以健康需求为导向，坚持公平与效率统一、政府主导与市场机制相结合、体系协调与分级分类管理为原则。一方面，医疗资源的重心下移、资源下沉，积极探索分级诊疗、社区健康

管理、家庭医生签约等服务，帮助居民把关慢性病、精神疾病等的预防与护理；另一方面，要注重整合全社会资源来解决"看病难、看病贵"等问题，缓解医患矛盾，营造和谐社会环境。

（三）健全医疗保障体系，完善药品供应保障机制

医疗保障体系和药品供应保障机制与医疗卫生服务体系一同构成深化医药卫生体制改革最重要的内容，是健康保障的主要组成部分。要以满足人民群众健康需要和促进医药产业可持续发展为目标，建立与医保支付制度相衔接的药品、耗材供应保障机制，破除以药养医。全面带动药品供应保障体系建设，着力保障药品安全有效、价格合理、供应充分，缓解"看病贵"问题。因此，要不断健全完善医疗保障体系，完善药品供应保障机制，推动健康中国建设。

（四）建设良好生态与社会环境，推动"大健康"建设布局

健康环境是人群健康的生存基础，只有生物多样性丰富、稳定和持续发展的生态系统，才能保证人群健康的稳定和持续发展。一方面，建设良好的生态环境将是健康中国建设需要长期攻关的一项重大任务。另一方面，健康环境不仅包括生态环境，还包括社会环境与经济环境。健康环境的建设，要从总体上统筹生态环境、经济环境和社会环境的综合建设。在健康环境的建设上，不仅要明确个人责任，培育正确的经济意识、政治意识、文化意识、社会意识、生态文明意识，更要明确国家、企业和社会作为重要责任主体的定位和职责。

（五）不断开发健康产业，提升健康经济新动力

健康产业与人类生活质量、经济社会发展息息相关，人们对健康的关注度不断提高，需求也更加多元，为健康付出的成本也不断提升，健康产业具有巨大潜力和未来。面对多元化的健康需

求，积极发挥市场力量的作用，发展"大健康"产业，是健康中国建设的重点任务。在大力发展医药、医疗器材与设备等研发与制造产业的基础上，打造核心竞争力强的医药产业体系。从全生命周期健康管理入手，打造集预防、保健、诊疗、康复和护理于一体的健康产业链，发展健康体检、中医保健、体育健身、健康管理、健康养生与疗养、健康养老等多样化的健康服务。建立医疗机构、养老机构与保险公司的紧密合作模式，促进医疗、养老与保险的一体化。

第七节　全面加强平安社会建设

维护社会运行安全，加强平安社会建设，为建设更高水平的平安中国夯实社会基础，是中国特色社会主义社会学的研究对象，是建设社会主义现代化国家的重要任务。社会安全是社会乃至国家生存发展的基本前提，维护社会安全稳定是全国各族人民的根本利益所在。要统筹发展和安全，全面促进平安社会建设，推动建设更高水平的平安中国。平安社会建设，也可以理解为广义的平安中国建设的重要内容。坚持总体国家安全观，实施国家安全战略，维护和塑造国家安全，统筹传统安全和非传统安全，把安全发展贯穿改革发展各个领域和全过程，防范和化解影响我国现代化进程的各种风险，筑牢社会乃至国家发展安全屏障。

一、建设平安社会的时代背景和重大意义

近年来，国际上逆全球化思潮抬头，传统安全和非传统安全风险不断增高，各类风险的破坏性和影响范围不断增大，平安社

会对于预防和化解系统性风险的战略意义越来越重要。国内外形势的变幻越来越凸显出平安社会建设对于党和国家统筹国内国际两个大局、发展安全两件大事的重要意义，发挥着既聚焦重点、又统揽全局，防范各类风险的重要战略作用。

改革开放以来，在党中央的正确领导下，我国正确处理改革、发展、稳定关系，创造了经济快速发展、社会长期稳定两大奇迹。党的十八大以来，习近平总书记提出总体国家安全观，立法先行，逐步形成维护国家安全的法治规范、健全公共安全的体制机制、完善社会治安防控体系，取得了明显成效。与此同时，厉行扫黑除恶，提升人民群众安全感。自 2019 年开展扫黑除恶以来，全国共打掉涉黑组织 3644 个，涉恶犯罪集团 11675 个，抓获犯罪嫌疑人 23.7 万人，缉拿目标逃犯 5768 人，境内目标逃犯全部缉拿归案，境外目标逃犯到案率达 88.7%，43144 名涉黑涉恶违法犯罪人员投案自首。另外，保护企业合法权益、优化营商环境，为经济发展创造了良好的法治氛围。世界银行 2020 年营商环境报告显示，我国营商环境世界排名大幅跃升，"执行合同"、"办理破产"、"保护中小投资者"等与司法密切相关的指标明显提高，其中"司法程序质量"领先，被评价为这一领域的"全球最佳实践者"。

二、建设平安社会的主要内涵和基本要求

（一）建设平安社会的主要内涵

建设平安中国，要站在更高起点，要在我国社会和谐稳定、经济快速发展的基础上，努力建设更高水平的平安中国。建设平安社会，要有更宽视域，要在坚持整体安全观的基础上，坚持内部安全和外部安全并行保障，传统安全和非传统安全同步统筹，全方位、全领域推进更高水平的平安社会建设。建设平安社会，

要把我国制度的显著优势更好地转化为工作效能，要致力于解决当前存在的各类现实问题，不断提升社会安全水平，又要未雨绸缪对于潜在危机建立完善的预警预防机制，防患于未然。建设平安社会，要坚持可持续发展，将平安建设过程中的有力措施制度化、体系化，形成对人民安居乐业、社会和谐发展的有力保障。建设平安社会，要坚持满意标准，要紧扣人民群众对平安中国建设的关切和感受，在共建共治共享中不断提升人民群众的获得感、幸福感、安全感。

（二）建设平安社会的基本要求

建设平安社会，要防范化解重点领域风险。防范化解经济金融风险。健全执法、司法、法律服务衔接配套的综合服务保障体系，依法采取灵活多样的执法司法政策措施。完善政法机关与金融机构、行业监管部门协同配合机制，严防经济金融风险向社会领域传导。加大惩治洗钱犯罪力度，有效维护国家金融安全。防范化解社会矛盾风险。深入开展矛盾风险动态排查、防范化解，加强风险评估研判，努力把各类不稳定因素解决在萌芽状态、化解在基层。防范化解个人极端风险。建立健全经常性社会心理服务疏导和预警干预机制，努力把各类社会不良心态和苗头隐患疏导在早、化解在小，防止引发个人极端事件。

建设平安社会，要提升维护公共安全效能。加强全方位治理谋划常态化，推进扫黑除恶工作，不断巩固和深化专项斗争成果，推动扫黑除恶常治长效。完善对重点地区、突出问题的常态打击整治机制，深入打击整治涉枪涉爆、电信网络诈骗、侵犯公民个人信息、侵害未成年人和"盗抢骗"、"黄赌毒"、"食药环"等违法犯罪行为，维护社会良好秩序。坚持立体化、法治化、专业化、智能化方向，加强社会治安防控体系建设。强化消防、交通等安全隐患常态化治理，加强对寄递物流、危爆物品等的行业监管，防范遏制重特大安全事故，最大限度地保障人民群众生命财产安全。

建设平安社会，要推进网络空间治理。健全网络社会综合防控体系，努力营造清朗网络空间。有效打击网络违法犯罪活动，必须有效维护网络信息数据安全。严格落实安全责任和防护措施，完善数据安全风险报告、研判处置机制，提升信息安全保障水平和风险防范能力。加大对涉及国家秘密、商业秘密、个人隐私等重要数据的保护力度，依法严厉打击相关违法犯罪活动。完善对新技术新应用的安全监管体系。

三、建设平安社会的重点任务和主要措施

（一）加强国家安全体系和能力建设

一是构建国家安全保障机制。发挥体制优势，紧扣国家安全工作需要，大力投入优势资源，加快维护国家安全所需的软硬实力的建设，提升国家安全实力。为国家安全提供充裕的物质基础、理论基础、人才基础、法律基础、制度基础。不断增强国家安全能力。完善集中统一、高效权威的国家安全领导体制，健全国家安全法治体系、战略体系、政策体系、人才体系和运行机制，完善重要领域国家安全立法、制度、政策。构建包含科技、制度、人才、法律等各领域的周密、完备、高效国家安全保障体系。二是坚定维护政治安全。政治安全是国家安全的根本，关乎政权稳固、国运昌盛，是不可动摇的底线。要坚定维护国家政权安全、制度安全、意识形态安全，全面加强网络安全保障体系和能力建设，严密防范和严厉打击敌对势力渗透、破坏、颠覆、分裂活动，构筑维护国家安全的铜墙铁壁。三是巩固国家安全人民防线。维护国家安全是社会安全的保障、全社会的责任。要加强国家安全

宣传教育，增强全民国家安全意识，夯实国家安全的群众基础。

（二）确保国家经济安全

一是维护产业链供应链安全。发挥法治固根本、稳预期、利长远功能，实施产业竞争力调查和评价工程，促进产业链与供应链、创新链、资金链、政策链深度融合，着力提升产业基础能力和产业链水平，增强产业体系抗冲击能力。二是确保重要行业和关键领域安全。确保粮食安全，把中国人的饭碗牢牢端在自己手中。维护水利、电力、供水、油气、交通、通信、网络、金融等重要基础设施安全。保障能源和战略性矿产资源安全，提高水资源集约安全利用水平，保障经济社会发展所需的资源能源持续、可靠和有效供给。维护金融安全，健全金融宏观审慎管理和金融风险防范、处置机制，守住不发生系统性风险底线。确保生态安全，加强核安全监管，维护新型领域安全。三是构建海外利益保护和风险预警防范体系。主动适应我国深入参与全球治理、海外利益不断拓展的新形势，构建彰显影响力、突出行动力、具有塑造力的海外安全保护体系，健全风险预警防范机制，保障海外中国公民、组织和机构的安全和正当权益。

（三）保障人民生命安全

民心是最大的政治，民安是最大的责任。要把保护人民生命安全摆在首位，全面提高公共安全保障能力。一是完善和落实安全生产责任制。加快建立健全安全生产责任和管理制度体系、隐患排查治理和风险防控体系，强化企业主体责任落实，织密织牢安全生产的防护网、责任网，有效遏制危险化学品、矿山、建筑施工、交通等重特大安全事故。二是强化卫生健康保障。加快构建国家生物安全法律法规体系、制度保障体系，全面提高国家生物安全治理能力。坚持最严谨的标准、最严格的监管、最严厉的处罚、最严肃的问责，提高食品药品等关系人民健康产品和服务的安全保障水平。三是提高灾害防范应对能力。建立高效科学的自然灾害防治体系，提升洪涝干旱、森林草原火灾、地质灾害、地震等自然灾害防御工程标准，加快江河控制性工程建设，加快病险水库除险加固，全面推进堤防和蓄滞洪区建设，有效减轻灾害风险。完善国家应急管理体系，加强应急物资保障体系建设，提升应急处置效能。

第八节　建设生态文明

生态文明建设是关系人民福祉、关系民族未来的大计。党的十八大以来，以习近平同志为核心的党中央以高度的历史使命感和责任担当，直面生态环境面临的严峻形势，高度重视社会主义生态文明建设，坚持绿色发展，把生态文明建设融入经济建设、政治建设、文化建设、社会建设各方面和全过程，加大生态环境保护力度，推动生态文明建设在重点突破中实现整体推进。党的十九大报告进一步强调生态文明建设，将"美丽"二字写入建设社会主义现代化强国目标，将"坚持人与自然和谐共生"作为新时代坚持和发展中国特色社会主义的十四条基本方略之一，意味着我国"五位一体"的总体布局更加全面，标志着中国共产党对中国特色社会主义的认识更加成熟。推动生态文明建设，必须坚持和贯彻新发展理念，正确处理好经济发展同生态环境保护的关系，坚定不移走生产发展、生活富裕、生态良好的文明发展道路，全面促进美丽中国建设，打造人类环境共同体，努力走向社会主义生态文明新时代。这对于实现"两个一百年"奋斗目标、实现中华民族伟大复兴的中国梦，具有十分重要的意义。

一、加强生态文明建设的必要性

（一）我国生态环境面临严峻形势

生态环境是人类生存最为基础的条件，是经济社会持续发展最为重要的基础。我国生态文明建设事关"两个一百年"奋斗目标的实现和中华民族永续发展，关系人民福祉，关乎民族未来。党和政府历来重视生态环境建设，指导推动我国生态环境保护和生态文明建设发生了历史性、转折性、全局性变化，取得了历史性成就。与此同时，我们也应清醒地认识到，我国生态发展面临越来越严峻的形势。

在多年经济高速发展过程中，基于我国早期经济结构和经济发展方式在发展过程中过多依赖物质资源消耗，生产模式粗放扩张，高能耗高排放产业较多，且存在发展不平衡不充分的问题，致使环境保护不力、生态环境被破坏，导致一些地方出现水体污染、水质恶化，河道断流、湖泊萎缩，地面沉降、海水入侵，水土流失、土地沙化速度加快，水生态环境持续恶化，森林质量不高，草地退化，尤其是农业和农村污染严重，食品安全问题日益突出，环境风险日益增高，生态遭受严重损失。

面对资源约束趋紧、环境污染严重、生态系统退化的严峻形势，必须树立尊重自然、顺应自然、保护自然的生态文明理念，把生态文明建设放在突出地位，融入经济建设、政治建设、文化建设、社会建设各方面和全过程，全面促进美丽中国建设，实现中华民族永续发展。这是历史和现实给我们的重要启示。

（二）"美丽中国"概念的提出过程

"美丽中国"的概念、内涵和措施，是在可持续发展战略和科学发展观的基础上逐渐丰富和完善的。"美丽中国"是党的十八大首次提出的概念，强调把生态文明建设放在突出地位，融入经济建设、政治建设、文化建设、社会建设各方面和全过程。这一概念的形成，有一个逐步明确的过程。

科学发展观思想的提出，为"美丽中国"概念的提出奠定了思想理论基础。2003年，在总结多年历史经验特别是抗击非典经验的基础上，以胡锦涛同志为总书记的党中央提出了科学发展观理论，强调统筹人与自然和谐发展，处理好经济建设、人口增长与资源利用、生态环境保护的关系，推动整个社会走上生产发展、生活富裕、生态良好的发展道路，为建设"美丽中国"奠定了思想理论基础。

绿色发展理念的提出，使"美丽中国"概念呼之欲出。2005年8月，时任浙江省省委书记的习近平同志在安吉考察时提出"绿水青山就是金山银山"这一科学论断。"两山论"为中国生态文明建设提供了重要思想遵循。党的十七届五中全会提出"树立绿色、低碳发展理念"，"绿色发展"被明确写入国家"十二五"规划并独立成篇，表明了我国走"绿色发展"道路的决心和信心。

"美丽中国"概念的提出，把生态文明建设提到了国家发展战略高度。2012年11月，党的十八大报告明确指出，要把生态文明建设放在突出地位，融入经济建设、政治建设、文化建设、社会建设各方面和全过程，全面促进"美丽中国"建设。党的十八大站在历史和全局的战略高度，从经济、政治、文化、社会、生态文明5个方面，制定了新时代统筹推进"五位一体"总体布局的战略目标，把建设"美丽中国"提高到了执政理念和国家发展战略的高度，纳入中国特色社会主义事业总体布局。

2019年10月，党的十九届四中全会明确把建设生态文明、建设美丽中国作为中国特色社会主义的基本制度体系和主要方针政策确定下来。2020 年 10 月，党的十九届五中全会明确提出，到 2035 年美丽中国建设的目标要基本实现。近几年来，习近平总书记反复强调共同构建人与自然生命共同体，不断丰富和发展绿色环保和美丽中国建设理论。

（三）"美丽中国"与环境社会学

"美丽中国"的概念自提出以来，在学术界备受关注，很快成为国内学者的研究热点，与环境社会学发展有着十分紧密的联系。我国改革开放以来，环境因素逐步被纳入社会建设，这反映出人类在认识社会与环境相互作用关系的基础上，开始自觉推进社会变革，谋求社会与环境相协调。在这一背景下，"美丽中国"的提出，使国内环境社会学发展迅速。通过对近几年研究梳理发现，国内环境社会学研究呈现 5 个特点：一是中国环境社会学理论探索不断深入，总结中国经验、推动中国环境社会学本土化的能力不断增强。在关于学科发展与理论研究中，关注中国问题、扎根本土研究已成为学者们的首要任务。二是中国环境社会学研究领域不断扩展，分支方向不断细化深入，研究对象的主体范围也进一步扩大，学科整体研究的多样性得到极大丰富。三是中国环境社会学更加充分考虑中国社会的结构特征，更加贴近对制度与政策的解读与研究，"美丽中国"与"绿色发展"的理念在近年来的研究中得到充分贯彻。四是中国环境社会学研究实效性与解决问题的能力进一步凸显。五是中国环境社会学的研究充分关注当前自媒体时代的环境传播特点。这些特点都进一步说明了"美丽中国"无论是在生态文明建设还是学术研究中都有着十分重要的意义，需要深刻理解其内涵，继续推动相关政策实践与理论研究。

二、生态文明建设的丰富内涵

（一）坚持人与自然和谐共生

人与自然的关系是人类社会最基本的关系。马克思主义认为，人靠自然界生活，人类在同自然的互动中生产、生活、发展。中华文明强调要把天地人统一起来，按照大自然的规律活动，取之有时，用之有度。习近平总书记指出："自然是生命之母，人与自然是生命共同体，人类必须敬畏自然、尊重自然、顺应自然、保护自然。"①保护自然就是保护人类，建设生态文明就是造福人类。

生态兴则文明兴，生态衰则文明衰。生态环境是人类生存和发展的根基，生态环境变化直接影响文明兴衰演替。历史教训表明，在整个发展过程中，不能只讲索取不讲投入，不能只讲发展不讲保护，不能只讲利用不讲修复。人类只有遵循自然规律，才能有效防止在开发利用自然上走弯路，人类对大自然的伤害最终会伤及人类自身，这是无法抗拒的规律。

生态环境是关系党的使命宗旨的重大政治问题，也是关系民生的重大社会问题。改革开放以来，我国经济发展取得巨大成就，也积累了大量生态环境问题，成为明显的短板。各类环境污染呈高发态势，一段时间内成为民生之患、民心之痛。随着我国社会主要矛盾发生变化，人民群众对优美生态环境的需要成为这一矛盾的重要方面，广大人民群众热切期盼加快提高生态环境质量。因此，必须把生态文明建设摆在全局工作的突出地位，积极回应人民群众所想、所盼、所急，大力推进生态文明建设。

党的十八大以来，中国共产党围绕生态文明建设提出了一系

---

① 习近平：《在纪念马克思诞辰二百周年大会上的讲话》（二○一八年五月四日），见中共中央党史和文献研究院编：《十九大以来重要文献选编》（上），431页，北京，中央文献出版社，2019。

列新理念新思想新战略，开展一系列根本性、开创性、长远性工作，生态文明理念日益深入人心，污染治理力度之大、制度出台频度之密、监管执法尺度之严、环境质量改善速度之快前所未有，推动生态环境保护发生历史性、转折性、全局性变化。同时必须清醒看到，过去多年高增长积累的环境问题解决起来绝非一朝一夕之功，生态环境治理成效并不稳固，稍有松懈就有可能出现反复。生态文明建设仍处于压力叠加、负重前行的关键期，已进入提供更多优质生态产品以满足人民日益增长的优美生态环境需要的攻坚期，也到了有条件有能力解决生态环境突出问题的窗口期。如果现在不抓紧，将来解决起来难度会更高、代价会更大、后果会更严重。必须咬紧牙关，爬过这个坡，迈过这道坎。

生态文明建设是关系中华民族永续发展的根本大计。习近平总书记指出："要像保护眼睛一样保护生态环境，像对待生命一样对待生态环境。"[1]生态环境没有替代品，用之不觉，失之难存。必须坚持节约优先、保护优先、自然恢复为主的方针，坚定不移走生产发展、生活富裕、生态良好的文明发展道路，建设人与自然和谐共生的现代化，建设望得见山、看得见水、记得住乡愁的美丽中国。

(二)绿水青山就是金山银山

习近平总书记指出："我们既要绿水青山，也要金山银山。宁要绿水青山，不要金山银山，而且绿水青山就是金山银山。"[2]这是重要的生态文明发展理念，也是推进现代化建设的重大原则。

---

① 习近平：《推动我国生态文明建设迈上新台阶》(二〇一八年五月十八日)，见中共中央党史和文献研究院编：《十九大以来重要文献选编》(上)，450页，北京，中央文献出版社，2019。

② 习近平：《在哈萨克斯坦纳扎尔巴耶夫大学演讲时的答问》(2013年9月7日)，载《人民日报》，2013-09-08。

"绿水青山就是金山银山",阐述了经济发展和生态环境保护的关系,揭示了保护生态环境就是保护生产力、改善生态环境就是发展生产力的道理,指明了实现发展和保护协同共生的新路径。生态环境保护和经济发展不是矛盾对立的关系,而是辩证统一的关系。良好生态本身蕴含着无穷的经济价值,能够源源不断地创造综合效益,实现经济社会可持续发展。生态环境保护的成败归根结底取决于经济结构和经济发展方式。经济发展不应是对资源和生态环境的竭泽而渔,生态环境保护也不应是舍弃经济发展的缘木求鱼,而是要坚持在发展中保护、在保护中发展。

良好生态环境是最公平的公共产品,是最普惠的民生福祉。对人的生存来说,金山银山固然重要,但绿水青山是人民幸福生活的重要内容,是金钱不能代替的。要坚持生态惠民、生态利民、生态为民,以解决损害群众健康的突出环境问题为重点,坚决打好污染防治攻坚战,让良好生态环境成为人民幸福生活的增长点。

(三)形成绿色发展方式和生活方式

绿色是生命的象征、大自然的底色。绿色发展,就其要义来讲,是要解决好人与自然和谐共生问题。习近平总书记指出:"推动形成绿色发展方式和生活方式,是发展观的一场深刻革命。"[1]

生态环境问题归根结底是发展方式和生活方式问题。要从根本上解决生态环境问题,必须贯彻绿色发展理念,坚决摒弃损害甚至破坏生态环境的增长模式,加快形成节约资源和保护环境的空间格局、产业结构、生产方式、生活方式,把经济活动、人的行为限制在自然资源和生态环境能够承受的限度内,给自然生态

---

[1] 习近平:《推动形成绿色发展方式和生活方式是发展观的一场深刻革命》(二〇一七年五月二十六日),见《论把握新发展阶段、贯彻新发展理念、构建新发展格局》,180页,北京,中央文献出版社,2021。

留下休养生息的时间和空间。

加快形成绿色发展方式，重点是调整经济结构和能源结构，优化国土空间开发布局，培育壮大节能环保产业、清洁生产产业、清洁能源产业，推进生产系统和生活系统循环链接。要加快划定并严守生态保护红线、环境质量底线、资源利用上线3条线。

加快形成绿色生活方式，要在全社会牢固树立生态文明理念，增强全民节约意识、环保意识、生态意识，培养生态道德和行为习惯，让天蓝地绿水清深入人心。开展全民绿色行动，倡导简约适度、绿色低碳的生活方式，反对奢侈浪费和不合理消费，形成文明健康的生活风尚。通过生活方式绿色革命，倒逼生产方式绿色转型，把促进美丽中国建设转化为全体人民自觉行动。

建设绿色家园是各国人民的共同梦想。保护生态环境、应对气候变化需要世界各国同舟共济、共同努力，任何一国都无法置身事外、独善其身。我国已成为全球生态文明建设的重要参与者、贡献者、引领者，主张加快构筑尊崇自然、绿色发展的生态体系，共建清洁美丽世界。要深度参与全球环境治理，引导应对气候变化国际合作，增强我国在全球环境治理体系中的话语权和影响力。

(四)统筹山水林田湖草沙系统治理

生态是统一的自然系统，是相互依存、紧密联系的有机链条。要用系统论的思想方法看问题，从系统工程和全局角度寻求新的治理之道。要按照生态系统的整体性、系统性及其内在规律，统筹考虑自然生态各要素、山上山下、地上地下、陆地海洋以及流域上下游，进行整体保护、系统修复、综合治理，增强生态系统循环能力，维护生态平衡。

深入实施山水林田湖草沙一体化生态保护和修复。生态保护和修复不能各管一摊、相互掣肘，而必须统筹兼顾、整体施策、多措并举。要实施重要生态系统保护和修复重大工程，增强生态产品生产能力，开展大规模国土绿化行动，加快水土流失和荒漠化、石漠化综合治理，扩大湖泊、湿地面积，保护生物多样性，着力扩大环境容量生态空间，全面提升自然生态系统稳定性和生态服务功能，筑牢生态安全屏障。

（五）实行最严格的生态环境保护制度

保护生态环境必须依靠制度、依靠法治。习近平总书记指出："只有实行最严格的制度、最严密的法治，才能为生态文明建设提供可靠保障。"①当前，我国生态环境保护中存在的突出问题，大多同体制不健全、制度不严格、法治不严密、执行不到位、惩处不得力有关。必须把制度建设作为推进生态文明建设的重中之重，深化生态文明体制改革，把生态文明建设纳入制度化、法治化轨道。

加快制度创新，增加制度供给，完善制度配套，构建产权清晰、多元参与、激励约束并重、系统完整的生态文明制度体系。要建立归属清晰、权责明确、监管有效的自然资源资产产权制度；以空间规划为基础、以用途管制为主要手段的国土空间开发保护制度；以空间治理和空间结构优化为主要内容，全国统一、相互衔接、分级管理的空间规划体系；覆盖全面、科学规范、管理严格的资源总量管理和全面节约制度；反映市场供求和资源稀缺程度、体现自然价值和代际补偿的资源有偿使用和生态补偿制度；以改善环境质量为导向，监管统一、执法严明、多方参与的环境治理体系；更多运用经济杠杆进行环境治理和生态保护的市场体系；充分反映资源消耗、环境损害、生态效益的生态文明绩效评

① 习近平：《努力走向社会主义生态文明新时代》(2013 年 5 月 24 日)，见《习近平谈治国理政》(第 1 卷)，210 页，北京，外文出版社，2014。

价考核和责任追究制度。要强化中央环境保护督察权威，加强力量配备，并推动向纵深发展，保证党中央关于生态文明建设决策部署落地生根见效。要落实领导干部生态文明建设责任制，严格考核问责。

三、加强生态文明建设的主要任务和措施

习近平总书记在党的十九大报告中指出，中国建设的现代化是人与自然和谐共生的现代化，既要创造更多物质财富和精神财富以满足人民日益增长的美好生活需要，也要提供更多优质生态产品以满足人民日益增长的优美生态环境需要。必须坚持节约优先、保护优先、自然恢复为主的方针，形成节约资源和保护环境的空间格局、产业结构、生产方式、生活方式，还自然以宁静、和谐、美丽。加强生态文明建设的主要任务措施包括以下4个方面。

（一）推进绿色发展

加快建立绿色生产和消费的法律制度和政策导向，建立健全绿色低碳循环发展的经济体系。构建市场导向的绿色技术创新体系，发展绿色金融，壮大节能环保产业、清洁生产产业、清洁能源产业。推进能源生产和消费革命，构建清洁低碳、安全高效的能源体系。推进资源全面节约和循环利用，实施国家节水行动，降低能耗、物耗，实现生产系统和生活系统循环链接。倡导简约适度、绿色低碳的生活方式，反对奢侈浪费和不合理消费，开展创建节约型机关、绿色家庭、绿色学校、绿色社区和绿色出行等行动。

（二）着力解决突出环境问题

坚持全民共治、源头防治，持续实施大气污染防治行动，打

赢蓝天保卫战。加快水污染防治,实施流域环境和近岸海域综合治理。强化土壤污染管控和修复,加强农业面源污染防治,开展农村人居环境整治行动。加强固体废弃物和垃圾处置。提高污染排放标准,强化排污者责任,健全环保信用评价、信息强制性披露、严惩重罚等制度。构建政府为主导、企业为主体、社会组织和公众共同参与的环境治理体系。积极参与全球环境治理,落实减排承诺。

(三)加大生态系统保护力度

实施重要生态系统保护和修复重大工程,优化生态安全屏障体系,构建生态廊道和生物多样性保护网络,提升生态系统质量和稳定性。完成生态保护红线、永久基本农田、城镇开发边界 3 条控制线划定工作。开展国土绿化行动,推进荒漠化、石漠化、水土流失综合治理,强化湿地保护和恢复,加强地质灾害防治。完善天然林保护制度,扩大退耕还林还草。严格保护耕地,扩大轮作休耕试点,健全耕地草原森林河流湖泊休养生息制度,建立市场化、多元化生态补偿机制。

(四)改革生态环境监管体制

加强对生态文明建设的总体设计和组织领导,设立国有自然资源资产管理和自然生态监管机构。完善生态环境管理制度,统一行使全民所有自然资源资产所有者职责,统一行使所有国土空间用途管制和生态保护修复职责,统一行使监管城乡各类污染排放和行政执法职责。构建国土空间开发保护制度,完善主体功能区配套政策,建立以国家公园为主体的自然保护地体系。坚决制止和惩处破坏生态环境的行为。

第九节　建设数字社会

以习近平同志为核心的党中央高度重视数字社会发展，明确提出数字中国战略，其中，建设数字社会是主要任务。习近平总书记强调指出，加快数字中国建设，就是要适应我国发展新的历史方位，全面贯彻新发展理念，以信息化培育新动能，用新动能推动新发展，以新发展创造新辉煌。这是党中央站在战略和全局的高度，科学把握发展规律，着眼实现高质量发展和建设社会主义现代化强国作出的重大战略决策，具有重大的现实意义和深远的历史意义。

一、实施数字中国战略的重要意义

（一）数字中国战略的提出

党的十八大以来，以习近平同志为核心的党中央非常重视互联网的治理与发展。提出了建设数字中国，需要调动全社会力量广泛参与，只有人人共建，才能实现数字技术的全面共享，形成推动人民群众共同参与的强大合力，增强数字社会的创新动力和发展活力，构筑美好生活的新图景。

2012年福建省与工业和信息化部联合颁布了《关于合作推进"数字福建"建设实施方案》，标志着由"数字福建"到"数字中国"治理理念的升华，政策推动数字治理的步伐日益凸显。

2015年国务院先后印发《关于积极推进"互联网＋"行动的指导意见》和《促进大数据发展行动纲要》，旨在从国家层面构建集政府数据服务平台、数字信息资源、数据互联整合与共建共治共享于一体的数字治理体系。

2016年7月,中共中央办公厅、国务院办公厅印发的《国家信息化发展战略纲要》明确指出,当今世界,信息技术创新日新月异,以数字化、网络化、智能化为特征的信息化浪潮蓬勃兴起。全球信息化进入全面渗透、跨界融合、加速创新、引领发展的新阶段。建设数字国家已经成为全球共识,加快建设数字中国、大力发展信息经济是未来10年国家信息化发展的重中之重。

2016年12月,国务院正式出台《"十三五"国家信息化规划》,明确了6大主攻方向、10大任务、16项工程、12项优先行动和6大政策措施,明确指出要实现到2020年"数字中国"建设取得显著成效,信息化发展水平大幅跃升,信息化能力跻身国际前列,具有国际竞争力、安全可控的信息产业生态体系基本建立。

2017年10月,党的十九大制定了新时代中国特色社会主义的行动纲领和发展蓝图,提出要建设科技强国、网络强国、数字中国、智慧社会,推动互联网、大数据、人工智能和实体经济深度融合,发展数字经济、共享经济,培育新增长点,形成新动能。

党的十九届五中全会和《中华人民共和国国民经济和社会发展第十四个五年规划和2035年远景目标纲要》,明确提出了"加快数字化发展,建设数字中国"的目标任务;指出迎接数字时代,要激活数据要素潜能,推进网络强国建设,加快建设数字经济、数字社会、数字政府,以数字化转型整体驱动生产方式、生活方式和治理方式变革。

(二)数字中国建设的重要意义

建设数字中国,促进加快构建以国内大循环为主体、国内国际双循环相互促进的新发展格局,打造高质量发展新引擎。当前,我国经济已由高速增长阶段转向高质量发展阶段,数字技术有效牵引生产和服务体系智能化升级，促进产业链、价值链延伸拓展。数字化发展从根本上改变了传统经济的生产方式和商业模式，全面渗透和深刻影响生产、流通、消费、进出口各个环节，有效应对日益复杂的国际大环境、保障我国经济体系安全稳定运行，加快实现质量变革、效率变革、动力变革。

建设数字中国，促进保障和改善民生，提升公共服务均等化、普惠化、便捷化水平。数字技术深度融入群众生产生活的方方面面，发展推进的"互联网＋教育"、"互联网＋医疗"、"互联网＋文化"等，在极大程度上为城乡居民生活提供了便利。推进建立的大数据普及应用以及各类便民应用，在优化公共服务能力水平、促进脱贫攻坚事业发展等方面提供了有力支撑，特别是在抗击新冠病毒感染疫情中，以大数据为代表的数字技术发挥了重要作用。加快数字化发展，缩小数字鸿沟，有效创新公共服务提供方式，增强公共服务供给的针对性和有效性，让亿万人民在共享数字化发展成果上有更多获得感。

建设数字中国，加快转变政府职能、促进国家治理体系和治理能力现代化。随着经济社会持续快速发展，必须提升政府信息化水平，创新电子政务运行管理体制，建立国家治理大数据中心，全面提升政府治理效能。加快数字化发展，可以有效促进政府部门职能科学化精准化的转变，在深化"放管服"改革、优化营商环境、激发市场更大活力和社会创造力等方面发挥重要作用，对政府治理理念、治理结构、运行机制、行为模式及资源配置等带来深层次的结构性变化，有力助推国家治理体系和治理能力现代化。

二、数字社会建设的进展

经济合作与发展组织（OECD）认为，数字社会是一个动态的概念。这个概念反映的是现代社会人们在家庭、工作、教育和娱乐中采用新的信息通信和交互模式的一种结果。[①] 数字社会建设由新型智慧城市、社会信用、市场监督、民生服务、公共安全、乡村建设、生态环境治理、自然资源监管 8 个核心部分组成，是数字中国建设的重要基础。

随着近几年中国对电子政务、数字经济、智慧社会等多方面的探索和实践，无论是在城市、乡村，还是在政府、社会中，数字社会建设都取得了积极的成效，以数字技术作为科技支撑的社会治理成效显著。

公共服务方式的数字化转型，带动了群众生活水平的整体提升。数字经济的深入发展，使线上线下公共服务融合发展势头强劲，促进了公共基础设施的共享和应用，提升了公共服务均等化、普惠化、便捷化水平。5G、人工智能、智慧城市等新技术、新业态、新平台蓬勃兴起，网上购物、在线教育、智慧图书馆、远程医疗等各类便民应用深度开发，平台经济全面提速，构成了数字社会的诸多元素，带动生活方式智能化，更好满足人们个性化、多样化的需求。

大数据融合应用蓬勃发展。大数据已成为国家重要的基础性战略资源，衍生出一系列热点应用场景，政府大数据、互联网大数据、健康医疗大数据、金融大数据、电信大数据和工业大数据等，持续驱动经济增长和转型升级，促进"新型智慧城市"建设。

中国数字乡村建设发展迅速。伴随脱贫攻坚取得决定性胜利，"村村通"和"电信普遍服务试点"两大工程的深入实施，贫困村宽带网络基本实现全覆盖，电子商务走进农村，极大激发了农村社

---

① Axelle Lemaire，Forging a Digital Society，http://www.oecd.org/innovation/forging-a-digital-society.htm.

会的发展活力。人工智能识别、区块链等数字化技术广泛应用在公共安全、生态环境治理和自然资源监管等领域，促进了城乡群众同步共享信息社会的便利，数字鸿沟不断缩小。

社会信用数字化建设已基本完成。根据中国政府网的信息，中国统一社会信用代码制度改革基本完成。初步建成守信联合激励和失信联合惩戒机制，实现了信息查询、异议处理和联合奖惩等功能。

三、数字社会建设的任务和保障

（一）提高数字政府建设水平

将数字技术广泛应用于政府管理服务，推动政府治理流程再造和模式化优化，不断提高决策科学性和服务效率。一是建立健全国家公共数据资源体系。确保公共数据安全，推进数据跨部门、跨层级、跨地区汇聚融合和深度利用。健全数据资源目录和责任清单制度，提升国家数据共享交换平台功能，深化国家人口、法人、空间地理等基础信息资源共享利用。扩大基础公共信息数据安全有序开放，探索将公共数据服务纳入公共服务体系，构建统一的国家公共数据开放平台和开发利用端口，优先推动企业登记监管、卫生、交通、气象等高价值数据集向社会开放。开展政府数据授权运营试点，鼓励第三方深化对公共数据的挖掘利用。二是推动政务信息化共建共用。加大政务信息化建设统筹力度，健全政务信息化项目清单，持续深化政务信息系统整合，布局建设执政能力、依法治国、经济治理、市场监管、公共安全、生态环境等重大信息系统，提升跨部门协同治理能力。完善国家电子政务网络，集约建设政务云平台和数据中心体系，推进政务信息系统云迁移。加强政务信息化建设快速迭代，增强政务信息系统快速部署能力和弹性扩展能力。三是提高数字化政务服务效能。全面推进政府运行方式、业务流程和服务模式数字化智能化。深化"互联网＋政务服务"，提升全流程一体化在线服务平台功能。加快构建数字技术辅助政府决策机制，提高基于高频大数据精准动态监测预测预警水平。强化数字技术在公共卫生、自然灾害、事故灾难、社会安全等突发公共事件应对中的运用，全面提升预警和应急处理能力。

（二）打造数字经济新态势

充分发挥海量数据和丰富应用场景优势，促进数字技术与实体经济深度融合，赋能传统产业转型升级，催生新产业新业态新模式，壮大经济发展新引擎。一是加强关键数字技术创新应用。聚焦高端芯片、操作系统、人工智能关键算法、传感器等关键领域，加快推进基础理论、基础算法、装备材料等研发突破与迭代应用。加强通用处理器、云计算系统和软件核心技术一体化研发。加快布局量子计算、量子通信、神经芯片、DNA 储存等前沿技术，加强信息科学与生命科学、材料等基础学科的交叉创新，支持数字技术开源社区等创新联合体发展，完善开源知识产权和法律体系，鼓励企业开放软件源代码、硬件设计和应用服务。二是加快推动数字产业化。培育壮大人工智能、大数据、区块链、云计算、网络安全等新兴数字产业，提升通信设备、核心电子元器件、关键软件等产业水平。构建基于 5G 的应用场景和产业生态，在智能交通、智慧物流、智慧能源、智慧医疗等重点领域开展试点示范。鼓励企业开放搜索、电商、社交等数据，发展第三方大数据服务产业。促进共享经济、平台经济健康发展。三是推动产业数字化转型。实施"上云用数赋智"行动，推动数据赋能全产业链协同转型。在重点行业和区域建设若干国际水准的工业互联网平台和数据化转型促进中心，深化研发设计、生产制造、经营管理、市场服务等环节的数字化应用，培育发展个性定制、柔性制造等新模式，加快产业园区数字化改造。深入推进服务业数字化转型，培育众包设计、智慧物流、新零售等新增长点。加快发展智慧农业，推进农业生产经营和管理服务数字化改造。

（三）完善数字社会服务

提供智慧便捷的公共服务。聚焦教育、医疗、养老、抚幼、就业、文体、助残等重点领域，推动数字化服务普惠应用，持续提升群众获得感。推进学校、医院、养老院等公共服务机构资源数字化，加大开放共享和应用力度。推进线上线下公共服务共同发展、深度融合，积极发展在线课堂、互联网医院、智慧图书馆等，支持高水平公共服务机构对接基层、边远和欠发达地区，扩大优质公共服务资源辐射覆盖范围。加强智慧法院建设。鼓励社会力量参与"互联网＋公共服务"，创新提供服务模式和产品。

建设智慧城市和数字乡村。以数字化助推城乡发展和治理模式创新，全面提高运行效率和宜居度。分级分类推进新型智慧城市建设，将物联网感知设施、通信系统等纳入公共基础设施统一规划建设，推进市政公用设施、建筑等物联网应用和智能化改造。完善城市信息模型平台和运营管理服务平台，构建城市数据资源体系，推进城市数据大脑建设。探索建设数字孪生城市。加快推进数字乡村建设，构建面向农业农村的综合信息服务体系，建立涉农信息普惠服务机制，推动乡村管理服务数字化。

构筑美好数字生活新图景。推动购物消费、居家生活、旅游休闲、交通出行等各类场景数字化，打造数字共享、和睦共治的新型数字生活。推进智慧社区建设，依托社区数字化平台和线下社区服务机构，建设便民惠民智慧服务圈，提供线上线下融合的社区生活服务、社区治理及公共服务、智能小区等服务。丰富数字生活体验，发展数字家庭。加强全民数字技能教育和培训，普及提升公民数字素养。加快信息无障碍建设，帮助老年人、残疾人等共享数字生活。

（四）营造良好数字社会生态

坚持放管并重，促进发展与规范管理相统一，构建数字规则体系，营造开放、健康、安全的数字生态。建立健全数据要素市场规则，统筹数据开发利用、隐私保护和公共安全，加快建立数据资源产权、交易流通、跨境传输和安全保护等基础制度标准规范。建立健全数据产权交易和行业自律机制，培育规范的数据交易平台和市场主体，发展数据资产评估、登记结算、交易撮合、争议仲裁等市场运营体系。

加强涉及国家利益、商业秘密、个人隐私的数据保护，加快推进数据安全、个人信息保护等领域基础性立法，强化数据资源全生命周期安全保护。完善适用于大数据环境下的数据分类分级保护制度。加强数据安全评估，推动数据跨境安全有序流动。

营造规范有序的政策环境。构建与数字经济发展相适应的政策法规体系。健全共享经济、平台经济和新个体经济管理规范，清理不合理的行政许可、资质资格事项，支持平台企业创新发展、增强国际竞争力。依法依规加强互联网平台经济监管，明确平台企业定位和监管规则，完善垄断认定法律规范，打击垄断和不正当竞争行为。探索建立无人驾驶、在线医疗、金融科技、智能配送等监管框架，完善相关法律法规和伦理审查规则。健全数字经济统计监测体系。

加强网络安全保护。健全国家网络安全法律法规和制度标准，加强重要领域数据资源、重要网络和信息系统安全保障。建立健全关键信息基础设施保护体系，提升安全防护和维护政治安全能力。加强网络安全风险评估和审查。加强网络安全基础设施建设，强化跨领域网络安全信息共享和工作协同，提升网络安全威胁发现、监测预警、应急指挥、攻击溯源能力。加强网络安全关键技术研发，加快人工智能安全技术创新，提升网络安全产业综合竞争力。加强网络安全宣传教育和人才培养。

推动构建网络空间命运共同体。推进网络空间国际交流与合作，推动以联合国为主渠道、以《联合国宪章》为基本原则制定数字和网络空间国际规则。推动建立多边、民主、透明的全球互联网治理体系，建立更加公平合理的网络基础设施和资源治理机制。积极参与数据安全、数字货币、数字税等国际规则和数字技术标准制定。推动全球网络安全保障合作机制建设，构建保护数据要素、处置网络安全事件、打击网络犯罪的国际协调合作机制。向欠发达的国家提供技术、设备、服务等数字援助，使各国共享数字时代红利，积极推进网络文化交流互鉴。

延伸思考

1. 简述加强社会建设的必要性和重要性。

2. 深刻理解和把握我国社会主义民主建设的主要内涵、目标任务。

3. 简述我国社会主义精神文明建设任务提出的过程和重要意义。

4. 深刻理解铸牢中华民族共同体意识的努力方向及重要意义。

5. 深刻理解构建社会主义和谐社会的重大意义。

6. 准确把握全面加强法治社会建设的基本原则。

7. 把握全面推进健康中国建设的目标任务。

8. 深刻理解建设更高水平的平安中国的时代背景和重要意义。

9. 简述美丽中国提出的背景、内涵和意义。

10. 明确"数字中国"建设的意义和目标任务。

参考文献

[1]邓小平 . 邓小平文选：第 2 卷［M］. 北京：人民出版社，1994.

[2]邓小平 . 邓小平文选：第 3 卷［M］. 北京：人民出版社，1993.

[3]习近平 . 决胜全面建成小康社会 夺取中国特色社会主义伟大胜利——在中国共产党第十九次全国代表大会上的报告［R］. 北京：人民出版社，2017.

[4]习近平 . 习近平谈治国理政：第 2 卷［M］. 北京：外文出版社，2017.

[5]中共中央文献研究室 . 三中全会以来重要文献选编［M］. 北京：人民出版社，1982.

[6]中共中央文献研究室 . 十二大以来重要文献选编：上［M］. 北京：人民出版社，1986.

[7]中共中央文献研究室 . 十二大以来重要文献选编：中［M］. 北京：人民出版社，1987.

[8]中共中央文献研究室 . 十二大以来重要文献选编：下［M］. 北京：人民出版社，1988.

[9]中共中央文献研究室 . 十四大以来重要文献选编：上［M］. 北京：人民出版社，2011.

［10］中共中央文献研究室．十四大以来重要文献选编：中［M］．北京：人民出版社，2012.

［11］中共中央文献研究室．十四大以来重要文献选编：下［M］．北京：人民出版社，2013.

［12］中共中央文献研究室．十五大以来重要文献选编：上［M］．北京：人民出版社，2000.

［13］中共中央文献研究室．十六大以来重要文献选编：上［M］．北京：中央文献出版社，2005.

［14］中共中央文献研究室．十六大以来重要文献选编：下［M］．北京：中央文献出版社，2008.

［15］中共中央文献研究室．十七大以来重要文献选编：上［M］．北京：中央文献出版社，2009.

［16］中共中央文献研究室．十七大以来重要文献选编：中［M］．北京：中央文献出版社，2011.

［17］中共中央文献研究室．十八大以来重要文献选编：上［M］．北京：中央文献出版社，2014.

［18］中共中央文献研究室．十八大以来重要文献选编：中［M］．北京：中央文献出版社，2016.

第七章　社会治理论

本章概述

　　社会治理是国家治理的重要方面，是中国特色社会主义社会学研究的重要内容。本章主要阐述社会治理的基本理论、方针政策和创新实践，特别是构建社会治理共同体、加强社会治理重点领域、社会治理能力建设、推进基层社会治理建设和社会治理现代化等。通过本章学习，可以了解社会治理和社会治理现代化的基本理论和实践。

第一节　社会治理与社会治理共同体

一、社会治理内涵与意义

（一）加强和创新社会治理的意义

　　社会治理，是多元社会主体共同参与的，通过创新社会治理方式实现的，旨在维护社会秩序、促进社会公平、协调社会关系、激发社会活力、推动社会进步的实践活动。就关系而言，社会建设作为"五位一体"总体布局中的重要构成，是一个重大的系统工程。社会治理是社会建设的重要组成部分，是社会建设系统中非常重要的子系统，不仅包括党和政府对社会领域的管理职能，而且强调党委领导下的多元社会主体共同参与。

　　社会治理作为一种全新的理念，是中国共产党长期实践经验的总结和理论创新的升华。2004 年，党的十六届四中全会正式提出"社会管理创新"。2007 年，党的十七大报告提出，要建立健全党委领导、政府负责、社会协同、公众参与的社会管理格局。2011 年，"社会管理创新"首次以重要篇幅写入《政府工作报告》，并在国家"十二五"规划纲要中单独成篇。2012 年，"加强和创新社会管理"写入党的十八大报告。2013 年，党的十八届三中全会指出，全面深化改革的总目标是完善和发展中国特色社会主义制度，推进国家治理体系和治理能力现代化。自此"社会治理"进入党和国家文件。2017 年，党的十九大报告进一步提出，到 2035 年，基本形成现代社会治理格局的目标。同时，从统筹推进"五位一体"总体布局和协调推进"四个全面"战略布局的高度，作出"提高保障和改善民生水平，加强和创新社会治理"的重要论述，明确了"打造共建共治共享的社会治理格局"的要求。当年，"社会治理"写入新《党章》，全国人大常委会增设了"社会建设委员会"。2019 年，党的十九届四中全会提出，要完善党委领导、政府负责、民主协商、社会协同、公众参与、法治保障、科技支撑的社会治理体系，建设人人有责、人人尽责、人人享有的社会治理共同体，确保人民安居乐业、社会安定有序，建设更高水平的平安中国。2020 年，党的十九届五中全会指出，要改善人民生活品质，提高社会建设水平，建设更高水平的平安中国。这丰富了社会治理现代化的内容，具有重大的理论意义和现实意义。《中华人民共和国国民经济与社会发展第十四个五年规划和 2035 年远景目标纲要》，绘制了我国"十四五"时期和未来 15 年基本实现社会主义现代化的宏伟蓝图，强调要增进民生福祉、提升共建共治共享水平，统筹发展和安全、建设更高水平的平安中国，提升国民素质、促进人的全面发展。

我国社会治理理论创新与实践创新发展，具有重大的现实意义和深远的历史意义。特别是党的十八大以来，习近平总书记深入观察和分析当今中国社会发展和社会变革中的新情况、新问题，提出了一系列社会治理新理念新思想新决策，他强调"社会治理是一门科学"，深刻指出："治理和管理一字之差，体现的是系统治理、依法治理、源头治理、综合施策。"①实现了从"社会管理"到"社会治理"的新飞跃，为我国社会治理建设提供了根本遵循。从"社会管理"转变为"社会治理"，由"管理"到"治理"虽然只有一字之差，但思想更深刻、内涵更丰富。一是更加突出全面加强党对社会治理的领导，牢牢把握党领导社会治理的主动权，牢牢把握党领导社会治理的关键环节，牢牢把握党对社会治理的领导权，以党的执政能力建设和先进性建设引领社会治理。二是更加突出了党委领导和政府负责下的多方社会主体共同参与、良性互动，社会治理不仅是政府的工作职能，也需要社会各界一起参与，要从政府包揽向政府负责、社会共同治理转变，这有利于构建共建共治共享的社会治理新格局，更加突出以人为本和以人民为中心的社会治理创新思想。三是更加突出民主政治和法治思维、法治方式，系统治理、源头治理、综合治理。从管控规制向法治保障转变，从单一手段向多种手段综合运用转变，从流于形式的治标向根本上解决矛盾、防微杜渐转变。

新时代加强和创新社会治理意义重大。以习近平同志为核心的党中央加强和创新社会治理的思想与实践，坚持以马克思列宁主义、毛泽东思想和中国特色社会主义理论为指导，在新的历史

---

①　中共中央文献研究室编：《习近平关于全面建成小康社会论述摘编》，142 页，北京，中央文献出版社，2016。

条件下把继承、坚持同发展、创新辩证地统一起来，继承与发展马克思主义和中国共产党历代领导集体的治国理政思想，使科学社会主义社会治理思想进入新境界，达到了新高度。一是有利于坚持和加强党的全面领导，推进政府职能转变，改善社会管理，增进社会服务。二是有利于调动多元主体积极性，充分激发社会活力，推动社会建设。三是有利于更好地保障和改善民生，提高平安社会建设水平，促进社会和谐，实现共同富裕。四是有利于推进社会治理现代化，促进实现国家治理体系和治理能力现代化。五是有利于坚持和发展中国特色社会主义制度，更好地把社会治理的制度优势转化为治理效能。

(二)社会治理的目标

根据马克思的论述，社会治理的目标至少包括首要目标和终极目标两个层面。一是实现社会公平正义是社会治理的首要目标。在批判资产阶级社会正义思想的基础上，马克思阐释了无产阶级的正义观。他提出了"只有在共产主义社会才能实现社会正义"的论断。二是实现人的自由全面发展是社会治理的终极目标。马克思在《共产党宣言》中设想了未来社会的组织形式，即"代替那存在着阶级和阶级对立的资产阶级旧社会的，将是这样一个联合体，在那里，每个人的自由发展是一切人的自由发展的条件"[1]。简言之，社会治理的主要目标就是建设一个和谐、平安、信用、法治、健康、智慧、美好的社会，实现社会现代化。构建和谐社会是中国社会主义现代化建设的重要目标，也是社会治理的重要目标。和谐社会是全体人民共同建设、共同治理、共同享有的社会。建设平安社会，就是人民群众安全感明显增强，普遍过上更为平安

---

① 马克思、恩格斯：《共产党宣言》，见《马克思恩格斯选集》第1卷，422页，北京，人民出版社，2012。

祥和的生活，人民安居乐业，社会安宁稳定，整个社会秩序良性运转。建设信用社会，就是全社会诚信意识和信用水平普遍提高，社会信用环境明显改善，信用文化和诚信社会蔚然兴起。建设法治社会，就是社会全面推行法治，社会生活纳入法治化、规范化的轨道，社会活力不断迸发又依规有序运行。建设健康社会，就是全民健康水平不断提升，国民整体素质普遍增强，社会风气明显净化，整个社会全面健康向前发展。建设智慧社会，就是要充分运用物联网、互联网、云计算、大数据、人工智能等新一代信息技术，推动经济社会高质量发展。建设美好社会，就是更好地造福人民，人民生活更加富裕，生活质量明显提高，幸福体验感、满意度普遍增强。

加强和创新社会治理是一项艰巨复杂的系统工程，要求始终坚持正确处理社会治理过程中的几个基本关系。一是处理好治理与民生的关系。提高社会治理水平必须从源头上预防和减少社会矛盾。因此，更好地保障和改善民生是提高社会治理水平的根本之计。必须注重解决好直接关系到人民群众根本利益和现实利益的问题，使人民群众在经济发展的基础上不断增强获得感、幸福感、安全感，这样才能更好地实现天下大治，建设和谐社会。二是处理好维稳与维权的关系。一般地说，维权是维稳的基础，维稳的实质是维权，只有把人民群众合理合法的利益诉求解决好，才能真正实现社会长期和谐稳定。三是处理好活力与秩序的关系。一个好的社会，既要充满活力，又要和谐有序。既不能管得太多，一潭死水，也不能放得太开，波涛汹涌，应务求实现社会有序运行与社会活力迸发相统一、相协调。四是处理好自治、法治、德治的关系。必须健全党组织领导的自治、法治、德治相结合的城乡基层治理体系，完善社会自治制度，增强社会活力；推进社会法治建设，强化法治保障；加强社会道德建设，弘扬社会正气。

二、社会治理共同体建设

(一)社会治理共同体的内涵

2019 年党的十九届四中全会审议通过的《中共中央关于坚持和完善中国特色社会主义制度 推进国家治理体系和治理能力现代化若干重大问题的决定》，明确要求"建设人人有责、人人尽责、人人享有的社会治理共同体"①。这是在党的文件中首次提出构建"社会治理共同体"的概念，是开拓社会治理新境界的重大理论创新。

在西方，共同体理论的源头可追溯到古希腊，最初含义是指城邦市民共同体。马克思和恩格斯则从历史唯物主义视角，探讨了人类历史发展过程中孕育的 3 种共同体形式，即自然共同体、虚幻共同体和真正共同体，而真正共同体则是一个"自由人的联合体"，是一个社会共同体。共同体作为一个学术概念由德国社会学家滕尼斯(F. Tonnies)较早提出，他在《共同体与社会》一书中指出共同体更为强调共同的精神追求、亲密关系以及归属感和认同感。血缘共同体、地缘共同体和宗教共同体等作为共同体的基本形式，它们不仅仅是它们的各个组成部分加起来的总和，而是有机地浑然生长在一起的整体。随着时代的发展和人们思想认识的不断深化，共同体的概念也不断被演绎，现在普遍认为共同体是成员之间联系密切，有价值共识，能够遵守规范，成员利益相关

---

① 《中共中央关于坚持和完善中国特色社会主义制度 推进国家治理体系和治理能力现代化若干重大问题的决定》(二〇一九年十月三十一日中国共产党第十九届中央委员会第四次全体会议通过)，见中共中央党史和文献研究院编：《十九大以来重要文献选编》(中)，287 页，北京，中央文献出版社，2021。

和责任共担，能够和谐相处、共同发展的有机整体。

"社会治理共同体"，主要是指相关各方在开展社会治理活动中基于某种信任、共同理念而形成的具有合作取向的群体形式。新时代构建社会治理共同体需要集合更多的社会力量，即在党委领导和政府负责下、群团组织、自治组织、社会组织、企事业单位、公众等社会治理主体协同发力，以回应社会治理需求和解决社会问题为目标，以协商议事平台为抓手，基于互动协商、权责对等的原则，共同参与社会建设、共同开展社会治理、共同享有建设和治理成果，在这个过程中形成相互关联、相互促进且关系稳定的群体。建设"社会治理共同体"，重点强调"人人有责、人人尽责、人人享有"，这就规定了所有社会成员都是为了共同价值、共同规范、共同利益、共同发展而承担着社会治理的责任，在社会治理中都要有所担当、履行责任。[①]

(二)建设社会治理共同体的意义

社会治理共同体的提出及建设具有重要的时代价值。这一理念体现了马克思主义中国化在社会治理领域的最新理论成果，是中国共产党立足新的历史方位，在对我国处理社会问题、化解社会矛盾、应对社会风险等方面经验进行深刻总结和理性思考的基础上，吸收借鉴国际经验，对中国社会治理的发展趋势和未来模式作出的新判断、新表述。[②]

社会治理共同体的提出及建设具有重要的理论价值。一方面，社会治理共同体理念来源于马克思共同体思想，是对马克思共同体思想的传承和创新。在马克思主义者看来，共同体是人获得全

---

① 魏礼群：《大力推进社会治理现代化——学习党的十九届四中全会精神的一些认识和体会》，载《理论视野》，2020(1)。

② 江必新、王红霞：《论现代社会治理格局——共建共治共享的意蕴、基础与关键》，载《法学杂志》，2019(2)。

面发展的联合体，只有共同体才可能有个人自由，在社会治理共同体中突出强调的是"人人"，是多个个体，人也只有在个体之间的互动中、在共同生活中才能够彰显其价值，获得发展和自由。另一方面，社会治理共同体理念是中国社会治理理论的丰富和发展。党的十八大以来，党中央顺应时代发展要求，走出了一条中国特色社会主义社会治理之路。从"社会管理"到"社会治理"，从"加快形成科学有效的社会治理体制"到"打造共建共治共享的社会治理格局"，再到"坚持和完善共建共治共享的社会治理制度"，随着中国共产党对社会发展规律认识的不断深化和对社会治理实践探索的不断推进，中国特色社会治理理论也在不断向前发展并逐渐趋于完善。社会治理共同体是习近平新时代中国特色社会主义思想在社会治理领域的最新成果，也是习近平新时代中国特色社会主义思想的有机组成部分。因此，社会治理共同体理念为新时期中国特色社会治理理论研究和实践探索指明了方向，是持续加强和创新社会治理，推进社会治理体系和治理能力现代化的思想指南。

社会治理共同体的提出及建设具有重要的现实价值。一方面，构建社会治理共同体是应对新发展阶段社会风险的客观需要。我国已经进入新发展阶段，社会发展和社会治理将面临一系列新形势新情况。社会结构正在发生深刻调整，人们的社会关系、社会观念、社会心理、社会行为方式正在发生全方位变化，深刻影响和变革着人们的社会交往方式和社会价值观念。科学技术进步特别是信息化条件催生的新业态、新职业、新生产生活方式，使就业结构和职业结构呈现新变化。① 共同体具有协调利益、抵御风险的功能和属性，具有战胜复杂因素作用下导致的社会问题的优

① 魏礼群：《全面建成小康社会与推进社会治理现代化》，载《前线》，2021(3)。

势。另一方面，构建社会治理共同体是为了满足人民对美好生活的需求。人民对美好生活的需求日益广泛，不仅对物质文化生活提出了更高要求，而且在民主、法治、公平、正义、安全、环境等方面的要求也日益增多。这不仅会激发他们参与社会治理、提升获得感和尊严感的诉求及主观能动性，还会不断加剧社会治理的复杂性，单纯依靠或过度依赖政府公共服务供给，很难达到人民群众的要求。社会治理共同体强调激活社会力量，引导社会组织充分发挥专业性和服务性优势，为人民提供更多样化更优质的公共服务，这就有力地回应和解决了人民对美好生活的向往和需要。

(三)加快推进社会治理共同体建设的基本要求

在社会治理共同体建设中，要坚持党的统领作用，全面推行法治，加强思想道德建设，实行基层群众自治，强化基层智慧治理能力建设，创新治理方式，并使之有机结合、协调推进。这是全面、系统推进社会治理共同体建设的基本要求。

第一，发挥党的统领作用。坚持党全面领导社会治理的体制机制，发挥党总揽全局、协调各方的领导核心作用，并把加强党的领导贯穿于社会治理的各领域、全过程、各环节。中国特色社会主义的最本质特征和最大制度优势是中国共产党的领导。加强党的全面领导，是社会治理共同体建设坚持正确政治方向的根本保证。坚持党建统领，要充分发挥基层党组织战斗堡垒作用和党员先锋模范作用，特别是充分发挥乡镇(街道)、村(社区)党组织在基层社会治理中的领导作用，把党组织服务管理延伸到各个基层，推动党组织建设与社会治理共同体建设深度融合，逐步构建和完善党委领导、政府负责、社会参与、各方协同的社会治理工作体系，切实将党的领导的优势转化为社会治理的效能。

第二，发挥法治的保障作用。将法治思维运用于社会治理共同体建设的各个方面和各个环节，增强社会治理定力。要以习近平法治思想为指导，充分发挥法治固根本、稳预期、利长远的保障作用。要加快制定完善社会治理现代化亟须的法律法规，统筹推进法治国家、法治政府、法治社会建设，从科学立法、严格执法、公正司法、全民守法上全面提高社会治理共同体建设的规范化、法治化水平，创新完善相关地方法规和行政规章，以良法保障善治，提高运用法治思维和法治方式破解社会治理创新难题的能力。

第三，发挥德治的教化作用。道德作为软约束力，它以内省和自律为特征，在社会构建中起着制度约束和法律强制所不能及的调节作用，是治理社会的重要手段。因此，要重视道德教化功能，深入挖掘和汲取中华优秀传统道德文化精髓，强化宣传引导和实践养成，将道德要求融入社会治理共同体建设中，建立健全德治体系，以社会主义核心价值观为统领，加强社会公德、职业道德、家庭美德、个人品德建设，把价值共识、情感认同转化为社会治理共同体建设的行为自觉。

第四，发挥自治的基础作用。广大人民群众既是社会治理的客体和对象，又是社会治理的重要主体和力量来源，其参与社会治理的程度和实现自我管理的能力直接关系到社会治理共同体建设的成效。要健全基层党组织领导的、充满活力的基层群众自治机制，在城乡社区治理、基层公共事务和公益事业中实行群众自我管理、自我服务、自我教育、自我监督。要发展基层协商民主，推进基层直接民主制度化、规范化、程序化，依法保障人民群众的知情权、参与权、表达权、监督权。加强流动人口、"两新组织"群众工作，构建基层党组织领导下的"群众自治圈"、"社会共治圈"。

第五，发挥技治的支撑作用。以互联网、物联网、大数据、云计算、人工智能、区块链、5G（第五代移动通信技术）等为代表的现代科技的快速发展，为社会治理共同体建设提供了新范式，创造了新工具，构建了新模式。因此要强化互联网思维，积极运用现代信息技术等先进科技手段，推动社会治理共同体建设的体系架构、运行机制、工作流程的智能化再造，促进决策科学化、管理精细化、服务便捷化。构建基础设施体系，统筹规划政务数据资源和社会数据资源，加强基础信息资源和重要领域信息资源建设，形成万物互联、人机交互、天地一体的网络空间。

第二节　社会治理体系建设

这里主要阐述公共服务、公共安全、应急管理、社会信用、社会心理服务体系建设等社会治理重要领域的理论和实践。

一、公共服务体系建设

（一）公共服务基础理论和政策变迁

公共服务范畴的界定主要可以分为两大类。一类是基于"物品性质"界定的公共服务。在这个视角下，"公共服务"和"公共产品"被看作可以等同和相互替换的概念。另一类是基于"行为方式"界定的公共服务。主要是指从公共行政和公共管理的角度来定义公共服务。本节讨论的公共服务是指前者，即"物品性质"的公共服务。

现代意义上的"公共服务"理论研究，最早可以追溯到19世纪90年代，大体经历了创立、发展、紧缩和回归4个阶段。"公共服务"理论探索的过程，是人类社会关于生存权利、公共利益以及政府责任不断思考和完善的历史过程。不同社会发展阶段的公共服务理论研究重点有很大差异，从最初对于人类福祉和公共服务性质的追索，逐渐发展到对政府责任的界定，进而探讨更微观操作层面的主体关系、供给绩效和财政支出制度设计。"公共服务"政策的历史变迁，反映了不同政治经济形势背景下各种社会思潮的变化。

公共服务理论的发展为政府公共服务决策提供思想指导和力量支撑。德国社会政策学派的主张促使俾斯麦政府推出了世界上第一部《疾病社会保险法》(1883)。凯恩斯主义对罗斯福新政产生了巨大影响。新自由主义和供给学派推动了英国撒切尔政府和美国里根政府大幅削减公共服务支出的行动。英国布莱尔政府更是旗帜鲜明地主张"第三条道路"的选择。社会福利政策是一场永不间断的政治斗争，是与贫困和不平等以及社会中的其他社会问题有关的一场持续的政治斗争。从全球横向比较看，经济发展水平的巨大差异使各国公共服务发展水平呈现显著差异，不同的文化背景和政治制度使世界各国选择了不同的公共服务政策体系和供给模式。

我国公共服务政策经历了 4 个阶段的变化。第一个阶段，从1949 年新中国成立到 1978 年。这个阶段的公共服务供给特征与计划经济体制相适应，政府是唯一供给主体，公共服务均等化水平较高，但公共服务供给能力较弱，供求缺口较大。第二个阶段，从 1978 年实行改革开放到 1992 年确立实行社会主义市场经济体制。这个时段虽然商品经济逐渐蓬勃发展，但经济生活仍然呈现双轨制特征，政府仍然是公共服务供给的唯一责任者。第三个阶段，从 1992 年到 2012 年，这个阶段的显著特征是市场经济体制改革快速推进，公共服务供给理念和供给方式受到很大冲击，一些人主张公共服务由市场经济组织提供，政府不是主要的供给主体。第四个阶段，从 2012 年至今，重新强调公共服务领域的政府责任。2012 年国务院正式发布了《国家基本公共服务体系"十二五"规划》，把基本公共服务均等化的实现上升到国家制度层面。在此基础上，2017 年 1 月国务院又发布了《"十三五"推进基本公共服务均等化规划》，进一步明确了国家基本公共服务的制度体系和基本内容，认为政府是公共服务和政策制度的安排者，公共服务可以实行多元主体供给。2018 年国务院办公厅印发《关于建立健全基本公共服务标准体系的指导意见》，以标准化促进基本公共服务均等化、普惠化、便捷化。"十四五"时期，我国将加快补齐基本公共服务短板，着力增强非基本公共服务弱项，努力提升公共服务质量和水平。

（二）基本公共服务体系的主要内容和制度框架

基本公共服务是指政府为了保证国民基本生存和发展权利的实现，而提供的相应物质基础设施或公共政策制度安排。主要内容是民生保障和改善，保障人民基本的生存权和发展权的实现，保障人民享有基本公共服务权利的均等化，保障人民享受到改革开放的成果。我国国家基本公共服务制度主要包括以下内容。

1. 义务教育制度。推动义务教育均衡发展，保障所有适龄儿童、青少年平等接受教育，不断提高国民文化素质。具体包括：免费义务教育、农村义务教育学生营养改善、寄宿生生活补助、普惠性学前教育资助、中等职业教育国家助学金、中等职业教育免除学杂费、普通高中国家助学金、免除普通高中建档立卡等家庭经济困难学生学杂费。

2. 劳动就业创业制度。大力推动大众创业、万众创新，鼓励以创业带动就业，健全覆盖城乡的公共就业创业服务体系，加强职业培训，维护职工和企业合法权益，构建和谐劳动关系，推动实现比较充分和更高质量的就业。具体包括：基本公共就业服务、创业服务、就业援助、就业见习服务、大中城市联合招聘服务、职业技能培训和技能鉴定、"12333"人力资源和社会保障服务热线电话咨询、劳动关系协调、劳动人事争议调解仲裁、劳动保障监察。

3. 构建全覆盖、保基本、多层次、可持续的社会保险制度。实施全民参保计划，保障公民在年老、疾病、工伤、失业、生育等情况下依法从国家和社会获得物质帮助。具体包括：职工基本养老保险、城乡居民基本养老保险、职工基本医疗保险、生育保险、城乡居民基本医疗保险、失业保险、工伤保险。

4. 建立健全覆盖城乡居民的基本医疗卫生制度，推进健康中国建设。坚持以基层为重点，以改革创新为动力，预防为主、中西医并重，提高人民健康水平。具体包括：居民健康档案、健康教育、预防接种、传染病及突发公共卫生事件报告和处理、儿童健康管理、孕产妇健康管理、老年人健康管理、慢性病患者管理、严重精神障碍患者管理、卫生计生监督协管、结核病患者健康管理、中医药健康管理、艾滋病病毒感染者和病人随访管理、社区艾滋病高危行为人群干预、免费孕前优生健康检查、基本药物制度。

5. 建立完善社会救助和社会福利制度。为城乡居民提供相应的基本公共产品等兜底帮扶，重点保障特定人群和困难群体的基本生存权与平等参与社会发展的权利。具体包括：最低生活保障、特困人员救助供养、医疗救助、临时救助、受灾人员救助、法律援助、老年人福利补贴、困境儿童保障、农村留守儿童关爱保护、基本殡葬服务、优待抚恤、退役军人安置、重点优抚对象集中供养。

6. 建立健全基本住房保障制度。加大保障性安居工程建设力度，加快解决城镇居民基本住房问题和农村困难群众住房安全问题，更好地保障住有所居。具体包括：公共租赁住房建设、城镇棚户区住房改造、农村危房改造。

7. 构建现代公共文化服务体系和全民健身公共服务体系。促进基本公共文化服务和全民健身基本公共服务标准化、均等化，更好地满足人民群众精神文化需求和体育健身需求，提高全民文化素质和身体素质。具体包括：公共文化设施免费开放、收听广播、观看电视、观赏电影、读书看报、少数民族文化服务、参观文化遗产、公共体育场馆开放、全民健身服务。

8. 提供适合残疾人特殊需求的基本公共服务。为残疾人平等参与社会发展创造便利化条件和友好型环境，让残疾人安居乐业、衣食无忧，生活得更加殷实、更加幸福、更有尊严。具体内容有10 项：困难残疾人生活补贴和重度残疾人护理补贴、无业重度残疾人最低生活保障、残疾人基本社会保险个人缴费资助和保险待遇、残疾人基本住房保障、残疾人托养服务、残疾人康复、残疾人教育、残疾人职业培训和就业服务、残疾人文化体育、无障碍环境支持。

（三）我国基本公共服务体系建设取得的重要成就和存在的主要问题

"十三五"时期以来，我国基本公共服务制度体系建设和基本公共服务均等化工作取得了一系列突出成就。一是制度体系更加健全，以国家基本公共服务标准为基础的基本公共服务标准体系逐步形成。二是服务设施更加完善，全国义务教育学校（包括教学

413

点）办学条件已经全部达到了"20 条底线"要求，全面消除大班额，这个任务现在已经提前实现。三是保障能力更加稳固，我国建成了世界上规模最大的社会保障体系。截至 2020 年年底，城乡居民最低生活保障平均标准分别达到了 678 元/人·月和 5962 元/人·年，基本养老保险、基本医疗保险、失业保险和工伤保险的参保人数分别达到了 9.99 亿人、13.6 亿人、2.17 亿人和 2.68 亿人。2021 年人均基本公共卫生服务经费补助标准为 79 元，居民医保人均财政补助标准新增 30 元，达到每人每年不低于 580 元。四是区域城乡更加均衡，绝大多数地区实现了县域内义务教育基本均衡发展，85％以上的随迁子女进入公办学校就读，或者享受政府购买学位服务。五是社会力量参与公共服务的机制不断健全。国务院先后印发了《关于政府向社会力量购买服务的指导意见》、《关于创新重点领域投融资机制鼓励社会投资的指导意见》、《关于进一步激发社会领域投资活力的意见》等文件，鼓励社会力量参与公共服务供给，发挥了良好的政策效果。目前，我国已初步构建起覆盖全民的国家基本公共服务制度体系，各级各类基本公共服务设施不断改善，基本公共服务项目和标准得到全面落实，服务范围持续拓展，保障能力和群众满意度进一步提升。

我国公共服务体系发展过程中存在的主要问题有 3 个方面。一是基本公共服务均等化水平还有待提高，还不能保证人民在享有生存和发展权利上的相对平等。基本公共服务非均等化，主要表现为城乡不均等、区域不均等和社会群体之间的不均等。二是公共服务不同类别之间发展不均衡。按照国家《"十三五"推进基本公共服务均等化规划》的规定，基本公共服务可以分为 8 大类。其中发展水平较高、公众满意度较高的主要是基本公共教育服务。公众需求非常迫切，而发展水平和发展速度比较落后的主要是公共卫生医疗和社会保障。三是公共服务供给方式粗放。进入 21 世纪以来我国基本公共服务建设处于全面推进、遍地开花的状态。这种粗放型供给模式在一定阶段迅速填补了严重匮乏的公共服务设施和项目，但粗放型的供给方式却难以精准把握人民群众的公共服务需求。

（四）完善公共服务供给体系，提升公共服务质量

基本公共服务供给模式必须从"供给导向"向"需求导向"转变。我国目前公共服务供给效率低下、公众满意度低的重要原因，是供给与需求不匹配。地方政府在制定公共服务供给目标时更多考虑的是上级部门的指标要求，较少征求相关群体的意见。政府自上而下的供给内容与民众的真实需求不相匹配，导致社会资源浪费，阻碍了公众享用公共服务的有效成果。在公共服务资源稀缺、公众需求日趋多元的情况下，公共服务供给模式必须从自上而下的"供给导向"转变为自下而上的"需求导向"。供给模式转变的关键在于对政府公共服务决策实行"硬约束"。所谓"硬约束"是指在决策阶段充分行使公众意见表决权，甚至是否决权，使公众表达意见的权利制度化，对政府决策实现硬性约束。

促进公共服务由"粗放"供给向"精准"供给转变。"粗放"供给主要是指遍地开花的供给模式，"精准"供给是指服务内容准确，符合公众需求，服务对象更多聚焦特殊群体，可以消除公共服务中存在过度消费与供给不足并存的现象。公共服务精准供给的前提是充分掌握公众对服务项目类型和数量的需求。现代化信息科学的进步，为基本公共服务由粗放供给向精准供给转变提供了有力的技术支撑。"精准"供给也必须是服务对象的精准。近年来公共服务整体水平虽然大幅提升，但群体和区域间享有的公共服务差距却在不断扩大。促进基本公共服务均等化的核心在于"补齐短

板"，而不是齐头并进。补齐公共服务短板的关键在于财政体制改革的配套。要充分发挥中央财政的"保底"功能，提高中央财政在基本公共服务和社会保障方面的支出比例，扩大对欠发达地区公共服务方面的转移支付比例，保证欠发达地区最迫切的基本公共服务和社会保障需求能得到有效供给。

推动基本公共服务从"一元主体供给"向"多元主体协同供给"转变。传统的以政府为单一主体的一元供给模式在社会发展中面临越来越大的挑战。一方面，政府经济资源和管理能力的局限性不断凸显；另一方面，公共服务需求规模逐渐扩大，需求质量要求提升，需求类别不断多元化。显而易见，仅靠政府单一主体来满足越来越广泛多样的公共服务需求，已经不符合现实要求。政府在公共服务供给方面只能承担"有限责任"。政府直接和主要承担的应该是最基本、最迫切、最广泛的保底型公共服务，其职责在于"坚守底线、突出重点、完善制度、引导预期"。公共服务应是基于一定合作机制和合理分工的协同供给，包括两个层面：一是政府内部相关职能部门之间的协同；二是政府与市场、社会在公共服务供给方面的协同。社会活力的激发需要更多的顶层设计和系统性制度建设来全面支撑和逐步推进。

公共服务供给战略转变要分阶段、分步骤、分区域推进。我国目前各区域间基本公共服务均等化水平存在很大差异。改善公共服务必须遵循从实际出发，因地制宜的原则。东部地区具备较好的物质基础和制度保障，已经开始向精准型、高效率和选择性供给模式过渡。这些地方面对的最大难题已经不再是资金或资源，而是体制和机制，应着重鼓励其进行体制和机制创新。以信息化，特别是大数据为技术手段，搭建公共服务平台，整合相关部门，转变政府职能，优化组织结构，实现公共服务的统筹协调、精准高效供给。西部经济欠发达地区，基本公共服务供给水平偏低，目前影响公共服务供给的主要问题还是表现为资金和资源供给不足。中央政府应加大资金投入的支持力度，继续强化保底功能。

二、公共安全体系建设

公共安全是社会安定、社会秩序良好的重要体现，是人民安居乐业的重要保障，事关改革发展稳定大局。公共安全一头连着千家万户，一头连着经济社会发展，是最基本的民生。党的十九届五中全会提出，要统筹发展和安全，坚持总体国家安全观，实施国家安全战略，维护和塑造国家安全，统筹传统安全和非传统安全，把安全发展贯穿国家发展各领域和全过程，防范和化解影响我国现代化进程的各种风险，筑牢国家安全屏障。维护公共安全，必须从建立健全长效机制入手，推进思路理念、方法手段、体制机制创新。我国公共安全体系的建设任务，主要包括社会治安防控、安全生产、食品药品安全监管等与人民生命财产安全息息相关的重点领域，目标是编织全方位、立体化的公共安全网。

（一）社会治安防控体系建设

社会治安，是指社会在一定法律、法规及制度的规范下，社会生活（包括公共秩序）呈现的一种安定、有序的状态。社会治安防控体系建设，是指公安机关根据系统论、信息论、控制论等理论，充分利用公安机关内部以及社会的各种治安资源，综合运用预防、打击、管理、控制等多种手段，建立起一个完整的维护社会治安的体系，以达到对影响社会治安的各种负面因素进行有效预防和控制的目的。社会治安防控体系建设的主体是公安机关。社会治安防控体系建设的理论基础是系统论、信息论、控制论，建设的目标是对影响社会治安的各种因素进行有效的预防和控制。

　　社会治安领域既有传统治安犯罪行为，也有群体性事件、恐怖主义等新型风险。群众反映强烈的治安问题还包括黑拐抢、黄赌毒以及电信诈骗、非法获取公民个人信息、非法传销、非法集资、危害食品药品安全、环境污染、涉邪教活动等违法犯罪活动。我国社会治安防控体系确定了党委领导、政府主导、综治协调、各部门齐抓共管、社会力量积极参与的原则，以确保公共安全、提升人民群众安全感和满意度为目标，以突出治安问题为导向，健全点线面结合、网上网下结合、人防物防技防结合，打防管控结合的立体化社会治安防控体系。

　　我国社会治安强调综合治理，即是在党委、政府统一领导下，充分发挥政法部门特别是公安机关骨干作用的同时，组织和依靠各部门、各单位和人民群众的力量，综合运用政治、经济、行政、法律、文化、教育等多种手段，通过加强打击、防范、教育、管理、建设、改造等方面的工作，实现从根本上预防和治理违法犯罪，化解不安定因素，维护社会治安持续稳定的一项系统工程。社会治安综合治理的主要目标是：社会稳定，重大恶性案件和多发性案件得到控制并逐步有所下降，社会丑恶现象大大减少，治安混乱的地区和单位的面貌彻底改观，治安秩序良好，群众有安全感。

　　我国将平安中国建设作为加强社会治安综合治理的新举措，在各级党委和政府的统一领导下，组织动员社会各方面的力量，广泛开展平安地区和平安单位建设，确保人民群众安居乐业，确保社会稳定和国家长治久安。平安中国建设紧紧围绕国家治理体系和治理能力现代化的总目标，按照全面依法治国的总要求，发挥法治的引领和保障作用，坚持系统治理、依法治理、综合治理、源头治理，坚持问题导向、法治思维、改革创新，进一步完善立体化社会治安防控体系，平安中国建设能力和水平显著上升，影响社会安定的问题得到有效防范、化解、管控。党的十九大提出："加快社会治安防控体系建设，依法打击和整治黄赌毒黑拐骗等违法犯罪活动，保护人民人身权、财产权、人格权。"[①]

近年来，我国从以下 3 个方面加强了社会治安防控体系的建设。第一，加强社会治安防控网建设。对重点公共场所、重要时间节点的公共安全加强保卫，严防针对公共交通工具、人口密集场所的暴力恐怖袭击和个人极端案件。第二，加强重点行业治安防控网建设。对旅馆业、公章刻制业、娱乐服务业等重点行业加强治安管理，随着网络购物的蓬勃发展，快递、物流等行业潜在风险增多，也需要进一步加强防控。第三，加强乡镇（街道）和村（社区）治安防控网建设。通过网络化管理、社会化服务，推动社会治安防控力量下沉，从基层防控社会矛盾、化解社会风险。

为了加强源头治理，防范社会治安风险，近年来我国还建立了社会稳定风险评估机制。社会稳定风险评估，是指与人民群众利益密切相关的重大决策、重要政策、重大改革措施、重大工程建设项目，与社会公共秩序相关的重大活动等重大事项在制定出台、组织实施或审批审核前，对可能影响社会稳定的因素开展系统调查，科学预测、分析和评估，制定风险应对策略和预案。为有效规避、预防、控制重大事项实施过程中可能产生的社会稳定风险，为确保重大事项顺利实施，中共中央办公厅、国务院办公厅于 2015 年 4 月发布《关于加强社会治安防控体系建设的意见》，指出要落实重大决策社会稳定风险评估制度，切实做到应评尽评，

---

① 习近平：《决胜全面建成小康社会 夺取新时代中国特色社会主义伟大胜利》（二〇一七年十月十八日），见中共中央党史和文献研究院编：《十九大以来重要文献选编》（上），34～35 页，北京，中央文献出版社，2019。

着力完善决策前风险评估、实施中风险管控和实施后效果评价、反馈纠偏、决策过错责任追究等操作性程序规范；要落实矛盾纠纷排查调处工作协调会议纪要月报制度，完善人民调解、行政调解、司法调解联动工作体系，建立调处化解矛盾纠纷综合机制，着力防止因决策不当、矛盾纠纷排查化解不及时等引发重大群体性事件。

（二）安全生产管理体系

习近平总书记强调："人命关天，发展决不能以牺牲人的生命为代价，这必须作为一条不可逾越的红线。"[①]我国工业化、城镇化快速发展的过程中，出现了生产企业与居民区毗邻交错的布局，发生安全生产事故的潜在风险增大。目前，我国已经建立以安全生产管理的领导机构、综合监管机构、行业监管机构和政府常设应急机构为主体的安全生产体系，对我国的安全生产监管和事故救援发挥着重要作用。

安全生产监管的综合性部门是国家应急管理部，为国务院直属机构，其安全生产监管职能包括负责组织起草安全生产综合性法律法规草案，拟订安全生产政策和规划，承担国家安全生产综合监督管理责任，承担工矿商贸行业安全生产监督管理责任，负责危险化学品安全监督管理综合工作和烟花爆竹安全生产监督管理工作等。为有效应对突发生产事故，还成立了"国家安全生产应急救援指挥中心"，受国务院安全生产委员会办公室领导；履行全国安全生产应急救援综合监督管理的行政职能；按照国务院安全生产突发事件应急预案的规定，协调、指挥安全生产事故灾难应急救援工作；列入依照国家公务员制度管理范围。

---

① 习近平：《始终把人民生命安全放在首位 切实防范重特大安全生产事故的发生》，载《人民日报》，2013-06-08。

除此之外，特定领域的生产安全管理由于技术监管的特殊性，分别由不同的政府相关部门承担安全生产监管责任。消防安全与广大群众的生产和生活安全息息相关。公安部消防局负责对全国消防工作的监督管理；县级以上各级地方政府的公安机关，负责监督管理本行政区域内的消防工作，并由本级人民政府公安机关消防机构负责实施。

交通安全根据领域不同分属于不同的监管部门。公安部门负责道路交通安全。交通运输部承担水上交通安全监管责任：负责水上交通管制、船舶及相关水上设施检验、登记和防止污染，以及水上消防、航海保障、救助打捞、通信导航、船舶与港口设施保安及危险品运输监督管理等工作；负责船员管理有关工作；负责中央管理水域水上交通安全事故、船舶及相关水上设施污染事故的应急处置，依法组织或参与事故调查处理工作，指导地方水上交通安全监管工作。国家铁路局负责铁路安全生产监督管理，制定铁路运输安全、工程质量安全和设备质量安全监督管理办法并组织实施，组织实施依法设定的行政许可；组织或参与铁路生产安全事故调查处理。中国民用航空局承担民航飞行安全和地面安全监管责任。其他涉及安全生产的行业还包括水利、电力、建筑、国防工业、特种设备等广泛领域，分别由水利、电监、建设、国防科技、质监等部门负责。我国已经构建起广泛覆盖、功能完整的安全生产监督管理体系。

发展与安全具有辩证关系，安全是发展的前提，发展为安全提供保障，发展是第一要务，安全是第一责任。统筹发展和安全对于新时代防范化解重大安全风险具有很强的指导意义。安全生产管理必须在发展中划定安全红线，全面落实安全生产责任。发展不能以牺牲人的生命为代价这条红线是指导我国安全生产工作的大方向、大逻辑，也是全力保障经济健康发展和社会和谐稳定的应有之义和必然要求。我国逐步建立健全党政同责、一岗双责、齐抓共管的安全生产责任体系，建立健全最严格的安全生产制度。党政一把手必须亲力亲为、亲自动手抓。要把安全责任落实到岗位、落实到人头，坚持管行业必须管安全、管业务必须管安全、管生产经营必须管安全，加强督促检查，严格考核奖惩，全面推进安全生产工作。2018年4月，《地方党政领导干部安全生产责任制规定》印发施行，进一步明确了地方党委和政府的领导责任、部门的监管责任、企业的主体责任，环环相扣的责任链条构筑了一个横向到边、纵向到底的立体化责任体系。

(三)食品药品安全监管体系

食品药品安全关系人民群众的生命健康，是公共安全体系的重要领域之一。党和国家高度重视食品药品生产、流通的监管工作。1998年4月，成立国家药品监督管理局，负责全国药品生产、流通监管工作。2003年4月，成立国家食品药品管理局，负责统筹食品药品生产、流通监管工作。为了进一步加强食品药品监管工作，国务院于2010年设立食品安全委员会，作为国务院食品安全工作的高层次议事协调机构，负责分析食品安全形势，研究部署、统筹指导食品安全工作；提出食品安全监管的重大政策措施；督促落实食品安全监管责任。[①] 2013年3月，成立国家食品药品监管总局，改革食品药品监管体制。

由于食品药品安全涉及生产企业、普通公众等多元利益相关者，因此，食品药品安全领域多元共治体系也不断健全。首先，以国家食药监总局为主的政府相关部门依据法律法规和政策文件，

---

① 《国务院关于设立国务院食品安全委员会的通知》(国发〔2010〕6号)，2010年2月6日，中国政府网 http://www.gov.cn/zwgk/2010-02/10/content_1532419.htm。

综合运用行政许可、监督检查、监测检验、信息公开等监管手段，探索创新源头治理、市场监管、风险防控、监督抽检等工作机制，深入开展各环节专项治理，依法惩处违法犯罪行为。其次，食品药品生产企业承担食药安全的主体责任，逐步建立和完善了食品药品生产经营的过程控制体系、产品追溯体系、风险防范体系、责任落实体系，加强信息公开、信息共享，从源头上保障食品药品安全。再次，发挥食品药品行业组织的行业自律作用。政府通过政策引导和扶持，培育一批食品药品行业协会，吸纳行业协会参与相关政策、法规、标准的制定和宣传贯彻，充分发挥行业协会在行业自我监督、自我管理、自我约束等方面的主导作用，引导食品药品生产经营者恪守法规标准。最后，鼓励社会主体参与食品药品安全监督。鼓励消费者切实履行理性消费、依法维权、参与共治的社会责任，充分发挥群防群治作用；媒体承担食药安全的舆论宣传责任，一方面可以发挥舆论监督作用，依法曝光、揭露食品药品安全违法犯罪行为；另一方面，通过科学理性的食品药品安全风险沟通，营造食药监管的社会环境。

食品药品监管离不开相关法律制度的保障。我国历来高度重视食品安全管理的法制建设。1995 年，颁布了《中华人民共和国食品卫生法》。在此基础上，2009 年 2 月 28 日，十一届全国人大常委会第七次会议通过了《中华人民共和国食品安全法》，确立了以食品安全风险监测和评估为基础的科学管理制度，明确食品安全风险评估结果作为制定、修订食品安全标准和对食品安全实施监督管理的科学依据。

2018 年 3 月，新一轮《国务院机构改革和职能转变方案》中，将原来的"国家食品药品监督管理局"改建为"国家食品药品监督管理总局"，将食品安全办的职责、食品药品监管局的职责、质检总局的生产环节食品安全监督管理职责、工商总局的流通环节食品安全监督管理职责整合，对生产、流通、消费环节的食品安全和药品的安全性、有效性实施统一监督管理。同时，将工商行政管理、质量技术监督部门相应的食品安全监督管理队伍和检验检测机构划转到食品药品监督管理部门。这一新正部级部门的组建标志着食品安全过去多头分段管理的"九龙治水"局面结束，我国的食品药品安全监管更加统一，更加权威。以国家食药监总局为主体健全和完善了省、市、县、乡四级统一权威的监管架构，逐步形成了专业化、高效率的监管机制。

当前，与食品药品安全监管相关的政府部门，还包括"国家卫生健康委员会"和"农业农村部"。卫健委承担食品安全风险评估和食品安全标准制定的职责，而农业农村部负责农产品质量安全监督管理和生猪定点屠宰监督管理。

三、应急管理体系建设

应急管理是国家治理体系和治理能力的重要组成部分，承担防范化解重大安全风险、及时应对处置各类灾害事故的重要职责，担负保护人民群众生命财产安全和维护社会稳定的重要使命。应急管理体系，是指应对突发公共事件时的组织、制度、行为、资源等相关应急要素及要素间关系的总和，是一个由政府和其他各类社会组织构成的应对突发事件的整合网络。它包括国家法律法规、体制机构(包括公共和私人部门)、机制与规则、能力与技术、环境与文化。应急管理体系的建立和演变决定了一个国家应对突发事件的能力和效率。只有建立比较完善的应急管理体系，才能保证在预防、预测、预警、指挥、协调、处置、救援、评估、恢复等应急管理各环节各方面快速、高效、有序反应，防止突发公共事件的发生，或减少突发公共事件的负面影响。

（一）中国应急管理体系的形成与发展

我国应急管理体系的形成和演进经历了 4 个阶段。

第一阶段，是新中国成立至改革开放前。应急管理体系以政府为主体，通过集中领导、政治动员等方式完成突发事件的紧急应对，重点面向事中应急处置与救援阶段，通过密集式的资源投入和人海战术完成抢险救援，保护国家和集体财产，维护公共利益。

第二阶段，是改革开放前至 2002 年。1978 年实行改革开放后，我国经济社会领域都发生了重大变化，随着经济转轨、社会转型，各类公共突发事件日益增多，不断对应急管理体系建设提出新的挑战。为有效应对数量增长、种类增多的突发事件，政府开始打破大包大揽的传统模式，更广泛地动员和整合社会资源，社会力量和市场力量开始有限地参与应急管理。

第三阶段，是 2003 年至 2012 年党的十八大之前，我国进入了应急管理的全面开创和发展阶段。2003 年春，我国经历了一场由"非典"疫情引发的从公共卫生到社会、经济、生活领域全方位的突发公共事件。在党中央、国务院的坚强领导下，全国人民众志成城，取得了抗击"非典"的胜利。党和国家及时总结抗击"非典"中的问题和经验，提出全面加强应急管理建设的重大任务。这一阶段，我国首次提出了"应急管理体系"的概念，以"一案三制"为应急管理的核心框架，2005 年，我国制定《国家突发公共事件总体应急预案》，25 件专项应急预案、80 件部门应急预案，共计105 件，基本覆盖了我国经常发生的突发事件的主要方面。同时，充分利用政府行政管理机构资源，依托于政府办公厅（室）设立应急管理办公室，建立了自上而下的应急管理体系，确立了统一领导、综合协调、分类管理、分级负责、属地管理为主的应急管理体制。应急管理机制建设包括预防准备、监测预警、应急处置、善后恢复等多个环节，目标是构建统一指挥、反应灵敏、协调有序、运转高效的应急管理机制。我国于 2007 年制定了《突发事件应对法》，国务院还颁布了《突发公共卫生事件应急条例》、《重大动物疫情应急条例》等应对自然灾害、事故灾难、突发公共卫生事件和社会安全事件的单行法律和行政法规，初步形成了应急管理法律体系。"一案三制"的形成构成了第三阶段应急管理体系的核心框架。2008 年，国务院在全国人大会议上郑重宣布："全国应急管理体系基本建立。"

第四阶段，是 2012 年以后。党的十八大以来，以习近平同志为核心的党中央坚持以人民为中心的发展思想，从实现"两个一百年"奋斗目标和中华民族伟大复兴的战略高度，对我国应急管理体系和能力现代化建设提出了新思想、新战略和新要求，应急管理成为国家治理体系和治理能力的重要组成部分。第四代国家应急管理体系以总体国家安全观为统领，以安全发展为理念，以人民为中心，以防范化解重大风险为重点。2018 年的党政机构改革过程中，国家正式成立应急管理部。党的十九届四中全会《决定》明确提出要"构建统一指挥、专常兼备、反应灵敏、上下联动的应急管理体制，优化国家应急管理能力体系建设，提高防灾减灾救灾能力"①，为推进国家应急管理体系和能力现代化指明了努力的方向。

(二)新时代加强应急管理体系建设的任务

面对应急管理的严峻形势和人民对安全的高度期盼，我国在

---

① 《中共中央关于坚持和完善中国特色社会主义制度 推进国家治理体系和治理能力现代化若干重大问题的决定》，见中共中央党史和文献研究院编：《十九大以来重要文献选编》(中)，288 页，北京，中央文献出版社，2021。

中国特色社会主义新时代进一步加强了应急管理体系的建设。为防范化解重特大安全风险，健全公共安全体系，整合优化应急力量和资源，2018 年我国成立应急管理部，标志着我国应急管理体系建设进入新的发展阶段，顺应了推进国家治理体系和治理能力现代化的需要，在政府机构改革中加大了应急体系的整合力度，有利于实现对全灾种的全流程和全方位管理，提高防灾减灾救灾能力，提升公共安全保障能力，确保人民群众生命财产安全和社会稳定。

　　应急管理部坚持以防为主，不断提升防范自然灾害风险能力。我国是世界上自然灾害最为严重的国家之一，灾害种类多、分布地域广、发生频率高、造成损失重。防灾减灾救灾事关人民群众生命财产安全、社会稳定和国家安全。应急管理部成立后，按照党和国家的要求坚持以防为主、防抗救相结合，坚持常态减灾和非常态救灾相统一，努力实现从注重灾后救助向注重灾前预防转变，从应对单一灾种向综合减灾转变，从减少灾害损失向减轻灾害风险转变，全面提升全社会抵御自然灾害的综合防范能力。2016 年 10 月，《中共中央国务院关于推进防灾减灾救灾体制机制改革的意见》强调，推进防灾减灾救灾体制机制改革，要更加注重灾害风险管理，更加注重综合减灾，更加注重分级负责、属地管理，更加注重发挥市场机制和社会力量的作用。

　　应急管理部不断完善和落实安全生产责任和管理制度，建立公共安全隐患排查和安全预防控制体系，进一步把建立公共安全隐患排查和安全预防控制体系上升到了完善共建共治共享的社会治理制度、推进国家治理体系和治理能力现代化的高度。坚持风险预控、关口前移，把风险控制在隐患形成之前，把隐患消灭在萌芽状态。努力建立健全安全风险分级管控和隐患排查治理的工作制度和规范，完善技术工程支撑、智能化管控、第三方专业化服务的保障措施，实现安全风险自辨自控、隐患自查自治，形成政府领导有力、部门监管有效、企业责任落实、社会参与有序的工作格局，推进事故预防工作科学化、信息化、标准化，提升安全生产整体预控能力，夯实遏制重特大事故的基础。坚持全过程控制，树立系统防控风险的观念，从人员、设备、环境、管理4个方面建立全生命周期的风险评估和防控系统，确保及早发现风险隐患，消除事故萌芽。

新的应急管理体系强化了应急救援专业队伍的建设。公安消防部队、武警森林部队转制后，与安全生产等应急救援队伍一并作为综合性常备应急骨干力量，由应急管理部管理，实行专门管理和政策保障，制定符合其自身特点的职务职级序列和管理办法，提高职业荣誉感，保持有生力量和战斗力。

应急管理部建立后，应急管理体系的运行仍然坚持分级响应、属地管理为主的原则，一般性灾害由地方各级政府负责，应急管理部代表中央统一响应支援；发生特别重大灾害时，应急管理部作为指挥部，协助中央指定的负责同志组织应急处置工作，保证政令畅通、指挥有效。应急管理部负责处理好防灾和救灾的关系，明确与相关部门和地方各自职责分工，建立协调配合机制。

应急管理部的组建，有利于进一步提升我国综合应急的效率和效果，主要表现在以下3个方面：第一，有利于解决灾害风险信息孤岛的问题，开展综合灾害风险管理，提高突发事件的风险管理能力；第二，有利于优化我国的应急预案体系和推动预案演练，将会改变原来因管辖权不同而不便于联合训练和联合演练的状况，有助于联合训练和联合演练，统筹应急力量建设和物资储备并在救灾时统一调度，组织灾害救助体系建设，提高应急准备能力；第三，有利于救援合作和现场指挥，以前各救援力量属于不同部门，作业时容易出现配合不顺，现场指挥权归属不清的问题，现在建成一个统一部门，协调方面的问题可以大大减少，应急工作效率大大提升，在应对复杂的紧急情况时可以提高整个国家的应急反应速度；第四，有利于整合消防、各类救灾武警和安全生产等应急救援队伍，成为综合性常备应急骨干力量，能统筹规划应急救援人才培训，避免重复建设，有利于向专业化方向发展，提高突发事件的处置能力。

2019 年年底新冠病毒感染疫情暴发后，党和国家将人民群众的生命安全和身体健康放在首位，取得疫情防控阻击战的阶段性成果，同时放眼长远，补短板，堵漏洞，强弱项，进一步健全了国家公共卫生应急管理体系。一是强化公共卫生法制保障。《生物安全法》于 2021 年 4 月 15 日起施行，系统规划国家生物安全风险防控和治理体系建设，全面提高国家生物安全治理能力。二是改革完善疾病预防控制体系。国家通过健全公共卫生服务体系，加强农村、社区等基层防控能力建设。2021 年，我国在国家卫健委设立副部级机构"国家疾病预防控制局"，该机构负责制定传染病防控及公共卫生监督的政策，指导疾病预防控制体系建设，规划指导疫情监测预警体系建设，指导疾控科研体系建设，公共卫生监督管理、传染病防治监督等。三是健全统一的应急物资保障体系。新冠病毒感染疫情暴露了应急物资储备和调用方面存在短板。我国把应急物资保障作为国家应急管理体系建设的重要内容，按照集中管理、统一调拨、平时服务、灾时应急、采储结合、节约高效的原则，优化重要应急物资产能保障和区域布局，通过集中生产调度制度保障短期可能出现的物资供应短缺。

四、社会信用体系建设

（一）社会信用体系的内涵和作用

人无诚信不立，家无诚信不和，业无诚信不兴，国无诚信不强。诚信是古今中外社会治理的基础要素。在我国，社会信用不仅超越了西方市场信用的单一内涵，也发展了中国道德准则的传统内涵，创新为集经济上的信用资本、道德上的诚实守信、法律上的信用权益三位一体的系统概念。社会信用体系是以国家法律法规和社会公约为依据，以社会成员的信用记录和信息共享为基础，以信用服务业为依托，通过政府监管、社会组织监督、信用主体自我管理，实现各类信用活动规范运行，形成激励守信、惩戒失信机制，促进和谐诚信社会建设的管理机制。

加快社会信用体系建设是完善社会主义市场经济体制、加强和创新社会治理的重要手段，对增强社会成员诚信意识，营造优良信用环境，提升国家整体竞争力，促进社会发展与文明进步具有重要意义。

（二）社会信用体系的运行模式

由于世界各国历史文化、经济水平和社会环境的差别，形成的社会信用运行模式也有所不同。综观全球，目前社会信用体系运行的模式主要有三种：公共模式、市场化模式和行业协会模式。

公共模式是以政府为主导的社会信用运行模式。政府设立一个专门机构作为信用体系的建立者、监督者和管理者，该部门负责登记整理、数据采集，掌控着消费者的个人信用记录，不参与商业活动。在必要的时候无偿向需要个人信用状况的授信机构提供所需信息。欧美大部分国家，如法国、意大利、德国等国的社会信用运行都采取这种模式。公共模式的优势在于：一是利用行政及法律手段采集个人信用信息，保障个人信息的完整性和准确性；二是由央行设立征信机构，能够使政府及时掌握市场经济的运行情况，可以采取针对性的监管措施；三是公共征信收费低廉，降低了使用者成本。缺点在于：一是体系不够灵活，以个人信贷为主题的数据结构不全面，在现实中很难真实反映个人的信用状况；二是服务对象主要是银行业等金融机构，其他有需求的领域（商贸和服务领域）不能获得信用服务；三是缺乏利益刺激，工作积极性不高，服务质量较差；四是需要较多的公务人员，国家财政支出大，易出现利益寻租行为，滋生腐败。

市场化模式是以市场为主导的商业化运行模式，如美国、英国、加拿大等。银行、保险公司等授信机构为了在与消费者发生信用业务时能够做出科学准确的判断，从而能够减少失误增加盈利，愿意支付费用从征信公司手中购买信用产品。征信公司的信用产品不仅面对金融业，还面向医疗、劳保等其他部门。反过来，当银行、保险等授信机构同消费者发生信用业务时，它们会及时把自己手中最新的消费者信用资料反馈给征信公司，以换取以后购买信用产品时能够得到优惠。当然，授信机构和征信机构的业务交往是以消费者的个人信用为基础的。市场化模式的优势在于：一是征信机构积极主动采集个人信息，全面、范围广；二是征信服务样式多样化；三是所有需求的参与方都可以在法律允许的范围内获得服务。缺点在于：一是对个人隐私保护较为困难；二是不同征信机构采集渠道不一，很难保证数据的准确性。

行业协会模式是以银行协会为中心的会员模式，如日本等。银行等金融机构作为会员可以在协会内部共享其他会员的客户信用信息，自己的信息也必须无偿提供给其他会员。这种会员模式覆盖面太窄，通常只能支持行业内部使用，而不能支持整个社会的多个行业。与公共模式、市场化模式相比较，行业协会模式的优势在于会员单位按照标准格式提供个人信用信息，数据稳定准确，降低了征信成本。缺点在于：一是此类信用报告专业性较强，需求比较狭窄；二是仅对会员开放业务，其他有需求的领域（商贸和服务领域）不能获得信用服务。

（三）中国社会信用体系建设的发展历程

自 20 世纪 90 年代初期至今，我国社会信用体系大致经历了萌芽、起步和发展 3 个阶段。

1. 萌芽阶段。1990 年 3 月 26 日，国务院发布《关于在全国范围内开展清理"三角债"工作的通知》，这是我国第一次由国务院文件提出社会信用问题。在这一阶段，建立了相关法律制度。《公司法》、《商业银行法》、《担保法》和《合同法》等从不同侧面对信用问题进行了规定。同时，以信用评估为代表的信用中介机构开始出现，如上海远东资信评估有限公司等。社会上的信用意识开始萌发，市场经营主体大多是根据自身的需求、自发性地开展信用活动，信用服务机构也是自发成立的。因此，自发性是我国社会信用体系建设在萌芽阶段的主要特点。

2. 起步阶段。21 世纪初的第一个 10 年，我国社会信用体系建设全面启动，中央和地方都加快了社会信用体系建设的步伐。2002年，党的十六大提出："整顿和规范市场经济秩序，健全现代市场经济的社会信用体系。"[①]同年，国务院启动企业和个人征信立法工作，全国信用担保机构全面调查启动，中国人民银行企业信贷登记咨询系统实现全国跨省市联网，地方开展社会信用体系建设试点。

---

① 江泽民：《全面建设小康社会，开创中国特色社会主义新局面》（二〇〇二年十一月八日），中共中央文献研究室编：《十六大以来重要文献选编》（上），21 页，北京，中央文献出版社，2005。

2003 年，党的十六届三中全会通过的《关于完善社会主义市场经济体制若干问题的决定》进一步指出："建立健全社会信用体系，形成以道德为支撑、产权为基础、法律为保障的社会信用制度，是建设现代市场体系的必要条件，也是规范市场经济秩序的治本之策。"①2005 年，《中共中央关于制定国民经济和社会发展第十一个五年规划的建议》提出："以完善信贷、纳税、合同履约、产品质量的信用记录为重点，加快建设社会信用体系，健全失信惩戒制度。"②2007 年，国务院社会信用体系建设部际联席会议制度建立。这一阶段，信用活动增多，信用中介机构增加、规模扩大、业务种类得到扩展，以政府部门为主体的信用信息披露系统和以社会中介为主体的信用联合征信体系开始起步并得以不断推进，失信惩罚机制逐渐形成，信用行为逐渐受到约束。

3. 发展阶段。2011 年，我国社会信用体系建设进入发展阶段，中央和地方政府都加速推进社会信用体系建设，信用领域不断拓展。党的十七届六中全会提出："把诚信建设摆在突出位置，大力推进政务诚信、商务诚信、社会诚信和司法公信建设，抓紧建立健全覆盖全社会的征信系统，加大对失信行为惩戒力度，在全社会广泛形成守信光荣、失信可耻的氛围。"③这次会议强调，"十二五"期间要以社会成员信用信息的记录、整合和应用为重点，建立健全覆盖全社会的征信系统，全面推进社会信用体系建设。

---

①　《中共中央关于完善社会主义市场经济体制若干问题的决定》（二〇〇三年十月十四日中国共产党第十六届中央委员会第三次全体会议通过），见中共中央文献研究室编：《十六大以来重要文献选编》（上），470～471 页，北京，中央文献出版社，2005。

②　《中共中央关于制定国民经济和社会发展第十一个五年规划的建议》（二〇〇五年十月十一日中国共产党第十六届中央委员会第五次全体会议通过），见中共中央文献研究室编：《十六大以来重要文献选编》（中），1076 页，北京，中央文献出版社，2006。

③　《中共中央关于深化文化体制改革推动社会主义文化大发展大繁荣若干重大问题的决定》，载《人民日报》，2011-10-26。

党的十八大以后，社会信用建设进入快速发展期，2014 年 6 月，国务院印发《社会信用体系建设规划纲要（2014—2020 年）》，提出加快社会信用体系建设的总体要求和主要任务。2016 年 6 月，国务院印发《关于建立完善守信联合激励和失信联合惩戒制度加快推进社会诚信建设的指导意见》，提出构建守信联合激励和失信联合惩戒协同机制。与此同时，各地方、各行业也都加强了信用建设工作。2018 年 3 月 4 日发布的《中共中央关于深化党和国家机构改革的决定》要求："加强信用体系建设，健全信用监管，加大信息公开力度，加快市场主体信用信息平台建设，发挥同行业和社会监督作用。"[①]2020 年，国务院办公厅发布的《关于进一步完善失信约束制度》旨在进一步明确信用信息范围，依法依规实施失信惩戒，完善失信主体信用修复机制，提高社会信用体系建设法治化、规范化水平。2021 年，中共中央印发的《法治中国建设规划（2020—2025 年）》明确提出，要加强和创新事中事后监管，探索信用监管等多种新型监管方式。

（四）中国社会信用体系建设的重点领域

目前，我国社会信用体系建设有 4 大重点领域，即政务诚信、商务诚信、社会诚信和司法公信。

政务诚信是指政府守信践诺，不断提升政府公信力。政务诚信既是法治政府的必然要求，也是建设诚信社会的重要基础。推进社会诚信体系建设，将政务诚信作为"第一诚信"，以此带动整个社会诚信建设，是促进市场经济健康发展、构建和谐社会的重要力量。主要表现在 3 个方面：政府的基本素质、在社会治理中

---

① 《中共中央关于深化党和国家机构改革的决定》（二〇一八年二月二十八日中国共产党第十九届中央委员会第三次全体会议通过），见中共中央党史和文献研究院编：《十九大以来重要文献选编》（上），263 页，北京，中央文献出版社，2019。

的自身信用水平以及在经济活动中承诺践约的能力与结果。政务诚信具有示范表率作用，其核心是依法行政、守信践诺、取信于民。政务诚信是社会信用体系建设的关键，各类政务行为主体的诚信水平，对其他社会主体诚信建设发挥着重要的表率和导向作用。建设政务诚信，核心是健全行政权力制约和监督体系，促进行政权力规范透明运行。一方面，政府应率先垂范，以政务诚信带动商务诚信、社会诚信和司法诚信，以风清气正的党风政风带出明理诚信的民风社风，确保政策和制度科学、合理、有效，避免"朝令夕改"，营造"有信者荣、失信者耻"的氛围和诚实、自律、守信、互信的社会环境。另一方面，要全面推进政务公开，使权力在阳光下运行，提升政府公信力，真正做到取信于民。中共中央、国务院印发的《法治政府建设实施纲要（2021—2025 年）》指出，要建立政务诚信监测治理机制，建立健全政务失信记录制度，将违约毁约、拖欠账款、拒不履行司法裁判等失信信息纳入全国信用信息共享平台并向社会公开。建立健全政府失信责任追究制度，加大失信惩戒力度，重点治理债务融资、政府采购、招标投标、招商引资等领域的政府失信行为。

商务诚信是商务领域中的企业主体获得社会公众信任的资本。商务诚信主要体现在企业主体经营活动中的诚信状况、经营方式、借贷能力与偿还情况、在市场中的声誉与公众形象等方面。所有在市场中进行的经济交易活动都属于商务领域，所有的企业都在商务领域，包括工商企业、金融机构、社会组织等。商务诚信体系建设的最终目的是保证市场主体交易的安全性，为市场和企业、消费者等市场主体服务，创造良好的市场环境，提高市场交易的安全性和效率，降低交易风险和成本。商务部《关于加快推进商务诚信建设工作的实施意见》提出，推进商务诚信建设是健全社会信用体系的重要内容，是完善市场经济体制的重要基础，是整顿和规范市场秩序的治本之策，是加快转变政府职能、创新行政管理方式的内在要求；是实现我国贸易转型，实施流通驱动战略，促进资源优化配置，建立现代市场体系的基本前提；是加强国际合作与交往，树立国际品牌和声誉，提升国家软实力和国际影响力的必要条件。要求各地以商贸流通企业为主体，以建立政府主导的行政管理信息共享机制为基础，以建立市场化平台主导的企业综合信用评价机制为核心，以建立第三方机构主导的企业专业信用评价机制为支撑，着力打造"守信得益、失信受制"的良好信用环境，建设法治化、国际化、市场化的营商环境。这对推进商务诚信建设发挥着重要指导作用。

社会诚信是指某一社会主体获得其他社会主体信任的资本。加快推进社会诚信建设，建立覆盖全社会的征信系统，已经成为当今社会的必然选择。2016 年，国务院发布的《关于建立完善守信联合激励和失信联合惩戒制度加快推进社会诚信建设的指导意见》，要求加快推进社会信用体系建设，加强信用信息公开和共享，依法依规运用信用激励和约束手段，构建政府、社会共同参与的跨地区、跨部门、跨领域的守信联合激励和失信联合惩戒机制，促进市场主体依法诚信经营，维护市场正常秩序，营造诚信社会环境。青年是未来社会建设的主力军，青年时期也是人生价值观形成的关键时期，青年诚信，则人生诚信、社会诚信。建设青年信用体系，培育青年诚信意识，抓好青年信用建设，是促进社会信用体系建设的题中之义。2016 年，国家发展改革委、中国人民银行、共青团中央等51 个部门共同签署《关于实施优秀青年志愿者守信联合激励加快推进青年信用体系建设的行动计划》，在教育服务和管理、就业和创新创业服务、社会保障服务、融资租赁服务、文化生活服务、评先树优等领域对优秀青年志愿者实施守信联合激励。这是全国首个针对自然人的守信联合激励政策，有利于在广大青年中树立激励诚信的价值导向，营造弘扬诚信的社会氛围，让诚实守信的青年体会到获得感。2017年4月，中共中央、国务院印发的《中长期青年发展规划(2016—2025年)》将推进青年信用体系建设、倡导和培育青年诚信品格纳入青年发展事业总体布局。

司法公信是司法机关依法行使司法权从而获得社会公众信任的能力，是司法机关通过司法活动在社会生活中树立起来的一种公共信用。党的十七届六中全会首次明确提出"大力推进司法公信建设"。党的十八届四中全会再次强调，将"保证公正司法，提高司法公信力"作为全面推进依法治国的重大任务之一。新中国成立以来，特别是改革开放以来，我国法治建设取得了辉煌成就，越来越多的矛盾纠纷通过司法渠道得到妥善解决，司法公信力也在不断提高。但是，司法公信仍然存在不少问题。例如，当事人对判决不服而上诉的案件不少；对生效判决拒不执行的个案时有发生；对某些司法人员不信任，还存在案件请托、"案件一进门，两边都找人"的现象；"信访不信法"，涉法涉诉信访案件数量增加等。造成上述问题的原因，既有司法体制内部的问题，也有法治水平、社会环境以及媒体舆论等外部问题。司法公信的获得，客观上要求司法机关做到司法公正与权威，同时也需要社会公众的主动配合，二者缺一不可。司法公信力的提高需要一个较长的过程，"要坚持走具有中国特色、符合司法规律的改革之路，在党的统一领导下，从基本国情出发，尊重司法规律，努力创造更高水平的社会主义司法文明"[①]。要坚定司法工作的道路自信、理论自信、制度自信、文化自信毫不动摇。

---

① 《中办国办印发实施方案贯彻落实四中全会决定部署　进一步深化司法体制和社会体制改革》，载《人民日报》，2015-04-10。

（五）中国社会信用体系建设的未来趋势

社会信用体系建设作为社会治理的重要内容，在我国的未来发展趋势必然离不开多元主体的参与和大数据技术的融合发展。要通过政企之间的协同合作，实现政企融合的治理网络，发挥不同主体优势，建立基于大数据的智能化、信息化、覆盖全社会的社会信用体系。政府要做好社会信用体系建设的基础工作，包括通过诚信教育，打牢信用的道德基础；加强法治建设，构建信用保障体系；培育信用市场，构筑信用长效机制等。市场要发挥应有作用，助力社会信用体系建设，包括统一行业标准，建立数据共享机制；加强行业自律，完善行业监管等。在政务诚信领域建立信用政府，在商务诚信领域完善市场规则，在社会诚信领域强化公民自律，在司法领域增强司法公信力，建立多主体参与、多领域发展的社会信用体系。这样，必将大大加快中国社会治理现代化建设的进程。

五、社会心理服务体系建设

社会心理服务体系建设是培育良好社会心态的重要依托和抓手，是推进社会治理体系和治理能力现代化的重要途径和任务，是建设社会主义和谐社会的重要方面。随着改革开放的不断深入和社会主义市场经济的不断发展，我国经历了前所未有的深刻变革，积极与消极社会心态交织作用，诱发了一系列社会问题。在中华民族伟大复兴的战略全局和世界百年未有之大变局的时代背景下，推进社会心理服务体系建设，是当务之急。

（一）社会心理服务体系的内涵

社会心理服务体系建设是基于我国国情和实践逐步提出和形成的，首先可以从党和国家的纲领性文件出发理解其政策语境。

党的十九大报告提出："提高保障和改善民生水平，加强和创新社会治理"，要求"打造共建共治共享的社会治理格局"，强调"加强社会心理服务体系建设"，① 并把其任务目标表述为"培育自尊自信、理性平和、积极向上的社会心态"②。由此，社会心理服务体系建设正式作为中央新的社会政策纳入到社会治理体系中。党的十九届四中全会决定提出："坚持和完善共建共治共享的社会治理制度，保持社会稳定、维护国家安全"，要求"完善正确处理新形势下人民内部矛盾有效机制"，强调"健全社会心理服务体系和危机干预机制"。③ 党的十九届五中全会《建议》和"十四五"规划纲要都提出："统筹发展和安全，建设更高水平的平安中国"，要求"维护社会稳定和安全"，强调"健全社会心理服务体系和危机干预机制"。④ 可以看到，中央对心理服务工作的要求定位已从面向个体微观层面的心理健康服务拓展为面向社会宏观层面的社会心理服务，社会心理服务体系建设有明确的社会目标和国家目标。

"社会心理服务"不同于"心理健康服务"，既有差异也有联系，可以从 4 个方面进行辨析。一是提出背景不同。党的十九大报告

---

① 习近平：《决胜全面建成小康社会，夺取新时代中国特色社会主义伟大胜利》（二〇一七年十月十八日），见中共中央党史和文献研究院编：《十九大以来重要文献选编》（上），31、34～35 页，北京，中央文献出版社，2019。

② 王沪宁：《在全国精神文明建设表彰大会上的讲话》（二〇一七年十一月十七日），见中共中央党史和文献研究院编：《十九大以来重要文献选编》（上），97 页，北京，中央文献出版社，2019。

③ 《中共中央关于坚持和完善中国特色社会主义制度、推进国家治理体系和治理能力现代化若干重大问题的决定》（二〇一九年十月三十一日中国共产党第十九届中央委员会第四次全体会议通过），见中共中央党史和文献研究院编：《十九大以来重要文献选编》（中），287 页，北京，中央文献出版社，2021。

④ 《中共中央关于制定国民经济和社会发展第十四个五年规划和二〇三五年远景目标的建议》（二〇二〇年十月二十九日中国共产党第十九届中央委员会第五次全体会议通过），见中共中央党史和文献研究院编：《十九大以来重要文献选编》（中），812、813 页，北京，中央文献出版社，2021。

正式提出社会心理服务体系建设时，将其放在社会治理体系的范畴，而不是卫生健康服务体系的范畴。二是服务对象不同。心理健康服务主要针对个体，对重度精神病患者和特殊人群等开展心理咨询、心理治疗、心理健康教育等工作；社会心理服务面向社会宏观层面，面向所有人群，关注整体国民心态培育。三是切入视角不同。心理健康服务主要从维护精神健康入手，防止因个体心理健康问题引发社会问题；社会心理服务采取建设和培育视角，从群体和社会角度来研究社会心理规律，主要目标是培育自尊自信、理性平和、积极向上的社会心态。四是工作目标不同。心理健康服务的目的是治病，要解决个体的心理健康疾病；社会心理服务主要围绕纾解修复负性社会心态和培育建设正性社会心态来探索实务工作模式，核心目标不仅限于心理健康服务，更要解决社会宏观层面的心理建设问题。

综上所述，心理健康服务关心特殊和重点人群的心理健康问题，以减少悲剧事件的发生，这是社会心理服务体系的最后防线，也是社会心理服务体系的组成部分。但如果将社会心理服务简单等同于心理健康服务，只干预重点和特殊人群精神疾病，不关注社会整体心态培育，则会使社会问题越来越多，治标不治本。因此，社会心理服务体系不仅要治病还要防病，不仅关注个体还要关注社会整体。建设社会心理服务体系可以使个人和社会的心理更健康、社会关系更和谐、社会价值观念更积极，不断提升民众的生活幸福感、国家认同感和社会凝聚力。

（二）社会心理服务体系建设的功能

一是满足人民美好生活需要的重要内容。我国已经开启全面建设社会主义现代化国家的新征程，社会主要矛盾已经转化为人民日益增长的美好生活需要和不平衡不充分的发展之间的矛盾，社会结构、社会关系、社会行为、社会心理都发生了深刻变化。因此，加强社会心理服务体系建设对培育良好社会心态，化解社会矛盾，提升人民群众获得感、幸福感、安全感显得尤为重要和紧迫。

二是加强和创新社会治理的重要抓手。社会心态反映社会问题，也在一定程度上影响社会现实，良好的社会心态是实现社会和谐稳定和国家长治久安的一项源头性、基础性工作。解决社会心态问题，不能仅仅通过传统的社会治理和社会建设手段实现，必须扩展现有模式，从深层的社会心理和社会心态层面来推动。加强社会心理服务体系建设是完善社会治理体系和治理能力的重要抓手。

三是适应和把握国内外形势发展的迫切需要。当今世界正经历百年未有之大变局，我国正处于实现中华民族伟大复兴的关键时期，国内外形势的发展变化势必影响我国改革发展稳定，进而带来社会心理变化。新一轮科技变革和产业革命在带来新机遇的同时，也将对社会发展、社会变革和社会治理带来深刻、长远和革命性影响，引发社会心理问题。因此，建设完善成熟的社会心理服务体系是因势而起、应运而生。

（三）社会心理服务体系建设的重点内容

社会心理服务体系建设是一项系统工程，领域极其广泛，内容包罗万象。目前，对社会心理服务体系建设的内容模块尚未形成共识。可以从微观、中观、宏观 3 个层面对建设的重点内容进行分类。一是心理健康服务，目的是预防和减少各类心理健康问题；二是社会心态培育，目的是在准确把握社情民意、社会热点及公众情绪的基础上，净化网络空间和社会舆论空间，培育良好社会心态；三是价值观塑造，目的是激发人民群众的历史自豪感和民族认同感，弘扬新时代爱国主义精神。此外，探讨心理学策略的应用也是社会心理服务体系建设的重要内容，应突破惯常的个体心理健康干预路径范畴，推动心理学不同分支在社会心理服务体系建设上探索更综合化的实施路径，立足我国国情和发展需要，用中国的心理学理论、方法、技术解决我国社会心态问题，服务社会治理现代化需求。还可以从人群入手，分别针对精神障碍患者、重点人群、普通大众开展精准的社会心理服务。这些观点和分类方法虽不尽相同，但在总体建设目标和基本建设框架上较为一致，认为社会心理服务体系建设不仅要关注个体、人际，还要关注群体、社会，应通过"社会"视角开展宏观层面的社会心态培育工作。

(四)社会心理服务体系建设的未来方向

2018年11月，国家卫健委等十部委联合发布《关于印发全国社会心理服务体系建设试点工作方案的通知》。2019年1月，多部门联合启动社会心理服务体系建设试点工作。各试点地区积极开展实践，努力探索健全社会心理服务体系的机制路径，形成了一些具有参考价值的经验和模式。但总体而言，社会心理服务体系建设仍是一个新课题，相关工作还处于起步阶段，面临不少困难和挑战。主要表现为，社会大众对社会心理服务认知存在偏差，接受度不高；社会心理服务人才队伍短缺，结构失衡；相关研究不足，未对社会心理服务体系建设中存在的基础性、系统性、政策性问题进行全面深入探讨；社会心理服务体系不健全，心理健康服务倾向严重，轻视全社会整体心态培育，存在体系建设单一化和扁平化问题。

针对上述问题，应深刻认识、积极推进社会心理服务体系建设工作。继续开展普及教育，推动社会各界正确认识社会心理服务体系的内涵定位；深化理论研究，用好学科交叉融合的"催化剂"，积极推动多学科理论基础与研究手段有机融合，优势互补；加强人才队伍建设，充分调动整合多方资源，培养多元社会心理服务人才，提升专业水平；搭建完备体系，推动构建系统协同、分类分层的社会心理服务体系，加强各子体系间互动衔接，强化科技支撑和平台建设等。未来，应从我国国情和体制机制特点出发，面向新时代社会经济发展趋势、社会矛盾现象、社会结构变化、现代化建设使命和任务等多方面的实际需求，构建具有中国特色的社会心理服务体系。

第三节　社会治理能力建设

社会治理能力，是指社会治理主体所具备的从事社会治理的综合素质和本领，是推进和实现社会治理现代化的重要方面。加强和创新社会治理，推进社会治理现代化，既需要创新和健全社会治理体系，也需要提升社会治理能力。社会治理能力表现为许多方面，从社会治理主体和社会治理主要因素看，具体表现为党的领导力、政府负责力、社会协同力、公众参与力、法治保障力、科技支撑力和人才建设力。

一、提高党的领导力

（一）党的领导力的内涵

党的领导力，主要是指在新的历史条件下，以习近平新时代中国特色社会主义思想为指导，贯彻中国特色现代化社会治理理念，提高党在社会领域的政治领导力、思想引领力、组织建设力和协调各方力。坚定不移走中国特色社会主义社会治理之路，善于把党的领导和我国社会主义制度优势转化为社会治理优势。坚持和完善党的全面领导，是确保社会治理现代化坚持正确的政治方向和坚实的政治保障的根本。中国共产党是中国特色社会主义事业的坚强领导核心，坚持党的领导是中国社会治理的独特优势。党既要政治过硬，也要本领高强。增强政治领导本领，就必须科学制定和坚决执行党的路线方针政策，自觉遵循社会运行客观规律。要坚持"以人民为中心"的立场，充分发挥人民群众的主体作用。思想建设是基础性建设，是加强和创新社会治理的基本保证。在社会治理领域要坚持马克思主义的指导地位，坚持以中国特色社会主义理论体系为指引，使全体人民在理想信念、价值理念、道德观念上紧紧团结在一起。党的组织能力是确保党的路线方针政策和决策部署贯彻落实的关键。要以提升组织力为重点，积极宣传党的主张、贯彻党的决定，领导各社会治理主体推动社会治理工作不断向前发展。在新的时代下，改革开放和社会主义现代化建设的艰巨性、复杂性前所未有，党要总揽全局、协调各方，提高把方向、谋大局、定政策、善协调的能力。

（二）提高党的领导力的主要路径

1. 牢牢把握党对社会治理的领导权。加强党在社会领域的全面领导。坚决维护党中央权威和集中统一领导，始终站在时代前列，善于把人民群众的长远利益与眼前利益、全局利益与局部利益结合起来，既有长远的发展规划，又有阶段性的发展目标。党制定出的路线方针政策，能够最大限度地体现广大人民的根本利益，促进社会的发展进步。要使中国特色社会主义社会治理既有先进的政治方向，又有强大的引领力、动员力，充分体现人民性，彰显社会"善治"。

2. 全面提升社会治理的水平。提高党的社会治理的能力，推进社会治理现代化，各级党组织要把加强和创新社会治理摆到更加突出的位置，全面贯彻党中央关于加强和创新社会治理的决策部署和各项方针政策，提高执行力，健全落实责任制，及时研究解决社会治理中的问题。要深入分析和准确判断世情国情党情的变化，遵循社会运行规律，把握时代特征，更好地解决我国社会领域出现的各种问题，确保社会运行既充满活力又和谐有序。

3. 坚持以优良的党风带动政风社风民风。坚持党要管党、从严治党，各级党组织要把作风建设摆上突出位置，发扬理论联系实际，密切联系群众，艰苦奋斗和求真务实的优良作风。要认真落实作风建设各项制度，做到有章必循、违规必究，保障作风建设长效化。人民群众最痛恨腐败现象，腐败是社会的毒瘤。坚决惩治腐败，强化不敢腐的震慑，扎牢不能腐的笼子，增强不想腐的自觉，通过不懈努力换来海晏河清，朗朗乾坤，净化党风，推动政风，带动社风民风。

4. 大力提升社会治理"四化"水平。着力推进社会治理社会化、法治化、智能化、专业化。善于运用先进的理念、科学的态度、专业的方法、精细的标准提升社会治理效能，增强社会治理整体性和协同性，提高预测预警预防各类风险的能力，增强社会治理的预见性、精准性、高效性。树立法治思维，发挥德治作用，更好引领和规范社会生活，努力实现法安天下、德润人心。

二、提高政府负责力

（一）政府负责力的内涵

政府负责力，是指在党委统一领导下，政府科学制定相关社会治理政策和标准体系，制定与实施社会建设和社会治理总体规划和专项规划，提供社会治理基础设施和公共服务，依法行政和依法监管，有效化解社会矛盾，维护社会秩序、保障公共安全，达到政府"善治"。

1. 制定社会规划的能力。是指以科学的理论为指导，运用科学的方法，制定和实施科学的社会治理总体规划和专项规划的能力。要立足国情，观照现实，适应经济社会发展的要求，组织实施规划，促进社会治理有效开展。社会治理的效能，很大程度上取决于政府社会建设规划能力的高低。要将影响社会和谐与稳定的重大因素纳入规划范畴，通过制定和执行社会建设规划，调动社会各方面积极因素，整合人力、财力、物力、信息等各种资源，有针对性地解决各种社会问题，促进社会和谐稳定和富有活力地向前发展。

2. 提供公共服务的能力。是指向社会提供公共产品和服务，努力解决不平衡不充分的问题，不断满足人民日益增长的美好生活需要的能力。主要包括加强城乡公共设施建设、推动社会就业、提供社会保障、发展教育文化卫生体育等公共事业、发布公众信息、为公众生活和参与社会经济政治活动提供保障和创造条件等。提高政府的公共服务能力，必须发挥政府的负责作用，改革公共服务体制，优化资源配置，让全体社会成员都拥有平等的发展机会，维护社会公平与正义。

3. 解决社会矛盾的能力。是指采取各种手段和措施，及时有效解决社会矛盾，维护社会治安、打击违法犯罪、处理突发性公共事件和维护社会和谐稳定的本领。主要包括矛盾研判、化解和处理能力，社会治安维护能力，危机管理能力等。维护社会稳定既是重大的社会问题，也是重大的政治问题，不仅关系到人民群众的安居乐业，而且关系到国家和社会的安定团结，是经济发展和社会生活正常运行的前提。要提高对社会各种矛盾分析研究和有效处理的能力、保障公共安全和处置突发事件的能力，提高依法打击各种犯罪活动、加强和完善社会治安综合治理的能力，保障人民生命财产安全。

4. 促进社会整合的能力。是指有效协调不同社会主体之间的关系，增强社会凝聚力的本领和力量。促进各类社会组织、社会群体及社会力量分工合作、和谐共处，形成助推社会发展和进步的合力。社会整合的实质是制度的合理安排、关系的协调理顺和各种力量的凝聚。要建立健全社会利益协调机制，协调不同利益主体之间的利益关系，合理地调整不同阶层的利益结构，让全体社会成员都拥有平等的发展机会，实现全社会的共同进步。

（二）提高政府负责力的主要路径

1. 全面正确履行政府职能，加快政府职能转变。进一步推动政府职能向创造良好发展环境、提供优质公共服务、维护社会公平正义转变；改进政府提供公共服务的方式，推广政府购买服务，凡属事务性管理服务，原则上要向社会放权，尽量通过合同、委托等方式向社会购买。建设效能型政府，增强政府公信力、执行力和服务力，建设人民满意政府。

2. 增强主体责任意识，完善政府负责制度。严格落实各级政府社会治理主体责任，健全各项责任制度。不断增强社会治理责任意识，提高促进社会治理现代化建设的自觉性。要将社会治理工作和促进社会治理现代化建设的重担扛在肩上，切实担负起行政一方、建设一方平安社会的责任。

3. 加强投入力度，提升社会公共服务能力。努力改善公共服务设施，促进基本公共服务均等化，各级政府逐年增加对社会治理人力、财力、物力的投入。完善公共财政体制，保证加强和创新社会治理所需的支出。

4. 加快事业单位改革，提升社会治理创新保障水平。科技、教育、文化、卫生等事业单位，是包括社会治理在内的社会建设的重要平台和依托，这个领域的改革直接影响着社会治理现代化建设的进程。要加快实施政社分开，推进社会组织"去行政化"，激发社会组织活力。要理顺政事关系，实现政事分开。区分情况实施公益类事业单位改革，理顺面向社会提供公益服务的事业单位与主管部门的关系，加快推进管办分离，强化公益属性，破除逐利机制。要通过深化事业单位改革，为加强和创新社会治理、推进社会治理现代化建设进程提供合理、有效的基础性制度保障，不断增强社会治理的活力与动力。

三、提高社会协同力

（一）社会协同力的内涵

1. 社会协同力。指在社会治理中各类社会力量的组织、协调、合作、互动，实现社会治理整体效应的能力。社会协同是一个复杂系统，包括社会治理协同主体、社会治理协同客体、社会治理协同手段、社会治理协同动力、社会治理协同目标等要素。社会协同力主要包括参与合作能力、平等协商能力、利益平衡能力和信息共享能力。

2. 参与合作能力。现代社会治理需要由党委、政府管控模式向组织各种社会力量协同治理模式转型。在社会治理中，在党委领导下政府和其他社会组织都承担相应的社会治理责任，参与社会事务。要引导和促进多元主体在社会治理中各负其责、有效合作，鼓励和支持各社会主体参与社会治理，实现政府治理和社会自我调节、居民自治良性互动。

3.平等协商能力。提升社会治理主体间有效协同力的关键，是在党委统一领导下开展平等协商。要建立能体现平等关系又能维持这种平等关系的完善的协商机制。各类社会治理主体要彼此尊重，以社会治理事务为中心加强合作。通过理性协商，解决社会治理中的各种问题。

4.利益平衡能力。增进社会共同利益是社会协同的最终目的，但是社会治理主体的多元性决定了社会治理主体利益的多样性。而社会资源的稀缺性导致不同社会治理主体在追求自身利益时不可避免地存在冲突。社会力量参与社会治理的重要目的，是通过合作的方式实现社会利益和自身利益的协调统一，这就需要建立有效的利益平衡机制，保证社会治理协同目标的顺利实现。

5.信息共享能力。有效的信息互动是实现社会协同治理的基础。信息技术、网络技术等现代管理手段的运用，促进了社会治理主体之间的有效沟通和协同合作，实现了社会治理和社会建设信息资源的整合，提高了社会治理效率。

（二）提升社会协同力的主要路径

1.激励参与精神，增强协同治理的理念。思想观念的变化起着先导性的作用。建设社会治理协同机制首先要强化协同理念，培养强化社会主体参与精神，充分发挥各参与主体的积极性。参与社会治理的每个单位都要发挥所具备的治理能力，承担起肩负的社会责任。

2.加强社会协同治理的机制建设。坚持党委领导和政府负责的原则，保证各社会参与主体资源共享，促进各社会主体间更好地互惠合作。推进各社会主体内部信息公开透明，接受社会舆论监督，让多元参与主体在阳光下运行，在完善的监督机制中发挥协同治理的积极作用。同时，发挥互联网技术平台在社会协同治理方面的作用。

3. 提高社会协同治理的保障水平。建立社会治理协同机制的保障条件，实现资源整合协同，推进不同层次、不同结构、不同领域、不同地域的资源有机融合，使各种资源相互协调与配合，形成社会建设与社会治理的合力，以达到资源利用最大化。通过适当的制度安排实现利益的合理分配，构建信息共享机制，降低社会协同治理中的成本，提高社会治理效率。

4. 充分发挥社会组织的功能作用。尽量将社会组织能够"接得住、管得好"的公共服务职能、部分行业管理职能、城乡社区公共服务职能、社会慈善和社会公益等职能转移给社会组织。加大购买公共服务和项目资助的力度，引领和凝聚社会组织成为社会资源、信息、服务平台，推动社会组织更好地参与社会治理和公共服务。尽量为社会组织提供办公场所、办公设备，提供人才培养、政策咨询等基本公共服务，使其获得资源平台、成长评估，帮助他们改善和提升管理能力，规范服务，提升业务水平，促进其持续快速健康发展。

四、提高公众参与力

（一）公众参与力的内涵

1. 公众参与力，是指公众参与社会治理行动的能力。在社会治理中，必须适应国家现代化总进程，切实提高人民群众依法管理国家事务、经济文化事业和社会事务的能力。

2. 参政议政的能力。公众参与国家相关社会治理决策，能够增强社会政策和社会治理行动的针对性、有效性。要完善落实社会治理信息公开制度、公民听证制度、公众代表遴选制度、公民投诉制度以及公众意见公开反馈制度等，特别是发扬基层民主，大力推进落实公众对国家有关部门社会治理行为的评价制度。

3. 基层自治的能力。社会治理创新要以基层自治组织为坚实基础，通过组织动员让广大居民直接参与到社会治理中来。增强居民参与自治的能力，促进居民自我管理权利实现，真正使人民群众行使社会治理的知情权、参与权、表达权、监督权。

4. 自我服务的能力。公共服务不仅仅指政府向居民提供的服务，也包括居民自身、居民之间、各类群体之间、组织之间的自我服务和互助服务。居民有权享受公共服务，也有贡献自己智慧和力量的义务。

5. 自我教育的能力。公民自我教育是社会成员参与以各种形式进行的综合素质培养活动，既包括接受学校的教育，也包括参与以家庭为单位的教育。社会成员都可以参与到各种教育活动中来，接受新的思想和知识，也可以贡献智力资源。通过开展自我教育，明显提高公众参与社会治理的能力。

(二)提升公众参与力的主要路径

1. 积极引导，增强公众参与社会治理的意识。社会成员的广泛参与是社会治理创新的内在要求。要运用舆论宣传、教育传播、人际沟通等手段，强化公众国家与个人相统一、公民权利与义务相统一、公共利益与个人利益相统一的观念，强化社会责任意识，使公众意识到个人与社会的相互关系，让他们在行为的自主性选择中彰显公共精神。

2. 发扬民主，拓展公众参与社会治理的渠道。培育和规范社会组织，拓展社会组织参与社会治理和公共服务渠道。改进党委和政府服务方式，扩大人民群众有效有序参与社会治理，保证人民群众依法参与民主选举、民主协商、民主决策、民主管理和民主监督。各级干部要增强民主意识，发扬民主作风，接受人民监督。

3. 健全沟通机制，增强公众参与社会治理能力。加强民主制度建设，着力提高民主治理社会的能力。社会治理中的重大问题和涉及群众切身利益的重要问题，在决策前要广泛听取公众的意见。大力发展形式多样的基层协商民主，健全基层选举、议事、公开、述职、问责等机制，推进基层协商制度化。建立健全居民、村民监督机制，促进群众在城乡社区治理、基层公共事务和公益事业中依法自我管理、自我服务、自我教育、自我监督。健全以职工代表大会为基本形式的企事业单位民主管理制度，加强社会组织民主机制建设，保障职工参与管理和监督的民主权利。

五、提高法治保障力

（一）法治保障力的内涵

1. 法治保障力，是指"以法治为保障"的社会治理能力。法律是治国之重器，法治是国家治理的基本形式。社会治理作为国家治理的重要组成部分，在推进国家治理体系和治理能力现代化过程中，必须实行依法治理。以法治保障促进社会治理，是推进国家治理现代化的必然要求，没有法治保障就没有善治。以法治引领和保障社会治理体现了时代要求，顺应了人民期待。

2. 法治的社会治理引领力。在推进国家治理现代化进程中提高社会治理法治化水平，用法治精神引领社会治理，用法治思维谋划社会治理，用法治方式调节社会关系、维护社会秩序，在法治轨道上推动各项社会治理有序有效进行。注重依法治理，充分发挥法治引领和保障作用，积极运用法治思维和法治方式解决社会领域的问题，这是推进社会治理现代化的必然要求和显著标志。

3. 法治的行为规范力。法治规则为社会治理行为提供了标准与规范。在社会治理体系中，各类社会主体都以法治为根本依据。法律明确界定了社会治理主体的地位、行为方式和行为后果的奖惩等，使社会治理主体的治理行为按照科学合理的程序运行，确保了社会治理行为的规范力。

4. 法治的利益协调力。社会关系错综复杂。社会治理中的问题，说到底都属于利益关系矛盾，而法治对于利益关系的调整与利益冲突的化解具有终局性。法治以利益调整的正当性、权威性、程序性而规范各方利益。因此，在纷繁复杂的多元社会中，法治是有效的社会治理手段。

(二)提高法治保障力的主要路径

1. 加强宣传，提高全社会法治意识。加强法治宣传，是增强社会治理中法治保障力的前提，要围绕"尊法学法守法用法"的要求，积极发挥传统媒体与新兴媒体的各自优势，因地制宜，因人施教，因时用策，全面抓好法治广播、法治网媒、法治长廊、法治公园、法治文艺等法治宣传阵地建设，既让普法教育活动在党政机关、社会团体、街头巷尾、乡镇村社常办常新，又让法治宣传内容在微博、微信、微电影、微直播上常传常广，实现传统媒体与新兴媒体在法治宣传教育效能上的高度融合，形成法随人转、人循法行、权由法定、守法事兴的社会治理新气象。

2. 立法先行，推动社会治理领域的立法。提升法治保障能力，要立法先行，坚持问题导向原则，适应提升社会治理水平的需要，加快研究制定社会治理法律法规体系，将社会治理各个方面纳入法治化轨道。针对我国目前社会领域存在的障碍和束缚，推进重点领域的立法和制度建设。应加快推进城市综合治理、市政市容、土地房屋拆迁安置、社会组织培育与管理、医疗卫生、食品安全、精准扶贫、社会保障、社会救助、劳动就业、教育、收入分配、流动人口和特殊群体管理服务、基层网格化管理、生态环境保护、公共安全、矛盾纠纷预防与处置、公共法律服务、社会信用体系、社会文明规范等领域相关法律法规和制度的立改废释工作，进一步规范党委、政府、社会组织、公民在社会治理中的行为，完善社会治理法律体系，为加强和创新社会治理提供坚实的法治保障和制度基础。

3. 健全机制，引导依法参与社会治理和依法自治。引导社会组织和公民依法参与社会治理和依法自治是法治社会建设的重要内容，也是实现社会治理法治保障的必然要求。要充分发挥社会组织对其内部成员行为导引、规则约束、权益维护的作用，构建社会组织依法自我管理、自我服务、自我教育、自我监督的机制。打造社会治理志愿者团队，实现社会治理服务群众、依靠群众，社会治理成果由群众共享的目标。完善居民会议、议事协商、民主听证等决策体制和工作机制，畅通群众诉求表达和社区互助渠道，保障公民对社会治理的知情权、参与权、决策权、管理权和监督权，激发公民依法参与治理与依法自治的积极性、主动性和创造性。

4. 严格执法，营造公平正义的法治环境。深化司法体制改革，着力解决制约公正司法的体制性障碍、机制性问题和保障性困扰。坚持司法为民，完善及时有效的权益保障机制，确保每项受到侵害的权利都能得到相应的保护和救助，确保每个违法犯罪行为都能得到应有的制裁和惩罚。坚持司法便民，健全畅通有序的诉求表达渠道，确保每个公民都能获得必要的法律帮助和司法救助。坚持司法公开，及时回应民众对司法公正的关注和期盼，借助现代网络媒体技术，主动接受各方面的监督，实现司法公正。深化司法体制改革，既要坚持依法改革、试点先行、稳步推进，更要态度坚决，敢于啃硬骨头，锲而不舍、久久为功。坚持执法必严、违法必究，加大对各种违法行为的惩处，努力形成人们不敢违法、不愿违法、不能违法的法治环境。

六、提高科技支撑力

（一）科技支撑力的内涵

社会治理智能化，是在网络化和网络平台的基础上，将大数据、移动互联网、云计算、物联网、人工智能等现代科学技术与公共服务供给和社会事务治理深度融合，重构社会生产生活方式和社会关系，是社会治理现代化、精细化、精准化和高效化的内在驱动力和技术路径。智能化经过了信息化、智慧化阶段，正在实现人工智能驱动的重大转向，已经成为创新社会治理和数字政府建设的重要支撑，这构成了科技支撑力，在激发社会活力，提高治理效率，推动社会治理现代化，完善中国特色社会主义社会治理体系等方面具有重要意义。

（二）提高科技支撑力的路径

1. 明确社会治理智能化的目标。提高科技支撑力的关键在于实现对社会运行的精确感知、对公共资源的高效配置、对社会风险的及时预警、对突发事件的快速处置，社会治理的科学化、精细化、智能化水平显著提升。加强数字治理、打造数字政府、构建数字身份、挖掘应用场景、完善法律标准是未来社会治理数字化智能化的发展愿景，有助于我国实现政府决策科学智慧化、社会治理精准有效化、公共服务便捷高效化。需要辩证看待的是，社会治理智能化在提高政府回应能力、提升政府治理效率、推进政府社会协同共治，从而提高社会治理水平，促进国家治理现代化的同时，也面临公众参与持续低迷、数据孤岛更加凸显、信息不对称更加明显、个人隐私受到挑战、过于依赖政策驱动等现实困境。此外，还需要提高社会治理的数据管理水平，克服新的治理盲区。

2. 加快完善网络社会治理。网络的发展与普及既为社会治理提供了新的治理对象、治理工具和价值导向，同时也对社会治理提出了严峻的挑战。网络社会治理，是在借鉴并适当沿用现代社会治理的价值理念、制度设计、体制建构和手段方式等的基础上，以互联网络和网络社会为主要治理对象，由政府、企业、社会组织以及个人等多方主体和多种社会力量参与其中，针对互联网络和网络社会而实施的一种现实社会治理的实践类型。[①] 它可以表述为"网络社会的治理"，也可以更为确切地表述为"网络社会的社会治理"。我国的网络社会治理经过最初的摸索阶段，已经建立了符合中国国情、适应我国发展需要的政府主导的多元治理模式。但同时，也应注意到我国的多元治理模式还存在政府规制成本较高、行业自律能力较弱、公众媒介素养不高等不足，亟须政府、社会、市场的进一步发展，早日实现网络空间的健康有序和网络主体的自由发展。

3. 进一步提升基层网格化治理水平。网格（Grid）一词最早出现于 20 世纪 90 年代中期的信息技术领域。原来指构筑在互联网上的一种新兴技术，它将高速互联网、高性能计算机、大型数据库、传感器、远程设备等融为一体，为科技人员和普通百姓提供更多的资源、功能和交互性。其目标是实现网络虚拟环境下的高性能资源共享和协同工作，消除信息孤岛和资源孤岛。网格化技术被全球各国应用在包括城市道路交通、电子商务、资源勘探、航空业等多元领域。近年来，网格化技术被应用到社会管理领域，

---

① 李一：《网络社会治理》，56 页，北京，中国社会科学出版社，2014。

并经历了由网格化社会管理到网格化社会治理 3 个阶段的发展。

网格化管理经历了 3 个发展阶段：从网格技术到网格化管理的探索阶段、从网格化管理到网格化治理的迭代阶段及"服务导向的全科网格"的质变阶段。在第一阶段，强调网格化管理的"技术属性"，网格化管理被放置于国家权力对城市空间及基层社会的重新渗透与整合的框架之内，同时也出现了条块分割、权责落实问题、行政化与社会自治的矛盾、政府内部成本上升等问题。在第二阶段，网格化治理形态雏形开始出现，网格化管理已不只是一种技术工具，而是形成集信息掌控、需求回应、问题解决和责任控制于一体的行动机制，具有资源整合、权威统合与社会控制"三位一体"功能。第三阶段，即"服务导向的全科网格"以服务需求为导向，对具体职责清单及相应治理资源、流程、机构等要素进行重置，改变国家行政的封闭、单向逻辑。从网格化管理到网格化治理的创新是系统化、高技术化、精细化的系统性社会治理责任体系再造的制度创新。

七、提高人才建设力

（一）人才建设力的内涵

人才建设力，是指加强社会治理专门人才队伍建设，不断扩大社会治理专门人才队伍的规模，显著提升社会治理人才队伍职业化和专业化水平的能力。建设规模宏大、结构合理、素质优良的社会治理专门人才队伍，是加强和创新社会治理，推进社会治理现代化的重要保障。

1. 人才队伍的建设能力。社会治理专门人才主要是指分布在社会治理领域，尤其是社会管理和社会工作方面，也包括从事社区服务、社会福利和社会救助等第一线工作的人员。他们在社会治理领域发挥着不可替代的重要作用。社会治理专门人才队伍建设的主要任务，主要是使人才数量不断增加，人才质量明显提升，使之能够与提高社会治理水平，推进社会治理现代化建设相适应。要从国家发展全局和战略高度，有计划、大规模地培育社会治理专业人才，特别是从事国家安全、网络安全、公共安全、社会管理、社会工作、社会法治等社会领域各类高端专业人才，并全面提高专门人才的思想政治素质和优良作风，形成一支规模大、素质好、作风过硬的专门人才队伍。

2. 人才队伍的职业化能力。社会工作职业化程度是衡量一个国家或地区社会治理水平的重要标志。社会工作职业化要求社会治理从业人员具有一定的社会工作知识和技能，能够直接提供社会服务。社会治理职业化要求社会工作专门队伍具有良好的职业理念、职业技术和职业道德从事社会治理工作和服务。因此，加强社会治理各类专业人才队伍建设，需要提升社会工作人才队伍的职业化水平。

3. 人才队伍的专业化能力。专业化是指社会治理专门人才队伍的专业能力和水平。要通过加强学校教育和专业培训等途径，提升社会治理人员专业知识和能力，根据社会治理岗位的实际需要不断深化教育教学改革，加强专业训练，提高社会治理人才的专业理论知识和实际工作能力。

(二)提升人才建设力的主要路径

1. 扩大社会治理人才队伍，提升专业化培养水平。从推进社会治理现代化建设全局和长远发展需要出发，大力开发社会治理工作岗位，完善社会治理岗位设置。按照《国家中长期人才发展规划纲要(2010—2020 年)》的要求，在涉及社会治理工作的党政机关、人民团体、事业单位及公益性社会组织中，科学设定社会工作岗位的名称、职级、等级、数量、比例，以及相应的岗位要求、任务和目标，建立我国社会治理工作岗位体系。通过相应的岗位开发程序和人事编制制度改革，在各类社会治理领域重新设置一批社会建设和社会工作岗位，并配备相应的专门社会工作人员。

2. 加大社会治理人才队伍建设投入，完善人才成长激励制度。一要建立健全社会治理人才的培养、考评、使用和激励机制，建立统一、规范的社会治理人才队伍建设法规政策体系，使社会治理人才队伍建设制度化、规范化。二要完善财政投入政策，各级财政以增加教育经费、设立专项基金等方式，建立多元化投入和保障机制。通过政府购买服务等方式扶持民办社会治理和公共服务机构，鼓励和支持企事业单位和社会组织培育社会治理专门人才。三要建立有效的社会治理人才成长激励机制。增加制定合理的薪酬政策，规范从业人员薪酬标准，完善奖励与激励制度，增加社会治理人员工资收入、福利待遇，提高社会地位和职业声望。

3. 营造良好政策环境，提高整个社会的志愿精神。为了打造一支社会化社会治理人才队伍，需要营造良好的政策环境和社会环境。第一，明确志愿者队伍的角色定位，充分认识志愿者对社会治理的重要作用，并将其作为社会治理的一种制度和队伍形式，以法律的形式明确志愿者、志愿组织与政府的合作伙伴关系，明确志愿者参与社会治理的基本原则、活动范围、基本类型、权利义务、救济赔偿等。第二，为志愿者队伍提供有力支持。理顺和整合部门分治的管理体系，统筹使用各种资源。建立专项参与基金，合理统筹财政资金、多方援助、企业和个人捐款等资金，给予志愿者及其组织不同层次的经费资助。第三，在全社会培育志愿精神。应在基础教育阶段增设志愿者参与的课程及实践内容，培养公民社会参与意识和社会责任。

第四节　加强和创新基层社会治理

一、基层社会治理的内涵和意义

基层治理是国家治理的基石。基层社会治理，是在党委领导、政府负责下，社会多方参与，在协调社会关系、规范社会行为、解决社会问题、化解社会矛盾、促进社会公正、应对社会风险、保持社会稳定等方面，为社会发展创造既充满活力又和谐有序的基础运行条件和社会环境的活动。根据中共中央国务院《关于加强基层治理体系和治理能力现代化建设的意见》中对基层的范围界定，基层主要是指乡镇（街道）和城乡社区治理。要求坚持和发展新时代"枫桥"经验。

加强和创新基层社会治理是推进国家治理现代化的必然要求。社会治理是国家治理的重要方面，加强和创新基层社会治理是推进国家治理体系和治理能力现代化的一项基础性工程。习近平总书记指出："要加强和创新基层社会治理，使每个社会细胞都健康活跃，将矛盾纠纷化解在基层，将和谐稳定创建在基层。"[①]基层是沟通与衔接国家和群众的桥梁，通过基层社会的动员和组织，才能把人民群众和党、国家团结在一起，共同建设美好家园，合力推动社会治理现代化。只有加强基层社会治理，才能进一步为人民群众生存和发展创造出既有秩序、又有活力的基础运作条件和生活环境，从而获得人民满意。基层社会治理的效率越高、效

---

① 习近平：《正确认识和把握中长期经济社会发展重大问题》（二〇二〇年八月二十四日），见《论把握新发展阶段、贯彻新发展理念、构建新发展格局》，376页，北京，中央文献出版社，2021。

果越好，人民群众就会越发感到幸福，那么社会矛盾和冲突就会减少，整个国家和社会的秩序也就会更加井然有序，国家才会持续平安繁荣，社会主义现代化建设才会行稳致远。

加强和创新基层社会治理是满足人民群众对美好生活需要的内在要求。新时代的人们不再满足物质方面的单一需求，而是对精神层面有了更高的追求，更加关注和重视个人的健康安全的保障、生活环境的改善和民主权利的行使，同时更加注重通过参与社会治理来反映自身的利益诉求。基层与群众最为接近，只有不断加强基层社会治理，党和政府聚焦人民群众需求的增长点，找准各方利益的结合点，才能够更好地满足人民群众日益增长的物质和精神多层次、差异化、个性化和更高质量的需求。

加强和创新基层社会治理是防范和化解风险危机的时代要求。健全基层常态化管理与应急管理动态衔接的基层治理机制是新时代对基层提出的新要求，良好的基层治理机制可以有效地促进和实现党领导下的政府治理和社会调节、居民自治的良性互动，更好地解决城市和农村社会治理面临的新问题、新挑战、新矛盾，为国家经济社会发展创造稳定基础，为人民群众的健康安全创造良好社会环境。"枫桥经验"最突出的特点，就是牢牢抓住基层基础这一本源，最大限度地把矛盾风险防范化解在基层，实现小事不出村、大事不出镇、矛盾不上交。在抗击突如其来的新冠病毒感染疫情期间，全国基层社区党组织在疫情防控过程中发挥了重要的战斗堡垒作用，城乡社区迅速组织辖区人民群众行动起来，无论是疫情防控宣传、排查，乃至实施封城、封路等措施，在社区党组织领导下，各治理主体以各种不同的形式和方式积极参与到联防联控、群防群控的工作中，有效防范了疫情风险，为全国打赢疫情防控战夯实了社会基础。

二、我国基层社会治理的发展历程

在中国传统乡土社会里，基层社会治理是以家族的自我管理和乡规民约的自我约束为主。1921年中国共产党成立，随后在马克思主义思想的指导下，中国共产党带领广大人民群众开始了局部地区的基层社会治理探索。1927年大革命失败后，中国共产党逐渐将工作重心从城市转移到了农村，在农村大力发展革命根据地，并开展了打倒土豪劣绅，土地改革，废除宗法制度，实行小农所有制，开展扫盲教育、国民教育与乡村文化建设，移风易俗推进社会风气转变，以及开展基层医疗、预防管理传染病、社会救助、赈灾救难等。苏区阶段大量成立贫农团、青年团、妇女会等覆盖社会各阶层的基层组织，把民众充分动员组织起来。同时以公营工商业为主建立发展集体合作社，恢复重建农村市场体系。探索依靠群众进行民主政治建设的道路，井冈山革命根据地把群众工作作为红军的三大任务之一，中央苏区时期民主选举制度日益成熟，抗日根据地实行"三三制"，团结一切抗日的各阶层力量，建立起党领导下的抗日民族统一战线。新民主主义革命时期，中国共产党对基层社会治理的探索为后来的社会建设奠定了基础。

新中国成立以后，基层社会治理体系初步形成。国家百业待兴，党和国家着手建立和完善基层社会治理体系。全国各地禁烟禁毒，肃清娼妓等社会陋习，继续推进土地革命，没收官僚资本，形成新的社会基础。全国各地的基层卫生机构与基层卫生组织基本建成，社会保障制度初步建立，基层教育体系基本覆盖全国。由于与计划经济体制相伴而生的户籍制度的建立，农村基层社会治理和城市基层社会治理呈现出不同的发展路径。户籍制度是规定户口登记和管理的规则，但在实际运行中却发挥了社会经济功能，特别是资源配置功能，从而形成了城乡二元结构。在城乡分割的二元结构情况下，城乡基层社会呈现出不同的治理景象。农村建立了人民公社制，作为工农商学兵相结合的基层单位，既是集体经济组织，也是基层政权组织。在组织生产生活的同时，达到管理农村的目的，具有鲜明的政社合一的特点。在城市，对所有公职人员包括国营企业职工进行单位制整合，对于没有单位的一般居民采取"街居制"管理体制。1954 年 12 月 31 日，全国人民代表大会常务委员会审议通过《城市居民委员会组织条例》，这标志着"街居制"的正式实施。居委会是城市基层治理的主要机构，承担着任务繁重的社会治安、城市管理、卫生环境、民事调解、计划生育等管理和服务工作，但是在实际运行中，居委会自治功能逐渐丧失，越来越具有行政管理的职能，变成了管控基层社会的行政组织。与此同时，一些社会组织逐渐发展起来，一些地方依靠工会、青年团、妇联等社会团体，一些地区根据居民的需求，成立了样式繁多的群众组织，如清洁卫生小组、自来水管委会等，这些社会组织在辅助政府管理基层社会中发挥了重要辅助作用。

改革开放以后，基层社会治理体制机制改革全面推进。社会主义市场经济体制的建立与完善，经济发展方式的变化带动了生产和分配方式的转型，农村最大的制度转型就是家庭联产承包责任制的推行，城市则进行了单位制改革，试图将已经嵌入政治行政体系的企业组织重新剥离出来，快速的市场转型给基层社会治理带来了前所未有的挑战。1982 年修订的宪法，明确规定居民委员会和村民委员会是基层群众性自治组织，这为基层自治提供了最高法律依据，居委会和村委会成为基层社会治理的重要主体及连接政府和基层社会的桥梁。但实际上，国企改革和转型造成大量下岗失业人员进入社会，同时农村人口流入城市，促使社会流动加快，单位制的社会整合功能不断被削弱，居委会无法承受改革所带来的巨大冲击。1992 年"社区服务"的概念最早被提出，在此基础上后来被延伸、扩展和提升为"社区建设"。2000 年民政部出台《关于在全国推进社区建设的意见》，全国掀起了社区建设的高潮，涌现了以上海模式、沈阳模式、江汉模式为代表的基层社区治理体制机制改革与创新的典型案例。伴随着社会的不断进步，基层社会事务复杂程度与日俱增，越来越多地呈现出不确定性和艰巨性。2004 年，基层社会治理崭新模式——万米单元网格管理在北京市东城区应运而生。网格化管理是依托信息技术手段，把城乡社区划分为若干个网格，构建出了"区—街道—社区—网格"4 级基层社会治理体系，以此重建城乡基层社会治理格局。网格内设网格长和网格员，有效地增强了基层社会精细化治理，提高了社区为民服务能力。党的十八届三中全会决定提出"网格化服务管理"，这是在党中央文件中的首次表述，随后全国各地普遍实施，目前基本覆盖城乡社区。在这次新冠病毒感染疫情防控中，网格化管理经受住了考验，守住了防线，成为防控疫情的第一战场和第一防线。与此同时，另一支社会治理力量——社会组织蓬勃发展起来，包括社会团体、民非企业、基金会、社区活动团队、社会中介组织等等，他们介入和参与到基层社会治理中来，成为与政府共同维护社会秩序、提供社会服务的重要力量。

2012 年以后，基层社会治理全面发展、整体提升。习近平总书记提出了一系列加强和创新社会治理的新思想、新观点和新论断。他强调"基础不牢，地动山摇"，"社会治理的重心必须落到城乡社区，社区服务和管理能力强了，社会治理的基础就实了"[①]等。在新思想新理论的指导下，基层社会治理实践也取得了重大

———————

① 习近平：《在参加十二届全国人大二次会议上海代表团审议时的讲话》（2014年 3 月 15 日），载《人民日报》，2014-03-06。

的创新成果。城乡社区治理体系日益完善，各地普遍推行民主化、智能化、网格化、精细化管理，畅通民主渠道，推进城乡社区协商制度化、规范化和程序化。在农村，更是与党的十九大关于乡村振兴战略实施的安排部署相适应，全国各地全面推进乡村建设，推进乡村社会治理的体制机制创新改革，脱贫攻坚取得决定性胜利，以党组织为领导的农村基层组织建设明显加强，村民自治进一步深化，村级议事协商制度进一步健全，乡村矛盾纠纷调处化解机制不断完善，农村人居环境得到较大改善，中国的大部分村落呈现出农业强、农村美、农民富的美好景象。

回顾中国基层社会治理格局变迁的过程，能够概括出 3 个鲜明特点。一是中国共产党是引领基层社会治理变革的核心力量，加强和创新基层社会治理必须坚持中国共产党的领导，坚持党的领导也是开展好基层基础工作的第一要务。从发展历程来看，无论是早期在革命根据地开展的土地革命，还是现在正在开展的基层网格化服务管理体制建设，党的领导始终贯穿其中，以保障基层社会治理道路的正确性、统一性和有效性。二是以人民为中心的发展思想，是开展好基层社会治理工作的关键。基层的工作就是人民的工作，基层社会治理最重要的工作就是为人民服务。从发展历程中可以看出，只有把人民装在心里，想人民所想，急人民所急，帮助人民解决实际困难和问题，才能赢得人民的掌声和支持，也才能做好基层的工作，做好人民的工作。三是把创新发展作为基层社会治理工作的重点。中国地域辽阔，基层社会更是千姿百态，建设和发展现状都是不相同的，基层社会治理工作必须根据当地实际，结合地区特色和发展现状，因地制宜，分类施策。因此需要发挥创新创造能动性，在党和国家的政策指导下，勇于实践探索，创造出符合地方发展要求、满足人民愿望的基层社会治理模式。

三、加强和创新基层社会治理的重点任务

按照党和国家的部署，加强和创新基层社会治理将会是未来时期我国社会治理工作的重点，因此应该加强以下几个方面的工作。

(一)构建多元共治的基层社会治理共同体

构建基层社会治理共同体是推进社会治理共同体建设的主要内容，也是推进基层社会治理建设的主要抓手，这就需要凝聚各主体力量，形成包括党委、政府、人民群众、社会组织在内的多元主体参与基层社会建设和治理的景象，构建一个党组织统一领导、政府依法履职、各类组织积极协同、群众广泛参与的基层社会治理共同体。以完善党全面领导基层社会治理的制度为重点，强化党组织在基层社会治理中的领导核心作用。加强乡镇(街道)、村(社区)党组织对基层各类组织和各项工作的统一领导，以提升组织力为重点，健全在基层治理中坚持和加强党的领导的有关制度；构建党委领导、党政统筹、简约高效的乡镇(街道)管理体制，深化基层机构改革，统筹党政机构设置、职能配置和编制资源，设置综合性内设机构。完善党建引领的社会参与制度，坚持党建带群建，统筹基层党组织和群团组织资源配置，支持群团组织承担公共服务职能，更好地履行组织、宣传、凝聚、服务群众职责。与此同时，基层政府切实履行制订和组织实施基层社会发展规划、建设规划的职责，认真履行矛盾纠纷化解、维护社会稳定的职责。依托居民会议以及村组、村屯等各种村民自治组织，努力形成民事民议、民事民办、民事民管的多层次基层协商局面。培育和引导有能力有情怀的社会组织参与知识技能培训、公共服务供给、

特殊人群照顾等工作，使社会组织成为基层政府的有力帮手，切实提高公共服务质量，满足人民群众多元化、个性化、高品质生活需求。

(二)构建"三治"融合的基层社会治理体系

党的十九届五中全会强调，要健全党组织领导的自治、法治、德治相结合的城乡基层治理体系。"自治、法治、德治"3个方面各自侧重点不同，但缺一不可。具体来说，自治是德治、法治要实现的最终目标，是基层社会治理所要采取的具体形式和运行的载体；法治是实现德治、自治的重要保障，是基层社会治理所坚持的现实依据和采用的手段；德治是实现法治、自治的思想基础，是提高治理主体思想和素质修养的内在要求。在基层社会建设和治理中，三者不是单项行动，必须融合推进，这样才能发挥合力效果，以最大的力量推进和谐有序的基层社会建设。为此要在空间和过程中实现"自治、法治、德治"三治融合。在空间上，内部空间的融合要求将制度、居民等治理要素统一于由"三治"构建的多元主体参与的基层治理体系中，充分考虑各治理要素的特征，科学安排并合理定位各自在治理体系空间中的作用和功能。外部空间的融合则是与国家治理体系相融合，借助和接纳基层社会空间以外的社会力量来发展和完善自身建设。在过程上，即在自治过程中始终贯穿法治思维和德治传统，在法治过程中始终为自治提供保障并为德治提供底线思维，在德治过程中，始终遵循法治和自治的基本原则。

(三)加强基层社会治理能力建设

首先，基层是最贴近人民群众的治理层级，也是最了解人民群众的需求和愿望的一个层级，为人民群众服务也是基层政府最基本的使命职责，因此必须增强乡镇(街道)为民服务能力。规范乡镇（街道）政务服务、公共服务、公共安全等事项，农村地区要围绕全面推进乡村振兴、巩固拓展脱贫攻坚成果等任务，做好农业产业发展、人居环境建设及留守人员关爱服务等工作。城市街道要做好市政市容管理、物业管理、流动人口服务管理、社会组织培育引导等工作。优化政务服务流程，全面推进一窗式受理、一站式办理，加快推行市域通办，逐步推行跨区域办理。其次，在我国新冠病毒感染疫情防控工作中证明，基层社会起到了第一线的坚强堡垒作用，是保障整个社会安全有序运行的前沿阵地，因此需要增强基层社会的应急管理能力。构建多方参与的社会动员响应体系，健全基层应急管理组织体系，细化乡镇（街道）应急预案，做好风险研判、预警、应对等工作。建立统一指挥的应急管理队伍，加强应急物资储备保障。最后，数字化、智能化正在改变人们的生产生活方式，借助信息化手段提升基层社会治理能力，是数字化时代建设数字化社会的必然要求，因此还需要进一步增强基层社会的智慧治理能力。这就要统筹推进智慧城市、智慧社区基础设施、系统平台和应用终端建设，实施"互联网＋基层治理"行动，完善乡镇（街道）、村（社区）地理信息等基础数据，共建全国基层治理数据库，拓展应用场景，提升政策宣传、民情沟通、便民服务效能，让数据多跑路、群众少跑腿。特别要构建网格化管理、精细化服务、信息化支撑、开放共享的基层管理服务平台。通过网格化管理，用空间的"确定性"来把握基层社会治理事项及过程的"不确定性"，维持基层社会治理的基本秩序，继而增强人民群众的安全感；加强网格员队伍建设和信息化支撑，提高群众办事的便利化水平，提升公共服务水平，提高基层社会治理的整体效能。

（四）重视城乡社区网格化治理

习近平总书记指出："社区是党和政府联系、服务居民群众的

'最后一公里'，要健全社区管理和服务体制，整合各种资源，增强社区公共服务能力。"①党的十九届五中全会审议通过的《中共中央关于制定国民经济和社会发展第十四个五年规划和二〇三五年远景目标的建议》明确要求："构建网格化管理、精细化服务、信息化支撑、开放共享的基层管理服务平台。"②显然，在未来 15 年时间里，城乡社区网格化服务管理应该是一项需要持续推进的工作。要加强社区网格化治理体制机制创新，坚持重心下移，减轻社区负担，向网格下放资源和力量。以网格为单位，增强居民参与社会事务的意识，拓宽参与渠道，调动居民积极性，建立健全社区党组织、居（村）民委员会、业主委员会、物业公司、各类兴趣爱好和公益团体，推动网格共同体建设。支持企事业单位在网格内建设服务网点，同时利用信息化技术打造智慧社区、智慧网格。理顺各类组织的关系，增强网格内各类组织的自治能力，防止社区组织和网格组织行政化和负担过重。组织社区居民制定村规民约、居民公约，使其知晓自己的权利义务、言行边界。通过社区宣传栏、文化广场等平台，开展公民道德、家庭伦理、社区意识教育培养，夯实共同体的道德和文化基础。开展网格活动，增强社区居民交往和联系、网格内事务自治处理能力。

（五）统筹推进基层社会治理事业

基层社会治理涉及组织、宣传、政法、民政、司法行政、公安等相关单位，内容丰富、范围广泛，部门多元。只有把分散的

---

① 谢环驰：《落实责任完善体系整合资源统筹力量，全面提高国家综合防灾减灾救灾能力》，载《人民日报》，2016-07-29。

② 《中共中央关于制定国民经济和社会发展第十四个五年规划和二〇三五年远景目标的建议》（二〇二〇年十月二十九日中国共产党第十九届中央委员会第五次全体会议通过），见中共中央党史和文献研究院编：《十九大以来重要文献选编》（中），812 页，北京，中央文献出版社，2021。

力量有机融合起来，才能有效发挥社会治理整体效能。这就需要党政一把手紧密配合，构建高位统筹的治理机构，对基层社会治理建设进行整体部署和系统推进。现阶段可以先成立工作统筹协调领导小组，探索建设市县乡镇一体化统筹推进机制，以责任清单规范各级各部门职责范围，压实各级党委和政府责任，加强对基层治理工作成效的评估，完善考核评价体系和激励办法，加强对乡镇（街道）、村（社区）的综合考核，严格控制考核总量和频次，营造基层治理良好氛围，选树表彰基层治理先进典型，推动创建全国和谐社区。做好基层治理调查统计工作，建立基层治理群众满意度调查制度，组织开展基层治理专题宣传等。

四、市域社会治理建设

（一）市域社会治理的内涵和意义

党的十九届五中全会审议通过的《中共中央关于制定国民经济和社会发展第十四个五年规划和二〇三五年远景目标的建议》明确指出，要加强和创新社会治理，推进市域社会治理现代化。

"市域社会治理"主要是指在"设区的市"或拥有立法权的地级政区（地级市、自治州、盟）所辖空间范围内，依靠党委政府、社会组织、企事业单位及个人等主体，创新社会治理体制机制，以公共服务、关系调节、矛盾化解、公共安全、城乡一体化等为重点，旨在打造新型社会治理模式。市域社会治理和基层社会治理两个概念密切相关又有一定差异。两者都是国家治理的重要内容，都是在中央统一领导下，与省域治理共同构成了省、市域、基层3级完整的全域治理结构，体现了国家治理的系统性、整体性。二者内涵外延不同，市域主要指城市及其所辖区县和农村；基层则更加微观和聚焦，关注乡镇（街道）和城乡社区。二者功能作用不同，市域社会治理的功能主要是发挥市域的中间层级的协调运转、枢纽耦合、带动辐射的作用来开展城市本身及其周边辖区内的社会建设和治理活动；基层社会治理则是治理的"最后一公里"，直面千千万万的人民群众，其功能作用主要是解决群众提出的问题、联系群众、服务群众，为群众办实事。

　　加强和创新市域社会治理意义重大。一是加强和创新市域社会治理有利于应对新风险新挑战。目前我国城镇化率已超过60％，中国已经由传统农业社会转型为现代化、城市型社会。市域成为利益博弈、矛盾纠纷发生的主要场域，是社会治理的主阵地。随着传统社会的转型，社会关系逐渐瓦解，社会组织功能下降，社会失范、社会复杂化等挑战不可避免。加强市域层面的社会治理，才能有效应对这些发展中带来的新挑战。市域社会也是防范风险的重要阵地。例如，在此次抗击新冠病毒感染疫情斗争中，一些城市及时采取"封城"、"封路"的措施，才使我国疫情防控取得重大战略成果。从这个角度来说，市域是防止风险外溢、扩散、上行的重要关口，将重大矛盾风险化解在市域，可以防止单个风险演变为系统风险、局部风险演变为全局风险。二是加强和创新市域社会治理有利于提高社会治理整体效能。我国长期以来推行"强县扩权"、"省直管县"等政策，县域经济社会治理水平和能力得到很大提升，但也相对弱化了城市的聚焦辐射和统筹协调作用，市域社会治理作为新时期的新政策举措，就是要强化市域的引领和带动作用，填补市域这个中间层级的治理空白，形成从中央到基层的整体性社会治理。与此同时，城市数字化的建立大大提高了社会治理效能。为顺应数字化发展潮流，越来越多的城市将"数字政府"、"数字社会"建设纳入地方经济社会发展规划。由于城市拥有更为优越的人才、资金和技术等资源条件，因而也成了数字政府、数字社会建设的主角。不少城市凭借资源优势已在探索数字治理模式方面积累了丰富经验。例如，杭州市的"城市大脑"数字治理大平台，围绕解决城市治理、市民服务的痛点、难点问题，杭州已建成涵盖公共交通、城市管理、卫生健康、基层治理等的系统平台，该平台成为推进市域治理现代化的智能中枢，提高了社会治理效率。三是加强和创新市域社会治理有利于城乡区域协同发展。长期以来，受到城乡二元结构影响，城市和农村经济社会发展不平衡，"市域社会治理"概念的提出，就是要将推进社会治理体系创新的重点从县向市转移，突出市在国家宏观治理和乡镇街道基层微观治理之间的中观层面的治理，突出市级层面在地方社会治理过程中作为"主导者"的角色定位。具体而言，就是要充分发挥市一级党委政府的统筹谋划作用，通过优化市域社会治理组织体系、提升市域社会治理核心能力，形成市—区（县、市）—乡镇（街道）上下联动协调，党委、政府、社会、公众等多元主体合作共治的社会治理新体系，继而在全市域范围内构建形成共建共治共享的社会治理格局。

（二）推进市域社会治理现代化的基本路径

1. 重视市域社会治理数字化建设。新一代科技革命为市域社会治理提供了新范式、创造了新工具、构建了新模式。在新兴技术中，数字技术已经成为经济和社会发展的新资源、新要素、新动能，数字时代的到来也给我们带来了新命题，那就是大力推进数字市域社会建设，深化数字技术在公共服务等方面的广泛应用。深度开发各类便民应用，加快发展数字教育、数字医疗、数字社保等，推进信息惠民。打造孪生城市建设，依托城市大脑，构建智能化治理体系，强化数字技术在城市规划建设治理和服务等领域的应用，推进智慧交通、智慧安防、智慧社区等建设，在虚拟世界建成一个与物理世界平行的虚拟城市。而在数字市域社会建设中，政府及其数字化建设是关键推动力，因此需要提高数字政府建设水平，推动政府治理流程再造和模式优化，不断提高决策科学性和服务效率，营造良好数字生态，坚持放管并重，促进发展与规范管理相统一，构建数字规划体系，营造开放、健康、安全的数字生态，包括建立健全数据要素市场规则，营造规范有序的政策环境，加强网络安全保护，推动构建网络安全空间命运共同体等。

2. 推进市域社会治理城乡融合。在我国以省（自治区、直辖市）—地级（地级市、州、盟）—县（区、县级市）—乡（镇）为序列的行政层级中，市域在国家治理体系中处于承上启下的位置，是党和国家将社会治理的实施层级从传统的县级提升到市域层面的一项战略部署。但是中国城市几乎都有一个特点，就是区域范围包括城区、区县和农村，这也是能够实施以城带乡、城乡融合发展的区位优势。因此，要充分发挥市域社会治理的优势，打造以公共服务和社会安全为重点的城乡建设。推动市域公共服务资源下沉乡村，特别是向农村倾斜教育经费和师资，保证城乡居民平等享有教育资源，推动乡村教育现代化。引导城市医疗卫生资源向下流动，提高农村医疗救助和公共卫生服务水平。建立统一的劳动力市场，特别是要探索适合农民工的社会保障服务。织密治安防控的"天罗地网"，加强城乡治安防控网互通互联，统筹推进网格化综合信息系统与视频监控系统一体化建设。建立平时根植乡村，战时招之即来、战之能胜的应急管理体制和平战转化机制，确保城乡双向互动，及时有序处理应急事件。

3. 加强市域社会治理队伍建设。新时期，我们面临着错综复杂的国际形势、艰巨繁重的国内改革发展稳定任务，各种社会问题和利益矛盾交织存在，给市域社会治理工作带来挑战，加强市域社会治理队伍建设，提高从业人员的治理能力就显得尤为重要。一方面及时"充电补钙"，多渠道多途径开展教育培训，帮助从业人员掌握做好新时期基层工作的知识和本领，尤其是要提高他们解决城镇化建设、矛盾纠纷调解、征地拆迁、突发事件处置等问题的能力和依法办事的能力。另一方面关注和培育创新创业型干部。近年来，基层社会涌现了一批创新创业带头人，他们具有超前眼光，充满创业激情，富有奉献精神，成为引领基层经济社会发展的重要力量。然而创新创造性工作带来的精神压力，来自上级部门的任务部署，来自人民群众对高质量服务的期待，这些影响了创新创业型干部的身心健康和工作效能。关爱创新创业型的基层干部，帮助他们应对压力，纾解情绪，已经成为加强市域社会治理人才队伍建设中迫切需要关注和解决的问题。

4. 增强市域社会治理的价值支撑。中华优秀传统文化对当代市域社会治理的价值支撑不仅有助于解决市域社会治理难题，而且有助于完善德治体系。精神文化的力量内化于心，外化于行，影响着人们的思想，指导着实践，间接转化为解决市域社会治理实践问题的能力。如优秀礼仪文化促进社会公德缺失问题的解决，市域社会治理难题的解决将有助于提升市域社会治理效果。同时优秀传统文化是德治体系建设的重要内容。我国优秀传统文化也是一套成熟完备的道德价值体系，在市域社会治理自治、法治、德治的"三治"融合体系建设中，德治是以道德规范来软性约束人们行为从而规范社会秩序的治理观念和方式。深入挖掘中华优秀传统文化资源并将其纳入城乡市域社会治理德治建设之中，将进一步丰富"三治"内涵。

第五节　推进社会治理现代化

一、推进社会治理现代化的发展历程与基本经验

（一）中国社会治理现代化的时代特征

社会治理现代化是国家治理现代化的核心要素。社会治理现代化不是社会治理领域某个方面的现代化，而是社会治理的目标、理念、体制、机制、制度、体系、方式、能力等全领域、全过程、全周期的现代化。可以从 5 个维度来理解中国社会治理现代化的时代特征。

一是时间维度上继往开来。这凝聚了新中国成立 70 多年来，特别是党的十八大以来党和全国人民社会治理探索的集体智慧，是对我国社会治理实践探索的科学总结，也给未来社会治理创新发展提出了新任务、新目标。

二是空间维度上的中国方案与全球视野有机结合。这是全球治理理念的重要组成部分，既是社会治理的中国方案与实践的集中体现，也是完善全球治理和推动构建人类命运共同体的重要内容。

三是目标维度上统筹兼顾。这是在中国新的历史条件下推进国家治理体系和治理能力现代化的内在要求，既是解决新时代中国社会主要矛盾的必然选择，也是全面建设社会主义现代化国家的战略安排。

四是内容维度上有机统一。从宏观层面上，鲜明体现了社会治理以人民为中心的思想，反映公平正义、社会安全和生活幸福等社会治理的重要价值和理念。从微观层面上，具体表现为打造

共建共治共享的社会治理格局，体现了加强和创新社会治理与保障和改善民生之间互为前提又相互依存的辩证关系。

五是方法维度上理论与实践相结合。既有一系列制度创新，又明确要求实现社会治理的实践创新，建设人人有责、人人尽责、人人享有的社会治理共同体。

（二）推进社会治理现代化的发展历程

新中国成立 70 多年来的历史，是中国共产党领导全国人民坚持探索、完善和发展中国特色社会主义的历史，也是不断开拓、推进和发展中国特色社会主义现代化事业的历史。在这个光辉历程中，持续推进社会领域变革、坚定走向社会治理现代化，是一个十分重要的方面。这 70 多年可以概括为两个不可分割的历史过程。改革开放之前的 30 年为推进中国社会治理现代化提供了基本社会制度前提，进行了艰辛探索。改革开放以来的 40 多年是在前 30 年基础上进行的深刻变革与广泛创新。其间实现了 7 个方面的转变。

一是从治理理念看，逐步从社会管控、社会管理向社会治理转变。这体现了党和国家社会治理理念的深刻革命，体现了社会治理的目的、主体、内容、方式进一步向社会治理现代化的要求转变，进一步向民主化、法治化、制度化、科学化的轨道转变。

二是从制度体系看，逐步从分散型向整合型转变，我国社会治理制度体系经历了从碎片化到不断发展再到有力整合创新的全面性建构。改革开放特别是近些年以来，经过持续的实践探索和制度建设，逐步建立了现代社会治理的基础制度体系，包括民主制度体系、法治建设体系、社会组织体系、公共服务体系、社会保障体系、公共安全体系、城乡社区体系、社会治安防控体系、社会信用体系、应急管理体系等。

三是从社会体制看，逐步从国家一元管理向多元社会主体共建共治转变。改革开放以后，逐步形成在党的统一领导下，政府、社会、市场、公众多元主体共建共治共享的社会治理格局，同时逐步发挥法治保障和科技支撑作用，现代社会治理体制框架基本建立。

四是从方式手段看，逐步从单纯行政手段向多种手段综合并用转变。改革开放之后，逐步重视综合运用经济、法治、科技和必要的行政等多种手段，加强和创新社会治理，不断推进源头治理、系统治理、依法治理、民主治理、综合治理。

五是从社会结构看，逐步从传统社会向现代社会转变。中国社会已从农民占人口绝大多数的农业社会、乡村社会，逐步向工业社会和现代社会转变，城市化水平大幅提升；由封闭半封闭型社会向开放型社会转变。就业规模不断扩大，就业结构持续优化，中等收入群体逐步发育和成长起来；我国已经进入人口老龄化社会，整个社会日益呈现多元化、复杂化、现代化的特征。

六是从运行状态看，逐步从社会高度稳定向秩序与活力相统一转变。新中国成立后的一段时期，主要依靠政治动员、行政命令来达到社会组织和社会成员思想上的一致和行动上的统一，以维护社会秩序高度稳定，但影响了社会生机与活力。改革开放后的一个时期，社会活力迸发。党的十八大之后，强调社会治理讲究辩证法，既要管理又要防止管得太死，刚柔相济、宽严适度，有力地推动着社会迸发活力又和谐有序运行，现代社会治理趋于规范化、制度化、常态化。

七是从社会景象看，从贫困向全面建成小康社会转变。新中国逐步建立起独立国民经济体系的同时，建立了社会保障体系和民生保障体系。目前我国已建成世界上最宏大的社会保障体系，精准脱贫成效显著，实现全面脱贫目标，全体人民正朝着实现共同富裕的目标迈进。

(三)推进社会治理现代化的基本经验

新中国成立 70 多年特别是改革开放以来，中国共产党团结带领全国人民在探索、开拓和发展中国特色社会主义道路上，不断进行社会变革、社会发展、社会建设、社会治理的伟大实践。在这些生动实践中有成功的经验，也有失误的教训，经验和教训都十分宝贵。

一是必须始终坚持党的全面领导。中国共产党领导是中国特色社会主义最本质的特征，是中国特色社会主义制度的最大优势。党的政治领导为社会治理指引了正确方向、确立了价值体系，增强了社会治理的方向感和凝聚力；党的组织优势为社会治理提供了严密有效的组织结构和制度体系，确保社会治理的统一性、有序性；党的优良传统和品格，既勇于探索创新、开拓前进，又敢于坚持真理、修正错误。在新发展阶段深入推进中国社会治理现代化，必须更加自觉地坚持党的全面领导，坚决维护以习近平同志为核心的党中央的权威和集中统一领导，确保社会治理现代化的正确航向，更好地发挥党总揽全局、协调各方的领导核心作用，充分发挥基层党组织的战斗堡垒作用。

二是必须始终坚持以人民为中心。我国是社会主义国家，人民群众是国家和社会的主人，是决定国家前途和命运的根本力量。社会治理必须以人民为中心，坚持人民利益至上，一切为了人民；必须坚持尊重人民、依靠人民；必须坚持党的群众路线，相信群众，发动群众，依靠群众。在新发展阶段深入推进社会治理现代化，必须更好地坚持以人民为中心，真正把人民满意不满意、拥护不拥护作为社会治理成效的根本标准。坚决反对和制止各类违背人民意愿，搞强迫命令、劳民伤财的所谓政绩工程。

三是必须始终坚持立足中国基本国情。这是最为深刻的经验启示。我们国家大，发展不平衡，仍处于社会主义初级阶段，什么时候脱离这个国情、脱离这个实际，就会犯错误、走弯路，甚至遭遇严重挫折。在新发展阶段深入推进社会治理现代化，必须坚持立足基本国情，坚持分类指导，推动各地立足自身资源禀赋、基础条件、人文特色等实际，确定社会治理的发展思路和推进策略。要大力弘扬和传承中华优秀传统文化，继承和传播革命文化、社会主义先进文化，特别是要脚踏实地实践社会主义核心价值观，着力提升全社会的文明程度。

四是必须始终坚持全面深化社会领域改革。新中国 70 多年来的历史充分证明，改革开放是决定当代中国命运的关键一招，是社会发展进步的活力之源，也是推进社会治理现代化的根本动力。在新发展阶段深入推进社会治理现代化，必须继续坚持以深化改革开放为动力，坚决破除一切妨碍社会治理现代化建设的体制机制，进一步解放和增强社会活力，进一步探索和创新科学的治理制度，不断开拓社会治理现代化更为广阔的道路。

五是必须始终坚持社会建设和其他建设协同发展。社会治理现代化建设是一个巨大的社会系统工程，必须与经济建设、政治建设、文化建设、社会建设和生态文明建设融为一体、相互适应、相互促进。关键是在工作部署和政策措施上统筹安排、协调推进。经济建设为社会建设和社会治理现代化提供必要的物质条件，政治建设为社会建设和社会治理现代化提供正确方向引领，文化建设为社会建设和社会治理现代化提供强大的文化支撑，生态文明建设为社会建设和社会治理现代化、实现人与自然的和谐共生拓展广阔空间。在新发展阶段深入推进社会治理现代化，要牢固树立现代化建设的整体观、系统观、协同观，更好地统筹社会建设和其他建设、社会领域治理与其他领域治理，使各个领域建设与治理协同发展。

六是必须始终坚持打造现代社会治理新格局。构建符合我国国情的现代社会治理格局，是实现有效社会治理的关键。打造共建共治共享的现代社会治理格局，是社会治理体制机制建设的重要任务，是实现中国社会治理现代化的基本目标。在新发展阶段深入推进社会治理现代化，必须坚持推进社会治理体制创新，继续完善共建共治共享的现代社会治理格局，进一步完善党委领导、政府负责、民主协商、社会协同、公众参与、法治保障、科技支撑的社会治理体系。

七是必须始终坚持提高现代社会治理能力。70多年来的历史充分证明，社会治理能力关乎社会治理制度的执行状况和总体效果。多年来，党和国家的社会治理能力不断增强，治理社会的水平明显提升。但是，还有许多亟待改进的地方。在新发展阶段深入推进社会治理现代化，必须适应国家现代化总进程，提高党领导现代社会治理的水平，提高国家机构的履职能力，提高人民群众依法管理国家事务、经济文化事业、社会事务的能力。

二、推进社会治理现代化的基本路径

推进社会治理现代化是一项艰巨复杂的系统工程，在"十四五"期间，应坚持人民至上，从多元共建、有效共治、社会共享3方面发力，在社会治理的重点领域和薄弱环节取得突破性进展，为基本实现社会治理现代化奠定坚实基础。①

① 龚维斌、赵秋雁、尉建文：《"十四五"时期社会治理：抓重点领域 强薄弱环节》，载《光明日报》，2020-10-26。

一是铸牢人民至上理念，向美好生活砥砺前行。美好生活是人民至上理念和人的全面发展思想的集中体现。既要继续抓好培育和践行社会主义核心价值观这一重要工作，又要加大美好生活塑造力度，大力开展美好生活教育，完善共建共治共享的社会治理制度，推动各级领导干部树牢根植人民、依靠人民、造福人民的权力观、政绩观、事业观，引导广大人民群众为美好生活共同奋斗，不断推动社会文明进步。

二是提升党建引领力和基层治理力，凝聚社会多元共建强大合力。在新冠病毒感染疫情防控工作中，全国 400 多万名社区工作者战斗在约 65 万个城乡社区抗疫一线，发挥了重要作用。然而，也要看到，提升社区工作者的规模和质量刻不容缓。应坚持党对社会治理工作的全面领导，提升党建工作质量，着力提高党员队伍整体素质，全面强化基层党组织战斗堡垒作用。同时，适应疫情防控常态化和社会治理现代化建设的客观要求，推进基层治理制度重大改革，推动社区工作者队伍建设和社区工作者发展，特别是要建立健全中国特色社区工作者制度，以充分发挥多方主体的协同效应。

三是提高风险防控力和绩效评估力，大幅提升社会治理有效共治水平。高风险是现代社会的典型特征之一，人工智能、大数据等信息技术的应用成为防范化解社会领域重大风险的利器。"十四五"时期，应继续推动"互联网＋"社会服务创新发展，促进社会服务数字化、网络化、智能化、多元化、协同化，更好惠及人民群众。要坚决贯彻总体国家安全观，持续深化"一网统管"，开展"净网行动"，做好生物安全防控，有效预防和化解社会矛盾，提升应对重大突发公共事件的能力，增强社会治理的预见性、准确性、高效性。应以开展社会治理现代化建设评估为抓手，既抓问题导向，更抓绩效评估，努力把握发展规律，探索具有中国特色和反映时代特征的社会治理现代化建设新模式，激发社会治理整体效能，促进社会全面协调可持续发展。

四是增进城乡融合力和人民幸福感，深度打造社会共享新格局。在大力实施乡村振兴战略、坚持农业农村优先发展的同时，以基层社会治理现代化建设为抓手，积极探索城乡融合、大中小城市协调发展规律，全面增强城市发展韧性。既要抓民生建设，又要赢得民心。应坚持以稳就业、保民生为优先目标，着力促进经济增长，稳住经济基本盘，在实践中缩小财富占有和收入分配方面的差距；加强社会心理服务体系建设，培育自尊自信、理性平和、积极向上的社会心态，不断提升人民群众的获得感、幸福感、安全感。

三、构建中国特色社会治理现代化评价体系

社会治理评估的现代化是社会治理现代化的核心要素之一，设计和运用可测量、可评估、可持续的中国特色社会治理现代化指标体系，有助于把握社会治理的历史方位，找准社会领域中存在的发展不平衡不充分的主要问题和薄弱环节，解决重大问题，研判发展趋势，是提升国家治理现代化水平的战略需要，是打造共建共治共享社会治理共同体的迫切需要，是解决社会治理重大问题的内在需求。经过我们初步研究，形成以下关于中国特色社会治理现代化评价的基本思路。

（一）评价指标构建的目标取向

构建科学权威的中国社会治理现代化指标，要具备目标明确、内容系统、功能完备的特征。在目标上，要以习近平新时代中国特色社会主义思想为指引，以提高保障和改善民生水平、加强和

创新社会治理为出发点和落脚点；在内容上，既要全面系统地反映改革发展带来的社会进步，也要客观真实地反映发展中存在的问题，为决策者提供相对直观、客观、系统的解释框架；在功能上，不仅能够对一个国家不同时期治理水平变化作出纵向比较，而且可以实现国家间、地区间治理水平的横向比较。

（二）评价指标构建的理论依据与主要内容

中国社会治理现代化指标以打造共建共治共享的现代社会治理格局，建设人人有责、人人尽责、人人享有的社会治理共同体为核心构建。"共建"、"共治"、"共享"重心在于一个"共"字，凸显了社会治理要坚持"以人民为中心"的发展理念，这是关键，是核心，是价值宗旨，反映了坚持人民主体地位的内在要求，彰显了人民至上的价值取向。同时，"共建"、"共治"、"共享"三者之间又相互交融，互为促进。

"共建"是基础，是前提，是主体要求，即实现多元主体共建的社会治理能力现代化，重在体制创新。这需要健全"党委领导、政府负责、民主协商、社会协同、公众参与、法治保障、科技支撑"的社会治理体系。我们从党的领导、政府公共服务职能、社会组织协同、公众参与等方面来测量"多元共建"。指标包括每十万人口拥有基层党组织数（个）、基本公共服务支出占财政支出比重（％）、每十万人口拥有社会组织单位数（个）、每百万人口拥有社工助工师数（人）、每百万人口拥有社区服务志愿组织数（个）、基层民主选举参与率（％）。主观指标包括基层党组织在社会治理中发挥的作用，拨打政府热线、参加听证会等表达意见和建议的情况，社会组织在社会治理中发挥的作用，自己参与社区服务管理事务的情况，社会工作者在社会治理中发挥作用，自己参与社会公益活动的情况，参与地方基层选举的情况。

　　"共治"是路径，是手段，是系统方法，即实现有效治理的社会治理方式现代化，重在制度建设。这需要充分运用协商调解、法治保障、智能化等手段，有效防范化解各类社会稳定风险、公共安全风险。我们围绕系统治理、依法治理、综合治理、源头治理来测量"有效共治"。客观指标包括每万人口受理案件数（起/万人）、万人交通事故死亡人数（人）、亿元地区生产总值安全生产死亡率（人/亿元）、食品安全总体检测合格率（%）、每万人调解人员数（人）、互联网宽带接入用户数（万户）、政务微博数（个）、电子健康档案城乡居民覆盖率（%）、基本公共服务事项网上办理率（%）。主观指标包括当前社会文明程度、当前法治建设情况、本地社会治安环境、本地生态环境（空气、水等）、本地食品药品安全、邻里和谐关系。

　　"共享"是目标，是内容，是战略任务，即实现全体人民共享成果的社会治理体系现代化，重在公平正义。这需要在幼有所育、学有所教、劳有所得、病有所医、老有所养、住有所居、弱有所扶上不断取得新进展。我们从教育、就业、医疗、养老、住房、社会救助等方面来测量"社会共享"。客观指标包括：人均预期寿命（岁）、人均受教育年限（年）、城乡居民人均可支配收入（元）、城乡居民收入比（%）、恩格尔系数、人均基本公共服务支出（元）、城镇登记失业率（%）、每千人口医疗卫生机构床位数（张）、每千老年人口养老床位（张）、城乡居民家庭住房面积（平方米）、人均公园绿地面积（平方米）、生活垃圾无害化处理率（%）、失业保险参保人数（万人）、基本医疗保险参保人数（万人）、基本养老保险参保人数（万人）、社会救助对象人数（万人）。主观指标包括幸福感、与5年前相比生活变化、未来5年收入变化、未来5年国家经济社会发展预期、过去5年我国收入差距变化、过去5年我国财产差距变化、过去5年本地收入差距变化。

（三）评价指标构建的方法

中国社会治理现代化指标的确定采用客观指标与主观指标、定量指标与定性指标、正向指标与反向指标相结合的方法。客观指标的遴选通过初选、实证筛选、设置权重和指数合成4个步骤，1个一级指标下设3个二级指标、31个三级指标。主观指标通过社会治理满意度调查实现数据采集和指标构建。主观指标和客观指标之间既相互印证，也互为补充。

延伸思考

1. 社会治理的内涵和目标是什么？

2. 简述社会治理体系建设的主要内容。

3. 简述社会治理能力建设的内容和路径。

4. 简述基层社会治理的意义、发展阶段和实现路径。

5. 简述推进社会治理现代化的基本经验。

参考文献

[1]习近平．习近平谈治国理政：第1卷[M]．北京：外文出版社，2014．

[2]习近平．习近平谈治国理政：第2卷[M]．北京：外文出版社，2017．

[3]中共中央宣传部编：习近平总书记系列重要讲话读本（2016年版）[M]．北京：学习出版社，人民出版社，2016．

[4]中共中央文献研究室编．习近平关于总体国家安全观论述摘编[M]．北京：中央文献出版社，2018．

[5]魏礼群．中国社会治理通论[M]．北京：北京师范大学出版社，2019．

[6]魏礼群.坚定不移推进社会治理现代化——新中国70年社会治理现代化历程、进展与启示[J].社会治理,2019(9).

[7]郑国光.统筹发展和安全 着力防范化解重大安全风险[J].红旗文稿,2021(10).

[8]社会治理现代化指标构建研究课题组.新中国70年社会治理现代化评估研究[J].社会治理,2019(10).

[9]丁元竹.社会治理现代化的探索[M].北京:国家行政学院出版社,2016.

[10]李连江,张静,刘守英,应星.中国基层社会治理的变迁与脉络[J].中国社会科学评价,2018(3).

[10]熊光清.推进中国网络社会治理能力建设[J].社会治理,2015(2).

第八章　全球治理论

本章概述

　　本章主要阐述人类社会发展的趋势和挑战，提出坚守和弘扬全人类共同价值的重要理念，积极推动构建人类命运共同体的全球治理。通过本章学习，可以加深认识全球治理面临的挑战，全面把握中国式现代化和中国特色社会主义社会学理论对全球治理和构建人类命运共同体的重要价值、深远意义和世界意蕴。

第一节　人类社会发展的趋势与挑战

　　当今世界正经历着百年未有之大变局。国际政治、经济、文化、科技、安全、社会格局正在发生深刻变化，呈现出一种复杂的系统效应。一方面，和平和发展仍然是时代主题；另一方面，不和谐、不稳定、不可持续的因素增多，人类面临着许多共同的挑战。对广大发展中国家而言，这个世界既充满机遇，也存在挑战。因此，我们要清醒认识世界发展大势，继续高举和平、发展、合作、共赢的旗帜，使我国成为世界和平建设者、全球治理参与者、人类发展贡献者。

一、人类社会发展的总体趋势

(一)世界多极化

世界格局,是指一定时期内在世界舞台上起引领或者主要作用的国家或国际组织之间形成的相互联系、相互作用和相对稳定的结构。"极"的概念来源于物理学,主要用来表征国际体系中主导力量的相互对立,因此根据单极、两极和多极国际体系,将这个时期的世界称为单极世界、两极世界或多极世界。

世界正处于并长期处于多极化进程之中。世界多极化萌发于20世纪五六十年代,直至20世纪90年代"冷战"的结束宣告了多极化趋势的形成。进入21世纪以来,世界多极化趋势愈加明显并日益向纵深发展。其主要原因,一方面是新一代科技革命和产业变革孕育兴起,进一步推动经济全球化、社会信息化、文化多样化向纵深发展,世界各国人民的命运从未像今天这样紧紧相连,这些都为世界多极化深入发展提供了更加充分的物质条件;另一方面,也是更重要的原因,以金砖国家为代表的新兴市场国家和发展中国家群体性崛起,从根本上改变着国际力量对比,加速了世界多极化的发展进程。

(二)经济全球化

习近平总书记指出:"历史地看,经济全球化是社会生产力发展的客观要求和科技进步的必然结果,不是人为编造的产物。"[1]因此,经济全球化是历史发展的潮流,不可逆转。

经济全球化是指生产要素在全球范围内的广泛流动,通过国与国之间的贸易交流,逐步实现资源最佳配置的过程。经济全球化的发展历程大致可以归纳为3个阶段:一是殖民扩张和世界市

---

[1]　习近平:《共担时代责任,共促全球发展》,载《人民日报》,2017-01-18。

场形成阶段，这一阶段是资本主义进行资本原始积累和瓜分世界的过程。同时，第一、第二次科技革命为资本主义经济的发展和垄断组织的形成奠定了坚实的基础，各国之间的空间距离被大大缩短，成为一个整体。二是两个平行世界市场阶段，第二次世界大战结束后，大批殖民地半殖民地国家独立，社会主义国家诞生，世界形成了资本主义和社会主义两大阵营，但两大阵营并非完全封闭，在第三次科技革命的冲击下，竞争和合作共存，经济全球化趋势进一步加强。三是经济全球化阶段，"冷战"的结束标志着两大阵营相互对峙的局面不复存在，和平的国际环境为各国经济发展提供了保障，信息技术革命使地球成为一个"地球村"，各国经济相互依存，联系更为紧密。然而，当前经济全球化遭遇逆流，贸易保护主义、单边主义抬头，严重影响到世界经济的有序发展。尽管经济全球化面临一些曲折，但经济全球化是世界经济发展的必然趋势，契合各国人民要发展、要合作的时代潮流，任何国家都不可能打断这一历史进程，任何国家也都无法关起门来搞建设。

（三）社会信息化

社会信息化是新一轮科技革命带来的巨变。第一次科技革命开始于18世纪末，以蒸汽机的发展和使用为标志，这一阶段工厂取代手工作坊。第二次科技革命则以发电机的诞生和使用为标志，这一阶段社会联系更加密切，社会分工更加精细，生产效率大大提升。第三次科技革命是伴随着计算机、新能源和新材料等新兴技术的出现而开始。第四次科技革命就是当前我们正在经历的阶段，集中表现为以人工智能、量子信息、移动通信、物联网、区块链为代表的新一代信息技术加速突破应用，以合成生物学、基因编辑、脑科学、再生医学等为代表的生物技术带动形成的新变革，以清洁高效可持续为目标的能源技术加速发展将引发全球能源变革，空间和海洋技术正在拓展人类生存发展新疆域。[①] 全球科技创新进入空前密集的活跃时期，世界正在进入以信息产业为主导的经济发展时期。新一轮科技革命和产业变革既给世界各国创造了前所未有的发展机遇，也带来了诸多需要认真应对的新风险、新挑战。

（四）文化多样化

文明是人类社会的基本标志，而多样化是人类文明的基本特征。广义上来说，世界文明体系是指一种多文明持续共存的文化体系，国际交往与协作治理的体系是其子体系。狭义上来说，世界文明体系是指国际体系。各国历史文化和社会制度差异自古就存在。习近平总书记指出："文明具有多样性，就如同自然界物种的多样性一样，一同构成我们这个星球的生命本源。"[②]灿烂多彩的人类文明正是由不同种族/民族、不同历史、不同文化传统的人民共同创造的。世界上不存在十全十美的文明，也不存在一无是处的文明，文明没有高低、优劣之分。进入 21 世纪以来，随着政治多极化、经济全球化的深入发展，世界文化多样化的趋势愈加明显。尽管文明冲突、文明优越等论调不时沉渣泛起，但多样化是人类文明进步的不竭动力。不同文化交流互鉴符合全世界人民的共同利益，也是大多数国家和地区的共同愿望。文化多样化是客观事实，并将长期存在。

二、人类社会发展面临的重大挑战

（一）贫困问题

贫困是一场无声的危机，不仅严重阻碍了贫穷国家的经济社

---

① 习近平：《努力成为世界主要科学中心和创新高地》，载《求是》，2021(6)。
② 习近平：《共同开创中阿关系的美好未来》，载《人民日报》，2016-01-22。

会发展，也是当前地区冲突、恐怖主义蔓延和环境恶化等社会问题的重要根源之一。为了破解全球贫困难题，2000年9月，联合国千年首脑会议将到2015年世界极端贫困人口和饥饿人口减半作为联合国千年发展目标之一。随着世界各国的共同努力，世界减贫事业取得了巨大进展。在2015年千年发展目标收官之际，联合国全体成员国通过了17项可持续发展目标（SDGs），其中无贫困和零饥饿位于17项目标之首。2020年，中国作为世界上最大的发展中国家率先完成了消除绝对贫困的艰巨任务，为全球贫困人口的减少作出了杰出贡献，为全球贫困治理提供了"中国经验"。但必须认识到，对于绝大多数发展中国家、不发达国家来说，贫困问题依然是阻碍人类发展的重大难题。并且，受到2019年年底暴发的新冠病毒感染疫情的影响，2020年全球陷入贫困的人口数量猛增，极端贫困率自1998年以来首次上升。世界减贫事业任重而道远。

（二）人口问题

人口问题是当今和未来很长一段时期人类社会面临的又一个重大挑战。突出表现为：（1）人口大爆炸：随着经济社会的发展，特别是粮食生产技术的进步和医疗卫生条件的改善，大多数国家和地区的出生率上升，死亡率大幅下降，世界人口出现指数增长态势，也就是所谓的"人口爆炸"。世界银行估算，预计2100年前，世界人口将达百亿。人口的激增使得人类社会对各种资源需求大幅增加，一些不可再生资源面临枯竭困境，同时产生大量的生产、生活垃圾，带来环境污染难题。在沉重的人口压力面前，经济发展、社会进步与环境保护都受到巨大威胁。（2）人口老龄化：人口老龄化是指出生率降低和预期寿命延长导致的总人口中因年轻人口数量减少、年长人口数量增加而导致的老年人口比例相应增长的动态。人口老龄化是前所未有的现象,在人类历史上从没有发生过类似的情况。在全世界范围内,人口老龄化都在进一步加深,未来一段时期将持续面临人口长期均衡发展的压力,且仍处于发展阶段的国家人口迅速老龄化是最为重要的特点。

(三)气候变化

从 20 世纪 90 年代开始,以全球变暖为标志的气候变化被列为十大全球环境问题之首,受到国际社会越来越多的关注。气候变化正在深刻影响着人类的生存和发展,是世界各国共同面临的重大挑战。近年来,伴随工业化、城镇化的快速推进,温室气体排放不断增加,气候变化问题愈发严峻。在全世界,各类极端气候事件频发:2019 年沙漠蝗虫席卷非洲和亚洲多国,摧毁了数之不尽的农田,威胁到数千万人的粮食安全;2020—2021 年澳大利亚的跨年林火,导致上亿只动物直接丧生,上百种本土物种面临生存威胁;2020 年南极极端高温首次突破 20 摄氏度,冰川大面积融化,极地动物的生存环境正被加速破坏……这些自然灾害的成因虽然复杂,但都与气候变化密切相关。气候变化是人类 21 世纪的一场战斗,而面对这场战斗,人类没有退路,必须全力以赴。

(四)公共卫生危机

全球正处在史上疾病传播速度最快、影响范围最广的大流行时期。传染性疾病的全球大流行不仅重创一些国家的公共卫生体系,还对全球经济发展、政治稳定、社会进步和国际关系等各方面产生重大影响。世界卫生组织统计,自 20 世纪 70 年代以来,新传染性疾病以每年新增一种或多种的速度出现,20 年来至少出现 40 种以上的新病毒。自 2005 年《国际卫生条例》生效以来,世界卫生组织共宣布了 5 次"国际关注的公共卫生事件",包括:2009 年暴发的甲型 H1N1 流感病毒疫情、2014 年暴发的小儿麻痪疫情、2014 年暴发于西非的埃博拉病毒疫情、2016 年暴发的塞卡病毒疫情和 2018—2020 年暴发于刚果民主共和国的埃博拉病毒疫情。2019 年年底暴发的新冠病毒感染疫情由于传播速度快、影响范围广、影响程度深等特点被归为"全球大流行"。由于交通的迅速发展，一旦世界上任何一个地方暴发传染性疾病，仅需几小时的时间便可传播至全球。面对全球公共卫生危机，世界各国必须空前团结，积极传递有效防控经验，共同开展疫苗研发任务。

（五）局部热点问题

在经济全球化和社会信息化的背景下，旷日持久的大规模实体战争，尤其是在大国之间，失去了可能性与可行性。第二次世界大战结束以来，大国间战争因武器技术和经济结构等原因而变得日益不可行，世界上再没有出现世界大国间的直接热战，战争向小型化、碎片化和内战化的方向发展。集中表现在：首先，大国关系进入新一轮深度调整，美国大力推进具有针对中国意图的"印太"战略，美俄关系持续恶化，美欧裂隙不断扩大。其次，军备竞赛持续扩张，太空和网络成为新一轮军事扩张的争夺领域。最后，局部地区安全局势严峻，包括：美国和朝鲜之间的分歧依然严重，朝鲜半岛稳定存在巨大隐患，中东地区武装冲突和恐怖主义威胁仍需重点关注，等等。

（六）新一轮科技产业竞争

科学技术是一把"双刃剑"，在促进经济社会发展的同时也带来了新的威胁。首先，各国在新兴领域的科技研发竞争日益强化，催生行业标准之争；其次，网络领域成为世界新安全风险的暴露区，不仅未来全球的网络安全形势将更为复杂，而且网络攻击事件的影响也将产生更加广泛的连锁反应；再次，科技革命正改变着国际安全局势与走向，随着新兴科技运用于军工产业，战争形态、作战的装备和样式发生重大变化，恐怖组织、国内地方武装、犯罪团体等非国家行为体的影响力不断上升；最后，科技革命正改变着外交和国际舆论格局，大数据的收集与分析有助于全面把握他国的战略意图，并对国际关系与国家利益得失作出精准预判。

第二节　全球治理的兴起、挑战与前景

放眼世界，我们面对的是百年未有之大变局。人类正身处一个挑战层出不穷、风险日益增多的世界，多种多样的全球问题对人类的生存与发展产生了巨大影响。全球问题的本质——流动的现代性，迅速地渗透到人们日常生活的方方面面。全球问题的应对之道就是全球治理（global governance）。全球治理也因此成为国际社会关注的焦点。全球治理究竟是什么？全球治理兴起的原因何在？其前景如何？这些问题不仅为各国学者所关注，更受到各国政府与国际组织的重视。本节将系统梳理在经济全球化背景下的全球治理，以及中国在现代化进程中应如何更好地促进社会发展与社会和谐。

一、全球治理的提出

"全球治理"这一提法早在 20 世纪 90 年代就出现了。类似的提法还有"国际治理"、"国际秩序的治理"和"全球秩序的治理"等。在德国前总理勃兰特（Willy Brandt）的倡议下，其与瑞典前首相卡尔森（Ingvar Carlsson）等国际知名人士一道，于 1992 年发起成立了"全球治理委员会"（Commission on Global Governance），并在 1995 年联合国成立 50 周年之际发表了题为《我们的全球之家》

(Our Global Neighborhood)的报告。自全球治理委员会诞生以来，无论作为理论主张还是政策实践，全球治理都受到广泛关注，并越来越多地被提上国际组织和各国政府的议事日程。

关于治理的定义繁多，其中，最具代表性的莫过于全球治理委员会在《我们的全球之家》中所给出的定义，即"治理是各种公共的或私人的个人和机构管理其共同事务的诸多方式的总和。它是使相互冲突的或不同的利益得以调和并且采取联合行动的持续过程。它既包括有权迫使人们服从的正式制度和规则，也包括各种人们同意或以为符合其利益的非正式的制度安排"。与传统政府统治理论相比，治理最大的不同在于它不再停留在国家层面，而是跃升到更加广泛的超国家层面之上。因此，当我们将治理应用于国际层面，全球治理理论随之应运而生。

大体上说，全球治理指的是运用具有普遍约束力的国际规制以解决全球性的生态破坏、资源短缺、疾病、冲突、犯罪等问题，实现国际政治经济秩序的和平稳定。换言之，全球治理就是为了顺应经济全球化的大势，尤其是在人类所面临的经济、政治、生态等问题越来越具有全球性的背景下，借助国际社会的集合力量，加强对全球事务的共同管理，维护国际社会的正常秩序，并携手守护全人类的共同价值。其核心内容就是要回答在全球事务中为什么治理、如何治理、谁治理、治理什么、治理得怎么样的问题。一些学者把这些问题统称为全球治理的5大要素：全球治理的价值、全球治理的规制、全球治理的主体、全球治理的客体与全球治理的结果。具体而言：(1)全球治理的价值，指在全球范围内所要达到的超越意识形态、社会制度和发展水平差异的全人类共同价值。(2)全球治理的规制，指维护国际社会的正常秩序、实现全人类共同价值的规则体系，最有代表性的就是国际公约、标准与规范。(3)全球治理的主体或基本单元,指制定和实施全球规制的组织机构,既包括各级政府组织,也包括各类政府间的国际组织。(4)全球治理的客体或对象,指那些正在影响或者将要影响全人类的全球性问题。贫困、人口老龄化、气候、公共卫生、国际安全等,正是目前亟待通过全球治理加以解决的主要全球性问题。这些问题必须依靠国际社会的共同力量,很难依靠某一个国家单独解决。(5)全球治理的结果,指对全球治理绩效的评估。也就是说,全球治理得怎么样,是可以按照科学的评估标准,运用有效的技术手段,对这种效果加以测量并给予判断的。总体而言,在全球治理的各要素中,全球治理的规制理应处于核心地位,这是因为没有一套能够为全人类共同遵循、对全人类都具有约束力的规范,全球治理便无从谈起。①

二、全球治理面临的挑战

全球治理理论与实践在 20 世纪 90 年代的勃兴大致可以归纳为两方面的原因:一方面,"冷战"后,伴随经济全球化的潮流,各国在政治、经济、文化等各方面的合作与交流愈加密切,这就要求在国际层面上确立一套符合共同利益、体现共同价值的规制;另一方面,"冷战"后,世界面临越来越多的全球性问题,不仅种类繁多,而且变化多端,这就要求在国际层面上集合世界各国的共同力量,以维护人类社会的和平与发展。事实上,这些原因恰恰是风险社会的表征,即风险的全球性、多样性、关联性与不确定性。

现如今,百年变局和世纪疫情交织叠加,世界进入动荡变革期。习近平总书记在博鳌亚洲论坛 2021 年年会开幕式的主旨演讲

---

① 俞可平:《全球化:全球治理》,14~15 页,北京,社会科学文献出版社,2003。

中强调，实现普遍安全、促进共同发展依然任重道远，同时世界多极化趋势没有根本改变，经济全球化展现出新的韧性，维护多边主义、加强沟通协作的呼声更强烈。因此，我们有必要清醒地认识到，随着全球性挑战的增长，全球治理面临着很多现实的挑战。

第一，就全球治理的价值而言，国际组织、世界各国所持有的价值和利益极为不同，也因此在一些重大的全球问题上难以达成共识，从而限制了全球治理的效果。全球治理的困境在于人类共同秩序的缺乏，而构建人类共同秩序的关键在于共同价值。对于全球治理的价值，全球治理委员会在《我们的全球之家》中呼吁要共同信守全人类都接受的核心价值，包括对生命、自由、正义和公平的尊重，以及相互尊重、爱心和正直。历史证明，任何用单一价值来替代共同价值的尝试终将以失败而告终，全人类共同价值将为人类指引美好未来。

第二，就全球治理的规制而言，现有的全球规制不尽完善，也缺乏必要的权威性，这些都使得全球治理的效果还很不理想。气候变化便是一个极好的例证。在气候变化问题日益严重的今天，国际社会先后形成了不同层面的治理制度，既有国际层面的联合国政府间气候变化专门委员会、环境规划署以及世界气象组织，也有政府间的多边、双边气候制度，以及各类非正式的气候制度。然而，气候治理本身是一项科学、系统的工程，离不开协调统一的制度安排，否则即便数量众多，收效可能也不尽如人意。简言之，全球治理的规制理应是一种具有普遍约束力的制度安排，所拥有的职能、所涵盖的地域和人群都十分广泛。

第三，就全球治理的主体而言，发达国家、发展中国家和不发达国家在全球治理体系中的地位极不平等，同样制约着全球治理的效果。第二次世界大战后，以美国为代表的西方发达国家在政治层面成立了以联合国为中心的国际政治体系，在经济层面建立了以布雷顿森林协定为核心的国际经济体系，并在此基础之上确立了现行于今的全球治理体系。"冷战"结束以来，国际力量对比发生了深刻变化，最突出的特征就是：新兴市场国家和一大批发展中国家相继崛起，国际影响力不断增强。在此背景下，传统上以西方国家为中心的全球治理体系越来越不适应时代的发展。如果全球治理跟不上国际体系中实力对比的变化，那么全球治理体系的失衡将带来更大的风险。全球治理的结构需要反映正在变化的经济、社会与人口的平衡。

第四，就全球治理的客体而言，全球治理的对象包罗万象，悉数尽收，尽管这样的架构展现出充分的开放性和包容性，但直接影响到应对问题的针对性和有效性。各类全球问题都被视作全球治理的对象，包括人类安全和发展，环境、气候和能源，国际经济与贸易等。然而，无论是正式的制度和组织——政府机构、政府间合作组织等，还是很多其他组织——从跨国公司到众多的非政府组织，都试图追求维护或规范国际秩序的规则，或至少对国际规则产生一定的影响。随着全球热点问题此起彼伏，全球治理体系和多边机制受到了更大的冲击。

第五，就全球治理的结果而言，伴随风险的显著增加并呈蔓延之势，全球治理的效果有待彰显。进入 21 世纪以来，在国际社会中，破坏性行为主体日益增多，可控行为主体不断减少；虽然全球化市场的机遇增多，但跨国风险也在加大，例如，污染、疾病、犯罪。同样以气候变化为例，假如全球变暖状况失控，世界地图甚至都可能被重新绘制。简言之，世界整体上已进入风险社会，且风险每天都在增长，而全球治理失灵将带来全球系统性风险进一步加剧，反过来削弱全球治理的效果。可以说，当前的全球治理体系难以应对持续增加的、新的风险。

在这一背景下，一个迫切而现实的问题，就是我们必须站在一个新的起点上，重新审视当前全球治理存在的诸多缺陷，去努力建立一个更加公平、有效的全球治理体系，以应对越来越严重的全球治理危机。

三、坚守和弘扬全人类共同价值

2015年，习近平总书记在出席第70届联合国大会一般性辩论时明确指出："和平、发展、公平、正义、民主、自由，是全人类的共同价值。"① 2020年，习近平总书记在纪念中国人民志愿军抗美援朝出国作战70周年大会上的讲话中再次强调："作为负责任大国，中国坚守和平、发展、公平、正义、民主、自由的全人类共同价值，坚持共商共建共享的全球治理观，坚定不移走和平发展、开放发展、合作发展、共同发展道路。"② 2021年，在庆祝中国共产党成立100周年大会上，习近平总书记向全世界庄严宣告，中国共产党将继续同一切爱好和平的国家和人民一道，弘扬和平、发展、公平、正义、民主、自由的全人类共同价值。

全人类共同价值，是习近平新时代中国特色社会主义思想的重大理论成果，为引领全球治理体系变革提供了价值支撑。其丰富内涵体现在以下几个方面。

全人类共同价值，是习近平总书记立足于人类历史发展进程的战略高度上提出的。习近平总书记在国内外重要场合多次将和平比

---

① 习近平：《携手构建合作共赢新伙伴，同心打造人类命运共同体》，载《人民日报》，2015-09-29。

② 习近平：《在纪念中国人民志愿军抗美援朝出国作战70周年大会上的讲话》，载《人民日报》，2020-10-24。

作"空气和阳光",把发展看作"解决一切问题的总钥匙",强调对抗将把人类引入"死胡同",主张"世界上的事情应该由各国人民商量着办"。尽管各国历史、文化、制度、发展水平不尽相同,但全人类共同价值符合世界各国人民的共同利益、共同关切、共同愿望。

全人类共同价值,是习近平总书记立足于中华优秀传统文化的历史厚度上提出的。习近平总书记强调"要推动中华文明创造性转化、创新性发展,激活其生命力,让中华文明同各国人民创造的多彩文明一道,为人类提供正确精神指引",并将中华优秀传统文化的时代价值概括为"讲仁爱、重民本、守诚信、崇正义、尚和合、求大同"6个方面。全人类共同价值不仅奏响了中华优秀传统文化的最强音,更加折射出"天下一家"、"协和万邦"、"大道之行,天下为公"的中华优秀传统文化的世界意蕴。

对于全人类共同价值,中国不仅是倡导者,更是行动者。长久以来,中国始终本着对人类前途命运高度负责的态度,以宽广的胸怀理解不同文明对价值目标的认识,尊重不同国家人民对价值实现的探索,以实际行动弘扬全人类共同价值,把全人类共同价值体现到实现本国人民利益的实践中去,推动构建人类命运共同体,构建持久和平、普遍安全、共同繁荣、开放包容、清洁美丽的世界。

第三节　全球治理的中国方案:人类命运共同体

在世界大变局加快演进的关头,习近平总书记深刻把握人类社会历史经验和发展规律,从中国与世界的共同利益出发,提出了构建人类命运共同体的重大倡议。可以说,构建人类命运共同体，是习近平总书记为全球治理和人类发展贡献的中国方案与中国智慧。

一、全球治理重要论述与人类命运共同体理念的发展历程

2013 年 3 月 23 日，习近平总书记在莫斯科国际关系学院的演讲，首次提出人类命运共同体理念。他指出："这个世界，各国相互联系、相互依存的程度空前加深，人类生活在同一个地球村里，生活在历史和现实交汇的同一个时空里，越来越成为你中有我、我中有你的命运共同体。"[①]

2013 年 4 月 7 日，习近平总书记出席博鳌亚洲论坛 2013 年年会开幕式并发表主旨演讲。他提出了牢固树立命运共同体意识的正确方向：勇于变革创新，为促进共同发展提供不竭动力；同心维护和平，为促进共同发展提供安全保障；着力推进合作，为促进共同发展提供有效途径；坚持开放包容，为促进共同发展提供广阔空间。

2014 年 3 月 27 日，习近平总书记在联合国教科文组织总部发表重要演讲。他从文明交流互鉴的角度指出："当今世界，人类生活在不同文化、种族、肤色、宗教和不同社会制度所组成的世界里，各国人民形成了你中有我、我中有你的命运共同体。"[②]

2015 年 9 月 28 日，习近平出席第 70 届联合国大会一般性辩论并发表重要讲话，初步阐述了构建人类命运共同体的科学内涵，即"建立平等相待、互商互谅的伙伴关系"，"营造公道正义、共建共享的安全格局"，"谋求开放创新、包容互惠的发展前景"，"促

---

① 习近平：《顺应时代前进潮流，促进世界和平发展》，载《人民日报》，2013-03-24。

② 习近平：《在联合国教科文组织总部的演讲》，载《人民日报》，2014-03-27。

进和而不同、兼收并蓄的文明交流","构筑尊崇自然、绿色发展的生态体系"。①

2015年10月12日，中共中央政治局专门就"全球治理格局和全球治理体制"进行集体学习，习近平总书记发表重要讲话，系统阐明了中国引领全球治理体制改革的新理念。

2015年11月30日，习近平总书记出席气候变化巴黎大会开幕式并发表重要讲话。他深入剖析了应对气候变化的全球努力给推动人类命运共同体建设带来的启示，指出："面对全球性挑战，各国应该加强对话，交流学习最佳实践，取长补短，在相互借鉴中实现共同发展，惠及全体人民。同时，要倡导和而不同，允许各国寻找最适合本国国情的应对之策。"②

2016年7月1日，在庆祝中国共产党成立95周年大会上，习近平总书记指出：中国将积极参与全球治理体系建设，努力为完善全球治理贡献中国智慧，同世界各国人民一道，推动国际秩序和全球治理体系朝着更加公正合理方向发展。

2016年9月4日，在二十国（G20）杭州峰会开幕式主旨演讲中，习近平呼吁树立人类命运共同体意识，以全球伙伴关系来应对挑战。G20杭州峰会首次全面阐释我国的全球经济治理观，开启了"中国引领、大国共治"的全球治理新时代。

2016年9月27日，中共中央政治局就"二十国集团领导人峰会和全球治理体系变革"进行集体学习，习近平总书记发表重要讲话，进一步明晰了推进全球治理体系变革必须坚持的基本原则。其一，坚持以经济发展为中心，集中力量办好自己的事情，不断

---

① 习近平：《携手构建合作共赢新伙伴，同心打造人类命运共同体》，载《人民日报》，2015-09-29。

② 习近平：《携手构建合作共赢、公平合理的气候变化治理机制》，载《人民日报》，2015-12-01。

增强中国在国际上说话办事的实力；其二，推动全球治理体系变革是国际社会大家的事，要坚持"共商共建共享"原则，使关于全球治理体系变革的主张转化为各方共识，形成一致行动。

2017 年 1 月 18 日，习近平总书记在瑞士日内瓦万国宫出席"共商共筑人类命运共同体"高级别会议，发表题为《共同构建人类命运共同体》的主旨演讲，详细阐释了人类命运共同体理念的提出动因、愿景与实施路径。他指出，构建人类命运共同体，关键在行动。必须坚持对话协商，建设一个持久和平的世界；坚持共建共享，建设一个普遍安全的世界；坚持合作共赢，建设一个共同繁荣的世界；坚持交流互鉴，建设一个开放包容的世界；坚持绿色低碳，建设一个清洁美丽的世界。这是全球治理思想的升华。

2017 年 2 月，联合国社会发展委员会第 55 届会议协商一致通过"非洲发展新伙伴关系的社会层面"决议，首次写入"构建人类命运共同体"理念。

2017 年 9 月 11 日，第 71 届联合国大会通过决议，首次纳入"共商、共建、共享"的全球经济治理理念。

2017 年 10 月 18 日，党的十九大报告将"推动构建人类命运共同体"作为新时代坚持和发展中国特色社会主义"十四条基本方略"之一，对人类命运共同体思想的丰富内涵及其时代价值作了详细阐述。党的十九大提出的构建人类命运共同体与全球治理新格局的构想，不仅从学术理念上明晰了全球治理发展趋势的基础，而且进一步丰富、发展和深化了全球治理的思想体系，为全球治理体系变革提供了系统而又切实可行的中国方案。

2017 年 11 月，在第 72 届联合国大会负责裁军和国际安全事务第一委员会会议中，中国关于"构建人类命运共同体"的理念写入联合国决议，表明这一理念已经得到国际社会的广泛认可。人类命运共同体不仅是中国大国外交理论创新的成果，而且对中国国内乃至世界范围的全球治理创新起到了引领和推动作用。

2020年11月10日，习近平总书记在北京以视频方式出席上海合作组织成员国元首理事会第二十次会议并发表重要讲话，首次在上海合作组织框架内提出构建"卫生健康共同体"、"安全共同体"、"发展共同体"、"人文共同体"的重大倡议。

2021年4月22日，习近平总书记在领导人气候峰会上首次提出共同构建人与自然生命共同体，并再次重申，中国力争2030年前实现碳达峰，2060年前实现碳中和。

2021年10月25日，习近平总书记在北京出席中华人民共和国恢复联合国合法席位50周年纪念会议并发表重要讲话。习近平强调，中国始终遵循联合国宪章和《世界人权宣言》精神，坚持把人权普遍性同中国实际结合起来，走出了一条符合时代潮流、具有中国特色的人权发展道路，为中国人权进步和国际人权事业作出了重大贡献。

二、构建人类命运共同体的世界意蕴

构建人类命运共同体，是习近平新时代中国特色社会主义思想的重要组成部分，是当代中国对全球治理的重要思想和理论贡献，其根本内涵和世界意义体现在以下几个方面。

第一，人类命运共同体是全球治理变革的价值支撑。习近平总书记指出："全球治理体制变革离不开理念的引领，全球治理规则体现更加公正合理的要求离不开对人类各种优秀文明成果的吸收。"[①]中华优秀传统文化源远流长，博大精深，创造出很多中国

[①] 习近平：《推动全球治理体制更加公正更加合理，为我国发展和世界和平创造有利条件》，载《人民日报》，2015-10-14。

智慧。这些智慧不仅是中国的，也是世界的。对于人类社会的前途命运，中国自古以来就有"世界大同，天下一家"的理念。面对国际局势的瞬息万变，以及世界各国同舟共济的客观要求，构建人类命运共同体就是要努力建设一个开放包容的世界，坚持平等、多样、包容、开放的文明观，让各种文明和谐共存。人类命运共同体，不只是中华优秀传统文化"天下大同"的全球化，而且通各国文化之约、集世界传统之大成，将"和而不同"的理念拓展至守护全人类共同价值的新高度。丰富打造人类命运共同体，积极发掘中华优秀传统文化，摒弃意识形态偏见，走和平共处、互利共赢之路，为全球治理指明了人类社会发展的新愿景。

第二，共商共建共享是全球治理变革的基本原则。习近平总书记指出："什么样的国际秩序和全球治理体系对世界好、对世界各国人民好，要由各国人民商量，不能由一家说了算，不能由少数人说了算。"①以霸权主义和强权政治为特征的国际政治旧秩序被以国际关系民主化为标志的国际政治新秩序所取代。放眼当下，世界上的事情越来越需要各国共同商量着办，建立国际机制、遵守国际规则、追求国际正义成为多数国家的共识。随着经济全球化的纵向深入，世界各国的利益和命运更加紧密地联系在一起，形成了你中有我、我中有你的利益共同体。很多问题不再局限于一国内部，很多挑战也不再是一国之力所能应对的，全球性问题需要世界各国的通力合作。共商共建共享的全球治理观，成为全球治理体系和治理能力现代化的基本原则。共商，是基础，是前提，是主体要求，即让全球治理的各类主体共同参与商议；共建，是路径，是手段，是系统方法，即实现全球治理的多元主体共同

---

① 习近平：《在庆祝中国共产党成立 95 周年大会上的讲话》，载《人民日报》，2016-07-02。

参与建设；共享，是目标，是内容，是体系建设，即让全球治理的成果更多、更公平地惠及全人类。"共商"、"共治"、"共享"的重心在于一个"共"字，凸显了全球治理要以全人类的共同价值为主旨。由此，世界各国携手一道共同应对全球性挑战，共同缔造人类美好未来，向着构建人类命运共同体不断迈进。

第三，新兴经济体平等参与是全球治理变革的战略决策。习近平总书记指出："世界上的问题错综复杂，解决问题的出路是维护和践行多边主义，推动构建人类命运共同体。"[①]经济全球化是一把"双刃剑"。一方面，它促成了贸易大繁荣、投资大便利、人员大流动、技术大发展，为世界经济发展作出了重要贡献，但另一方面，它并未充分反映广大发展中国家的呼声、代表广大发展中国家的利益，世界经济发展不平衡问题日益凸显。一大批新兴市场国家和发展中国家快速崛起，是过去半个世纪国际力量对比最明显的变化。构建人类命运共同体，就是要推动变革全球治理体系中不合理不公正的规制，既要世界银行、国际货币基金组织等国际组织能够代表世界经济政治格局的新变化，更要增加新兴市场国家和发展中国家的发言权，最终实现全球治理的规制能够有效反映世界大多数国家与人民的意愿和利益。长期以来，中国始终努力成为包容性世界秩序的建设者，并竭力为促进新型的全球治理体系承担责任、提供方案。

第四，改革全球经济体系是全球治理变革的重点任务。2019年年底暴发的新冠病毒感染疫情使全球经济陷入第二次世界大战以来最严重的衰退。习近平总书记深刻把握人类前途命运和世界发展大势，明确提出我们要解决好这个时代面临的四大课题，为

---

① 习近平：《让多边主义的火炬照亮人类前行之路》，载《人民日报》，2021-01-26。

国际社会应对挑战、凝聚共识、破解难题指明了努力方向。首先的课题就是"加强宏观经济政策协调,共同推动世界经济强劲、可持续、平衡、包容增长"。这是指导中国对外关系的新发展观,也是关于人类命运共同体经济走向的科学论断。主要任务包括:坚定不移地秉持开放、包容、普惠、平衡、共赢的经济观;旗帜鲜明地反对单边主义、保护主义,坚持真正的多边主义,推动建设开放型世界经济;矢志不渝地支持发展中国家增强自主发展能力,着力解决发展失衡、治理困境、数字鸿沟、分配差距等问题。改革和完善全球经济治理体系,就是要同舟共济,推动经济全球化朝着更加开放、包容、普惠、平衡、共赢的方向发展。

我们生活的世界充满希望,也充满挑战。中国将始终不渝走和平发展道路,奉行互利共赢的开放战略,为世界贡献更多中国智慧、中国方案、中国力量,让人类命运共同体建设的阳光普照世界。

第四节 中国式现代化新道路的世界贡献

新中国成立 70 多年来,中国与世界的关系发生了翻天覆地的变化,中国在受益于世界的同时,也为世界作出了举世公认的贡献。从毛泽东的"中国应当对于人类有较大贡献",到邓小平的"中国实现四个现代化后会对人类作出比较多的贡献",再到习近平的"'中国梦'是奉献世界的梦",无一不体现出中华民族的世界情怀。中国最伟大的创新就是"中国道路",即中国特色社会主义现代化道路。中国式现代化新道路的世界贡献可总结为理论和实践两个层面。

一、中国式现代化新道路为马克思主义新发展作出贡献

尽管马克思没有直接使用"现代化"的概念，但他所提出的机器大生产理论、人类社会发展规律理论与"人的全面发展"思想无一不闪耀着"现代化"的光辉，可以说这些奠定了马克思主义现代化理论的基础。

首先，建立了社会主义和现代化的有机联系。伴随着对社会主义和现代化的新认识，二者的关系也更加密切。现代化成为社会发展的中心议题，现代化发展具有一般规律；同时，要从现代化实践中总结经验、推动社会主义理论发展。自党的十一届三中全会以来，中国共产党在中国特色社会主义理论体系的指导下，领导中国人民开辟了一条中国特色社会主义道路，踏上了全面建设社会主义现代化国家的新征程。在这一科学理论体系的指导下，中国共产党既坚守科学社会主义的基本原则，又在实践中探索了一条符合中国国情的现代化道路，贯穿于中国式现代化道路的开辟与拓展的整个历程。

其次，现代化的内涵逐步丰富。现代化建设不再一味追求重工业发展，而是致力于提高人民生活水平。现代化建设不是"西方中心论"，要根据各自国情走自己的路。中国在实现现代化的进程中，强调以人民为中心、全球人民共同富裕的价值取向，以人的现代化为重要目标导向实现国家和社会的现代化。

最后，中国式现代化道路是社会主义制度与现代化建设规律的有机融合。中国式现代化道路遵循现代化建设的一般规律，又从中国实际出发，制定和实施全面、系统、协调、统一的战略方针，妥善处理各种社会矛盾和利益关系；中国式现代化道路充分发挥社会主义制度的优势。这样既能保证现代化建设的正确政治方向，又能保证社会主义现代化建设的持续性、长期性。

二、中国式现代化新道路为发展中国家现代化提供中国模式

中国特色社会主义现代化的进程，在人类史上提供了全新的发展模式，为发展中国家实现国家繁荣富强、人民幸福安康提供了新的路径选择。正如习近平总书记在庆祝中国共产党成立 100 周年大会上的讲话中所指出的："我们坚持和发展中国特色社会主义，推动物质文明、政治文明、精神文明、社会文明、生态文明协调发展，创造了中国式现代化新道路，创造了人类文明新形态。"①

第一，从实践到理论，中国提供了新的现代化模式。在世界现代化的探索中，西方现代化、前苏联现代化和拉美国家现代化是主要的模式，而这几个现代化模式在理论和实践上都在人类现代化的道路上起过重要的作用。实际上，很多现代化理论都尝试将历史上产生于西方社会的价值观和制度进行普遍化，甚至"现代化"一度成为"西方化"的代名词。前苏联在 20 世纪前中期取得了巨大的发展成就，现代化水平快速提升，在此基础上形成的现代化模式一度成为第二次世界大战后包括中国在内的许多发展中国家学习借鉴的对象。到 20 世纪 70 年代，照搬西方模式和前苏联模式的国家都不同程度地陷入了社会经济发展的困境。拉丁美洲一些国家最初也都沿着西方现代化道路不断推进本国的现代化进程。然而，实际的结果却出现了贫富悬殊、经济停滞等一系列经济社会问题。这种情况引发了拉丁美洲学者的集体反思，并对西方现代化理论进行了激烈的批判，以摆脱依附为主旨的"依附理论"也因此形成。拉美学者的批判则在一定程度上导致本国政府采

---

① 习近平：《在庆祝中国共产党成立 100 周年大会上的讲话》，载《人民日报》，2021-07-02。

取了排斥对外开放的政策，但总的来说，它们都没有取得实践上的成功。中国坚持从自己国情出发，独立自主地探索中国特色社会主义现代化道路取得了巨大成就，走出了区别于西方现代化模式的中国式现代化道路。

随着经济全球化的深入发展，世界格局发生了新的深刻的变化，所有地方都受到经济全球化的影响。后发国家想要实现现代化的发展，不能把眼光局限于发达的西方社会的现代化模式，而是要基于发展中国家自己的基本国情，深入开展调查和研究，形成适用于本土情况的现代化道路。现代化社会的发展模式不是单一的，需要不断探寻适合自己国家的发展道路。

中国式现代化道路在世界范围具有一般性和普遍意义。中国式现代化道路既有立足于中国国情的鲜明特色，也为21世纪发展中国家的现代化道路提供了新的选择。

第二，中国式现代化新道路突破了"脱钩"与"依附"的二元困境。对外开放、融入世界经济体系是现代化发展的必然路径。中国式现代化新道路是一条全面对外开放的道路。历史证明，中国正是由于沿着改革开放的发展道路，加入全球化市场，既在开放中不断学习和吸收国外先进的科学技术和经验，又在改革开放中掌握了本国发展的主动权和主导权，并积极参与全球治理，推动经济全球化发展，推动营造有利于人类社会普遍实现现代化的国际经济政治秩序。

中国式现代化新道路举世瞩目，展现了中国特色社会主义的巨大优越性和无限生命力。沿着中国特色社会主义道路、理论、制度和文化的发展逻辑，中国必将在理论和实践两个方面为全球治理与人类发展作出更大的贡献。

延伸思考

1. 人类社会发展的趋势是什么？为什么？

2. 简述人类命运共同体的概念和内涵。

3. 中国在全球治理中的作用是什么？

4. 中国式现代化新道路"新"在哪里？对人类社会有哪些贡献？

参考文献

[1]毛泽东．毛泽东文集：第 7 卷［M］．北京：人民出版社，1999.

[2]邓小平．邓小平文选：第 2 卷［M］．北京：人民出版社，1994.

[3]习近平．论坚持推动构建人类命运共同体［M］．北京：中央文献出版社，2018.

[4]习近平．共担时代责任，共促全球发展［J］．求是，2020(24).

[5]习近平．努力成为世界主要科学中心和创新高地［J］．求是，2021(6).

[6]李培林．社会学视角下的中国现代化新征程［J］．社会学研究，2021(2).

后　记

　　这部《中国特色社会主义社会学》，是遵循习近平总书记关于发展中国特色社会主义社会学的要求编写的，旨在研究探索中国特色社会主义社会学的基本原理、框架结构、主要内容和学科体系。这也是北京师范大学国家高端社会治理智库建设和社会学学科建设的重要任务。

　　为了做好本书的编写工作，2020年9月成立研究编写组，首先围绕中国特色社会主义社会学的基本问题进行了深入研究。在此基础上研究本书的总体设计、框架结构和撰写工作。国务院研究室原党组书记、主任，时任北京师范大学中国社会管理研究院/社会学院院长、教授、博士生导师魏礼群担任主编。他提出：要以习近平新时代中国特色社会主义思想为指导，准确把握本书的性质、定位、功能和特色，充分反映改革开放以来中国特色社会主义发展的历史进程、理论成果和实践创新，及其推动中国特色社会主义社会学形成和发展。他多次组织讨论制定编写宗旨、全书主线、逻辑结构、概念范畴、章节内容和文字表达；主持统稿工作，并审定全部书稿，倾注了大量的心血和智慧。参加编写人员以高度的责任感和使命感认真撰写，付出了智力和辛劳。

　　本书主要由北京师范大学中国社会管理研究院/社会学院教研人员撰写，各章节初稿执笔人是：序言负责人魏礼群、焦长权；第一章负责人刘应杰、李建军；第二章负责人刘应杰、李建军，参与人员吴怀连、朱瑞；第三章负责人尹栾玉，参与人员刘应杰、王宏新、王英杰、申珂瑜；第四章负责人董磊明，参与人员谢琼、焦长权、张汉、刘明；第五章负责人尉建文，参与人员李建军、杨丽、马京莎、魏垚、徐扬、刘仕刚;第六章负责人宋贵伦,参与人员杨积堂、梁家祺、孙栋、刘壮壮、杨明泽、孙涛;第七章负责人赵秋雁、刘冰,参与人员朱瑞、党生翠、苗芃;第八章负责人赵炜、王宏新,参与人员李汪洋、邵俊霖、王英杰、李继霞。参加《中国特色社会主义社会学》统稿的人员有:尉建文、李建军、刘应杰、宋贵伦、鹿生伟、赵秋雁、尹栾玉、董磊明、赵炜、朱瑞和陈炜。

本书的研究和编写得到国务院领导和教育部社科司的关心、支持,以及北京师范大学出版社的大力支持。

中国社会科学院原副院长、学部委员李培林研究员,中共中央党校(国家行政学院)副校(院)长龚维斌教授,国务院学位委员会办公室副主任、教育部学位管理与研究生教育司司长洪大用教授审阅了书稿提纲和书稿。

北京师范大学出版集团董事长吕建生对本书的出版给予关心并提供支持,北京师范大学出版社高等教育分社主编周益群也给予了积极支持和帮助。

在本书付梓之际,我们向所有关心、支持和参加编写、审稿、编辑、出版等人员,致以衷心的谢忱!

本书撰写和定稿之际,正值庆祝中国共产党成立100周年,谨以此书献礼党的百年华诞。

中国特色社会主义社会学的研究和阐释,是一个重大的时代课题。由于编写者水平所限,书中难免有不妥之处,欢迎批评指正!

《中国特色社会主义社会学》编写组

2023 年 4 月

图书在版编目（CIP）数据

中国特色社会主义社会学 / 魏礼群主编. —北京：北京师范大学出版社，2023.9
新时代高等教育社会学教材
ISBN 978-7-303-29300-1

Ⅰ. ①中…　Ⅱ. ①魏…　Ⅲ. ①中国特色社会主义－社会学－高等学校－教材　Ⅳ. ①D610

中国国家版本馆 CIP 数据核字（2023）第 152251 号

图 书 意 见 反 馈　　gaozhifk@bnupg.com　010-58805079
营 销 中 心 电 话　　010-58807651
北师大出版社高等教育分社微信公众号　　新外大街拾玖号

ZHONGGUO TESE SHEHUI ZHUYI SHEHUIXUE
出版发行：北京师范大学出版社　www.bnup.com
　　　　　北京市西城区新街口外大街 12-3 号
　　　　　邮政编码：100088
印　　刷：北京盛通印刷股份有限公司
经　　销：全国新华书店
开　　本：730 mm×980 mm　1/16
印　　张：33.25
字　　数：417 千字
版　　次：2023 年 9 月第 1 版
印　　次：2023 年 9 月第 1 次印刷
定　　价：148.00 元

策划编辑：周益群　刘东明　　　责任编辑：刘东明　赵翠琴
美术编辑：陈　涛　李向昕　　　装帧设计：陈　涛　李向昕
责任校对：包冀萌　　　　　　　责任印制：马　洁

版权所有　侵权必究